教育部人文社会科学重点研究基地
中国政法大学法律史学研究院　主办

# 中华法系

## 第十卷

主　编：朱　勇
副主编：张中秋　林　乾
编　委：陈　煜（常务）
徐世虹　黄源盛
刘广安　单　纯

法律出版社
LAW PRESS·CHINA

# 目　录

## 学术研究

## 学术聚焦



## 法治人物



## 学术新人



## 学术动态

# 学术研究

**【编者按】** 本卷《中华法系》“学术研究”专栏部分载有十三篇研究论文，其中第一篇至第四篇，都是围绕中华法系、中国传统法制中的精神理念、法律形式及认识逻辑进行的反思与自识，具有较高的思辨色彩。第五篇至第十篇主要讨论传统中国法的制度、思想与文化问题。第十一篇至第十三篇，则涉及外国法和当代法律问题，皆融入了历史的考量和法理的思考。本卷“学术研究”部分延续了以往几卷的一贯风格，从不同的角度，展示了中华法系研究的多元色彩。

# 重新认识中华法系

俞荣根[*]

**【内容摘要】** 近世以来,关于中华法系,前人研究成果颇多,但是仍有许多问题在理论上还有继续深研的必要,中华法系的遗传密码还有待破译。就形式而言,最需要把握的就是礼法,这是不同于其他法系的根本所在。而就精神而言,传统礼法的精华所在乃是良法善治。在理解了中华法系的形式和精神之后,折中融西,是未来重建中华法系的可行之路。

**【关键词】** 中华法系　礼法　良法善治　折中融西

中国已经到了中国人用中国话讲好中国故事的时候了。

在法、法制、法律领域,其中基础性的一条,要用中华法系的话讲好中华法系的故事,而不是用一套外来的词语系统来译介中华法系。这叫作回归古代中国法的自我,认识古代中国法的自我,表达古代中国法的自我。弄清古代中国法也就弄清了中华法系。

## 一、N 个问:中华法系的遗传密码还待破译

近世以来,几代法律学人为讲好中华法系的故事勤勉劬劳,筚路蓝缕,贡献卓绝,为后人构筑起良好的学术平台。

学术都是时代的产物。每一代学人都有自己的学术宿命。中华

---

* 作者系西南政法大学教授,博士生导师。

法系的故事没有讲完,或没有讲透,或没有讲对,还得接着讲,或深入讲,或重新讲。

试问:

我们的《中国法制史》教材说,夏商周"三代"的法律形式是礼与刑。可到秦汉以后,法律形式只讲律,或律令科比,或律令格式。礼呢?或曰:礼融于律,礼与律合一了。是吗?律外再无礼了吗?中国古代法的法律样式,中华法系的法律样式究竟是怎么样的?

与之相关,我们把郑刑书、晋刑鼎称作中国成文法的开始。且把这种说法存在的诸多史实疑误按下不表,单凭其将"三代"的礼与刑中礼丢掉不管,只取刑一端来讲什么成文法起源,合适吗?

又与之相关,中国古代法体系中能按现代法的构成体系拆分出民法、刑法、诉讼法、行政法、经济法、社会法六大部类或七大部类吗?

我们的一些中国民法史教材,从历代正律中抽取与民事、商事相关的条款作去刑罚化处理和解释,建构起中国古代民法史体系,靠谱吗?那是中华法系的民法吗?

中国历史与文化五千年相延相续,疆土辽阔,民族众多,业态丰富,无论动产还是不动产,交易频繁,绝卖、活卖、典当、租赁等,形态多样,秩序井然,纠纷解决机制有效,且有长效。茶马古道,马帮铃声脆亮;陆上丝绸之路,驼队连绵不绝;海上丝绸之路,千帆并发。这样的国内国际贸易,能无规则可循?无成文民商事条款,不等于没有民商事法。无法(指法条之法)之法,乃为上法。什么叫良法?为整个法域的人们所乐于接受,且行之有序有效,便是良法。大道无形,大法至简。中华法系中的"无法之法"式民商事规则为何不能称为民法?!《四库全书·政法类·法令之属按语》明白宣称:刑为盛世所不能废,而亦盛世所不尚。我们的教材中却一再强调中华法系"重刑轻民""民法不发达",能站得住脚跟吗?

还有,商韩的"一断于法""以法治国",是法治主义吗?儒家的

“为政在人”“为政以德”，是人治主义吗？荀卿有“治人”“治法”之论，王夫之有“任人”“任法”之说，遍查经史子集，未见“人治”“法治”词语；遍查历代思想家、政法家言论，未见有“人治”“法治”的观念和论争。“人治”“法治”词语和观念，在20世纪初引进中国，并非中华法系固有词语，用这样的外来“鞋帽”来套装古代中国法律现象的头和脚，合适吗？

还有，“春狱决狱”是“高下在手”“想整谁就整谁”“想怎么整就怎么整”吗？古代官府判案能以“刑罚擅断主义”一言蔽之吗？一句话，古代司法是“卡迪司法”吗？

以及，古代中国法是没有“正义法”“理想法”“法上法”的纯工具主义法条吗？

……

上述种种，都存在质疑、论争的空间，有深入研讨的必要。总之，古代中国法、中华法系的研究应进一步回归自我、认识自我，其遗传密码尚待破译。

## 二、礼法：中华法系的法律样式

上述问题都具可研性，但本文只能择其一二略陈管见，以求教于方家。

中国古代法律文化起源于中华文明早期，从文献记载看，西周时期形成一种“礼法”制度和“礼法”文化。那个时代的法律形式主要是“礼”与“刑”。刑是惩罚犯罪的手段，即刑罚。刑依赖礼而存在，囊括在礼之中。所以三代之法，法在礼中，礼外无法，是中华法系礼法体制的原生态样式。正是古老悠久的礼法文化孕育了中华法系；反过来，中华法系又固化了礼法体制。

“礼法”这个词首见于《荀子》。“礼法”不是“礼”和“法”“礼”加“法”，或礼中有法、纳法于礼。“礼法”是一个双音节词汇，一个名词，一个法律学上的法概念，一个法哲学上的范畴，是古代“礼乐政刑”治国原则和方式的统称。

然而,中国法律制度史创设百多年来,各种教材,不管是研究体例,还是研究范围,都基本不谈礼法,而只讲律令,很少有脱离“律令体制”这个框架的。

“律令体制”是日本法制史学界提出的概念。日本学者如中田薰、仁井田陞、池田温等,认为,中国古代法以“律”为中心,令、格、式等法律形式都是“律”派生的,律令在中国古代从秦汉到明清一以贯之,所以中华法系就是“律令体制”。

这种说法是有问题的。它并不能涵盖中华法系的全貌。中国古代法绝不仅仅限于律令,这点早有很多前辈提到了。严复在翻译孟德斯鸠《法意》的时候就说,西文的“法”字,译成中文有“理、礼、法、制”四种意思,理解不能太狭隘了。陈顾远在20世纪三四十年代也曾多次发表论文,揭示天道、礼法与中华法系的关系。可惜,这些观点长期没有受到重视。

中国古代法远不限于“律令”,而是一种“礼法”。“礼法”也不仅是礼与法的关系问题,它还是中国古代法的体系。在中国古代,“礼”被视为法的渊源和纲领。荀子说:“礼者,法之大分,类之纲纪也。”礼还具有国家宪章和根本大法的意义,所以荀子又直接把礼称为“礼宪”。这和《左传》的名言“礼,经国家,定社稷,序民人,利后嗣者也”,一脉相承。司马光也说:“有形可考,在天为品物,在地为礼法。”中华法系的特色和精义就在“礼法体系”,“律令”生于“礼法”,合于“礼法”,“礼法”统摄“律令”。

在古代中国,“礼法”是秉承天道人情的根本大法。它既是最高法、正义法,统率各种国家法律、地方法规和家族规范,也是具体法、有效法、实施中的法。“礼法”制度相似于现今的宪法和法律制度,也是主要的行为规范。“礼法”意识就是法律意识、规矩意识。这种礼法文化为孔子和孔子创立的先秦儒家所继承和发扬。

春秋以降,礼坏乐崩,诸侯纷争,礼法毁弃,王道式微,霸道和强道横行。各国先后有改制立法的举措。战国时代,“法”“刑”“律”“宪”“令”等法律形式登上政治舞台,呈现出礼与法、礼与刑分离趋势。通常认为,秦国和统一六国后的秦朝在法律改革上最彻底,摒弃礼法体制而采用律令体制。但从睡虎地出土的秦墓竹简可见,其《为吏之道》一篇基本上以德礼思想为指导,从一个侧面说明礼法观念不绝如缕。法家学派是从儒家中脱颖出来的。他们发挥“礼法”中刑和罚的一端,提出“信赏必罚”“严刑峻罚”“轻罪重罚”“专任刑法”式的“以法治国”。结果大家都知道,是秦帝国昙花一现的辉煌。

经过一番挫折和探索,刘汉政权重拾礼法文化。尤其在西汉中期,董仲舒大兴以儒家经典为圭臬的“经义决事”“经义折狱”之风,在政事、司法和法律实施等治国理政领域确立了儒家思想的统治地位。诚然,这时的儒家思想与先秦儒家有所不同,它综合了法家、阴阳家等思想成果,创造性地回归中华礼法文化传统。

“经义折狱”只涉及司法领域。从司法的儒家化到立法的儒家化,换言之,从“经义折狱”到“经义立法”有一个历史过程。这个过程从东汉开始,中经魏晋南北朝,到隋唐臻于大成。《唐律疏议》是中华法系中律令系列的代表性法典。它以儒家思想为灵魂,“一准乎礼”,以德礼为本,以刑罚为用,宽严有度,出入中平,是中华法系以礼统律臻于成熟的标志,被世界法律史界誉为人类中世纪最优秀的刑法典。唐以后的宋元明清各代,大体因袭唐律,其基本制度和原则,乃至篇章结构的规模未作根本性改变。

汉代开始复兴的礼法体制具有礼律融合的特征。其“律”,指汉《九章律》、隋《开皇律》、唐《永徽律》、宋《刑统》、《大明律》、《大清律例》之类的历朝正统刑律,史称“正律”。律(刑律)以礼为指导,礼入于律、融于律,法史学界通称“礼法(此‘法’实即律)合一”。

不过,礼仍然单独存在,而且是制度性、规范性的存在,这就是“律外有礼”。

以唐朝为例。唐太宗李世民先制《贞观礼》,再定《贞观律》。唐高宗永徽二年(651 年)编成《永徽律》后,于显庆三年(658 年)据《贞观礼》修成《显庆礼》一百三十卷,并亲自为序,颁行中外。唐玄宗开元年间(713 ~ 741 年)又重振礼法体系,新编《大唐开元礼》共一百五十卷。如《唐律疏议》一样,《大唐开元礼》成为后世礼典之楷模。

明朝亦如是。朱元璋在洪武四年(1371 年)率先修成《大明集礼》,再于洪武三十年(1397 年)颁行《大明律》。其律典晚于礼典 24 年之久。其间,洪武帝又先后钦定《孝慈录》《洪武礼制》《礼仪定式》《皇明礼制》《大明礼制》《洪武礼法》《礼制集要》《礼制节文》《太常集礼》等。足见其于刑律之外有独立的礼典系统。

清王朝仍承袭这一传统。顺治四年(1647 年)制成《大清律集解附例》,康熙四十六年(1707 年)完成《大清律例》,雍正五年(1727 年)重定《大清律集解附例》,成为清代刑律定本。同时,乾隆元年敕修《大清通礼》五十卷,乾隆五年(1740 年)重修律例,定名《大清律例》。至此,礼律齐备,清代礼法体制基本定型。

“二十五史”中,有 13 篇《刑法志》,16 篇《礼志》,或称《礼乐志》《礼仪志》。《礼志》《礼乐志》《礼仪志》的篇幅,比《刑法志》的要大得多。如《宋史》,《刑法志》才三卷,而《礼仪志》有二十八卷。仅从数量上看,礼与刑孰轻孰重,便可立判。

综上所述,“礼法体制”作为中华法系的法律样式,或法律载体。它由三部分组成。

一为礼典,即“礼法体制”中属于礼的那部分。周礼中现存的《仪礼》,以及汉代的《朝仪》属于早期的礼典。帝制时代的成文礼典始于西晋的《新礼》。至隋唐而规模灿然。礼典是成文的,由礼部职掌。礼典中没有罚责的内容,仍然实行古老的“出礼入刑”的原则。违礼的刑罚的规定在律典中。唐律中有一条“大不敬”罪,是“十恶大罪”之一,包括盗窃御用物品、因失误而致皇帝的人身安全受到威胁、不尊重皇帝及钦差大臣等行为。《唐律疏议》对其做了这样的解释："礼者，敬之本；敬者，礼之舆……责其所犯既大，皆无肃敬之心，故曰'大不敬'。"据此，严重的违礼便可以入"大不敬"罪。其《职制》律中还有一条规定："诸祭祀及有事于园陵若朝会、侍卫，行事失错及违失仪式者，笞四十。"凡是在祭祀、朝会、侍卫中"声高喧闹，坐立不正，不依仪式，与众乖者"，都会受到惩处。礼典中明确规定有各种祭祀、祭孔大典、敬祖尊师的仪式，即便是皇帝在祭天时都需戒斋沐浴。司礼、执事人如违反仪式，将祭祀之物、礼器弄错或打乱，就是"行事失错及违失仪式"罪。

二为律典，即历代皇朝的正律，"律令体制"所说的便是这一部分。律典是刑事法律，大致包括现在法律分类中的刑法和刑事诉讼法。在礼法体制中，礼典的地位高于律典。礼典首先要解决的是一代王朝的正统性、合法性的问题。

曾有一种说法，以为唐律中有关惩处民事行为和经济行为的条款很多，因而是"民刑不分"的。其实在那个时代，经济与民商事违法行为的入罪门槛要比我们现在低得多，这是与生产力的发展水平和法制文明程度相关的。例如，古代"借钱不还"属于刑事犯罪。在社会文明早期，商品社会的经济发展十分薄弱，一方欠债不还，不但会造成严重的经济和社会后果，而且违背了儒家的诚信之道，有严重的主观恶意。所以，那些有罪化的民商事违法行为条款，仍是刑事法，不是民事法。

三为礼俗，包括习俗、习惯、家法族规、乡现民约等。其中有成文的，有不成文的，但都是得到国家或地方政府认可，并以公权力为后盾加以维护的。它们无处不在，无时不有，也无人不晓。正是在长期的礼法社会生活中，形成了"童叟无欺"的诚实信用原则、"民不告，官不理"的民事自治原则、"官有政法，民从私契"的契约优先原则、家产的近亲先卖原则，以及"讼终凶""和为贵"的"细故"纠纷调解机制以及和息优先原则，等等。而这些或显或隐的原则和规则都只能在礼法体制中方能产生和存在，成为南北东西一体遵循、几千年传承的礼俗之法。正是它,维系着中华民族有规则、讲规矩的民事生活常态;正是它,促成了中华民族几千年生生不息和兴盛发展。一个如此人多、地广、久远、多元的民族共同体,竟然不需要几千条民事成文法来规范,却生活得井井有条,这难道不是民事秩序的最高境界?! 民事生活的最高智慧? 只有中华礼法,才具有如此的境界和智慧! 在礼法规则状态里,人们应该做什么,不应该做什么,都是一清二楚的。他们对自己的行为能够预期,对行为的后果可以判断。这里有“天网恢恢”的敬畏,有“无法之法”的景从。

中华法系的法律样式是礼法,而远不止律令。如果讲中国古代法律和法制,只讲律令之典,只讲礼融于律的“礼法(律)合一”,而不讲律外之礼,不讲礼典和礼俗,不讲礼法之治,其实只讲了一半,甚至连一半都不到。当然,“律令体制”的研究也重要,有价值,但是把“律令体制”作为中华法系的唯一载体,用来概括中华法系的全貌显然是会导致以偏概全、一叶瞕目的。

## 三、良法善治:礼法传统的精华所在

中国古代的治国之道向来不是律令之治,而是“德、礼、政、刑”综合为用的“礼法之治”(教科书上常用的“礼法之治”,仍然是囿于“律令体制”的说法)。中国传统法文化是一种礼法文化,儒家思想则是礼法文化之魂。礼法文化中蕴藏着古代“良法善治”的智慧和遗传密码。

古贤所追求的良法善治,即孟子所谓的“徒善不足以为政,徒法不能以自行”,它大致有五大面相:一是以礼法为良法善治之法;二是以“中道”为良法善治之道;三是以德政为良法善治之政;四是以乡治为良法善治之基;五是以“祥刑”为良法善治之剑。

这里既无法律至上主义,亦非道德万能主义;既首重官德和德政,亦讲究乡村之公序与良俗;既高悬刑罚之威,又不尚严刑峻罚。这五个方面的相辅相成、综合为用,彰显礼法传统之精微。

“礼法体制”“良法善治”，中国古代礼法话语和语境的回归，将使一些曾经广为流传的说法大有重新讨论的必要。

我们曾习惯于以法治、人治来判别中国古代法文化的精华与糟粕，认为法家是讲法治的，儒家是讲人治的，尽管法家搞的是“封建法治”“专制法治”，觉得在当时总还是进步的、优秀的。

其实，法治、人治是西方政治法制文化中的思维方式和话语词汇，后来发展成为现代政治文明的一种价值尺度。中国古代礼法史上从未出现过法治与人治相对立的思想体系和制度体系，用法治与人治对立的思维方式和标准去描述中国法律史，去区别它的精华与糟粕，是不适宜的。先秦儒法两家的分歧，并不是人治与法治的对立；秦汉以后的礼法史也并不存在一条人治与法治斗争的主线。如果一定要以什么“治”来区分战国秦代的儒法两家，比较适合的说法是坚持礼法之治与毁弃礼法独任刑罚之治的区别。

有法律、有法制，不等于有法治。任何人群或部族，只要进入国家状态，就有以国家暴力为后盾的、强制执行的规则，这就是法律。秦王朝有“密如凝脂”的法网，希特勒法西斯也有完整的法律与制度。它们是典型的人治，与法治主义沾不上边。

评判中国古代某种思想是否法治主义要有一定的评价标准。用当代以“人权”为核心的法治思想作标准来评判古人，会苛求古人。最恰当是用同样在“轴心时代”产生的古希腊思想家的法治理论来做比较，具体来说，是以亚里士多德在《政治学》中阐述的法治要求作评价标准。

亚里士多德特别强调，法治必须是“优良的法”，必须有“普遍的服从”，“让一个人来统治，这就在政治中混入了兽性的因素”。法家主张君主“独断”“独听”“独视”“独治”的君主独裁专制，君主在法律之上，以严刑峻法治臣、治民、治国，而且是轻罪重刑，是典型的人治主义。“轻罪重刑”恰恰违背刑法法治原则。相比之下，儒家主张“罪刑相应”“中刑中罚”，以及提倡“祥刑”“慎刑”“恤刑”，倒更符合刑法科学,也比较人道和理性一些。法家要求执行君主之法应“刑过不避大臣”“法不阿贵”,抛开其君主独裁一面,在严于执法上有着积极意义。然由于其一味崇尚苛严,往往构成历史上最黑暗的酷吏、虎胥“治狱”。这又是与法治截然背离的。很显然,商鞅、韩非的君主独裁主张、秦始皇的个人独裁制度,是反法治的典型的人治主义和人治制度。

“法治”“人治”概念的最早使用者是梁启超。梁氏于1922年春在北京法政专门学校讲授“先秦政治思想”,比较系统地运用这些概念,将儒家说成“人治”,判法家为“法治”,他同时说儒家是“仁治”“德治”“礼治”,法家是“势治”“术治”“物治”。这种说法类似将文字较多的汉语语句作个简称,有比附西方法治学说的意义,但难以定论为科学的定义。不过,梁氏此举影响深远。从此,以“人治”“法治”论析儒家法家几成范式,风靡学界。其实未得梁氏真谛。他的“先秦政治思想”臧否百家,称许儒道,对法家的“法治”“势治”“术治”“物治”多有讥评。

法家与儒家有论争,有分歧,但不是“法治”与“人治”的对立斗争,只是绝对君权与相对君权的差异,或者说,是君本位的君主政治与民本位的君主政治的差别。从思想的历史文化价值上评价,民本思想所含的人类政治文明和人道精神来得更丰富些。

民本思想不是民主思想,也不能等同于孙中山的民权思想。用孙中山先生的话来说,民权思想是主张“民有、民治、民享”。儒家民本思想则是君有、君治,君与民共享,即孟子说的“与民同乐”。如果要勉强类比,民本思想与孙中山的民生主义比较相似。不过,儒家民本思想中孕育着权利思想的萌芽,“己所不欲,勿施于人”,含有对人的人格、自由、占有的尊重和维护。这是十分宝贵的思想元素。民本思想通过孙中山的民权、民生思想的转接,能够成为现代民主思想的积极资源。我们当今的热门政治话语,如“小康社会”“和谐社会”“关注民生”“情为民所系,权为民所用,利为民所谋”,等等,以及我们已被高度肯定为优秀传统的“民惟邦本”“政得其民”“为政以德、正己修身”等古代金句，都涵摄着民本的思想智慧，也是当今评价良法善治与否的一个底线标准。

综上所述，中华法系的治国之道所追求的是良法善治，不存在那种“法治”与“人治”相对立的思维方式和制度模式。“法治”与“人治”那套话语体系不适合用来解读中华法系的治国原则和方法。

## 四、折中融西：重建新的中华法系

当今世界，欧美中心主义的价值取向正在改变，文化多元化成为地球村人的共同价值。随着中华民族的伟大复兴事业的到来，也肯定将有一场中华文化的伟大复兴，其中当然包括新中华法系的重建。

在重建中华法系的时候，我们应该尊重两个传统：一个是一百多年来引进、移植西法的传统，其中包括1949年以来在马克思主义指导下探索社会主义民主法制建设和依法治国建设的某些业已积淀的好的传统；另一个是中华民族五千年历久不衰的古老中华法系的传统。前者是新传统，后者是老传统。这两个传统各有优势。西来的法律新传统重视政府的权力的分治和制约，尊重公民个人享有平等的权利和自由，强调形式法治和程序正义。从古代传承下来的中华法系老传统重视家庭价值和人与自然、人与社群、人与人的协调，强调政府的亲民和德政，崇尚实践理性并追求实体正义。

所以，重建中华法系也应该包括两个方面：折中、融西。折中，就是对自身的文化和礼法传统，进行现代化的反省和批判，正本清源，创新发展；融西，就是对西来的文化和法系传统，进行中国化的吸收和消化，化西为中。这个过程肯定是漫长的，但必定是光明的。它的结果，便是新的中华法系的创建，便是中国法治的成功。

最后，借用孔子的一句话：“人能弘道，非道弘人。”重建中华法系是一项十分复杂宏大的课题,需要高瞻远瞩的顶层设计和全体国民持之以恒的努力,其中包括有识之志知其可为或“知其不可为”而为之的探索与创新。

# 为什么要探索中国传统法理*

张中秋**

【内容摘要】 建设有中国特色的社会主义法学，有必要探索真正“中国的”法理，这必然要求我们重新审视伟大的中华法律传统。在对传统法律与文化进行探索的基础上，笔者认为，中国传统法理虽然与西方不同，但并不违背人类法律对秩序与正义的追求，而且还契合中国人对天人合一这一人生理想境界的追求，这不只是中国传统法理的正当性所在，亦是它所追求的最高理想、最终目标和最大意义所在。所以，从法理上讲，中国传统法是真正意义上的法自然的法。

【关键词】 中国传统法理　动态合理正义观　道德　有序

为什么要探索中国传统法理？对我们来说是因为有这样一个认识，即法理是法学的共通之理，是法之为法和法学之为法学的根据所在，亦即关乎法和法学自身正当性的问题；同时，法理还是法律科学的思想结晶，毕竟思想是学术之王。所以，法理是法学的会通之理，自然亦是法学各门学科的最高追求和相通之途。唯有这样，法学中不同专业的学人，才有可能做到法思相通、法理相融。

---

* 本文是作者为《法与理——中国传统法理及其当代价值研究》（中国政法大学出版社将出）一书所写的代序，现载于此，供与大家交流和批评。

** 作者系中国政法大学教授，法学博士，博士生导师，中国法律史学会执行会长。

那么,又如何从法史中来探索法理呢?我们的体会和方法是,从法史中抽绎法理,用法理来解读法史。这是因为法史中蕴含法理,可以说法史是拉长的法理,法理是压缩的法史;但要摄取法史中的法理,就要从中抽绎;如何抽绎,就要用法理来解读法史。这样,法史学在复原、解释和探讨法的发展的同时,亦能从人类经验的角度提供法的正当性解说,从而使它具有法理内涵,成为有思想的学科。如此一来,法理学着重探讨一般法理问题,部门法学侧重探讨具体法律和法理问题,法史学则重在探讨法理的历史性状与成长脉络,展示它在时间之流中的传承变迁,以及在当时和对现今的意义,从而使法史学真正成为法学(法的正当性之学)的基础学科,起到支撑和促进法理学与其他法学分支学科发展的作用,彰显它在法律科学中存在的价值和无可替代的地位与功能。

依着这样的理念,同时交替使用上述方法,我们开始了对中国传统法理及其当代价值的探索。本书是这项工作的初步结集,至于效果如何还有待大家来评判。通过探索,我们认识到,在人类法律史上,法理既有普遍性又有特殊性,普遍性表现在对秩序与正义的共同追求,特殊性表现在对秩序与正义的不同理解。而这种不同的理解,在不同的语境和历史文化系统中,却都是对法的正当性的表达。

我们认为,在中国传统法中,法理的核心是合理。合理实际上就是中国传统法的正义观,它包含了等与不等和同与不同,可以说是等与不等和同与不同,或者说等者同等、不等者不等的有机构造。所谓等/同,就是同理者同等/同;所谓不等/不同,就是不同理者不等/不同,而是依理之大小排序。这样,无论是等/同,还是不等/不同,都是建立在理上,所以称为合理。而且,这种合理本身亦要合理地来理解,亦即它是动态的,其等与不等、同与不同都是相对的、变动的,所以又可以称为动态的合理正义观。譬如,人生来是一样的,亦即人的自然生命有同等价值,这是天然的理,亦即天理,所以,法律依据这个理,在原则上规定,人命关天,杀人者死、伤人者刑,不分高低，这可以说是一种原则性的或者说理念上的合理正义观。但实际上，人生来是一样的，后来发展不一样，集中表现在人的德和能的不同，亦即人的精神生命和社会生命的价值有差别，这是实际的理或者说理的现实，所以，法律又根据人的精神生命和社会生命价值的高低，亦即德与能的不同这个现实的理，来具体分配权利义务和定罪量刑，高者高，低者低，等者同等，不等者不等。这样，在理的支点上又形成了可上下移动的阶梯结构，其结果即我们所看到的礼法结合所形成的差序格局。因此，我们又把这种正义观称为动态的合理正义观。

如果要从哲学上来认识这样的正义观，亦即探底这种有机结合所形成的合理背后的哲理和法理，那么，在中国传统的语境和历史文化系统中，应该说就是道德，或者说由道德而生的仁义或情理。正如阴与阳一样，道、义、理曰宜为序，表示世界的有序性或者说差序性，意味着对万物井然有序的秩序追求；德、仁、情曰生为同，表示世界的创生性或者说同生性，意味着对万物共生共荣的同一追求。所以，阴与阳、柔与刚、义与仁、理与情以及刑罚与德礼等，都是对世界的有序性与创生性，或者说对静与动、序与生、异与同，亦即差序与同一、有序与正当的追求。归根结底，这些追求都是对道与德有机结合的完美追求，或者说是对德生道成所形成的生生不息与生而有序这样一种自然现象和自然法则，亦即对世界万物对立统一这样一种辩证关系的理的认识、表达和追求。这是中国人固有的世界观和价值观，这个世界观和价值观的根源是生生不息与生而有序的生命世界观，这个生命世界观的核心和精髓是德生道成的道德，这个道德就是中国传统法的哲理和法理，实则是动态的（源于生生不息）合理（源于生而有序）正义观，亦即它的正当性所在。这个正当性的具体所指，依据中国传统的经典《易·系辞下》和法典《唐律疏议·名例》所记，即“理财、正辞、禁民为非，曰义”。对此，明儒丘浚在《大学衍义补·详听断之法》中解释说，所谓义，即分别各人之所当有、所当言和所不当为者,而分别各人之所当和所不当者都以理为准,亦即以是否符合道德或由道德而生的仁义或情理这些个理为准。换言之,中国传统法的义,或者说它的正义观,亦即它的法理或正当性所在是动态的合理;动态的合理的正当性是道德,或者说由道德而生的仁义或情理;而道德的正当性是生生不息与生而有序的自然,包括自然现象和自然法则。所以,《论语·阳货》记孔子说:“天何言哉?四时行焉,百物生焉,天何言哉?”这表明在孔子看来,天是没说什么,只是用它四时在行的序和百物生焉的生,亦即生与序,或者说生生不息与生而有序的这种自然现象和自然法则告诉了人们什么是天道。用传统中国的术语,这个天道亦就是天理,或者说万物之理,简称为理。如果考虑到中国人天人一体,亦即自然、社会和人类是一个有机整体的生命世界观,以及在此基础上形成的人生观、价值观和法律观,那么,中国传统的法理,从自然/法则上可以说是天道/天理或理,从哲学上可以说是道德或阴阳,从立法和司法上可以说是由道德而生的仁义或情理。虽措辞不同,但“理一分殊”,其内涵和精神一致,同是贯通中国传统法的原理、制度与实践的正当性所在,亦即中国传统法理的所合之理,实际就是从天理到情理前后相贯通的道理。毋庸讳言,这个道理的内涵是纲常礼教,但实质是道德仁义,其根据是生生不息与生而有序的自然法则这个天理。因此,这在当时具有完全的正当性,即使在今天亦有它部分的正当性,如纲常中仁、义、礼、智、信的“五常”仍不失其价值。因此,无论是从学理还是从实践上来说,自然/天理—道德/仁义/情理—正当/合理—公平/正义,构成了中国人以合理为核心的正义观念。其实,这正是中国人固有地看待公平正义的基本观念。大概是因为从近代开始,中国失去了自信,加之巨大的事实不平等和与观念相关联的社会结构的变化,使我们在法律近/现代化的过程中,急于追求西方法律形式上的平等。这自有其必要,亦有其进步,但这亦常使合理的区分被忽略,而这种区分在某种程度上是社会秩序的映照，并与共享的道德观念相联系。立法者放任了这种偏向，在合理性方面立场含糊，但在传统中国法中这是旗帜鲜明的，实际亦有效地维持了当时的社会秩序和正义。由此可见，中国传统法理虽然与西方不同，但并不违背人类法律对秩序与正义的追求，而且还契合中国人对天人合一这一人生理想境界的追求，即天人共有的生生不息与生而有序的道德实现，或者说人之道德与天之道德的同构、共理和贯通，从而使人在本质和精神上达到与天地自然那样的永久存在。事实上，这不只是中国传统法理的正当性所在，亦是它所追求的最高理想、最终目标和最大意义所在。所以，从法理上讲，中国传统法是真正意义上的法自然的法。

最后需要交代的是，本书所讨论的中国传统的“法”乃取其广义，可以从法社会学的角度来理解，其内涵主要是指合乎道德、仁义或情理，亦即合理或者说具有正当性的秩序和规范体系，包括观念、规则和习惯。此外，书中的文章虽同是一个主题，但认识是从不同的时空和角度进入的，有的是总论有的是专论，有的论及当代有的含而不发，所以，文章的风格和重心有所不同，这一点祈请大家谅解。还有，正如我在《道与法——中国传统法哲学新探》（中国政法大学出版社 2016 年版）一书的“代序”中所说，我衷心地感谢支持和协助我的朋友们，正是由于得到了他们的支持和协助，本书的编纂才得以顺利进行和完成。为此，我希望本书能够成为我们之间友好合作和共同探讨的再出发。

# 在经典中领悟传统法的智慧

## ——我对《中国法制史》教学的一点感想*

李启成**

**【内容摘要】** 学习《中国法制史》，首先得明确何谓“中国法制史”，重在理解“中国”“法制”与“历史”这三者的深刻的内涵。而如何学习中国法制史，则需要在提升人文素养的基础上培养专业技能；深入中国具体的法制历史中加以同情理解；当然，熟读经典乃是同情理解中国法制史的必须。

**【关键词】** 中国法制史　人文素养　同情理解　景点

### 一、何谓《中国法制史》

作为法学院学生，为什么要研习《中国法制史》？这是同学们自然会问的第一个问题。最简单的答案就是它是必修课，跟我们计算绩点、保研、就业有密切关系，因此要学。这么回答也对，但我们还要问，我们法学课程这么多，为什么教育部门会把它定为必修课？其中原因，我不能准确探知，也没这个必要。作为这门课的老师，我想谈谈自己的看法。

要回答“为什么”，必须大致搞清楚“是什么”这一先决问题。很

---

* 本文原题为“我对中国法制史教学的一点感想”，正标题为编者所加。

** 作者系北京大学法学院教授、博士生导师，北京大学近代法研究所研究员。本文是作者在北京大学法学院为本科生讲授《中国法制史》一课“导论”部分的讲稿。

多时候,你真正了解了“是什么”,“为什么”这个问题也就迎刃而解了。这里还需引申一句:倘若我们仅仅满足于了解“是什么”,自然是不够的。但如果还没有搞清楚“是什么”,便急于解释“为什么”,那无论你解释得如何头头是道,也总不免令人怀疑你那个所谓的“道”,不过是“心造的幻影”。[1] 具体到《中国法制史》这一课程,先必须大致了解其研习对象。顾名思义,《中国法制史》的研习对象是中国法律制度的历史。这里有三个关键词:中国、法律制度和历史。

**图 1　西周何尊铭文,圈内为“宅兹中国”字样**

什么是“中国”? 这个词我们经常用,主要是个政治概念。目前所知“中国”一词较早出现在公元前 11 世纪西周成王时期的青铜器何尊铭文中,该铭文记载了成王营建东都洛阳的史实,有“隹武王既

〔1〕 朱维铮:《研究历史观念史的一部力作(代序)》,载饶宗颐:《中国史学上之正统论》,中华书局 2015 年版。

克大邑商,则廷告于天曰:余其宅兹中国,自兹乂民”。〔1〕 在这里,“中国”指的是以洛阳盆地为中心的中原地区。《尚书·梓材》有“皇天既付中国民”一句,同时出现了“皇天”“中国”和“民”三个概念,表明周王自认为皇天将民交给中国,因此要举行祭典。《诗经·大雅·生民之什·民劳》:“民亦劳止,汔可小康。惠此中国,以绥四方。”〔2〕这里“中国”与“四方”相对,是周人对自己居住地域的称谓,他们认为自己位于大地的中央,而四周的民族则分别被他们称为蛮、夷、戎、狄。故“中国”一词原指中原,随着中原不断向边陲扩散,同时边陲也不断向中原汇聚,中国的范围也就与日俱增,其意义几同天下。〔3〕 刘邦建立汉朝,陆贾将之视为“统天下,理中国”〔4〕之大事。故自汉朝以来,“中国”一词逐渐演变成为正统朝代之指称。如在南北朝时期和宋代,对峙双方都自称“中国”。但各朝代并不把“中国”作为国名使用,直到1912年中华民国成立,才将“中国”作为“中华民国”的简称正式使用,使其首次成为具有近代国家概念的正式名称。中华人民共和国成立后,也简称“中国”。故可说,“中国”是中华民族生长发展过程中一种自觉的自我意识,“中国”与中华民族同具永久生命,而为中国人整体性的基本表征。

从历史演进的角度来看,“中国”所指称的空间外延不断变化,是在与外部世界相联系中成长或者说逐步成熟。正是在这个意义

---

〔1〕 徐中舒主编:《殷周金文集录》,四川人民出版社1984年版,第245页。青铜器何尊于1963年在陕西宝鸡出土,刻有长达12行122字的铭文,现藏于宝鸡博物馆。何尊铭文的大意为:成王五年四月,周王朝开始在成周营建都城,对武王进行丰福之祭。周王于丙戌日在京宫大室中对宗族小子何进行训诰:何的先父公氏追随文王,文王受上天大命统治天下。武王灭商后则告祭于天,以此地作为天下的中心,统治民众。周王赏赐何贝30朋,何因此作尊,以为纪念。

〔2〕 大致意思是:老百姓也劳苦够了,求得可以稍稍安康。周王能否爱京师之民以安天下四方?

〔3〕 汪荣祖:《明清史丛说》,广西师范大学出版社2013年版,第5页。

〔4〕 班固撰:《汉书》(第7册),中华书局1962年版,第2112页。

上,梁启超把中国史划分为三阶段:“中国之中国”“亚洲之中国”和“世界之中国”,他说:

> 第一上世史,自黄帝以迄秦之统一,是为中国之中国,即中国民族自发达自竞争自团结之时代也……第二中世史,自秦统一后至清代乾隆之末年,是为亚洲之中国,即中国民族与亚洲各民族交涉繁频竞争最烈之时代也……第三近世史,自乾隆末年以至于今日,是为世界之中国,即中国民族合同全亚洲之民族,与西人交涉竞争之时代也。[1]

中国历史上的法律制度是在与周边民族、亚洲各民族甚至与世界各民族相互交往、学习、借鉴过程中发展成熟起来的,故我们在研讨“中国法制史”时既要注意中国法制的主体性,又要认识到外部世界对中国法制的影响。

法律制度或者说法制是什么？简单说就是形成了制度的法律。先来看什么是法律。大家都熟悉马克思主义关于法律的定义,它侧重从阶级对立的角度来强调法律的国家强制性特征,自有其道理,但可能不全面。因为法制除了国家法,还有社会法、民间法这些不具国家强制性或者国家强制性不够明显的部分。

笔者认为,法律是人类为追求公平正义和稳定秩序的规则表达,是达致真善美生活的重要制度手段。法律所涉及的基本问题大致包括:(1)人为什么需要法律？(2)法律的内容与权威取决于什么？(3)法有善恶吗？什么法律是好的或正当的？(4)法律与其他社会规范的区别是什么？(5)人应当如何生活？(6)法律与人的自我实现及其生活的意义有什么关系？

---

〔1〕 梁启超:《中国史叙论》,载《饮冰室文集》(第3册)(点校本),吴松等点校,云南教育出版社2001年版,第1626~1627页。

在西方,有不少思想家思考并回答了这些问题,受这些思想的影响,形成了影响深远的法律制度,从而拥有了自己的法律传统。中国自近代以来,大规模继受西方法制文明,尤其是大陆法体系。由于中国传统法制和西方法制根本属于两个完全不同的文化系统,其间差异不可以道里计,这就导致我们固有法律传统的根本断裂,从而今天的我们在理解传统法制时碰到了大困难。

中国法制史这一学科之成立,直接受日本学界的影响。本学科产生的重要标志之一是《中国法律发达史》一书于1930年由上海商务印书馆出版,其作者杨鸿烈先生即曾留学日本。[1] 本学科的研究范围,自然也借鉴了日本学者相关论述。主要活跃于民国时期的著名法学者蔡枢衡先生曾指出:"不论是作为一种法学或史学,法制史一词显然都不是中国固有的,而是从东邻输入的外来语。日语'法制'一词有两方面的意义:其一是写定法规或编纂法典。这在资本主义国家就是立法,相当于英语的Legislation;其二是法律和命令的概括,相当于英语广义的Law……由于专制时代只有命令,没有法律。立宪政治则分法令为法律和命令两种。所以专制时代的法规相当于立宪体制下的法律和命令两者的概括。与英语广义的Law含义相同的法制,实际是法律和命令的概括词……日语所谓法制史,实际是法律和命令二者的历史。"[2]

受这个观察视角的支配,法制就是朝廷和官府的强制性规范集合。古代中国"出礼而入法",故法主要是一些禁止性规范及其违反

---

〔1〕 大致在前后不久,丁元普、程树德和陈顾远等先生出版了直接以《中国法制史》命名的教科书。(参考张伟仁主编:《中国法制史书目》,"中央研究院"历史语言研究所专刊之六十七,1976年版,第1册,第442~443页。)其中丁元普曾在早稻田大学学习过,程树德毕业于日本法政大学,只有陈顾远没有留日经历。陈顾远于"五四运动"后在北大法科学习,对中国历代法制很感兴趣,授课老师为康宝忠,而康宝忠曾于20世纪初留学日本。这足见当时日本法学对本学科诞生之初所发挥的重大影响。

〔2〕 蔡枢衡:《中国刑法史》,中国法制出版社2005年版,"序",第6页。

这些规范所予以的惩罚。自然地,中国刑法史成了中国法制史的重心。除去刑法史的法制史,便觉空洞无物。

日本法律的近代化是"脱亚入欧"背景下学习欧陆法的结果。我们学习日本建设自己的法制史学科,也就习惯于将欧洲大陆法系国家对于法律的分类,拿来将中国古代法强行加以分割,用这种方法,写出的中国法制史,差不多可以命名为"大陆法系视野中的中国法制史"。这就有了我们常见的一些名词,如中国古代的宪法、行政法、经济法等;并进而引申出了一些可能不是问题的问题,最著者如中国古代为什么没有民法或者说民法不发达。在这种情况下,有学者感慨:"有的专著和论文力图从积极的方面挖掘和阐述中华法系的精神,但由于讲消极一面生动具体,讲积极一面空洞无物,内容阐述的大多还是君主专制、法自君出、维护皇权、重刑轻民、司法行政合一、法有等差、重农抑商、取义舍利、以政率法等,给人留下中华法系从整体上说是'糟粕大于精华'的印象。"〔1〕

中国人的这种判断是进入20世纪之后才得以大行其道的。曾经有很长一段时间,很多欧洲学者承认中国在道德培育和政法制度方面的巨大成就。伏尔泰认为中国人科学不发达,是跟他们注意力不在此有关,因"中国人最深刻了解、最精心培育、最致力完善的东西是道德和法律……在别的国家,法律用以治罪,而在中国,其作用更大,用以褒奖善行"。〔2〕 这不是伏尔泰一个人的意见,当时的启蒙思想家基本上多持类似观点,莱布尼兹是这样说的:"如果说我们在手工技能上与他们不分上下、在理论科学方面超过他们的话,那么,在实践哲学方面,即在人类生活及日常风俗的伦理道德和政治学说

〔1〕 杨一凡:《中华法系研究中的一个重大误区——"诸法合体、民刑不分"说质疑》,载《中国社会科学》2002年第6期。

〔2〕 [法]伏尔泰:《风俗论》(上册),梁守锵译,商务印书馆1995年版,第216~217页。

方面,我不得不汗颜地承认他们远胜于我们。"[1]重农学派的代表魁奈说:"中国的制度系建立于明智和确定不移的法律之上,皇帝执行这些法律,而他自己也审慎地遵守这些法律。"[2]1810年,《大清律例》英文版问世,译者小斯当东(George Thomas Staunton),早年曾作为马嘎尔尼(Macartney)使团随员觐见过乾隆,对清帝国的印象总体来说较糟糕,但他将《大清律例》译为英文,试图将之作为英国改良法律的借鉴材料之一。受此影响,当时有学者在《爱丁堡评论》发表文章,对《大清律例》评价甚高:"与我们的法典相比,这部法典的条文最伟大之处是其高度的条理性、清晰性和逻辑一贯性……尽管这些法律冗长烦琐之处颇多,我们还没看到过任何一部欧洲法典的内容那么丰富,逻辑性那么强,那么简洁明快,不死守教条,没有想当然的推论。"[3]

其实,笔者认为与辉煌文明相适应,中国古代有当时很发达的法律制度、法律理念。这一点之所以然,笔者将在本讲学习方法的时候进一步展开。通过对法律概念和法律制度演变历程的梳理,笔者认为,用当今流行的法学语词来分析、指称传统法制,最好应照顾到法律系统乃至整个文化系统,不要机械将古今之间一一对应。

历史是什么?这个问题很难回答,没有一个标准答案。笔者受杜维运先生的启发较多,非常认可他的观点,"历史既不是往事(亦即不是过去),也不止于是往事的记录,而是史学家研究往事的成果"。[4] 既然历史是史学家研究往事的成果,那不同的史学家,受各

---

〔1〕 [法]莱布尼兹:《中国近事:为了照亮我们这个时代的历史》,杨保筠译,大象出版社2005年版,第2页。

〔2〕 [法]魁奈:《中华帝国的专制制度》,谈敏译,商务印书馆1992年版,第24页。

〔3〕 [英]约·罗伯茨编著:《十九世纪西方人眼中的中国》,蒋重跃等译,中华书局2006年版,第23~24页。

〔4〕 杜维运:《史学方法论》,北京大学出版社2006年版,第20页。

自历史观和价值观的影响,写出来的历史自然就不一样。中国古人非常重视历史的教化功能,将褒贬书法用于历史书写之中,以惩恶扬善。美国历史教科书则不一样,读一读你会发现,越丢脸的事他们写得越细越深,比如歧视黑人、大萧条、虐待华工等。背后的理由之一是美国人不怕扬家丑给下一代,而是揭短以警醒后人不要再犯同样的错误。这两种不同历史观指导下的历史书写,各有其优长,可谓殊途同归,都冀望人类能从野蛮走向文明,应可互相镜鉴。

笔者很欣赏一种说法:在大学教书是为了帮助学生"从负数变成零",而不是从零增加一些知识。笔者理解,这里所说的"负数",在中国法制史的学习上,就是那些严重妨碍我们进行独立思考的历史教条。讲历史,首先是要求真,关于一桩事件、某个人物、特定制度,你先要找到相关的第一手资料,大致知道是什么。杜维运先生就讲道:"历史不可能全真,历史的最值得珍贵,却在于极近于真。所以史学家最主要的任务,是在尽可能将以往曾经发生的事实的真相,以及事实与事实间相互的真正关系,揭露出来。古今中外史学家兢兢业业所惨淡经营者在此。历史而流于虚妄荒诞,将毫无意义与价值。""历史变动最剧烈的时代,每在朝代更易之际,历史的真相,也最易在此时失去。史学家此时因政治上的因素,往往不敢秉笔直书,旧朝殉国的烈士,守节的遗民,赴汤蹈火,呼天抢地,其忠义之迹,史学家固不敢为之留传;即旧朝完善的制度,优美的传统,也每被诬蔑或曲解。""历史决不能属于胜利者的战利品,失败者与少数,绝不是历史的垃圾堆,史家也决不应当有胜者王侯败者盗贼的观念,使自己属于胜利的一边,忙碌着去挑选胜利者。天地的元气,历史的真精神,往往存在于失败者与少数人之间。"[1]有鉴于此,我们更需在这些关键的地方搜寻原始资料,以探求历史之真。

光知道是什么还不够,还要问为什么,换言之,即要有问题意识。

---

〔1〕 杜维运:《史学方法论》,北京大学出版社2006年版,第258~266页。

著名考古学家张光直先生根据自己的研究经验提醒后学:

> 要从古代的历史中得出某个问题很满意的解决,从而使其他人能够信服,那么,单指出现象是不够的,重要的是要问一问"为什么"。只指出中国古代文明是以青铜器为特征,它有若干特点,比如有饕餮纹或龙纹、凤纹,说中国古代的文明就是这样,这是不够的。当然要研究中国古代的文明,得由此入手,正因为我们有这种形制和花纹的青铜器、玉器,因而中国古代文明才与其他的文明不同。不过这只是第一步,仅第一步是不够的;我们更要提出的是,中国古代文明"为什么"会有这样的特征?假如我们能够得出一个具体的能让人信服的答案来,才能使我们在这个问题的研究上,得到相当程度的自信和满足,也才能使其他人信服和接受。所以如果要研究古史、古代美术、考古学的话,我认为要时常想想下面几个单词:what、where、when、how、why。〔1〕

张光直先生的指点,对于古代中国法制史的学习和研究当然也是很重要的。问题意识怎么产生,除了上面所谈到的知识本身事理之当然这一因素外,还与今天我们遇到的问题有关,因此,要试图架起古今之间的桥梁。东汉思想家王充曾讲:"夫知古不知今,谓之陆沈……知今不知古,谓之盲瞽。"〔2〕德国历史法学派大家萨维尼曾讲:"历史,即便是一个民族的幼年,都永远是值得敬重的导师……只有通过历史,才能与民族的初始状态保持生动的联系,而丧失了

〔1〕 张光直:《从商周青铜器谈文明与国家的起源》,载《中国青铜时代》,三联书店2013年版,第483页。

〔2〕 《论衡·谢短》,载黄晖撰:《论衡校释》(第2册),中华书局1990年版,第555页。

这一联系，也就丧失了每一民族的精神生活中最为宝贵的部分。”[1]我们对某些现实问题的关注和思考，有时不得其解。如这时能深入古今中西的历史中来考察，可能会给我们醍醐灌顶的启发。所谓太阳底下无新事，“后之视今犹今之视昔”，因人类最大的教训就是从不吸取教训。我们通常讲，历史是过去了的现实，现实是正在发生的历史；历史是长新闻，新闻是短历史。比如说当今中国，要用什么来遏制官吏的腐败？西方怎么做的？传统中国是怎么做的？那些经验和制度在今日中国是否还有效？如果已无效或过时，其原因何在？这些都是值得思考的问题，也会提升我们的学习兴趣。

学习中国法制史，在一定程度上，就是在认识中国人的生活方式、思维方式及其变化。尽管这种生活方式、思维方式，到现在已发生巨大改变，但我们还是要承认，有些生活方式，尽管被看作是极其“落后”的，却依然存在，有其价值和背后的道理。故了解中国古代法制，就不仅仅在回顾过去，发思古之幽情，还有应对现实和未来的可能。中国当代法制，一定是在中国社会历史大背景中发展起来的；学习外国法律，也是为了解决中国自身的问题：基于我们对法律的理解，即使外国法律在外国实行得很好，在中国社会则未必收获良好的效果。总之，既不要食洋不化，也不要食古不化。钱穆先生在其名著《国史大纲》中批评了不顾自身实际情况，盲目效仿他人的“假革命”行为，值得深思。他说：

> 文化与历史之特征，曰“连绵”，曰“持续”。惟其连绵与持续，故以形成个性而见为不可移易。惟其有个性而不可移易，故亦谓之有生命、有精神。一民族文化与历史之生命与精神，皆由其民族所处特殊之环境，所遭特殊之问题，所用特殊之努力，所

---

〔1〕［德］萨维尼：《论立法与法学的当代使命》，许章润译，中国法制出版社2001年版，第86页。

得特殊之成绩,而成一种特殊之机构。一民族所自有之政治制度,亦包融于其民族之全部文化机构中而自有其历史性……一民族政治制度之真革新,在能就其自有问题得新处决,辟新路径。不管自身问题,强效他人创制,冒昧推行,此乃一种“假革命”,以与自己历史文化生命无关,终不可久。中国辛亥革命,颇有一切推翻故常而陷于“假革命”之嫌……当时似误认为中国自秦以来,即自有王室以来,一切政制习惯多是要不得。于是乃全弃我故常之传统,以追效他邦政制之为我所素不习者,此则当时一大错也。即如考试与铨选,乃中国政制上传袭甚久之一种客观用人标准,民国以来亦弃去不惜。如是则民治未达,官方已坏,政局乌得不乱……而所以犹谓之“假革命”者,以我民族所遇之问题,犹是我民族特有之问题,却不能亦随别人之政制与理论而俱变也。〔1〕

总之,学习《中国法制史》课程的意义,同时也是重要的学习目标之一,用老师李贵连教授经多年思索而总结出来的十五字箴言,即“通古今之变,明中西之异,究当世之法”:

第一,“通古今之变”,就是了解法律的整个变化过程。孔子的观点,是思想,但没有成为制度。孔子的思想后来成为制度,这个制度在社会上是怎么实施的,就会有很多问题。比如“容隐”制度。如果父亲把母亲打死了,告发不告发?容隐不容隐?这要靠实际的判决来决定。父亲打死母亲,社会上没有吗?有的。父亲把爷爷打死了,儿子要不要容隐,社会上没有吗?没有的话就不成其为社会了。“容隐”是法律,“子孙违反教令”也是法律,为什么清末法律改革,子孙违反教令争议很大?如果父

〔1〕 钱穆:《国史大纲》(下册),商务印书馆1996年版,第911~912页。

亲教令和母亲教令不一样,怎么办?当时包办婚姻,父亲定了这个,母亲定了那个,这是不是都是教令?父母同意了这个,爷爷不同意,怎么办?一思考具体制度,这里面有很多问题,所以一定要通达古今的变化。这些制度可都是维持了几千年的,要思考古今是怎么变的。第二,要"明中西之异"……外法这么大一个范围,而中国一个朝代就有多少材料,外法搞这么大范围,那么多国家,没办法做到"地熟",资料怎么看得过来?真正要搞外法的话,比如说英国,住他个七八年,可能能搞出点名堂。不然,一定要和中法结合起来。中国近代把传统的法一下子反过来接受西方,但又不是完全接受西方,传统还是受影响的。同一个概念,中国和西方可能就不一样。所以要搞明白中国和西方的概念到底是怎么一回事。西方传进来的一些即使很基本的概念,像民主啊,民权啊,人权啊,由于观念不一样,翻译过来会有差异在里面……第三,要"究当世之法"。这十五个字,笔者不能完全做到,但我觉得,我们法史应该朝这个方向努力。[1]

## 二、如何学习《中国法制史》

关于如何学习《中国法制史》,首先欲明了的一个重要前提是学习《中国法制史》的目标为何。在大致弄清楚这个目标后,才能进一步谈与此紧密相关的学习态度和方法问题。下面笔者将根据自己的理解对这些问题分别略加阐释。

### (一)在提升人文素养的基础上培养专业技能

关于学习《中国法制史》的目标,前面笔者引用了李贵连老师所总结的"通古今之变,明中西之异,究当世之法",这里笔者想用更通俗一点的说法,那就是希望同学们能在提升人文素养的基础上培养

---

〔1〕 李贵连:《法史学的十五字箴言》,载《检察风云》2011年第15期。

专业技能。

国内法学院所开设的各种课程中,跟文史哲等人文学科有密切关系的不多,尽管法史学到底属于史学还是法学有争议,但无论如何,《中国法制史》一课与人文学科联系最紧密。在大学学习法律,念部门法,不可不读法理学与法史学;念法学,还要读政治学、经济学、社会学,甚至还有读一点自然科学,更得读史学与哲学。后者读通了,前者的气象自然就大了;越是专门之学,越要有大气象、大格局为支撑。"为学要如金字塔,要能广大要能高。"这就是专与博之间关系的重要一面。进一步讲,专门之学深入了,始能博观旁通,"要合之以见其大,必先分之而致其精。"[1]大学存在的意义,不仅仅是培养工程师,更是要培养合格乃至优秀的公民,要让他们去领略浩瀚的历史和多种多样的文明。换句话说,大学之所以为"大",就在于师生要一起寻"道",而不是仅仅止于"技艺"之授受,要由"技艺"进乎"道"。

笔者一直在思考这个问题:我们以前批评法官职业化程度不够,是司法不能让人满意的人事原因之一,可为什么有了职业训练和考试,法学院毕业生成了司法人员之后,反而出现了用专业知识和词汇进行包装而内容更荒谬的判决结果,民众对某些司法人员或判决依旧不满意。职业化不够还可说是不"知";现在职业化程度高了,结果还是如此,那就是"知而不能行",甚至是"知"之后明白其中的利害而更不愿"行",问题可能更复杂也更严重了。解决之道惟何?那就先要探究其原因。固然,不能完全归责于司法人员本身,跟整个体制和社会大环境紧密相关,但不管怎么说,司法官员人文素养的欠缺则是其中的重要原因。要提升司法官员的人文素养,那大学法科教育就更应注意于此。为什么呢?我们的教育,从小学直到中学,尽管也在提倡素质教育,但实际上仍是应试教育在主导,可以

---

[1] 吕思勉:《汉朝大历史》,北京联合出版公司2012年版,"代序"第5页。

说,真正的人文素质教育自大学才开始。而大学法科职业教育随学生进入大学之门即开始,缺乏专门的人文教育阶段,故强化人文教育是当今国内改进大学法学本科教育的当务之急。东汉王充有段批评文法刀笔吏的话值得深思和警惕:“文吏幼则笔墨,手习而行,无篇章之诵,不闻仁义之语。长大成吏,舞文巧法,徇私为己,勉赴权利。考事则受赂,临民则采渔,处右则弄权,幸上则卖将。一旦在位,鲜冠利剑;一岁典职,田宅并兼,性非皆恶,所习为者违圣教也。”〔1〕我们法学院的学生要避免成为舞文弄法的“刀笔吏”甚至无视苍生民命的“酷吏”,在上学时就应该精读一定数量的中外人文名著,陶冶我们的情操,提升我们的人文素养。

有学者在当下中国做过问卷调查,发现:人们的功利性阅读占其主要部分,有的人甚至终其一生,都在功利性阅读里打转。为考试、为文凭、为职称、为升迁、为炫耀等,目的非常明显,甚至目的前置,即书还没读,读书目的已全然呈现出来。这种阅读方式尽管未必全非,但显然不是理想阅读之境。其实,读书除了实用乃至改变人的生存处境外,更重要的作用在于,读书是为了不受蒙骗,明白自己的权利与义务,争取做一个有尊严而体面的人。

超越一般的功利性,往高里说,读书就是读书,是一种人生情趣、生活方式。为什么我们有必要将读书视为一种很理想的生活方式呢?冯友兰先生在《新原人》一书中指出人生境界由低到高,大致可分为四个层次:自然境界(一切顺从本性或习惯,对宇宙人生毫无觉解)、功利境界(为私、为个人利益生活)、道德境界(为公、为社会利益而生活)和天地境界(彻底了解人生意义,与宇宙合二为一)。〔2〕

〔1〕 黄晖撰:《论衡校释》(第2册),中华书局1990年版,第545页。
〔2〕 冯友兰:《中国现代哲学史》,广东人民出版社1999年版,第264~265页。

方东美先生也有类似看法。[1] 如我们承认人生境界有高下之别,那人生的重要意义就是逐步提升我们的人生境界。虽然我们提升自己人生境界的途径很多,但多读经典名著无疑非常重要。

(二)深入其中,同情理解

学习《中国法制史》的目标既然是要让学生在提升人文素养的基础上培养专业技能,以古鉴今就变得特别重要。既然要以古鉴今,就先要明白古代法制的内涵、存在的理由和根据、发挥作用的各种条件,等等。要回答这些问题,即便是尝试解答,都需要学习者深入其中,同情理解古人和古代法制。

在不同文化的人群之间,认识事物的角度和对之进行分类的标准未必一样。在此基础上可能形成完全不同的生活方式,产生迥异的规则体系。反过来说,这种规则体系可能代表了该群体的核心观念和价值判断,如果用其他文化的规则分类标准来看待,可能显得极为紊乱,难以理解。但是,习惯在此规则中生活的人们,绝不会觉得他们的生活杂乱无章。恰恰相反,他们正可在这种规则体系下找到生活的价值和生命的意义。因而,当我们叙述某个法律体系或规则体系的时候就应该进入他们自己的思想系统中予以描述,这样才能够理解他们的生活和思想世界。

不幸的是,现今对于中国古代法的认识,恰恰存在这样的问题:中国法制史几乎成为“大陆法系视野中的中国法”,这无疑取消了中国法的自我认知和解释。更严重的是:当今大多数中国人对自己的历史文化、法制体系丧失了自我解释的能力,觉得它们特别陌生。

---

〔1〕 著名哲学家方东美先生于1969年在夏威夷召开的第五届东西方哲学家会议上做学术报告“人与世界在理想文化中的蓝图”,将人生境界分为物质境界、生命境界、心灵境界、艺术境界、道德境界和宗教境界等逐渐上扬的六大层次;生命精神不断将下层境界点化,从而跻身进入上一层的境界,最终旁通统会,以成就深微奥妙、高贵的人,即充分恢复了神性的“神人”。(秦平:《大家精要·方东美》,云南教育出版社2008年版,第119~120页)

所以有学者戏称,西方法制史成了本国法制史。

罗马人将法律分为自然法、市民法和万民法,将法律部门分为人法、物法和诉讼法。到了16世纪,欧洲大陆国家将法律分为神法和人法,人法分为自然法和实证法,实证法又分为公法和私法,公法又分为宪法、刑法、程序法律,私法又分为民法、商法,民法又分为财产法、家庭法、契约法和侵权法。而在英国,17世纪以前只存在普通法和衡平法,直到17世纪才发展出所有权概念,至今它也没有欧陆法意义上的民法概念。[1] 这并不意味着,在此之前,英国人的财产毫无保障,只是保护方法不同。这个例子可以启发我们重新审视中国传统法制。

要做到同情理解中国古代法,光明白古代法制具体内容不够,更要思考法制背后的道理或原理。本来这是笔者开的另一门课"中国法律思想史"的主要讲授对象。大家在课堂上也可往这个方向多想想。近些年已有学者在这方面做出了卓有成效的探索。东吴大学刘龙心教授积累了多年的制度史研究经验,很有感触地讲了这段话:"从枯燥无味的制度中,笔者看到了活跃于制度底层人群的活动和思考,也看到了曾经参与建构体制的人,最终也不免被制度形塑;制度不再是孤悬的条文,也不是乏味的规章,制度背后所反映的是人们对问题思考的路径以及对时代所做出的反响……冰冷的制度下,掩藏的往往是流动而多变的思想;制度史的观察,不能无视于人群的活动与思考。"[2] 在法史学界,刘广安教授即提出要注意制度史料与思想史料之间的互相补证作用。[3] 黄源盛教授精当阐释了其间的原因:"法律制度是具象的、是现实的;而任何制度,其所以产生、

[1] J. H. Baker, *An Introduction to English Legal History*, Fourth edition, 2002, pp. 229-237.

[2] 刘龙心:《学术与制度——学科体制与现代中国史学的建立》,新星出版社2007年版,"自序"第11~12页。

[3] 刘广安:《令在中国古代的作用》,载《中外法学》2012年第2期。

所以存在、所以发展,可说都有某种思想或理论为其后盾,而思想也因制度而获得落实,两者相成为用。研究中国法制,当知其背后思想上的根据,如此,规范与法制才不致被认为是偶然之举;探讨思想,也须知其对规范与制度的影响,否则,容易沦为空泛之谈……思想家把法律思想的种子,散布在人间,使各种理念透过制度,经由规范而得以在世间实现。"[1]托克维尔在《论美国的民主》一书中评论当时中华帝国的技术已停滞不前,最主要的原因就是高级知识的失传,"只跟着祖先的足迹前进,而忘记了曾经引导他们祖先前进的原理……人的知识源泉已经几乎干涸。因此,尽管河水还在流动,但已不能卷起狂澜或改变河道"。[2] 托克维尔关于中华帝国的评论是否有道理是个见仁见智的事,但他讲的"高级知识"或者"原理"的重要性则无可置疑。打个简单比方,某医生只有某副药可治某种病的知识,即仅有单个药方,而药理医理失传了,那他肯定不是妙手回春的国医,最多只是个医匠而已。

我们的祖先就是在中国古代的法制中生活,那种生活未必不好;且他们创造了世界上独一无二的中华文明,我们因他们获得了中国人的身份,甚至还给了我们自豪与某种自信。我希望大家能怀着谦卑的心态、淑世的胸怀,为古人设身处地,同情理解古人、理解历史、理解古代法制,做出合理的符合当时情况的解释。虽不能至,但心向往之;非曰能之,愿学焉。

(三)精读经典

历史学家除了要史学、史才、史识,更要有史德,才能写出优秀的史学著述。"因为历史的学术价值,首先植根史学家诚实、方正、无

---

〔1〕 黄源盛:《中国法史导论》,犁斋法史讲义之一,元照出版有限公司2012年版,第17页。

〔2〕 [法]托克维尔:《论美国的民主》(下册),董果良译,商务印书馆1997年版,第565~566页。

惧等高洁的品德上,诚实才能据事直书,方正才能无所苟阿,无惧才能不受外界影响。不然,就流于武断、附会与诈伪了。"〔1〕史学家是如此,学史者也应在学习过程中培养这种诚实、方正、无惧等道德品质。作为学史、读史之人,不耻于自己无知,但务须戒妄言,不要信口开河。

举个例子,李敖抨击戴炎辉先生抄袭日本学者仁井田陞,说得绘声绘色:戴氏将法学院图书馆所藏仁井田陞的著作借走不还以免别人看出来等。〔2〕 李敖此说,就是没有切实证据的妄言。为什么呢?简单来说,有下述理由:(1)戴炎辉先生于20世纪30年代在日本东京帝国大学法学部学习,后返台执教台湾大学法学院,1962年以《唐律总论》获得东京大学法学博士学位。仁井田陞先生作为东京大学著名的中国法制史学者,于1966年才过世。如戴炎辉先生抄袭了仁井田升先生的著述,以当时日本学术界的严谨学风,他不可能拿到日本的法学博士学位。(2)如果说前面的理由还只是常理推论,那最直接的证据就是把两位先生关于中国法制史,尤其是唐律的论述拿过来比对,不就真伪立现了?我曾经简单做过这方面的比对工作,以为戴炎辉先生长期在日本求学,受仁井田陞先生的启发和影响是有的,但更有自己的创新,不能上纲上线到抄袭上来。我很赞成黄源盛老师对戴炎辉先生代表作《唐律通论》的这一精当评论:"如果说,书的寿命有三类:一为彗星型,一为行星型,另一为恒星型。多年来,与友人月旦人物,细数着华语世界所出版的法学书籍,常慨叹能久传者有几?而其中,被公认的,恐怕要属戴先生这本《唐律通论》了。""戴先生以其所受欧陆法学的训练,运用欧西近代法学的逻辑推理,重新整理诠释《唐律》,加以条理化、体系化,赋予传统

〔1〕 杜维运:《史学方法论》,北京大学出版社2006年版,第12页。
〔2〕 李敖:《李敖快意恩仇录》,中国友谊出版公司2004年版,第76~77页。

中国最重要一部律典新的生命。”〔1〕

要修炼好德行,提升自己的学术品格,还需多“啃”经典。中国法制史这一学科自20世纪二三十年代产生以来,尽管时代多艰,不利于学者潜心学问,但经数代学者惨淡经营,还是产生了一些质量较高的学术作品。在今天这个信息爆炸的时代,对我们来说,读书的时间越来越有限。在这有限的时间内,更需提高我们的阅读质量。因此,选择所读之书就成为特别重要的一件事。读书如弈棋,需要跟高手过招,才能提升水准。我这里简要介绍本学科的几本通识性代表性著作,供大家学习时参考。

**图2 瞿同祖著《中国法律与中国社会》**

1. 瞿同祖先生的《中国法律与中国社会》。孟子曾告诫我们,读其书必先知其人。瞿氏出身于官宦士绅之家,“同祖”者,其生辰之干支纪年同于其祖父瞿鸿禨(晚清军机大臣),都是庚戌年。幼年打下了良好的传统文化根底,稍长又就读于新式学校,20世纪30年代在燕京大学社会学系读完本科和研究生,后在云南大学等高校任教。该书是作者根据其在云南大学和西南联合大学的中国法制史和社会史讲稿改写而成,于1947年由上海商务印书馆初版。后经作者加以修

〔1〕 黄源盛:《改版序》,载戴炎辉编著:《唐律通论》,戴东雄、黄源盛校订,元照出版公司2010年版。

改、补充，译成英文，于1961年在国外出版。1981年作者应中华书局要求，对原书作了某些修改，再次印刷出版。该书将中国“汉代至清代两千余年间的法律作为一个整体来分析”，即将帝制中国的法律作为一个相对稳定的类型，从家族、婚姻、阶级、宗教等几个主要领域来“研究中国古代法律的基本精神及主要特征”，提出了“法律儒家化”这一影响深远的中国法制史命题。该书是社会学者研究传统中国法的扛鼎之作。[1]

2. 李贵连老师的《法治是什么——从贵族法治到民主法治》。李贵连老师是我的授业师，以对沈家本与中国法近代化领域的相关精深研究享誉于国内外法史学界。他在数十年积累的基础上，进行了深入全面的思考，立基于中国法传统，来探求中国法治近代转型的方向和目标，写作了本书。在该书中，作者认同中国历史演进的两次转型理论，即春秋战国至秦汉时期是中国历史上第一次社会大转型，自鸦片战争开始至今是第二次转型，转型期前后是社会的定型期，每个社会定型期都有与之相适应的法治形态。作者认为，在第一次社会转型之前中国法治形态是贵族法治，经过转型而演变成帝制法治，经过第二次转型会最终走向民主法治。贵族法治的特征是别亲疏、殊

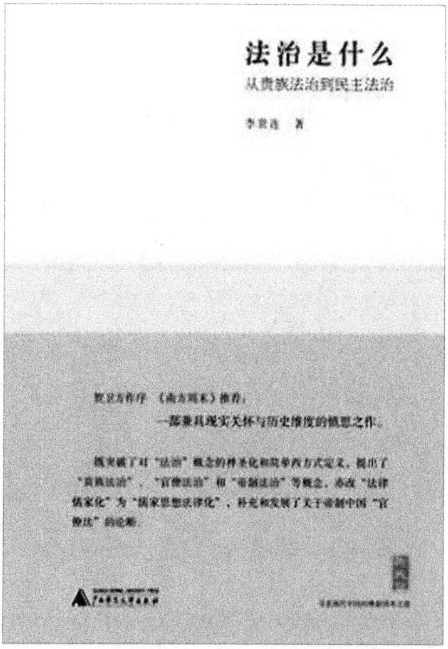


**图3　李贵连著《法治是什么》**

〔1〕瞿同祖：《中国法律与中国社会》，商务印书馆2010年版。

贵贱、断于礼,帝制法治重在治官治吏,民主法治是以自由民主为精神内核经融汇中西而成的新法治。实现民主法治是我们的追求,现阶段可以"不分政党、不分官民、一断于法"作为其前奏。该书是法史学者宏观考察中国法史的代表作。[1]

图4　黄源盛著《中国法史导论》

3. 黄源盛老师的《中国法史导论》。黄源盛老师在台湾地区求学期间,因特殊机缘,得以熟读古代经典,打下了良好的传统学术根底,受戴炎辉先生影响而钟情于中国法史学研究,旋即赴日本深造,返回台湾后长期任教于政治大学,退休后又在辅仁等大学继续任教。本书是黄老师多年教学讲义之结晶。在该书中,作者以"法文化"为核心概念来讲述中国的"法史",注重思想意识与规范制度之间的互动联系,有助于纠正既有教科书将二者割裂之弊。这是该书的最主要特色,同时也是其最重要价值所在。总之,该书是法史学者案头必备的一部行深融豁的教学参考书,更是法史爱好者和初学者入门之过渡津梁。[2]

---

〔1〕 李贵连:《法治是什么——从贵族法治到民主法治》,广西师范大学出版社2013年版。

〔2〕 黄源盛:《中国法史导论》,广西师范大学出版社2014年版;李启成:《行深融豁、过渡津梁——黄源盛教授著〈中国法史导论〉读后》,载《政法论坛》2013年第5期。

当然,中国法制史领域还有一些其他的经典著作,限于时间和篇幅,不再一一列举。我会在后面的参考书目中大致列出一些,供大家阅读时参考。金庸的武侠小说《白马啸西风》结尾一句话讲得很有意思:江南有杨柳、桃花,有燕子、金鱼……但这个美丽的姑娘就像古高昌国人那样固执:"那都是很好很好的,可是我偏不喜欢。"同样地,本学科有不少质量上乘的学术著述,我们不可能全部仔细阅读,这就需要我们从中选择两三本出来,作为我们学习这门课程的重点阅读对象。那应该如何进行选择呢?我一直秉持这样的认识,读书学习要以自己受用得着为准,这就是古人所讲的"为己之学"。我们知道,只要是质量上乘的学术著述,一定是作者灌注了大量的心血在里面,作者的性情、识见乃至对宇宙、人生的认知可能都会在其著述中表现出来。司马光历经十九年才编纂成《资治通鉴》这一史学巨著,其中所耗费的心血,据夫子自道:"臣今骸骨癯瘁,目视昏近,齿牙无几,神识衰耗,目前所为,旋踵遗忘。臣之精力,尽于此书。"[1]所以,读书实际上是读者与作者在展开对话。对话是否顺畅、对话质量之高低,难免受双方性格、气质是否契合的影响。南宋著名心学大师陆九渊曾自述其读书经历:"总角时闻人诵伊川语,自觉若伤我者。"伊川是北宋理学大师程颐先生,"言垂于后,至今学者尊敬讲习之不替",其著述当然是经典,但与陆九渊先生性情不符而难以契合。陆九渊先生之学术,乃"因读《孟子》而自得之"。[2]我希望大家能从本学科的代表性著述中找到一两本跟自己性情相近的来仔细阅读。束书不观,只能是游谈无根。

在这门课上,我会多提出些问题让你们思考!老实说,对于这些问题,有的我有自己的看法,有的笔者的看法可能不成熟,有的可能

---

〔1〕 司马光:《进书表》,载司马光编著:《资治通鉴》(第20册),胡三省音注,中华书局1956年版,第9608页。

〔2〕《陆九渊集》,钟哲点校,中华书局1980年版,第388页、471页。

是讲授中临时想到的,笔者也没有答案。但笔者以为,只有你们自己思考,努力找到自己的答案,经历了这个查找消化材料和深入思索的过程,才能真正从这门课程学到东西。我很欣赏纪伯伦关于“教授”所讲的这句话:“那在殿宇的阴影里,在弟子群里散步的教师,他不是在传授他的智慧,而是在传授他的忠信与仁慈。假如他真是大智,他就不命令你进入他的智能之堂,却要引导你到你自己心灵的门口……因为一个人不能把他理想的翅翼借给别人。”〔1〕美国谚语有云:授人以鱼不如授人以渔。如人饮水冷暖自知,如人说食终不能饱。

再说一遍,你们来听我这门课,一定学不到什么真理性的东西,有的只是阅读习惯的培养以及随之而来的鉴别、思考、提问能力的提升。自己不受人骗,也不受自己骗;不骗别人,也不骗自己。尽量独立思考,不依傍任何人,千万不要做“歌德派”(歌功颂德之人)。明清之际的大儒黄宗羲,在送其弟子著名史学家万斯同北上就清廷之聘修《明史》之际,特地赋诗叮咛:“不放河汾声价倒,太平有策莫轻题”。〔2〕万斯同本着“国可灭,史不可灭”的传统理念,隐忍史馆二十余年,不署职衔,不受俸禄,与人往来,自称“布衣万斯同”,始终记得其师之叮嘱。在近代中国思想史上鼎鼎大名的老校长胡适之先生曾语重心长地告诫青年朋友,我把这段话抄下来,转送给各位同学们:

---

〔1〕[黎巴嫩]纪伯伦:《先知》,冰心译,中国国际广播出版社2006年版,第137页。

〔2〕黄宗羲:《送万季野贞一北上》,载《黄宗羲全集》,浙江古籍出版社2005年版,第十一册,《南雷诗历》卷二。隋末王通,曾向隋文帝献《太平策》十二章而不被用,退而讲学于黄河和汾水之间,所讲之学被称为河汾之学。据说贞观名臣李靖、魏征、房玄龄等皆为其弟子。黄宗羲这两句诗的意思大致是告诫万斯同到京师后,专心做好修史工作,不要像王通那样随便向清廷上《太平策》。(方祖猷:《黄宗羲长传》,浙江大学出版社2011年版,第330~331页)

从前禅宗和尚曾说,“菩提达摩东来,只要寻一个不受人惑的人”。我这里千言万语,也只是要教人一个不受人惑的方法。被孔丘、朱熹牵着鼻子走,固然不算高明;被马克思、列宁、斯大林牵着鼻子走,也算不得好汉。笔者决不想牵着谁的鼻子走。我只希望尽我的微薄的能力,教我的少年朋友们学一点防身的本领,努力做一个不受人惑的人。〔1〕

如何才能不受人惑而展开独立思考呢?人之所以为人而区别于禽兽,就在于人有良知良能,能思考,有是非辨别能力,主观上都不太会愿意被人牵着鼻子走。所以,除了这种主观上的自觉外,还要有客观的本钱,即要有与之相应的阅历。我们每个人的阅历都非常有限,故需要多读书,综观前人所行之事,善可为法,恶可为戒。有位史学者讲的这段话,我深以为然:“心中悬有史镜,以古人前人之行事烛照今人之行事,听其言复观其行,便不会轻易受舆论误导,不会为一己私利而趋从权威,不会人云亦云而忘记独立思考。”〔2〕因此,独立思考非一蹴而就,而是慢慢培养积累出来的,急不来。只要大家多读好书,终归会一步步朝这个目标迈进。

我基本上在每讲结束之后会给大家列一点参考阅读材料,给大家提供一个直接了解相关内容的指导途径。

**附:怎样读中国书?**

读书方法因人而异、因目的而异、因学科而异、因书而异……所以读书方法是很不容易写的题目。而且一提到“读书

〔1〕 胡适:《介绍我自己的思想——〈胡适文选〉自序》,载欧阳哲生编:《胡适文集》(第5册),北京大学出版社1998年版,第519页。

〔2〕 陈铁健:《与历史结缘》,载《书香人多姿》,社会科学文献出版社2012年版,第2~3页。

方法”,好像便给人一种印象,以为读书有一定的方法,只要依之而行,便可读通一切的书。这是会发生误导作用的。《开卷》专刊以《我的读书方法》辟为专栏是一个比较聪明的做法。因为读书方法确是每个人都不一样。

但是我在构思这篇短文时,还是不免踌躇,因为我从来没有系统地考虑过:我这几十年究竟是用哪些方法来读书的。现在回想起来,我似乎变换过很多次的读书方法,这和笔者的思想变迁以及时代思潮的影响都有关系。但所谓的“方法的变换”并不是有了新的方法便抛弃了旧的方法,而是方法增多了,不同的方法在不同的研读对象上可以交互为用。我以前提出过“史无定法”的观念,我现在也可以扩大为“读书无定法”。不过这样说对于青年读者似乎毫无用处。如果详细而具体地讲,那便非写一部很长的“读书自传”不可。

我另外也感到一个困难:我究竟对谁说“读书方法”呢?我现在姑且假定我的读书是有志于研究中国文史之学的青年朋友,和四十年前的我差不多,即正想走上独立治学的路,但是还没有完全决定选择哪一种专门。

中国传统的读书法,讲得最亲切有味的无过于朱熹。《朱子语类》中有《总论为学之方》一卷和《读书法》两卷,我希望读者肯花点时间去读一读,对于怎样进入中国旧学问的世界一定有很大的帮助。朱子不但现身说法,而且也总结了荀子以来的读书经验,最能为我们指点门径。

我们不要以为这是中国的旧方法,和今天西方的新方法相比早已落伍了。我曾经比较过朱子读书法和今天西方所谓“诠释学”的异同,发现彼此相通之处甚多。“诠释学”所分析的各种层次,大致都可以在朱子的《语类》和《文集》中找得到。

古今中外论读书,大致都不外专精和博览两途。

“专精”是指对古代经典之作必须下基础功夫。古代经典很多,今天已不能人人尽读。像清代戴震,不但十三经本文全能背诵,而且“注”也能背诵,只有“疏”不尽记得,这种功夫今天已不可能。因为我们的知识范围扩大了无数倍,无法集中在几部经、史上面。但是我们若有志治中国学问,还是要选几部经典,反复阅读,虽不必记诵,至少要熟。近人余嘉锡在他的《四库提要辨证》的序录中说:“董遇谓读书百遍,而义自见,固是不易之论。百遍纵或未能,三复必不可少。”至少我们必须在自己想进行专门研究的范围之内,做这样的努力。经典作品大致都已经过古人和今人的一再整理,我们早已比古人占许多便宜了。不但中国传统如此,西方现代的人文研究也还是如此。从前芝加哥大学有“伟大的典籍”(GreatBooks)的课程,也是要学生精熟若干经典。近来虽稍松弛,但仍有人提倡精读柏拉图的《理想国》之类的作品。

精读的书给我们建立了做学问的基地;有了基地,我们才能扩展,这就是博览了。博览也需要有重点,不是漫无目的地乱翻。现代是知识爆炸的时代,古人所谓“一物不知,儒者之耻”,已不合时宜了。所以我们必须配合着自己专业去逐步扩大知识的范围。这里需要训练自己的判断能力:哪些学科和自己的专业相关?在相关各科之中,我们又怎样建立一个循序发展的计划?各相关学科之中又有哪些书是属于“必读”的一类?这些问题我们可请教师友,也可以从现代人的著作中找到线索。这是现代大学制度给我们的特殊便利。博览之书虽不必“三复”,但也还是要择其精者作有系统的阅读,至少要一字不遗细读一遍。稍稍熟悉之后,才能“快读”“跳读”。朱子曾说过:读书先要花十分气力才能毕一书,第二本书只用花七八分功夫便可完成了,以后越来越省力,也越来越快。这是从“十目一行”到“一目十行”的过程,无论专精和博览都无例外。

读书要“虚心”,这是中国自古相传的不二法门。

朱子说得好:"读书别无法,只管看,便是法。正如呆人相似,挨来挨去,自己却未先要立意见,且虚心,只管看。看来看去,自然晓得。"

这似乎是最笨的方法,但其实是最聪明的方法。我劝青年朋友们暂且不要信今天从西方搬来的许多意见,说甚么我们的脑子已不是一张白纸,我们必然带着许多"先入之见"来读古人的书,"客观"是不可能的等等昏话。正因为我们有主观,我们读书时才必须尽最大的可能来求"客观的了解"。事实证明:不同主观的人,只要"虚心"读书,则也未尝不能彼此印证而相悦以解。如果"虚心"是不可能的,读书的结果只不过各人加强已有的"主观",那又何必读书呢?

"虚"和"谦"是分不开的。我们读经典之作,甚至一般有学术价值的今人之作,总要先存一点谦逊的心理,不能一开始便狂妄自大。这是今天许多中国读书人常犯的一种通病,尤以治中国学问的人为甚。他们往往"尊西人若帝天,视西籍如神圣"(这是邓实1904年说的话),凭着平时所得的一点西方观念,对中国古籍横加"批判",他们不是读书,而是像高高在上的法官,把中国书籍当作囚犯一样来审问、逼供。如果有人认为这是"创造"的表现,我想他大可不必浪费时间去读中国书。倒不如像鲁迅所说的"中国书一本也不必读,要读便读外国书",反而更干脆。不过读外国书也还是要谦逊,也还是不能狂妄自大。

古人当然是可以"批判"的,古书也不是没有漏洞。朱子说:"看文字,且信本句,不添字,那里原有罅缝,如合子相似,自家去抉开,不是浑沦底物,硬去凿。亦不可先立说,拿古人意来凑。"读书得见书中的"缺缝",已是有相当程度以后的事,不是初学便能达得到的境界。"硬去凿""先立说,拿古人意来凑"却恰恰是今天中国知识界最常见的病状。有志治中国学问的人应该好好记取朱子这几句话。

今天读中国古书确有一层新的困难，是古人没有的：我们从小受教育，已浸润在现代（主要是西方）的概念之中。例如原有的经、史、子、集的旧分类（可以《四库全书总目提要》为标准）早已为新的（也就是西方的）学科分类所取代。人类的文化和思想在大端上本多相通的地方（否则文化之间的互相了解便不可能了），因此有些西方概念可以很自然地引入中国学术传统之中，化旧成新。但有些则是西方文化传统中特有的概念，在中国找不到相当的东西；更有许多中国文化中的特殊的观念，在西方也完全不见踪迹。我们今天读中国书最怕的是把西方的观念来穿凿附会，其结果是非驴非马，制造笑柄。

我希望青年朋友有志于读古书的，最好是尽量先从中国旧传统中去求了解，不要急于用西方观念作新解。

中西会通是成学之后，有了把握，才能尝试的事。即使你同时读《论语》和柏拉图的对话，也只能分别去了解其在原有文化系统中的相传旧义，不能马上想“合二为一”。

我可以负责地说一句：20 世纪以来，中国学人有关中国学术的著作，其最有价值的都是最少以西方观念作比附的。如果治中国史者先有外国框框，则势必不能细心体会中国史籍的“本意”，而是把它当报纸一样的翻检，从字面上找自己所需要的东西（你们千万不要误信有些浅人的话，以为“本意”是找不到的，理由在此无法详说）。

“好学深思，心知其意”是每一个真正读书人所必须力求达到的最高阶段。读书的第一义是尽量求得客观的认识，不是为了炫耀自己的“创造力”，能“发前人所未发”。其实今天中文世界里的有些“新见解”，戳穿了不过是捡来一两个外国新名词在那里乱翻花样，不但在中国书中缺乏根据，而且也不合西方原文的脉络。

中国自唐代韩愈以来，便主张“读书必先识字”。中国文字表面上古今不异,但两三千年演变下来,同一名词已有各时代的不同含义,所以没有训诂的基础知识,是看不懂古书的。西方书也是一样。不精通德文、法文而从第二手的英文著作中得来的有关欧洲大陆的思想观念,是完全不可靠的。

中国知识界似乎还没有完全摆脱殖民地的心态,一切以西方的观念为最后依据。甚至“反西方”的思想也还是来自西方,如“依赖理论”“批判学说”“解构”之类。所以,特别是这十几年来,只要西方思想界稍有风吹草动(主要还是从美国转贩的),便有一批中国知识分子兴风作浪一番,而且立即用之于中国书的解读上面,这不是中西会通,而是随着外国调子起舞,像被人牵着线的傀儡一样,青年朋友们如果不幸而入此魔道,则从此便断送了自己的学问前途。

美国是一个市场取向的社会,不变点新花样、新产品,便没有销路。学术界受此影响,因此也往往在旧东西上动点手脚,当作新创造品来推销,尤以人文社会科学为然。不过大体而言,美国学术界还能维持一种实学的传统,不为新推销术所动。今年5月底,我到哈佛大学参加了一次审查中国现代史长期聘任的专案会议。其中有一位候选者首先被历史系除名,不加考虑。因为据听过演讲的教授报告,这位候选者在一小时之内用了120次以上“discourse”这个流行名词。哈佛历史系的人断定这位学人太过浅薄,是不能指导研究生作切实的文献研究的。我听了这番话,感触很深,觉得西方史学界毕竟还有严格的水准,他们还是要求研究生平平实实地去读书的。

这其实也是中国自古相传的读书传统,一直到20世纪30年代都保持未变。据我所知,日本汉学界大致也还维持着这一朴实的作风。我在美国三十多年中,曾看见了无数次所谓“新思潮”的兴起和衰灭,真是“眼看他起高楼,眼看他楼塌了”。我希望中国知识界至少有少数“读书种子”,能维持着认真读中国书的传统，彻底克服殖民地的心理。至于大多数人将为时代风气席卷而去，大概已是无可奈何的事。

但是我绝不是要提倡任何狭隘的“中国本土”的观点，盲目排外和盲目崇外都是不正常的心态。只有温故才能知新，只有推陈才能出新，旧书不厌百回读，熟读深思子自知，这是颠扑不破的关于读书的道理。

（选自余英时：《文化评论与中国情怀（下）》，广西师范大学出版 2006 年版，第 323～327 页）

# 论"德治"思想的法理意义

单　纯*

**【内容摘要】** "依法治国与以德治国相结合"是中国执政党治国理政的创新性政治原则，它的本质精神体现了中西治国理政传统的有机结合，创造性地阐明了当代中国国家治理的民族文化特色和时代特色，在法理意义上创造性地继承了儒家"德治"中的"民本"思想和西方"法治"中的"良法"思想，克服了法家的"官本位"权力意志和西方实证法的工具主义，以"德主刑辅"的特色确立了儒家政治伦理和西方法律正义精神的契合点，表达了具有"中国特色"法理意义和治国理政的新型态。

**【关键词】** 德治　良法之治　人治　德主刑辅

在"天人合一"的思维类型之下，中国特色的社会治理是将传统儒家的"德治"和法家的"刑治"或"大德小刑"综合创新成一种互补互促的治理形态—"依法治国与以德治国"，其本质特征则在于：与西方"神人二分"或"主客相别"的"二元对立论"（binary opposition）不同，它强调的是社会治理的目的与功能的统一、法治形式中的"正义"与"效率"的统一，儒家将这种统一性建立在"徒善不足以为政，徒法不能以自行"的治理辩证原则之上，最终形成中国特色的社会治理类型，其思想传统就是"汉唐盛世"以来所形成的"礼主刑辅"，

* 作者系中国政法大学人文学院教授，博士生导师。

而当代的表现形式就是“德治”与“法治”的结合。

## 一、“德礼政刑”与“法德共治”

中国自春秋战国以来的社会治理思想常被称为“明儒阴法”或“儒法互补”，即史学家陈寅恪所言：“儒者在古代本为典章学术所寄托之专家。李斯受荀卿之学，佐成秦治。秦之法制实儒家一派学说之所附系。《中庸》之‘车同轨，书同文，行同伦’（即太史公所谓：‘至始皇乃能并冠带之伦’之论）为儒家理想之制度，而于秦始皇之身而得以实现之也。汉承秦业，其官制法律亦袭用前朝。遗传至晋以后，法律与礼经并称，儒家《周官》之学说悉采入法典。夫政治社会一切公私行动莫不与法典相关，而法典为儒家学说具体之实现。”[1]社会上长期流行的观点是，秦之暴政以“焚书坑儒”而臭名昭著，其思想根源乃于法家李斯、韩非的影响，而陈寅恪眼光独具，从对历史的“了解之同情”出发，揭示出儒法同为“入世哲学”的性质，所不同者：儒家偏于政治“正义”伦理；法家偏于政治“效率”功能，两者对立则相害，综合则相利，故形成了此后中国社会治理两千年稳定之势。汉承秦制，以郡县治理的形式垂两千年而未改，其社会治理的稳定性和有效性远胜于秦汉之际的罗马帝国和唐宋之间的阿拉伯帝国，及明末清初王夫之总结为：“秦以私天下之心而罢侯置守，而天假其私以行其大公，存乎神者之不测，有如是夫！”[2]这是对儒家伦理和法家功利思想的制度反思，因为儒家的传统在于强调制度的“天下为公”的伦理取向，即所谓“天下乃天下百姓之公天下”，而非“一家一姓之私田天下”，这种政治伦理取向类似于西方法

---

〔1〕 陈寅恪：《审查报告（三）》，载冯友兰：《中国哲学史》（下册）（增订本），台湾商务印书馆1993年版，第1206页。

〔2〕 王夫之：《船山全书》第十册《读通鉴论·卷一》，岳麓书社1988年版，第68页。

理中的“公平正义”原则；而法家的兴趣则在于“权力功利”所表达的“工具理性”，对于政治伦理无所关注：“贤人而屈于不肖者，则权轻位卑也；不肖而能于贤者，则权重位尊也。尧为匹夫，不能治三人，而桀为天子，能乱天下。吾以此知势位之足恃，而贤智之不足慕也。”[1]儒家的人认为，尧舜禹及三代圣人治世，皆出于“天下公心”，是典范的圣贤之治；而桀纣之治，皆出于“一己之私”，是社会治理的暴政之尤。儒家在伦理上的“公私之辨”亦折射出其社会治理上的“义利之辨”和法理上的“德礼政刑之辨”，要义在于表达其治国理政中的“公义”和“政德”。孔子曾用“为政以德，譬如北辰，居其所而众星拱之”[2]和“道之以政，齐之以刑，民免且无耻；道之以德，齐之以礼，有耻且格”[3]表达孟子所倡言的“王道仁政”，至盛唐时则形成法理上的原则：“德礼为政教之本，刑罚为政教之用，犹昏晓阳秋相须而成者也。”[4]到了近代孙中山推翻帝制、创建中华民国，儒家“民贵君轻”的政治原则又以“天下为公”的“三民主义”标而出之；而1949年中国共产党所创立的中华人民共和国，亦以“为人民服务”表达社会治理的最高原则，其社会治理的法理意义于儒家“民本”伦理多有继承，这就是中国当代政治原则中的“继承和发扬优秀的中华民族传统文化”的生动写照。

联系中国当前的治国理政思想，我们自然会聚焦中国共产党的十八大四中全会，因为本次会议为中国未来发展确立的总目标就是：“建设中国特色社会主义法治体系，建设社会主义法治国家。”[5]这也是新一届中央领导集体提出的最高国策，其基本精神体现为以下“五项基本原则”，即坚持中国共产党的领导、坚持人民主

[1]《韩非子·难势篇》。

[2]《论语·为政》。

[3] 同上。

[4]《唐律疏议·名例》。

[5] 参见《中共中央关于全面推进依法治国若干重大问题的决定》。

体地位、坚持法律面前人人平等、坚持依法治国和以德治国相结合、坚持从中国实际出发。这五个基本原则涉及依法治国最重要的五个方面的理论和实践问题，它们之间相互关联、理论严密、层次分明、功能互补，形成一个具有中国特色的治国理政体系架构，其核心议题就是：中国的治国理政思想从传统潜在的“以权治民”转换为“以法治权”，政治伦理则从“以官为本”转换为“以民为本”；这种转换也是政治和法理观念上的重大突破，即作为执政的中国共产党秉持的政治伦理是“立党为公，执政为民”，权力的运行遵循“权责制衡”的原则——“有权力就有责任、有权利就有义务”，这种本质和形式统一的治国理政思想和制度安排，在“依法执政”的实际治理中既有利于“将权力关进制度的笼子”，遏制中国社会治理中“权力寻租”导致的“塌方式腐败”，也有助于“依法办事”和“依法维权”。而在思想观念上的转变和社会治理的实践中，“依法治国”和“以德治国”重点扮演了制度规范和价值规范二者互补互促、相得益彰的重要角色。

在具有中国特色的治国理政体系中，强调“依法治国和以德治国相结合”，从理论上讲是辩证地阐述法律和道德的关系问题。“依法治国”偏重于对法律的性质和功能的认识，其运用领域是人们的社会关系，实质内涵是权力与责任、权利与义务的平衡问题，即“依法治权(力)”和“依法维权(利)”的问题；前者主要针对掌握权力的官员，后者主要针对的是由宪法保障其权利的公民。从“道德是法律的精神内涵、法律是道德的制度底线”讲，“以德治国”是丰富和完善“法治”的主体价值取向，即权力应该承担责任、权利应该履行义务，所谓“有权应担责”“滥权必追责”，“见利应思义”“侵权必赔偿”。在“以德治国”的思想和社会环境之下，赋予权力和运行权力的道德就是“官德”或“政治道德”；保障权利和维护权利的就是“公德”或“社会道德”。缺乏政治道德，权力易蜕变为制度性腐败；缺乏社会道德，权利则易被恣意践踏。为防止滥用权力和践踏权利，维护法治的稳定性、统一性、公平性和有效性，道德必须被有机地整合进现代社会治理体系中去，这一点中外的社会治理经验都没有太大的例外，只是在不同的民族文化和历史环境中表现形式各有特点罢了。

在现代中国的治国理政背景下，法治的特点是以其权威性和强制性规范社会成员的行为，德治则以其说服力和劝导力提高社会成员的公民觉悟。因此，法治和德治的融合、互补、互促对于我们稳固治国理政的制度基础和思想道德基础、实现社会的长治久安和中华民族复兴的中国梦，在理论和实践上都是至关重要的。“德治”在执政党方面的体现是：坚持党的基本思想原则，遵守党纪和国法，自觉维护宪法的权威，秉持执政为民的政治道德；体现在公民道德方面，就是爱国敬业、尊重人权、遵法守规、诚信履约、涵养公德、见利思义。从中华优秀的文化传统方面讲，“天下为公”“官民共治”“德惟善政，政在养民”“天下兴亡，匹夫有责”，这些都是中国治国理政传统的优秀经验，亦可以创造性地转化于当今的法治社会建设之中。

## 二、“德治”与“法治”的辩证关系

从20世纪80年代，关于“依法治国”和“以德治国”在中国法学和政治哲学中就有过各种争论，争论的双方主要是“法治论”和“法治与人治结合论”，争论的焦点集中在对于“法治”和“人治”不同的理解方面。“法治论”者认为，“德治”是变相的“人治”，法治是以代表全国人民意志的法律而形成的治理，人治则是个别领导人的意志而形成的管理，故而主张：坚持法治，反对人治，同时也间接否定了德治；“法治与人治结合论”者认为，法治是依法办事，而法的制定和实施皆须要人来履行，故而此依法办事的人必须具有道德，此实践性道德既是职业道德也是社会公德。如果“法治”的前提是“良法之治”，“人治”是立法、执法、司法、守法的人的道德，则“法治”与“人治”或“德治”则并无本质的区别，因此，此争论到21世纪初期便逐渐淡出学者和政治家们的话语和视野,不复为争论的焦点了。

但是,这个问题的争论在21世纪初仍然形成了一些有具有理论价值的研究成果。

2001年上海炎黄文化研究会编辑出版了一个会议专辑——《法治与德治》(中国检察官出版社2001年版)这是政法和文化系统相关领导和学者举办的“廉政文化研讨会”的“续集”,即对当时日趋严重的党政腐败之风深刻反思的一个学术讨论会的论文集,会议召开之后,适逢时任国家主席江泽民在全国宣传部长会议上的讲话提出了“依法治国”和“以德治国”相结合的重要思想,故而有部分文章是结合“江讲话”而写成的。该论文集的核心议题是:道德和法律在社会治理规范中的不同定位和角色,既有区别亦有联系,故应当同样予以重视。法律是统一、客观而稳定的社会治理标准,道德是个体性、主观而易变的价值取向;在表现形式方面,法律是国家政权创制的成文化义务体系,而道德是内省的个体自由意志;在调整关系方面,道德规范的对象可以是精神世界和物质世界,而法律规范调整的主要是物质世界和社会关系;在治理手段方面,德治是通过个体自省和社会评价氛围来实现的,而法律则是依赖国家机器强制实施的;在二者的辩证关系方面,道德和法律是相互依存、相互促进的,即儒家孟子所谓的“徒善不足以为政,徒法不能以自行”,[1]其结论是:在提倡德治时,要避免将其与古代的德治完全等同,再将德治与人治等同,从而陷入自我矛盾循环论证,消解当代治国理政中的法治与德治互补互促、相得益彰的辩证价值。

2008年,中国政法大学出版社出版了北京市哲学社会科学“十五”规划项目的一个成果,名为《德治与法治研究》(怀效锋主持)。该成果试图从古今中外政治法律的学术和社会治理传统中重新解释“德治与法治”之间的辩证关系及其现代意义。但是,在这个研究

---

〔1〕《孟子·离娄上》。

成果中对西方的法理分析和社会治理经验介绍篇幅不大，没有形成与中国治国理政文明传统的比较，这方面所阐发的成果比较有限。当然，其对于中国治国理政的思想和经验介绍则比较充分，分析也很有特色，故而形成的结论基本上是建立在中国的思想传统和经验之上的，对于解释西方现当代社会治理中的经济危机、政治丑闻、社会冲突自然也没有提供较有说服力的结论。局限于当时的社会环境，该报告在联系当代中国经济、政治、社会治理方面，对于"依法治国和以德治国相结合"的治国方略仍然没有提供令人信服的结论，至少在理论层面，人们在很大程度上仍然将中国特色的"德治"与西方文明中的"人治"混为一谈，不少人甚至将西方的"法治"与中国法家传统的"法治"画上等号，在理论上陷入了一个"不伦不类"的怪圈：一方面将中国儒家的"德治"类比于西方实证主义的"人治"；另一方面则将中国法家的"法治"类比于西方自然法中的"法治"，其学理水平退化到了严复翻译孟德斯鸠《论法的精神》之前。而在严复翻译介绍西方"法治"时已经刻意提醒国人："盖在中文，物有是非谓之理，国有禁令谓之法，而西文则通谓之法，故人意遂若理法同物，而人事本无所谓是非，专以法之所许所禁为是非者，此理想之累于文字也。中国理想之累于文字者最多，独此较西文有一节之长，西方'法'字，于中文有理、礼、法、制四者之异译，学者审之。"〔1〕严复是近代中国思想家中真正学贯中西的人物，他将儒家"修齐治平"的思想传统与西方政治哲学格义之后，发现西方所谓"法治"在中国语境中更类似于儒家"理学"和"礼乐"中所强调的社会治理规范，可以根据语境移译为"理""礼""法"及"制"四者，其实中国自汉魏以降儒家入世哲学中已经形成"律学"一派，其在理论体系上可与西方"法学"作深入的比较阐明。无论如何，严复的对于西方法律的理解其依据正在于儒家思想体系中的"德礼与政刑"之辨、"律学"为儒家

〔1〕《孟德斯鸠法意》（上册），严复译，商务印书馆1981年版，第2～3页。

经学支系、“克己复礼为仁”以及“德礼为政教之本,刑罚为政教之用”这样一个“儒法互补”“德治”与“法治”互为体用的儒家思想传统。

## 三、西方的“法治”与“人治”

与中国的“德治和法治相结合”相类似的情况是:在西方,与“法治”形成对比的思想和社会治理是“人治”,故而形成了“法治与人治”的争论。

一般讲的西方近代是指17~18世纪这个启蒙时代,近代民族和民主国家的出现被视为“法治”的胜利,而中世纪的“神权政治”和“封建君主制”则是遭历史淘汰的“人治”。这是最接近一般人常识的西方“法治与人治”的争论。但是,其源头则应该追溯到亚里士多德的“法治”思想和罗马法时代的“法制”思想。在亚里士多德的“法治”思想中,“法治”的前提是“良法之治”,法律本身被政治道德加以限制,是“善政”的社会体现,否则就是其对立面的“人治”或“暴政”。他所谓的“人治”就是当时希腊城邦治理经验中的“缺乏政治道德”的权力强制,如“僭主制、寡头制和民主制”,僭主是不良的君主制,是独裁政治,其特点是一人敲诈所有人;寡头制是不良的贵族制,是工具政治,其特点是少数敲诈多数人;民主制是不良的共和制,是暴民政治,其特点是多数人敲诈少数人。因此,在西方“法治与人治”争论的背景中,也没有形成“法治”对“人治”的绝对优势。西方现代历史出现的一个挑战一般常识的事实是:希特勒法西斯在第二次世界大战中对其他族裔特别是对犹太人的种族屠杀就是在“法治”[1935年纳粹德国颁布了歧视和迫害犹太人的“纽伦堡法案”(Nürnberger Gesetze)]的招牌下进行的,为此法西斯法学家刻意将亚里士多德的“法治”解释为“恶法亦法”,即“违反道德的法治也是法治”的谬论。除了亚里士多德的“良法之治”的思想传统,古罗马的“法治”思想也有现代“人治”的消极因素,即“凡是皇帝乐意的就具有法律效力”“皇帝不受法律约束”,这两条都被包含在《查士丁尼法典》之中,而且得到古罗马著名的法学家乌尔比安的理论辩护。我们知道罗马法的这种思想传统与“法治”中“正义效力原则”和“法律至上原则”是格格不入的,恰好就是近代“法治”的对立面—“人治”的典型特征。因此,现代西方法学家中也有观点认为,“法治”和“人治”的对立在概念上是“自我矛盾的”,其理由是:“法律没有公职人员就等于开了药方没有人去配药”;在法理上,自然法学派偏向于“人的自然理性”对于法律的价值评价,即“法必善法”,而实证法学派则坚持“制定的法律的必然性和强制性”,即“恶法亦法”,通过二者之间的比较,反倒可以看出中国传统中“德治”和“法治”的某些特征,即中国儒家的“德治”与西方自然法学派的“法治”更为相似,而中国法家的“法治”更近于西方实证主义学派的“人治”。相比之下,我们不难发现将中国传统的“德治”类比于西方传统的“人治”、将中国传统的“法治”类比于西方传统的“法治”,确有“望文生义”和“不伦不类”之虞。

大体上讲,西方的“法治”与“人治”或“法制与法治(亦称‘刀治与水治’之辩)”的争论是建立在亚里士多德的“良法之治”基础上的,其核心议题就是“道德与法律”之间的辩证关系。这方面,西方学术界一直存在自然法学派和实证主义法学之间的争辩,近代以降主要表现在下述三人的著作之中。

其一是边沁的《道德与立法原理导论》(1789 年)。该书坚持功利主义的立法观,从动机和效果的辩证关系中申论:法律具有惩罚和防范犯罪的双重功能,道德为其中应有的重要因素。

其二是朗·富勒的《法律的道德性》(1964 年)。20 世纪中期,西方自然法的代表富勒与实证主义的代表 H. 哈特之间围绕“法律与道德”的关系展开辩论,此书即那场辩论的结果,代表了自然法学的观点。其主旨是,法律与道德是密不可分的,而且,法律必须建立在道德的基础之上,道德是法律的目的;愿望的道德是正义的理想境界，义务的道德是法律的实施基础，所以，道德是法律的基础和目的，而法律是道德的手段和保障，二者相互补充，但是以道德为实体正义，以法律为形式正义，而且在本质上二者必然统一于社会共同遵循的道德正义，即形式正义的合法性原则。

其三是哈罗德·伯尔曼的《法律与宗教》(1973 年)。这本书可谓现代西方论述法律与道德关系方面影响甚大的专著，其雄心是建构一种综合性的法学体系，将实证主义法学、自然法学和历史法学整合成为一种“整体法学”，其主旨是：融合不同法学思潮，将国家意志、人类理性和民族经验提炼为一种互摄性的法律品格；在西方“宗教是公民道德孵化器”和“法律是权利的天平”的前提下，得出这样的结论：宗教因法律而具有社会性，法律因宗教而获得神圣性；“没有信仰的法律将退化成为僵死的教条”，“而没有法律的信仰……将蜕变为狂信”。两者之间的互补和融摄构成了西方社会治理的原则性平衡器。

## 四、“德治”的现代性转化

中国共产党十八届四中全会之后，人民出版社发行了《中共中央关于全面推进依法治国若干重大问题的决议》(以下简称《决议》)辅导读本(2014 年)，其中收录了《决议》本身、习近平总书记对《决议》的说明，以及人大、政协以及党政军各机关领导对于《决议》的心得和体会，从政治原则、思想方法以及本单位的社会职能方面对《决议》的精神实质和贯彻步骤作了全面的阐述，值得社会各级基层单位和全国人民学习和领会，并联系自己的实际情况积极践行和落实。

通观中国共产党各级领导和相关领域的专家学者对于十八大四中全会“依法治国”决定的解读，我想对中国执政党制定的这个新的治国理政方略做出进一步的分析，以说明其在政治层面的意义。作为“依法治国”决议核心的“五项原则”，照我的判断，其中“坚持中国共产党的领导"具有中国的政体结构特色;"坚持人民主体地位"具有中国的阶级分析特色;"坚持法律面前人人平等"具有中国的社会治理特色;"坚持依法治国与以德治国相结合"具有中国的政治文化特色;"坚持从中国实际出发"具有中国的思维方法特色。在这五项原则所体现的五种特色中,"人民主体"与西方的"主权在民"、"法律平等"与西方的"法律至上"以及"从实际出发"与西方的"实用主义"有较多的可类比性,而"坚持中国共产党的领导"和"坚持依法治国与以德治国相结合"则更突出地显示出中国国情和政治文化特色,值得特别加以阐明。

就"坚持中国共产党的领导"而言,它主要是体现中国国家体制的性质,这就是一党领导、多党合作的协商民主制。它与西方多党制议会民主相比在政体上具有自己的权力结构特色,是中国特色社会主义的最本质的特征,当然也是中国法治的最根本的政治保障。

根据中华人民共和国《宪法》的"序言"和"第一章第一条"的精神,中华人民共和国的诞生是中国人民在中国共产党的领导下,坚持马克思主义和毛泽东思想的政治原则,经过二十余年艰苦卓绝的奋斗的结果;中国共产党的领导是历史的选择和现实的需要,因此,从宪法层面奠定了坚持中国共产党领导的政体性质,这就是中国共产党"依法执政"的法理依据。它一方面确保中国共产党在国家治理中的领导地位;另一方面也对此领导权力进行了宪法层面的限制,即必须依宪执政和依法理政;《宪法》总纲第 1 条声明:"中华人民和国是工人阶级领导的、以工农联盟为基础的人民民主专政的社会主义国家。社会主义制度是中华人民共和国的根本制度。禁止任何组织或者个人破坏社会主义制度。"这个庄严的宪法性声明,对于以组织形式掌握权力的执政党和以个人形式运行权力的执政党领导人都加诸了宪法责任,所以执政党的法律权力和法律责任也是平衡的和统一的,即执政党负有管党治党的宪法性责任:一方面要坚持执政党领导立法、保证执法;另一方面也必须支持司法和带头守法，把执政党领导人民制定和实施宪法法律与其坚持在宪法法律范围内活动统一起来，善于使执政党的主张通过法定程序成为国家意志，使执政党推荐的人选通过法定程序成为国家机关的领导人员，维护执政党的意识形态与国家利益的一致性。而将“坚持中国共产党的领导”放入四中全会“法治”的“五项原则”之中，与其他四项原则形成制约，也蕴含“以宪法制衡领导权力”的深意。

就“依法治国与以德之国相结合”所体现的政治特色而言，“依法治国”中的“法”是指中华人民共和国的现行法律体系，而“以德治国”中的“德”则是指现代中国社会主义的核心价值观。在治国理政的层面上看，“法治”主要体现在中国特色的法治理论、其精神指导下建立的法律规范系统、高效公正的法治实施体系、有力可靠的法治保障体系、法治国家、法治政府和法治社会多元和谐的立体层次这几个基本的方面，其基本内容涵盖了公民的各种政治、经济和文化权利以及宪法保障的其他基本人权。而从民族精神和社会风气方面看，“德治”则主要体现在公民对“法律体系”的道德价值认同，即培育和维系社会公德、职业道德、家庭美德和个人品德，其基本内容涵盖了公民的社会责任、家庭责任以及宪法规定的基本义务。同时，将“依法治国与以德之国相结合”放入四中全会“法治”的“五项原则”之中，也蕴含了“以政治道德限制法律权力”和“以法律体系保障道德建设”的平衡性法治精神，因此，与西方法治传统中出现的“法治等于法官造法之治”或“律师职业垄断之治”的特殊“人治”现象相比，“法德结合”的原则更契合于西方理想的“良法之治”与“平等善政”的法治伦理。

# 清代档案中的钱债诉讼

李 青*

**【内容摘要】** 清代钱债诉讼案件高发，在借贷、契约、侵权、违禁取利、私和人命等情形中，均有钱债的因素。是以《大清律例》中有专门条款对之进行详细的规定。根据律例，再统计清代相关诉讼档案，可以发现调处结案在这类诉讼中最为常见，如果调解解决不成，则会审理听断"依状以鞫情，如法以决罚，据供以定案"。

**【关键词】** 清代档案 钱债诉讼 调解 给付

《大清律例·刑律·诉讼》规定：户婚、田土、钱债、斗殴、赌博等细事，于事犯地方告理。[1] 这一规定基本概括了民事案件的范围，即户婚、田土、钱债、斗殴、赌博等。其中，田土、户婚和钱债占了绝大部分。而在这几种类型的民事纠纷中，又以债务居多。土地纠纷无论是买卖、典当、租佃等，除了争夺所有权，基本也都会涉及钱债问题。

有关钱债，《户律·钱债》提到三个方面，即"违禁取利""费用受寄财产"和"得遗失物"。具体规定为：

《大清律例·户律·钱债》

* 作者系中国政法大学法律史学研究院教授，法学博士。

〔1〕《大清律例》，田涛、郑秦点校，法律出版社1999年版，第476页。

**违禁取利**

凡私放钱债及典当财物,每月取利并不得过三分,年月虽多,不过一本一利,违者,笞四十,以余利计脏。重(于笞四十)者,坐赃论,罪止杖一百。

若监临官吏于所部内举放钱债,典当财物者,(不必多取余利,有犯即)杖八十。违禁取利,以余利计脏。重(于杖八十)者,依不枉法论(各主者,通算折半科罪,有禄人三十两,无禄人四十两,并杖就是。每十两加一等,罪止杖一百、流三千里),并追余利给主(兼庶民、官吏言)。其负欠私债,违约不还者,五两以上,违三月,笞一十,每一月加一等,罪止笞四十;五十两以上,违三月,笞二十,每一月加一等,罪止笞五十;百两以上,违三月,笞三十,每一月加一等,罪止杖六十,并追本利给主。

若豪势之人(于违约负债者),不告官司,以强夺去人孳畜产业者,杖八十(无多取余利,听赎不追)。若估(所夺畜产之)价过本利者,计多余之物(罪有重于杖八十者),坐赃论,(罪止杖一百、徒三年),依(多余之)数追还(主)。

若准折人妻妾子女者,杖一百(奸占加一等论)。强夺者,加二等(杖七十、徒一年半)。因(强夺)而奸占妇女者,绞,(监候,所准折强夺之)人口给亲,私债免追。

**条例**

一、凡势豪举放私债,交通运粮官,挟势擅拿官军绑打陵辱,强将官粮(官粮与军粮不同,官粮者,漕运赴京上纳正粮也;军粮,行月二粮也)。准还私债者,问罪。属军卫者,发边卫充军。属有司者,发边外为民(交通、绑打、准粮三项,有一未合,仍各照律发落)。该管该运粮官,参究治罪。

一、听选官吏、监生人等,借债与债主及保人同赴任所,取偿至五十两以上,借者,革职;债主及保人,各枷号一个月发落,债追入官。

一、凡负欠私债,在京不赴法司而赴别衙门,在外不赴军卫有司而越赴巡抚、司、道官处告理,及辄具本状奏诉者,俱问罪。(依越诉论)立案不行,若本京别衙门听从施行者,一体参究,私债不追。

一、佐领、骁骑校、领催等,有在本佐领或弟兄佐领下,指扣兵丁钱粮放印子银者,系佐领、骁骑校,照流三千里之例,枷号六十日;系领催,照边卫充军例,枷号七十五日,俱鞭一百。伙同放印子银者,照为从杖一百、徒三年例,枷号四十日、鞭一百,所得利银勒追入官。佐领、骁骑校、领催等,与属下兵丁保借者,革去职役,该参领交部议处。至佐领、骁骑校、参领等,平时失于觉察,以致该管兵丁将官钱粮扣还印子银者,俱交部分别议处。

一、凡有民人交通领催,违禁向八旗兵丁放转子印子长短钱,扣取钱粮者,拿送该地方官,照领催枷号七十五日之例,减一等,枷号四十日。如旗人内有举放重债,勒取兵丁钱粮,并非在本佐领下放债者,照民人减等枷责例发落。其失察之该管文武官,俱交部议处。八旗佐领,每月将有无重利放债,借债之人,出具印结,呈报该参领。参领按季加结,呈报都统查核。

**费用受寄财产**

凡受寄(他)人财物、畜产而辄费用者,坐赃论,(以坐赃致罪律)减一等。(罪止杖九十、徒二年半)诈言死失者,准窃盗论,减一等。(罪止杖一百、徒三年,免刺)并追物还主,显其被水火、盗贼、费失,及畜产病死有显迹者,勿论。(若受寄财畜而隐匿不认,依诓骗律。如以产业转寄他人户下,而为所卖失,自有诡寄盗卖本条)

**条例**

一、亲属费用受寄财物,大功以上及外祖父母得相容隐之亲属,追物给主,不坐罪,小功减三等,缌麻减二等,无服之亲减一等,俱追物还主。

**得遗失物**

凡得遗失之物，限五日内送官，官物（尽数）还官；私物招人识认，于内一半给与得物人充赏，一半给还失物人，如三十日内无人识认者，全给（五日）。限外不送官者，官物，坐赃论（罪止杖一百、徒三年，追物还官）；私物减（坐赃）二等，其物一半入官，一半给主。（若无主全入官）

若于官私地内掘得埋藏（无主）之物者，并听收用。若有古器、钟鼎、符印异常之物（非民间所宜有者）。限三十日内送官。违者，杖八十，其物入官。

“钱债”所规范的法律关系主要为“借贷”“遗失物归属”和“财产侵权”。

“借贷”主要规范对高利贷的禁止。

“遗失物”归属除在程序上规定送官外，还在实体上作了“一半给与得物人充赏，一半给还失物人，三十日内无人认领，则全数归给得物人”的安排。

“财产侵权”则规定了保管他人财物、畜产而使用、诈骗失主已丢失或畜产已死亡以及藏匿的情况时的处罚，虽然未对财物、畜产不可复得时做赔偿规定，但“追物还主”的局限性实体规定在不重民事权利，更重视以刑罚安定社会秩序的清代社会，不能不说还是具有一定进步性的。

虽然制定法对民事法律内容的规定较少，但是这种法律意义上的明确弥足珍贵，它对民事诉讼的司法实践起到了非常重要的作用，意味着县官在判定民事案件时就有了明确的审判依据。

根据“违禁取利”的规定，国家是以保护受害者的形象出现，但同时又规定了“并追本利给主”。正如黄宗智先生所说，事实上，衙门更多是依赖这些夹在律文中间的文字所包含的要旨：合法债务将受到法律的强制维护。

**表1　巴县档案有关契约案例选表**〔1〕

| 件数 | | 性质 | 案例 | 特色 | 位置 |
|---|---|---|---|---|---|
| 27 | 4 | 买卖 | 赵财元扫卖约 | 买卖地产、煤矿等 | P27 上 |
| | | | 唐彭氏卖铺面文约 | 四邻优先购买 | P30 下 |
| | | | 丁涛等出卖铺面地基约 | 界限、标的物详列 | P33 下 |
| | | | 陈肇绪包承约 | 买卖担保 | P35 下 |
| | 4 | 租佃典当顶打 | 萧泰兴出顶股分约 | 部分出顶(股分) | P27 上 |
| | | | 贺永盛转当约 | 转当 | P41 下 |
| | | | 吕文亨佃约 | 约定较全面 | P46 下 |
| | | | 谢协盛佃约 | 房屋租赁、修理义务 | P52 下 |
| | 2 | 合伙 | 陈敏中等合伙约 | 合伙事项约定 | P26 上 |
| | | | 萧泰兴拆伙约 | 退伙 | P27 上 |
| | 6 | 借贷 | 张时熙限字约 | 履行期限及担保 | P11 下 |
| | | | 张世文抵借文约 | 抵押借款 | P11 下 |
| | | | 李永相收约 | 履行确认 | P12 下 |
| | | | 曾正玉限约 | 逾期收利息 | P13 下 |
| | | | 周泽普恳借断后约 | 族内借款,伦理性 | P13 下 |
| | | | 董玉升抵借文约 | 担保人责任 | P13 下 |
| | 1 | 投师 | 谭必贵投师文约 | 教育合同 | P37 上 |
| | 1 | 担保 | 汪永连承领火炉钱文约 | 担保人责任 | P30 上 |

〔1〕 表1为沈伟玲博士根据巴县档案进行的统计。位置一栏中“P”表示页数，乾指《清代巴县档案汇编(乾隆卷)》，“上”指《清代乾嘉道巴县档案选编》上册，“下”指《清代乾嘉道巴县档案选编》下册。

续表

| 件数 | | 性质 | 案例 | 特色 | 位置 |
|---|---|---|---|---|---|
| 27 | 1 | 合伙转借贷 | 雷天开等抵借文约 | 出资变借贷 | P29 上 |
| | 1 | 帮约 | 乾隆二十四年李其文帮约 | 共同犯罪责任分配 | P11 乾 |
| | 1 | 卖妻 | 道光十二年赖荣发休婚文约 | 卖妻与他人为妻 | P48 下 |
| | 1 | 卖女 | 卢世洪出抱亲女文约 | 收养 | P49 下 |
| | 1 | 自卖为奴 | 巴县董绣江夫妻投约 | 夫妻自卖为奴 | P51 下 |
| | 1 | 缴地基 | 涂尔俸缴铺房地基文约 | 类似司法执行 | P52 下 |
| | 1 | 族产 | 宋亦元认约 | 族内财产约定 | P54 下 |
| | 1 | 转兑 | 谭春和立招挂平约 | 商行租赁 | P35 上 |
| | 1 | 认约 | 牟银士认约 | 无权利瑕疵担保 | P26 上 |

由表 1 可以看到,引起钱债纠纷的最常见因素就是借贷法律关系,除此之外,最多的就是契约关系所引起的,尤其在租佃法律关系中,当事人常常因租金引起纠纷。此外,还有侵权和违法行为引起的钱债纠纷,违法行为通常表现为盗窃被发现引起的还钱问题、赌博之债等,侵权行为则表现为对他人的轻微伤害引起的赔偿、侵害他人财产引起的赔偿等。清朝商品经济的发展带来运输、贸易、钱庄等这些新的社会关系的诞生,契约的大量使用和发展完善,使法律关系由简

单向复杂化发展。而由各种各样的契约引起的纠纷也就大量增多。这些纠纷多会涉及钱财的争议。使“钱债”纠纷呈现丰富多样的态势,数量也逐渐增多。

**表 2　黄岩诉讼档案中钱债案件的统计**〔1〕

| 借贷 | 斗殴 | 盗窃通贼 | 赌博 | 私和人命 | 开店 | 中人 | |
|---|---|---|---|---|---|---|---|
| 21 | 2 | 6 | 3 | 2 | 1 | 6 | 1 |

清朝,类似现代意义的合同普遍以“约”冠之,从引起钱债纠纷的诸如买卖、租佃、典当、运输、储存、保管、食宿、合伙、租赁、雇佣、牙行等法律关系分析,大致可归纳为借贷、契约、侵权、违法行为四个方面。

1. 借贷

借贷即借款,标的物为银子或铜钱,有时也有粮食。借贷一般都有借贷契约,大多命名为“借约”,也有诸如“抵借约”“限字约”“收约”“领约”“信字约”等,约定的均为借贷内容。例如,《清代乾嘉道巴县档案选编》有专门选取借贷契约的内容,共有契约 120 份。

有时,借贷也被称为典当,其区别在于借贷中被典当的对象是钱,而不是土地或者房产。例如巴县档案中的一个案例,当事人李国用称“情因周登荣去年八月二十二日以田地房屋抵当蚁钱一百二十千”,〔2〕在这里,借钱就被称为“当钱”,同时可以看出,此宗借贷以田地房屋作了抵押。档案中还记载以财产权利,即田产的红契进行抵押。〔3〕借贷多有利息,利息形式以钱银和粮食为主。

借贷引起的纠纷,大部分是因为偿还出现问题,或为债务人不肯

---

〔1〕 表 2 根据王宏治《黄岩诉讼档案简介》中对钱债案件的介绍而统计。参见田涛、许传玺、王宏治主编:《黄岩诉讼档案及调查报告》(上卷),法律出版社 2004 年版,第 58 ~ 59 页。

〔2〕 乾隆四十年闰十月二十四日李国用禀状。《清代乾嘉道巴县档案选编》(下册),第 140 页。

〔3〕 嘉庆十九年十月二十日巫占鳌禀状。《清代乾嘉道巴县档案选编》(下册),第 148 页。

还债;或为债务已还,但是借约未交付给债务人,出现债权人再次据约而讨要的情况。借贷纠纷在清朝是较普遍的一类民事案件,各司法档案中的借贷纠纷大多都有中人和借约,抵押虽不像中人和借约一样普遍,不过也存在很多有抵押的借贷案件。黄宗智认为,债务纠纷包括亲邻朋友之间的小额“非正式”(没有书面字据,也没有中人、保人或抵押的)以及比较高额的“正式”(有中人、保人或抵押,大多也有字据)借贷。[1]

有时当事人为还清钱债,会选择将房屋田产出卖或租佃、典当等方式取得银钱,以便能履行借贷债务。

例:

**乾隆三十年三月二十九日慈里九甲潘登位诉状**[2]

为招承串控,诉恳并讯事。

情蚁雍正六年借罗现荣银七两五钱,至十一年,现荣取讨,蚁无银偿,将瓦屋三间作银二十两,卖与现荣,本利累算银十五两。蚁侄潘洪不容卖出,伊要承买,立约招还现荣银十五两,下该银五两,至今潘洪不给。蚁将田当与李文星,收银五十三两,搬住简州,洪乘蚁远,将银赎回文星当蚁之田耕食,有无清还现荣之银蚁不知情。现荣病故。乾隆二十八年腊月,蚁搬回赎田,潘洪措吞。蚁以逆侄欺吞叩案,蒙准差拘。逆抗拖延,串现荣之侄罗文英造写约据。本年三月十四,架以凶骗难甘,控蚁与侄潘盛并蚁妻舅张绪在案,蒙批:录前遵法诉明。切蚁该文英叔银,潘洪买房招还,遭此造约,彰法儆刁。上诉本县正堂太爷台前电讯施行。

县正堂批:候讯。

---

〔1〕 黄宗智:《过去和现在——中国民事法律实践的探索》,法律出版社2009年版,第25页。

〔2〕《清代巴县档案汇编》(乾隆卷),档案出版社1991年版,第122页。

该案潘登位借罗现荣银七两五钱,至罗现荣讨取时本利累算共十五两。因潘登位无钱偿还,决定将房屋以二十两的价钱卖给罗现荣。但是潘的侄子潘洪不允许潘将房屋卖出,于是与其叔潘登位立约,以二十两将房屋买来,潘登位欠罗现荣的十五两,由潘洪偿还,其再给付潘登位五两即可。案情至这里,充分体现了还债时的多样化法律关系,结果没想到,过了好多年后,案情又出现了新变化,潘洪串通罗现荣的侄子罗文英捏造契约,将潘登位控告。

借贷纠纷常常伴随着斗殴和伤害,有案件甚至直接以伤害提起诉讼,伤害被夸大的原因,就是使案件能得到官府的重视,进而实现自己的诉求,从某种意义上说也是一种诉讼策略。

例:

**同治十三年(1874)十二月十八日徐廷燮呈为噬修被殴泣求讯追事**〔1〕

完粮户名

都　图　完银　米

新粮　完　米　完

旧粮　完　米　完

呈

做状人　歇家　保戳

经承　原差

同治十三年十二月十八日

具呈童生徐廷燮　年三十岁　住北城而都　图草巷口

〔1〕 田涛、许传玺、王宏治主编:《黄岩诉讼档案及调查报告》,1号案例,法律出版社2004年版,第233页。

庄　离城　里

抱告　　　　年　岁　　系本人之

呈为嗑修被殴,泣求讯追事。窃燮家无担石,专以训蒙度日。癸甲两岁,均馆南乡梁胡桥张鹤鸣家。本由鹤鸣关请,训教次子永培。燮精勤善诱,日就月将,从非无益,其长子武监乘鳌,因弟读书,素有憎嫌。该鹤鸣于上年十二月逝世,乘鳌承接家事。而乘鳌习性暴戾,誇自富豪,期贫凌弱,藐视圣教。上年关订二十五千文,续收钱二十三千九百六十文,因鸣病重未清。本年关订三十千文,收过钱二十三千零三十文,关外附带生徒一人,议盟钱六千文,亦乘鳌收去。三共少钱十四千零十文,均由账目整整。于上月十八日解馆,乘鳌诱糶(粜)谷后差工送城。燮思谊关宾主,安得不允。旋后寄函向讨外,燮复亲至伊家,邀同其叔凤鸣一同往讨,又复诱拖。迨至本月十五日,欲往伊处,路经土屿地方,恰遇鳌在市。燮言未几,不料乘鳌不思嗑欠之虚,反敢詈骂,挺身逞凶。时幸市人力阻,未遭荼毒。绅董张敷纪等,共见共闻。蒙绅亲至伊家立说,鳌乃避匿不面,莫可理取。但燮一介书生,岂肯匍匐公堂?则束修虽小,而情理难容,若不急求饬差严拘讯追,蒙师之业已废矣。为此沥情号叩公祖慈大人垂念贫弱,电发抓拆严拘讯追,惩顽恶以崇文教。祝德,上呈。如虚坐诬。

升用总捕府署台州府黄岩县正堂加六级、纪录十次郑　批:

欠修逞横,侮慢师长,所控如果属实,张乘鳌殊出情理之外。着值役蒋昇、方玉贰名持批速往查理。或仍凭土屿张绅等妥为理息,以免讼累。如理处不下,准即带案讯办。去役不许滋扰。定限廿日禀复,勿延。当堂批。

《状式条例》略

在借贷纠纷中债权人因债务人不履行债务而私自采取救济,强行取走债务人的财产的情况也很多见。一般情况所取财物包括普通钱财、衣物等,也有以畜产为强取对象的。所以,《大清律例》规定:若豪势之人,(于违约负债者),不告官司,以强夺去人孳畜产业者,杖八十(无多取余利,听赎不追)。若估(所夺畜产之)价过本利者,计多余之物(罪有重于杖八十者),坐赃论(罪止杖一百、徒三年),依(多余之)数追还(主)。

2. 契约

清朝商品经济的发展,民事法律关系出现多种形式的变化和发展,契约成为当事人之间履行权利义务的重要凭证,钱债争议自然而然地围绕契约而展开。例如,淡新档案中萧源与曾火炉因典当引起的纠纷:萧源告曾火炉将其"业霸占匿契抗赎",霸占其产,不履行典当合同。曾火炉"将契藏匿,不肯取看,而且倒反斥辱"。[1] 工商业的发展,又使合伙财产的争议、合伙与退伙钱财的理算、入股与借贷的互相转换等因契约引起的钱债纠纷相继出现。

例:

**顺天府宝坻县刑房档案28全宗2目录111卷072号**

呈状

年五十一岁　　　　　　年四十九岁

具呈民人孔百福

城西十五里

住得义里朱家铺孔庄

为喊禀事。切于咸丰九年秋候,身与族侄孔万福每人出价东钱四十吊,伙买孔宗必空庄窠一处,按半分栽芋秧。去岁十一月间,孔万福病故,现在伊父孔君奇率领长子孔万有、三子孔万达、伊孙孔顺在已故次子孔万福与身伙买空庄窠地内栽种芋秧。身到地向其理论,各按一般栽种,给身留一半自种。不料孔君奇倚

〔1〕 淡新档案,23202案。

恃父子人多,硬赖此地俱系伊故子孔万福自买,无身之地。身言及身收有契纸为凭,竟触孔君奇之怒,喝令孔万有等将身群殴,拳打脚踢。孔万达将身头颅用拳打破,用砖块将身左胳膊打伤,有石进祥拉劝可证。为此,叩乞仁明大老爷恩准验伤传究。此地契纸临审呈验,实为德便。上呈。

原告 孔百福 系受伤人 词内孔宗必

被告 孔君奇 孔万有 孔万达 孔顺

干证 石进祥

正堂 章

微伤已验,候传讯。

**光绪十一年(1885年)三月初八日梁洪秋呈为藐抗锢噬叩提讯追事 附批单一件**〔1〕

状式

做状人张维林 歇家饭铺 保戳赵长华

写状人王士木

经承 原差

光绪十一年三月初八日

具呈梁洪秋 年三十三岁 住东乡三十都 二图

小九分山荘 离城六十里

抱告 年 岁 系本人之

呈为藐抗锢噬,叩提讯究事。窃身与族人梁洪梅合开染铺,亏空歇业,乘身病在家,擅搬大小染布八十馀块,寄藏伊好梁洪明药铺,独自收钱付取,甚将染布典当,应还身借存店款本息洋二十

〔1〕 田涛、许传玺、王宏治主编:《黄岩诉讼档案及调查报告》,41号案例,法律出版社2004年版,第291页。

馀元,欺噬不还,账又不算。身病痊查知仅就明铺归来大小布十三块。以身催算理论不合,竟敢影射七年前重算、改正账目为词,倒架身涂改账簿,搬运多布大谎,赴场侧罩倒累,经身不已沥情叩案,奉批之下,回环捧诵,仰见明允。身遵经持批倩人传谕,邀同理算,讵洪梅非惟置之不理,尤敢串嘱场差,至身家倒拘未得,一面带差截路图拉,使身有路莫行,揆诸理法,两难容已。为此再叩,伏乞大老爷电赐饬提,亲讯究追,惩噬杜累。上呈。如虚坐诬。

粘批一纸

钦加同知衔大计卓异调补浙江台州府黄岩县正堂加三级随带加一级纪录三次欧阳　批:

查尔处词为梁洪梅搬运染布,向理,以影射五年重算为词。兹据续呈,又称七年重算,若果言真语确,何致前后两歧,其中显有隐情,不准。

《状式条例》略

3. 侵权

侵权指侵犯人身和财产权利。按照清朝律例,侵权行为在受到刑罚制裁的同时,对受害者也有相应的赔偿。例如,《大清律例·户律·钱债》中"违禁取利"条规范了民间借贷利息的范畴,对违反法律取得高利贷者,既要受到笞刑,同时,也要保障合法债权。

例:

**乾隆四十二年八月二日慈里五甲何文锦告状**[1]

为套埋凶骗,叩宪怜究事。

缘本年四月十七,有蚁三胞叔何玉树之螟蛉子何文鼎,窥蚁

[1] 《清代巴县档案汇编》(乾隆卷),档案出版社1991年版,第125页。

出外，调戏蚁妻冉氏，致蚁妻羞忿投水溺毙。蚁回奔报蚁三胞叔何玉树，央同蚁么胞叔何玉安，并蚁堂叔何玉疆、何玉振等理剖，令文鼎出钱二十四千，给蚁以作埋葬除荐之资，彼立认约给蚁，执据。殊文鼎止现给蚁钱四千置卖棺木，套蚁将冉氏埋葬，余该钱十八千措延不给。四月二十二，蚁奔具控，有蚁堂叔何玉臣拦回。叠次邀剖，讵逆文鼎不惟悖约昧骗，尤于七月二十九执持铁锄，凶至蚁家詈辱，蚁胞弟何文瑄向理，遭逆执锄脑打伤蚁弟左臂膊青肿，蚁弟拖锄，被锄划伤右臁肕，皮破血流，现请医曾绍梅调治。切蚁妻遭逆调戏溺毙，蚁遵胞堂叔之命，故未具报。今更早逆套哄掩埋，违约凶骗，蚁心何能甘休。为此粘呈认约，叩宪赏电怜究。沾恩。上告。

这是一起因调戏别人妻子导致其自杀的案例，该案最终以“钱债”案由被提起诉讼，主要原因是因为何文锦的妻子自杀后，加害人何文鼎原来承诺给与的钱财补偿因其后来反悔，而引发了钱债争议。

还有许多因侵犯财产权利而引起的争讼，冕宁档案中有把别人饲养的狗宰杀吃肉的赔偿争议；还有因人赶牛致使牛倒地受伤致死，判词体现如下：

同姓田邻，牛在田内为工人驱逐，因跌而伤，因伤牛死，亦属常有之事。准陈继祥家务较好，可念一家之义补给陈继升牛价银拾贰两，具结完案。陈继升亦不得更生异说，当知己亦有过，如先前知牛为重，不令幼女放牧，令较为老成之人牧放，何致牛因跌伤毙命而同姓结讼也。[1]

---

〔1〕 冕宁县清代档案，轴号27，卷号344—1。转引自张晓蓓：《冕宁清代司法档案研究》，中国政法大学出版社2010年版，第136页。

4. 违法行为

清朝,侵权行为和违法行为没有清晰的界限,因此,诸如赌博、盗窃、私和人命等,相比于"侵权",更宜于定性为"违法"。引起钱债纠纷的违法行为主要指赌博、盗窃、私和人命等。

(1)赌博

例:冕宁档案判词载:

断刘崇儒无故兴讼并胆敢告云同赌,虽事属实依应先行责惩,况所控借项毫无字据,虽系同族弟兄断无借(钱)不要字据之理。至所(表)并道光二十二、二十九、三十年借据三张如果实有其事,何以若许多年未向讨要。今则□因所控不确,显系希图抵赖,本应以诬告重断,姑念两造同族,从宽□责着具结,日后不准再搕索,了案。[1]

(2)窃盗

**乾隆二十九年九月二十二日洪岩厢民杨荚报状**[2]

为匪党窃骗,幸获报究事。乾隆二十七年,蚁与伙计唐庠负钱赶搭郭铭之船,前往嘉定府买货。殊郭铭串伊叔郭廷秀,纠伊姐夫况洪义,胆将蚁钱窃用六十三串。蚁欲报明彼处县主,奈匪党殃请骆维龙、来廷儒、唐青云、蔡以泰等书立约据,又注明账簿,限定卖船还蚁窃项。讵恶郭铭等套限生奸,将船蓦卖,获价潜逃,害蚁伙计二人困陷在彼。守至去年七月二十四,廷秀卖船,止给蚁利钱十一千文,该蚁本钱,复立欠约,临审呈验。前月,蚁归私

〔1〕 冕宁县清代档案,轴号32,卷号397—13。转引自张晓蓓:《冕宁清代司法档案研究》,中国政法大学出版社2010年版,第136页。

〔2〕《清代巴县档案汇编》(乾隆卷),档案出版社1991年版,第118页。

访，郭铭乃系有名匪棍，名为架船写载，实为暗窃孤异。惨蚁仅此血本，营贸活生，遭恶窃骗，至今本利共该蚁钱一百余串，一文不给，措蚁束手待毙，乞食回家。今幸郭铭、廷秀来渝，惟况洪义系郭铭支藏。此种匪恶，害人实甚，理应扭报。奈郭铭力大莫敌，兼之法打俱全，凶恶难当。为此奔报，稍虚坐诬。伏乞太爷台前俯准施行。

(3)私和人命

命案并不是故意引发的，而是伴随民事纠纷出现的伤害。然而，人们解决争议的方式有时不是理智的，或不停地到对方家里进行骚扰，或聚结一些人在对方出入的地方拦截，企图解决问题，这些做法往往会因情绪激动引发骚乱。也有的人试图通过到对方家里自杀，以期通过扩大事态，逼迫对方履行债务，这就常常引发命案，而命案发生后，更多的是采取赔偿钱财进行“私了”。但是，这种“私了”无法保障执行，最终又将进入诉讼程序。

《鹿洲公案》记载一起因纠纷自杀，引起自杀一方答应通过履行为死者之母养老的义务换取了命案的私和。最后却因为不履行义务，被死者之母告到官府的案例：老妇郑氏年八十六矣，少妇姓刘郑之寡媳也。郑言亡儿李阿梓去年十二月初五日为李阿梅逼杀。将鸣之官，阿梅恳族中生监李晨李尚家长李童叔等劝我无讼，为我敛埋贻我住屋养我老幼。今阿梅不存良心，逼我徙宅，收我瓦桷，绝我粮食。风餐露宿不知命在何时，我是以来告也。余曰：人命至重，汝不应私和。

黄岩档案也有私和人命案的记载。

从档案中可以看到，在地方司法实践中，进入诉讼程序的事项范围十分宽泛，蝇头小利、鸡毛蒜皮诸多小事都有可能被提起诉讼，至于哪些案件可以被受理，最终进入司法程序，则由州县官来决定。

对事实的调查可以由专门官员进行，也可以由与案件相关联的人或当事人的近邻、同族长辈等进行,并且这种情形十分常见。知县经常“批示”这类人员查明或者调解案件,这也是清朝基层司法的特点之一。当事人的陈述被称为“供词”而不是“陈述”或其他别的名称,这表现出一定意义的社会控制理念。判决没有独立的类似“裁判书”性质的文件,有的案件有判词,有的案件没有判词,伴随着整个诉讼过程的“批示”就足以表达了处理结果。

没有独立的执行程序,案件即使经过审理,得出裁决也不一定“一事不再理”,如果一方当事人拒不执行判决,另一方就会再向官府提出告诉,即“再控追究事”,也因此导致了繁复的诉讼过程。淡新档案**“23408-000　二三四〇八·案由　首保北门外佾生黄鸿岳具告黄德源等串中盗买侥吞借项叩请讯追**案”由15个司法文书组成,再现了反复诉讼的整个过程。

调解在纠纷的解决中发挥了很大的作用。调解不局限于官府的调解,还有民间社会的调解。宗族内有权威的长者、契约中间人、乡保等都会出现在诉讼程序中,充当调查人员或调解人员。宝坻档案揭示,县以下的准官员乡保是个关键人物,平均每个乡保负责管理二十余个村庄的税收和司法事务。有些乡保仅仅是衙门令谕和通告的传递者,而另一些乡保却握有相当的权力,甚至可以依靠自己的权威解决纠纷。[1]

调解结案的情况是很普遍的。调解不成时,则会通过裁判解决,裁判以“判词”的形式存在,通常直接写在诉讼文书中。县官凭法听断,做调解的是亲邻,而不是县官。[2] 尽管扮演调解角色的不是县官,但是调解贯穿在整个诉讼过程之中,不仅起诉受理,即使已进入正式的官方程序,开始通知被告答辩,进行调查程序,甚至庭审,都可通

---

〔1〕 黄宗智:《过去和现在——中国民事法律实践的探索》,法律出版社2009年版,第64页。

〔2〕 同上书,第5页。

过调解结案，并且非常普遍。调解时不仅有第三方主动介入，官方也会主动指示进行调解，在这种情况下，多为批示查明案件事实，进行调处。调解成功，则有调解人员向官方出示一份息状，以示诉讼已经被平息，原被告和解，纠纷得到解决，调处人连名具请状向官府请求销案，当事人则出具甘结。

**道光四年十二月初一日彭国应等息状**[1]

情今闰七月，有张再升以遵理反凶情控彭永富欠银不还等情在案差唤。蚁等不忍坐视，邀集理剖，各白情由。实因永富借再升银二百两未给，故有此控。经蚁等剖明，劝再升念在戚谊，求让利息，令永富只还再升银二百零十两。奈永富一时难以措齐，目今现还再升银一百零十两，下欠一百两，永富出实限约，与再升立据，视来年三月内楚还。均以平允，不烦恩讯，情甘各结备案。为此，协恳仁天赏准息销，以免拖累。

如果调解解决不成，则会审理听断"依状以鞫情，如法以决罚，据供以定案"。

钱债纠纷经调解或裁判后，多会涉及钱财的支付。负有给付义务的一方有时会被宣判当庭执行，考虑到债务人没有执行能力，则出具一份限状，在限制的时间内履行支付义务。

如：

具告状民妇田王氏年四十五岁（略），为违断抗缴捏骗搪塞事。情氏前□劫抢情词，呈控高长元等在案，蒙恩审讯，断伊缴氏骡子。殊伊反造假约，诬赖氏夫输过伊钱二十千，恩谕各还各项，沐将氏夫与伊押候缴给。殊高长元藐断刁狡，意图氏夫将钱缴

〔1〕《清代乾嘉道巴县档案选编》（下册），四川大学出版社1989年版，第151页。

出,伊抢氏骡并毡子等物,抗不缴还。兹因氏夫染患疯癫恐有不测,只得叩恩做主,饬伊缴氏骡子,开释氏夫出外,氏愿遵断,为此迫切叩乞。

光绪八年十一月十六日

知县批词:“着将氏夫田天得应缴钱文速即缴来,听候提释。如果高长元敢不遵断赔还骡只,并仰原差带来比追。”

# 中国古代保密法律思想刍议

## ——以《左传》《史记》《汉书》和《资治通鉴》为例*

张　群**

**【内容摘要】** 中国古人很重视保密，但对保密弊端也不乏深刻反思。其中的许多观点对今天亦不乏启发。从古代史以及《左传》来看，其主张的保密思想是多元的，但其中还是隐含了对儒家保密思想的推崇，因儒家对待保密的态度相对比较中庸，而《史记》《汉书》所宣扬的保密观念承接了先秦儒家精神，但又掺入了更多谋略道术，而《资治通鉴》所阐发的保密思想，则除了保持一以贯之的道德色彩之外，还强调了保密的技术性和智慧性。

**【关键词】** 古代　保密思想　道德　技术　智慧

## 一、引言

自清末以来，就不断有人批评中国古代保密传统，其中既有著名

---

* 本文正标题原为“谈谈中国古代保密思想”，现名为编者所改。

** 作者系中国政法大学法律史专业博士后研究人员，北京大学近代法研究所兼职研究员。

思想家和政治家,如康有为,[1]也有普通官僚和学者,如姚锡光、[2]褚辅成、[3]唐庆增等,[4]甚至还有外国人。[5] 历史考察显示,上述看法稍显简单化。中国古代保密思想历史悠久,中国古人也很重视保密,但对保密弊端也不乏深刻反思。其中的许多观点对今天亦不乏启发。本文以中国古代四部经典史籍《左传》《史记》《汉书》和《资治通鉴》为例,对此进行具体考察。[6]

## 二、《左传》的多元保密观

《左传》是先秦史学名著,关于其作者、创作年代及材料来源有许多争议,但根据考古以及《史记》等其他文献,其记载大体可靠,而且该书首尾一致,较有系统,比之《国语》《战国策》等其他先秦史籍,更具典型性,作为考察先秦史学文献中的保密观比较合适。《左传》中涉及保密的记载有多处,虽然并未像现代著作那样明确主张保密

---

〔1〕 孔祥吉编著:《康有为变法奏章辑考》,北京图书馆出版社2008年版,第269页。

〔2〕 姚锡光:《姚锡光江鄂日记(外二种)》1896年8月30日条,中华书局2010年版,第154~155页。

〔3〕 郭卫编辑:《大理院判决例全书》,上海会文堂书局1932年版。

〔4〕 唐庆增:《中国经济思想史》,商务印书馆2010年版,第27页。

〔5〕《维特伯爵回忆录》,中国法制出版社2011年版,第136页。维特伯爵是俄国近代著名政治家,俄罗斯帝国末期的财政部部长,保守改革家。主持财政工作十多年,对俄国资本主义的发展、铁路的发展和银行的建设都有重大影响。对外主张东进政策,修建西伯利亚大铁路,和清朝签订对日攻守同盟,开发哈尔滨和大连,在太平洋成立商船队,但因主张同日本和平竞争,遭到军方反对,转任闲职。日俄战争失败后复出主持谈判,将俄国的损失降到最低,封萨哈林伯爵。并再次引进外国资本稳定俄国经济,颁布俄国第一部宪法,稳定俄国内政。后因无法处理改革派和保守派的矛盾去职。

〔6〕 关于中国古代保密思想的一般情况,参见张群:《谈谈中国古代的保密文化》,载《北京电子科技学院学报》2013年第1期;《中国保密法制历史研究的意义、现状与展望》,载《北京电子科技学院学报》2013年第3期;《事以密成,语以泄败——中国古代保密法制初探》,载《南京大学法律评论》2013年春季卷。

应当如何,但可以从字里行间分析其立场。[1]

一是军事斗争要保密。这主要体现在"殽之战"的记载中。《左传》僖公三十二年冬天,潜伏在郑国的秦国间谍杞子派人送来情报,说他掌管了京城北门的钥匙,如果秦军偷偷来攻,有望里应外合,拿下国都。秦穆公问大夫蹇叔的意见,蹇叔认为不可行,主要理由之一是无法保密,"劳师以袭远","师之所为,郑必知之","且行千里,其谁不知?"但秦穆公听不进去,仍然决定出兵。果然,秦军到达滑(诸侯国名,在今河南睢县西北)的时候,被郑国商人弦高侦知,派人通知了郑国。秦军主将孟明看到郑国有了防备,打又打不赢,围又没有后援,只好撤兵。回师途中,在殽(晋国山名,在今天河南洛宁西北)被一直虎视眈眈的晋军偷袭,主将孟明、西乞术、白乙丙被俘。事情的发展一如蹇叔所料,但蹇叔并非"神机妙算",而是以事实为根据推断出来的科学结论,其理论根据就是军事行动要保密,密则胜,不密则败。

二是政治斗争要保密。这包括国君和臣子两个方面。首先是国君要注意保密。这主要表现在文公六年的"晋杀其大夫阳处父"事件中。该年春,晋襄公拟任命狐射姑为中军,赵盾为副。太傅阳处父反对,理由是"射姑民众不悦,不可使将"。[2] 襄公遂将两人职务对调,并把阳处父的意见告诉了狐射姑。狐射姑怀恨在心,后来找机会杀死了阳处父。[3]《春秋》认为,阳处父虽然是被非法杀害,但有错在先,被杀也并不冤枉。理由是:其一,君已命帅,阳处父易之,

---

〔1〕 主要参考杨伯峻编著:《春秋左传注》(修订本),中华书局2009年版;竹添光鸿:《左氏会笺》,巴蜀书社2008年影印版;沈玉成:《左传译文》,中华书局1981年版。

〔2〕《春秋公羊传注疏》卷一三《文公六年》,载《十三经注疏》(全二册),上海古籍出版社1997年版,第1268页。谷梁传记载为:"古者君之使臣也,使仁者佐贤者,不使贤者佐仁者。今赵盾贤,夜姑仁,其不可乎?"[《春秋谷梁传注疏》卷十《文公六年》,载《十三经注疏》(全二册),上海古籍出版社1997年版,第2406页。]

〔3〕 杨伯峻:《春秋左传注》(第2册),中华书局2009年版,第545页、552页;高士奇:《左传纪事本末》卷三十一《晋卿族废兴》,中华书局2015年版,第435页。

是对君权的冒犯,有专断之嫌。其二,阳处父是赵氏的家臣(“成季之属也”),依靠赵盾父亲的推荐获得重用(“阳处父欲臣文公,因咎犯,三年不达;因赵衰,三日而达。”)他的谏言出于私心(“党于赵氏”)。国君用人尚且不敢行私,阳处父却公然行之,即所谓“侵官”,宜为国讨,故不言狐射姑杀之,而曰“晋杀其大夫阳处父”。[1] 但同时,《左传》以及《谷梁传》《公羊传》都认为,即使阳处父有这些不是,晋襄公将阳处父的谏言泄露给狐射姑也是不对的,所谓“自上言泄下,曰漏”。[2] 这就是后世“漏言”之说的由来。《谷梁传》明确提出,“士造辟而言,诡辞而出”,“用我则可,不用我则勿乱其德”。[3] 这主要是对君主提出保密要求。

其次是臣子要保密。这主要体现在襄公十四年的“驹支不屈与晋”故事中。驹支是姜戎部落的首领,率领部落诸人生活在晋国的南部边境。晋国与南方诸国关系恶化后,身处南疆的他们最先受到怀疑(“戎居晋南鄙,故疑而诘之”)。[4] 在一次朝会上,大臣范宣子声称,最近南方诸侯没有以前尊重晋国,是姜戎把晋国一些机密泄露出去造成的,故拟剥夺驹支参加朝会的权力(“今诸侯之事我寡君不如昔者,盖言语漏泄,则职女之由。诘朝之事,尔无与焉。与,将执女。”)驹支辩解说,我们各族戎人饮食衣服和中原不同,财礼不相往来,言语不通,能做什么坏事呢?(“我诸戎饮食衣服不与华通,贽币不通,言语不达,何恶之能为?”)范宣子等一听,认为有道理,允许驹支继续参加朝会。[5] 从这个案例可以发现,其时对泄密的处理非

---

[1] 竹添光鸿:《左氏会笺》,巴蜀书社2008年影印版,第708、716页。

[2] 《春秋公羊传注疏》卷一三《文公六年》,载《十三经注疏》(全二册),上海古籍出版社1997年版,第1268页。

[3] 《春秋谷梁传注疏》卷一三《文公六年》,载《十三经注疏》(全二册),上海古籍出版社1997年版,第1268页。

[4] 竹添光鸿:《左氏会笺》,巴蜀书社2008年影印版,第1278页。

[5] 杨伯峻:《春秋左传注》(第3册),中华书局2009年版,第1005页。这个故事在清代还被选入《古文观止》卷二,题为《驹支不屈于晋》。

常严厉,实质上已经将保密与忠诚联系在一起。

三是法制要公开。这主要表现在郑国子产铸刑书(昭公六年)、晋国铸刑鼎(昭公二十九年)事件中。以叔向和孔子为代表的一方主张法制应该保密,以子产、赵鞅为代表的一方则主张法制公开,双方有激烈的论争,说了很多理由。在古代即引起许多讨论。[1] 改革开放以来因为涉及法治和人治问题,更引起史学界和法学界的普遍关注。[2] 这个事件争议颇多,但有一点是有共识的,就是法律保密利于人治而不利于法治。当代学者范忠信曾基于今天的法治立场,借古喻今做了一个评论,可以佐证。

> 关于铸刑书刑鼎引起的争议,我们只需与1979年我们国家制定颁布两法时的争议作个简单对比,就更好理解。1979年"两法"(刑法、刑诉法)的颁布,正如春秋时郑国晋国铸刑书于国鼎一样,是有特别的意义的,它标志着"政策治国""文件治国""长官治国"到"以公开而稳定的法律治国"的变化。据说,颁布"两法"时,好些干部,特别是政法干部很不以为然。他们说,从前没有"两法",靠党和国家的文件或政策,打击犯罪分子得心应手、灵活机动,充分体现了专政的威力;现在有了"两法",对于"两法"没有规定的很多行为我们就不好打击了,我们

〔1〕 杨伯峻编著:《春秋左传注》(修订本),中华书局2009年版,第1274页、1504页;杜佑:《通典》卷一百六十六《刑法四 · 杂议上》,中华书局1988年版,第4285页;竹添光鸿:《左氏会笺》,巴蜀书社2008年影印版,第1730页、2098页;吕思勉:《吕思勉读史札记(增订本)》(上)甲帙先秦第一五二至第一五四条"郑人铸刑书(上)(中)(下)",上海古籍出版社2005年版,第361~367页。

〔2〕 主要有韩连琪:《论春秋时代法律制度的演变》,载《中国史研究》1983年第4期;俞荣根:《孔子讥刑鼎辨析》,载俞荣根:《道统与法统》,法律出版社1999年版,第95页;孔庆明:《"铸刑鼎"辩正》,载杨一凡主编:《中国法制史考证》(甲编第一卷),中国社会科学出版社2003年版,第345页;王沛:《刑鼎源于何时》,载《法学》2012年第10期。

办案子就得讲程序合法了,于是有时鞭长莫及,有时束手束脚。[1]

但要注意的是,铸刑书、铸刑鼎事件本身的关键并非法律的公开和保密问题,而是法律的确定性问题。其主要变革意义是在确立刑罚标准,使得罪刑一一对应,改变此前处罚标准模糊、操作空间太大的弊端,同时也使国君绕过诸侯,获得直接行使对民众的司法权。[2]

四是保密和为人之道。以上讨论的都是政治、军事领域的保密问题,《左传》的态度是比较明确的。那么,对于个人事务的保密,《左传》是个什么态度呢?答案稍微复杂一些。保密作为一种社会行为,背后都涉及价值和利益。当个人面对国家、民族和君王时,涉及国家安全和利益,事关忠诚,没有多少权衡的余地。而在私人场合,利益大体相当,互相冲突时就会有权衡的需要和条件。目前所见最早对保密问题进行利益权衡的例子,可能要算《左传·桓公十五年》记载的郑国大夫祭仲女儿雍姬的故事。

> 祭仲专(权),郑伯(厉公)患之,使其婿雍纠杀之。将享诸郊。雍姬(祭仲女儿)知之,谓其母曰:"父与夫孰亲?"其母曰:"人尽夫也,父一而已,胡可比也?"遂告祭仲曰:"雍氏舍其室而将享子于郊,吾惑之,以告。"祭仲杀雍纠,尸诸周氏之汪。公载以出,曰:"谋及妇人,宜其死也。"夏,厉公出奔蔡。[3]

这个故事里权衡的是父亲和丈夫哪一个更重要问题,而且倾向

---

[1] 黄东海、范忠信:《春秋铸刑书刑鼎究竟昭示了什么巨变》,载《法学》2008年第2期。

[2] 郝铁川:《从多元立法权和司法权到一元立法权和司法权的转折——春秋时期"铸刑书"、"铸刑鼎"辨析》,载《华东政法大学学报》2005年第5期。

[3] 《史记》卷四十二《郑世家第十二》。

于父亲。此后也有类似故事，不过女性当事人都选择了丈夫。《左传·僖公二十二年》：

(晋惠公之子圉为质于秦,)将逃归，谓嬴氏曰:“与子归乎?”对曰:“子，晋大子，而辱于秦，子之欲归，不亦宜乎?寡君之使婢子侍执巾栉，以固子也。从子而归，弃君命也。不敢从，亦不敢言。”遂逃归。[1]

《左传·僖公二十三年》：

(晋公子重耳)及齐，齐桓公妻之，有马二十乘，公子安之。从者以为不可，将行，谋于桑下。蚕妾在其上，以告姜氏，姜氏杀之。而谓公子曰:“子有四方之志，其闻之者吾杀之矣。”公子曰:“无之。”姜曰:“行也。怀与安，实败名。”公子不可。姜与子犯谋，醉而遣之。

这几个案例中，当事人在面对保密还是不保密的难题时，均根据具体情况做出选择，并不固守某一道德教条，体现出比较浓厚的实用主义色彩。《左传》未对她们的选择做出评价，但对这种处事方法似不无赞赏之意，至少并不否定。

总体而言，《左传》中的保密观比较多元，既重视其忠诚、守信等伦理性价值性的一面，也赞赏其技术性智慧性的一面，比较全面客观地反映了先秦社会保密活动的多重面相，也显示其时思想的开放和包容。此外，还有三点需要注意。一是现代读者一般将《左传》看

[1] 同是这位女人，在面对晋文公重耳的无礼时，却表现出让人意外的“尊严”。《左传·僖公二十三年》记载，秦伯纳女五人，怀嬴与焉。奉匜沃盥，既而挥之。怒，曰:“秦晋，匹也，何以卑我?”公子惧，降服而囚。

做一部史书,其实在古人眼中,《左传》还是一部地位堪比《孙子兵法》的兵书。三国时期的关羽、吕蒙都从《左传》中学习用兵之道。南宋名将岳飞更高度评价《左传》中的用兵谋略,说:“用兵在先定谋,乐枝曳柴以败荆,莫敖采樵以致绞,皆谋定也。”〔1〕这主要是因为《左传》比较全面地记载了当时纷繁复杂的军事斗争实践,其中的许多谋略(包括这里所说的保密)可以为实际斗争提供参考和借鉴。《左传》有关这方面的记载也最为丰富,而且也不限于军事。这里再举一个政治方面的例子。桓公十一年,当时还是太子的郑昭公带兵帮助齐国击败北戎,齐侯打算把女儿嫁给他,昭公辞谢了。大夫祭仲劝他说:“您一定要娶她。国君(指当时在位的郑庄公——引者注)姬妾很多,您如果没有有力的外援,将不能继承君位。其他三位公子都可能做国君。”昭公还是不同意。最后“卒以无大国之助,至于见逐”。这个实例中,昭公的年轻气盛,祭仲的老谋深算,一览无余,而作者明显是肯定祭仲的。这无关乎立场,主要是从技术角度的观察,体现出的是对政治智慧的一种赞赏。《左传》对保密的态度大约也是如此。

二是南宋朱熹批评左丘明是一个“审利害之几,善避就底人”,《左传》一书“以成败论是非,而不本于义理之正”。〔2〕大概指的就是上述这样一些有关谋略的内容。其实《左传》并非没有立场,只是没有直接说出来,而是通过直书其事的方式,让是非互见。比如,《左传》记载,当时背叛旧主的臣子,几乎均不为新上台的主子所信任,多被处死。这实际就是对臣子的一种告诫,所谓“让乱臣贼子惧”。但同时,《左传》对于国君见利忘义、翻云覆雨的一面也不回

---

〔1〕顾栋高:《春秋大事表》卷四十六《春秋左传兵谋表》,中华书局1993年版,第2529页;钱钟书:《管锥编·史记会注考证》四七《卫将军骠骑列传》,三联书店2007年版,第570页。

〔2〕《朱子语类》卷第八十三《春秋·纲领》,中华书局1984年版,第2149页。

避。《左传·僖公十年》记载的"晋杀其大夫里克"故事就是如此。晋惠公夷吾依靠大夫里克的支持当上国君之后,担心里克也会背叛他,就说:"如果没有您,我就做不了晋君。尽管如此,您杀了两个国君一个大夫(指奚齐、卓子和荀息——引者注),做您国君的人,不也太难了吗?"里克回答说:"没有奚齐、卓子的被废,君王怎么能兴起?要给人加上罪名,还怕没有话说吗?下臣听到命令了。"遂伏剑而死。晋惠公对叛变"其事可喜,其人可憎"的态度,[1]赤裸裸地暴露出国君在维护个人权位时的残酷与无情。也许在朱熹看来,臣子背叛应该谴责,但君主过错则不应追究,更不应这样深描,所谓"为尊者讳"。但我们则要赞赏左丘明的这一特点,并感谢他留下这些珍贵的记录。

三是与《左传》相比,同样被定为儒家经典的《论语》对保密的态度似乎保守许多,经常引用的就是"民可使由之,不可使知之"这句话。但是对此争议较多。南宋朱熹赞成这一观点,理由是:"民但可使由之耳。至于知之,必待其自觉,非可使也。由之而不知之,不害其为循理。及其自觉此理而知之,则沛然矣。必使之知,则人求知之心胜而由之不安。甚者遂不复由,而惟知之为务。其害岂可胜言。"[2]近代以来,这句话被视为"封建残余"。[3]著名史学家钱穆认为这是近人的误解,孔子是就行政管理角度而言,符合实际,并非主张愚民以便专制。[4]从古代史以及《左传》来看,儒家对待保密的态度比较中庸,对待民众也相对宽和,这句话的消极影响也远逊

---

〔1〕西方有类似说法:"臣之功可酬者,则君喜之;苟臣功之大,远非君所能酬,则不喜而反恨矣。"参见钱钟书:《管锥编》(第1册),三联书店2001年版,第543页。

〔2〕朱熹:《答范伯崇》,转引自钱穆:《朱子新学案》第3册《朱子论当时学弊(中)》,九州出版社2011年版,第279页。

〔3〕《为了帮助国家统计局整风,薛暮桥局长邀请京津部分经济学统计学教授举行座谈会》(1957年5月20日),载《统计工作》1957年第12期。

〔4〕钱穆:《论语新解·泰伯篇第八》,九州出版社2011年版,第235页。

于韩非子,故似直接依据字面理解即可,不必非得为孔子找出一个正面的解释。

## 三、《史记》《汉书》与儒家保密观

在中国史学史上,《左传》之后就是著名的“前四史”。其中,《三国志》和《后汉书》成书时间较晚,更多反映的是魏晋南北朝时期的观念,而且在编纂体例和写作思想上深受《史记》《汉书》的影响,其原创性并不是很强。《史记》《汉书》均撰写于两汉时期,前者是第一部纪传体通史,后者是第一部纪传体断代史,无论是内容还是体例,均被视为中国古代文化的源头性典籍,内容丰富、思想深邃,对于考察中国保密观来说是不应忽略而且还应充分挖掘利用的重点文献。

先说《史记》。这部巨著被誉为“史家之绝唱、无韵之离骚”,这除了其在体例上的开创性、文笔上的优长之外,主要还是因为记载真实、全面、丰富,“于序事中寓论断”。[1] 作者司马迁也是一位卓越的思想家,在选材和落笔上均展示出后来史家少有的魄力、雄心和见识。具体到保密问题上,就是继承和发扬《左传》的立场,对保密活动的看法比较原生态和多元化,没有后来那么多的道德束缚和价值评判,思想比较开放。

我们不妨先看一段汉代人的评论。西汉末年,东平王刘宇来朝,请皇帝赐予《太史公书》及诸子,大将军王凤以为,“《太史公书》有战国纵横权谲之谋,汉兴之初谋臣奇策,天官灾异,地形扼塞”,不可以与诸侯。[2] 这里所谓“战国纵横权谲之谋”,不过历史陈迹,难言有什么风险,但“汉兴之初谋臣奇策”对于那些意图不轨的诸侯王来说,却可能有历史教科书作用。《史记》不仅详细记载了刘邦和张

〔1〕 顾炎武:《日知录》卷二十六《史记于序事中寓论断》。

〔2〕《汉书》卷八十《宣元六王传》。参见顾炎武:《日知录》卷二十九《徙戎》,上海古籍出版社2012年版,第1120页。

良、萧何等将帅艰苦奋斗、不屈不挠、救民于水火的伟大正确的一面,对刘邦等阴险狡诈、不太光彩的一面也不避讳,其中不少内容属于所谓阴谋、保密手段的运用(如张良、陈平的数出秘计)。对于失败一方的项羽、韩信乃至淮南王等的作为(包括一些正面内容)亦秉笔直书。在西汉统治者看来,这些内容当然不宜让太多人知道。对一个事件是否应当保密的判断本身就是保密观的题中之义。《史记》的上述记载主要反映的是司马迁求真求实的史学观,但也可以看出他在保密问题上的开放态度。南宋朱熹批评司马迁《史记》"只是计较利害",似乎说错了对象。[1] 史书以真实为第一原则,何况司马迁也并非"只是计较利害",也有自己的"义理",只是不为朱熹认可而已。

其次,在具体问题上,司马迁重视保密,将保密视为一种重要能力,同时,对泄密行为也并没有那么多的道德批评,特别是在两军对垒之际。比如,后世闻名的鸿门宴,《史记》项羽本纪和高祖本纪都记载,在鸿门宴上,项羽经不住刘邦几句软话,主动透露自己对刘邦的不满,是因为刘邦部下曹无伤的告密。这个案例充分暴露刘邦在政治上的老谋深算和项羽在政治上的幼稚冲动,[2]堪称一堂活生生的政治斗争示范课。但司马迁笔下对泄密的曹无伤并无太多谴责,反而详细记载其"欲以求封"的泄密动机。

> 沛公左司马曹无伤,闻项王怒,欲攻沛公,使人言项羽曰:"沛公欲王关中,令子婴为相,珍宝尽有之。"欲以求封……沛公从百馀骑,驱之鸿门,见谢项羽。项羽曰:"此沛公左司马曹无

---

〔1〕《朱子语类》卷第八十三《春秋·纲领》,中华书局1984年版,第2152页。

〔2〕梁玉绳:"此时沛公已五十,思虑既熟,项羽年二十加六,血气方刚。彼接物周匝缜密,不敢妄动,此当事真摯勇决,任意径行,是二人成败之所以分也。"转引自泷川资言:《史记会注考证》卷七《项羽本纪》,上海古籍出版社2015年版,第438页。

伤言之。不然,籍何以至此!”沛公以樊哙、张良故,得解归。归,立诛曹无伤。

这也是司马迁比较特别的地方,就是重视小人物和细节在历史发展中的作用,包括这里所说的保密问题。司马迁还记载,西汉孝文帝时与匈奴交涉一再受挫,很大程度上是因为此前送公主和亲的宦官中行说的“捣鬼”,而中行说这么做则是因为汉廷看他身份卑贱、人微言轻,没有充分尊重他的意见,“赶鸭子上架”,心怀不满,就借此报复。《史记》卷第一百十《匈奴列传第五十》记载:

老上稽粥单于初立,孝文皇帝复遣宗室女公主为单于阏氏,使宦者燕人中行说傅公主。说不欲行,汉强使之。说曰:“必我行也,为汉患者。”中行说既至,因降单于,单于甚亲幸之……自是之后,汉使欲辩论者,中行说辄曰:“汉使无多言,顾汉所输匈奴缯絮米糵,令其量中,必善美而已矣,何以为言乎?且所给备善则已;不备,苦恶,则候秋孰,以骑驰蹂而稼穑耳。”日夜教单于候利害处。

《史记》卷第一百十《匈奴列传第五十》还记载,汉武帝时精心策划了一个伏击匈奴骑兵的秘密计划,但因为一个无名之辈(雁门尉史)的泄密而功亏一篑。

汉使马邑下人聂翁壹奸兰出物与匈奴交,详为卖马邑城以诱单于。单于信之,而贪马邑财物,乃以十万骑入武州塞。汉伏兵三十余万马邑旁,御史大夫韩安国为护军,护四将军以伏单于。单于既入汉塞,未至马邑百余里,见畜布野而无人牧者,怪之,乃攻亭。是时雁门尉史行徼,见寇,葆此亭,知汉兵谋,单于得,欲杀之,尉史乃告单于汉兵所居。单于大惊曰:“吾固疑之。"乃引兵还。出曰:"吾得尉史,天也,天使若言。"以尉史为"天王"。汉兵约,单于入马邑而纵。单于不至,以故汉兵无所得。

在《左传》上我们也可以看到类似细节,但在《史记》之后,这样的记载就难以寻觅,《明史》卷二百五十七《陈新甲传》中粗心的书童庶几近之。[1]

与《史记》相比,《汉书》的史料编排更加整齐,"太史公书疏爽,班固书密塞",[2]《地理志》《刑法志》等的创设也受到普遍肯定,但在思想上比较中庸、保守。体现在保密问题上,就是《汉书》更加强调忠诚、服从等道德的一面,对技术性智慧性一面说得不多。其中最典型的可能就是师丹泄密案,这也是中国保密史上记载较早较详细的一个重要案例。

师丹时任大司空之职,学问渊博,深受皇帝信任和赏识。因年老体衰,有一次他让书吏代为起草封事(密奏),不料书吏竟然将封事内容抄写传播。朝中大臣认为,"忠臣不显谏,大臣奏事不宜漏泄","臣不密则失身",建议交廷尉治罪。廷尉认定师丹犯"大不敬"罪。博士申咸、炔钦二人为师丹鸣不平,认为师丹让主簿起草"封事",不够"深思熟虑",但"漏泄之过不在丹",而且他对泄密行为也不知情,"以此贬黜,恐不厌众心"。这个意见让尚书省官员大为不快,对二人发起弹劾。皇帝将申咸、炔钦降级二等使用,同时策免师丹。诏书公布后,尚书令唐林又提出不同意见,认为师丹地位崇高、学问深厚,因为这样一个小过罢黜,似未免过重,建议从轻处置。最后,皇

〔1〕《明史》卷二五七《陈新甲传》;陈寅恪:《高鸿中明清和议条陈残本跋》(原载一九三二年四月《清华周刊》第三七卷第八期),载《陈寅恪集·金明馆丛稿二编》,三联书店2015年版,第146页;稿本载《陈寅恪先生遗墨》,岭南美术出版社2006年版,第1页。

〔2〕《朱子语类》卷第一百三十四《历代一》,中华书局1984年版,第3202页。

帝听从了唐林的意见,下诏赐师丹爵关内侯,食邑三百户。[1] 这个案件掺杂许多政治因素(如皇帝及尚书省官员态度的前后变化),不是一个简单的刑事案件,但有一点是比较明显的,就是在师丹生活的时代,保密、泄密和忠诚联系在一起,“忠臣不显谏,大臣奏事不宜漏泄”的说法就出自这里。

除了师丹这样的反面教材,《汉书》还记载了多个以保密著称的正面典型。如与师丹生活在同一时期,对师丹有提携之恩的孔光,是孔子第十四世孙,居官谨慎、严守机密,当时就被视为保密和忠诚的典范。史载,孔光“凡典枢机十余年”,“时有所言,辄削草稿,以为章主之过,以奸忠直,人臣大罪也。有所荐举,唯恐其人之闻知。沐日归休,兄弟妻子燕语,终不及朝省之事。或问光:温室省中树皆何木也?光嘿不应,更答以它语,其不泄如是”。[2] 孔光销毁奏稿的做法流传下来,称为“焚草”,“不言温室之树”则常用来赞扬一个人性格慎密。

《汉书》不仅详细记载了上述这样一些正反两方面的典型案例,更通过这些丰富翔实的一个又一个案例,从伦理上理论上确立了忠臣应当保密的教条。事实上,臣子应当保密,在世界古代史上亦屡见不鲜。在著名的维吾尔族古典长诗《福乐智慧》中,大臣月圆劝诫其子贤明,“严守内心秘密,切勿把它暴露”,[3]“国王若赐给你伊林哈(秘书官——引者注)的职位,你要保守秘密守口如瓶”。[4] 该书

---

〔1〕《汉书》卷八十六《师丹传》;《资治通鉴》卷三十三《汉纪二十五》孝哀皇帝上,建平元年秋九月条;沈家本:《历代刑法考·汉律摭遗卷三(贼律一·大逆无道)》,中华书局1985年版,第1428页。

〔2〕《汉书》卷八十一《孔光传》。

〔3〕尤素甫·哈斯哈吉甫(约1019年—):《福乐智慧》,耿世民、魏萃一译,新疆人民出版社1979年版,第94页。

〔4〕尤素甫·哈斯哈吉甫(约1019年—):《福乐智慧》,耿世民、魏萃一译,新疆人民出版社1979年版,第187页。英语秘书(secretary)的词根也是秘密(secret)。

还多次提到大臣应当“慎言”,与书中主张保密的观点一脉相承。[1]汉初贾谊也提出“事君不敢有二心,居君旁不敢泄君之谋”的观点。[2]

但《汉书》通过这些故事,成功地将保密渲染为一种道德要求和做人准则,所谓“忠臣不显谏,大臣奏事不宜漏泄”,所谓“为尊者讳,为亲者讳,为贤者讳”,[3]所谓“有善归主,有恶自与”,[4]在这里融为一体。详言之,为什么要保密？根本上是维护君主权威的需要。大臣若泄露怎样为皇帝出谋划策,就有宣扬自己的功劳和智慧,甚至收买人心之嫌,不仅可能降低君主的威信,暴露君主的过错,还可能直接威胁君主统治。这当然不是一个忠臣应该有的行为。按照余英时先生的观点,这应定性为儒家的法家化,而不是儒家的本来观点,因为《韩非子·主道》中有云:“有功则君有其贤,有过则臣任其罪。”[5]但无论儒家还是法家,在这个问题上的立场和观点其实是一致的,即保密是臣子的一项义务和责任,是对皇帝忠诚的表现。臣子一旦泄密,不仅要受到道德谴责,还要接受法律惩罚。但这些观点,基本上是在《汉书》中才第一次获得比较正面的充分的表达和解释。

此外,还要强调的是:第一,《汉书》的保密观对后世影响深远。

---

〔1〕 尤素甫·哈斯哈吉甫(约1019年—):《福乐智慧》,耿世民、魏萃一译,新疆人民出版社1979年版,第190页。

〔2〕 贾谊:《新书校注》卷八《官人》,中华书局2000年版,第292页。

〔3〕 《春秋·公羊传·闵公》。

〔4〕 《资治通鉴》卷十二《汉纪四》:相国何以长安地狭,上林中多空地,弃;愿令民得入田,毋收稿,为禽兽食。上大怒曰:“相国多受贾人财物,乃为请吾苑!”下相国廷尉,械系之。数日,王卫尉侍,前问曰:“相国何大罪,陛下系之暴也?”上曰:“吾闻李斯相秦皇帝,有善归主,有恶自与。今相国多受贾竖金,而为之请吾苑以自媚于民,故系治之。”

〔5〕 余英时:《反智论与中国政治传统》,载《历史与思想》,台北联经出版事业公司1995年版。

此后类似记载史不绝书。如三国时，魏国大臣陈群为人“弘博不伐”，“每上封事，辄削其草，时人及其子弟莫能知也。论者或讥群居位拱默；正始中，诏撰群臣上书以为《名臣奏议》，朝士乃见群谏事，皆叹息焉”。[1] 吴国丞相顾雍，“时访逮民间及政职所宜，辄密以闻。若见纳用，则归之于上；不用，终不宣泄。（孙）权以此重之”。[2] 西晋羊祜“历职二朝，任典枢要，政事损益，皆谘访焉”，但是，“嘉谋谠议，皆焚其草，故世莫闻。凡所进达，人皆不知所由”。[3] 西晋荀勖“久在中书，专管机事”，“性慎密，每有诏令大事，虽已宣布，然终不言，不欲使人知己豫闻也”。[4] 唐太宗时，宰相房玄龄一度被罢官闲住，长孙皇后为其说情，一个重要理由是房玄龄“事陛下久，小心慎密，奇谋密计，未尝宣泄”。[5] 与房玄龄同时的董晋，“在宰相位凡五年”，“退归，未尝言所言于上者于人”。[6]

第二，上述历史记载反复出现在官方认可或者纂修的史书中，甚至一些用词都高度雷同，显示以儒家思想为核心的官方意识形态是充分肯定大臣应当保密这一观点的，大臣们也积极、自觉地按此规范要求自己，“焚草”是最典型的表现。这一传统对中国保密法制发展影响深远。中国历朝法制无不详细规定臣子的保密义务，严厉惩治臣子的泄密行为，对君主来说，保密则是一种统治之术，法律无法也没有必要对其进行规制，当然也无所谓保密义务和保密责任问题。这和西方普通法传统中的“国王不会犯错，也无须为其行为负责”（the king could do no wrong and was not answerable for his

---

［1］《三国志》卷二十二《魏书二十二》陈群传，裴松之注。

［2］《三国志》卷五十二（吴书七）《顾雍传》。

［3］《晋书》卷三十四《羊祜传》。

［4］《晋书》卷三十九《荀勖传》。

［5］《资治通鉴》卷一百九十四，太宗贞观十年夏六月条。

［6］《韩昌黎文集校注》（第8卷），上海古籍出版社2014年版，第646页。

conduct)有相通之处。[1]

第三,从《汉书》以及此后史书看,皇帝选拔和任用官员,也将是否具备较强的保密意识和能力作为一个重要的考察条件,因不慎泄密丢官的比比皆是。例如,唐宪宗时期,張宿“自布衣授左拾遗……数召对,不能慎密,坐漏禁中语,贬郴丞十余年”。[2] 唐代后期著名诗人元稹,因保密不慎,也在仕途上遭受严重挫折:“四五年前作拾遗,谏书不密丞相知。谪官诏下吏驱遣,身作囚拘妻在远。”[3]反之,许多良臣能吏大都有重视保密、善于保密的特点,在历史上地位较高堪称政治家的文武大臣一般很少在保密问题上出现闪失。还有一种比较极端的情形是,个别官员之所以得到重用,主要就是性格慎密使然。唐太宗贞观十年,驸马杨师道接替魏征担任侍中一职,进入决策中枢,其后一路高升,历任中书令、吏部尚书等要职。但史书评价不高,说他出身“贵家子”,对四海人物“未能委练”,所用者多非其才,且为避嫌疑,刻意压制贵势及其亲党,“时论讥之”。从记载看,皇帝可能看中的就是其慎密的性格,这也是他最突出的优点。“性周慎谨密,未尝漏泄内事,亲友或问禁中之言,乃更对以他语”。尝曰:“吾少窥汉史,至孔光不言温室之树,每钦其余风,所庶几也。”[4]这都是我们在考察中国古代保密史和政治史应当注意的。

## 四、《资治通鉴》与司马光的保密观

宋代先后与辽、金、元和西夏军事对峙,保密氛围浓厚。在宋初编纂的《册府元龟》卷三二一《宰辅部》中,专设“慎密”一门,收录西

---

〔1〕 J. O' Reilly, *Federal Information Disclosure*, §11. 8, Shepards/Mcgraw-Hill, 2000, p. 521.

〔2〕《新唐书》卷一百七十五《张宿传》。

〔3〕(唐)元稹:《元稹集校注》卷九《听庾及之弹乌夜啼引》,周相录校注,上海古籍出版社2011年版,第253页。《旧唐书》卷一百一十六《元稹传》未载此事。

〔4〕《旧唐书》卷六十二《杨恭仁传》附。

汉到唐代的18个保密故事,并在开篇简要说明保密的重要性。但要说到保密思想,则还是以当时的《资治通鉴》为突出。

《资治通鉴》是北宋著名政治家、史学家司马光(1019—1086年)主持编纂的一部编年体史书,其选材侧重"资治",一向被视为中国古代政治史经典文献,甚至有中国古代政治教科书之称,毛泽东主席在世时曾多次阅读该书。保密事关忠诚和成败,与政治军事斗争关系密切,是该书记载的重点内容之一。从《资治通鉴》的选材和评论上,可以看出司马光在保密问题上有着守正和出奇的"两面性":一方面主张保密要遵从政治伦理和朝廷纲纪,坚决反对不顾道德的玩弄权术;另一方面高度肯定保密在政治和军事斗争的重要性,强调机变,反对书生气。下面,首先看几个司马光有明确评论的案例。这也是最能看出其保密观的地方。

其一,先秦智伯泄密事件。韩赵魏三家分晋是先秦史上重要事件,其前奏就是韩赵魏三家与智伯的斗争。根据《战国策》卷十八《赵一》和《韩非子·十过》,起初,势力最强的是智伯家族,赵、魏、韩三家仰其鼻息而已。但智伯终究被三家所灭,何也?缺乏保密意识是一大原因。在智伯、韩、魏三家联军与赵军决战的关键时刻,智伯的谋臣絺疵看出韩、魏有临阵倒戈的迹象,就秘密进言,建议智伯加强防备。但第二天,智伯竟然拿这些心腹之言公开质问韩、魏二人。其兵败身亡也就不足为奇了。

> 明日,智伯以絺疵之言告二子,二子曰:"此夫谗人欲为赵氏游说,使主疑于二家而懈于攻赵氏也。不然,夫二家岂不利朝夕分赵氏之田,而欲为危难不可成之事乎!"二子出,絺疵入曰:"主何以臣之言告二子也?"智伯曰:"子何以知之?"对曰:"臣见其视臣端而趋疾,知臣得其情故也。"智伯不悛。絺疵请使于齐。

司马光在《资治通鉴》中详细记载这个故事，无疑也是看重其"资治"之意。在随后的评论中，司马光将智伯灭亡的原因归为"才胜德"。从整个斗争过程来说，这是有道理的。但单就保密而言，智伯难谓有"才"，反而是韩赵魏三家略胜一筹，韩、魏两家在与赵家谈判中明言"恐事未遂而谋泄，则祸立矣"。这也说明，司马光在评价人物和事件时，一方面大局着眼；另一方面更看重其中的正义是非和道德伦常。具体到这一事件中，保密虽然有作用，但仅居于辅助性和技术性位置，不是决定性的。[1]

其二，西汉贾捐之泄密案。汉元帝永光元年（公元前 43 年），著名政治家贾谊的曾孙、待诏金马门贾捐之和长安令杨兴"漏泄省中语"，贾"弃市"，杨"减死罪一等，髡钳为城旦"。该案中，贾捐之、杨兴不仅涉及泄密，还有互相荐誉、欲图大位、罔上不道、企图排挤掌权的中书令石显等颇为严重和恶劣的情节。石显的政治作为颇多非议，贾、杨在道义上是有更多同情分的，但泄密则明显违规。司马光评论说："君子以正攻邪，犹惧不克；况（贾）捐之以邪攻邪，其能免乎！"[2]在司马光看来，即使面对暴力和不法，泄密仍然是不可取的。现代政治学家则对此种泄密持肯定态度。美国著名政治学家弗里德里希认为，特定情况下，泄密是人民希望自己直接管理自己的表现。[3] 这个观点估计很难为司马光所接受。史载司马光自少至老，

---

〔1〕 朱熹曾专门评论过司马光《资治通鉴》中的才德观，认为稍嫌偏颇，因为才、德也有好坏之分（如"昏德"），但按司马光的观点，似乎"才"都是不好的，"德"都是好的，这是不科学的。而且"才德兼备"为圣人，岂不是说圣人也有一半是不好的？司马光对才德的定义也有问题（聪明强毅之谓才，正直中和之谓德）。参见《朱子语类》卷第一百三十四《历代一》，中华书局 1984 年版，第 3205～3206 页。

〔2〕 《汉书》卷六十四下《贾捐之传》；《资治通鉴》卷二十八（汉纪二十）元帝永光元年。

〔3〕 Carl J. Friedrich, *The Pathology of Politics*; *Violence*, *Betrayal*, *Corruption*, *Secrecy*, *and Propaganda*, New York, Harper & Row, 1972, pp. 176 – 177.

语未尝妄,自言:“吾无过人者,但平生所为,未尝有不可对人言者耳。”[1]如此人品,司马光持上述观点也不足为奇。

其三,三国陈群焚稿。三国时,魏国大臣陈群为人“弘博不伐”,“每上封事,辄削其草,时人及其子弟莫能知也。论者或讥群居位拱默;正始中,诏撰群臣上书以为《名臣奏议》,朝士乃见群谏事,皆叹息焉。”裴松之在给《三国志》做注时,引用《袁子》中的一段评论,认为这才算得上忠臣:“今为人臣,见人主失道,直诋其非而播扬其恶,可谓直士,未为忠臣也。故司空陈群则不然,谈论终日,未尝言人主之非;书数十上,外人不知。君子谓群于是乎长者矣。”[2]司马光《资治通鉴》照抄上述评论,这和其思想是一贯的。[3] 而同为宋人的曾巩(1019—1083 年)则认为陈群的做法并非真正的爱君。[4] 明末清初王夫之也认为陈群的行为难谓为忠臣。[5] 相比之下,司马光似乎更为忠厚和保守一些。

其四,西晋刘晔谏密。刘晔是西晋重臣,深受皇帝信任,但为人骑墙。时皇帝决定伐蜀,但朝臣大多持反对意见。刘晔在皇帝面前表示支持,在朝臣面前则曰不可。有一次,皇帝为说服群臣,要求刘晔在其他大臣面前公开表态。刘晔不仅拒绝发表意见,还在事后单独觐见时批评皇帝保密不慎:“伐国,大谋也,臣得与闻大谋,常恐眯梦漏泄以益臣罪,焉敢向人言之!夫兵诡道也,军事未发,不厌其密。陛下显然露之,臣恐敌国已闻之矣。”帝谢之。但不久就有人发现刘晔为人“两面派”,向皇帝告密说:“(刘)晔不尽忠,善伺上意所趋而合之。陛下试与晔言,皆反意而问之,若皆与所问反者,是晔常与圣意合也。每问皆同者,晔之情必无所复逃矣。”帝如言以验之,

[1] 《宋史》卷三百三十六《司马光传》。

[2] 《三国志》卷二十二《魏书二十二》陈群传,裴松之注。

[3] 《资治通鉴》卷第七十三,明帝青龙四年十二月癸巳条。

[4] 曾巩:《书魏郑公传后》,载《曾巩集》,中华书局 1984 年版,第 702 页。

[5] 王夫之:《读通鉴论》卷十第二一条,中华书局 2013 年版,第 268 页。

果得其情,从此疏焉。司马光引用《傅子》的话,批评刘晔要弄权术,认为“巧诈不如拙诚”。[1] 司马光对刘晔“两面派”的为人明显持反对和批评态度,但对他批评皇帝保密不慎的那段话则全文照录,似持肯定意见,估计司马光也认为,就事论事,皇帝的做法确实欠妥。

其五,北周高遵泄密案。北周时期,出使北齐的使臣伊娄谦对背叛自己的部下宽大为怀,不予追究,并获得周主的支持。

> 初,(北周)郕伊娄谦聘于(北)齐,其参军高遵以情输于齐,齐人拘之于晋阳。周主既克晋阳,召谦,劳之。执遵付谦,任其报复。谦顿首,请赦之。周主曰:“卿可聚众唾面,使其知愧。”谦曰:“以谦之罪,又非唾面可责。”帝善其言而止。谦待遵如初。[2]

司马光认为北周君臣做法均有欠妥当,就此发表了颇为激烈的意见。

> “赏有功,诛有罪,此人君之任也。高遵奉使异国,漏泄大

---

〔1〕《资治通鉴》卷七十二《魏纪四》。类似的还有唐玄宗时期的大臣齐浣,曾就保密问题进言,受到玄宗的赏识和重用,但不久他自己竟然也不慎泄密,受到玄宗的严厉斥责,可谓善于谋人轻于谋身。《旧唐书》卷一百九十中《齐浣传》:时开府王毛仲宠幸用事,与龙武将军葛福顺为姻亲,故北门官见毛仲奏请,无不之允,皆受毛仲之惠,进退随其指使。浣恶之,乘间论之曰:“福顺典兵马,与毛仲婚姻,小人宠极则奸生,若不预图,恐后为患,惟陛下思之。况腹心之委,何必毛仲,而高力士小心谨慎,又是阉官,便于禁中驱使。臣虽过言,庶裨万一。臣闻君不密则失臣,臣不密则失身,惟圣虑密之。”玄宗嘉其诚,谕之曰:“卿且出。朕知卿忠义,徐俟其宜。”会大理丞麻察坐事出为兴州别驾,浣与察善,出城饯之,因语禁中谏语。察性譸諂,遽以浣语奏之。玄宗怒,令中书门下鞫问。又召浣于内殿,谓之曰:“卿向朕道‘君不密则失臣,臣不密则失身’,而疑朕不密,而翻告麻察,是何密耶?麻察轻险无行,常游太平之门,此日之事,卿岂不知耶?”浣免冠顿首谢罪,乃贬高州良德丞。

〔2〕《资治通鉴》卷一百七十二,宣帝太建八年十一月壬戌条。

谋,斯叛臣也;周高祖不自行戮,乃以赐谦,使之复怨,失政刑矣!孔子谓以德报怨者何以报德。为谦者,宜辞而不受,归诸有司,以正典刑。乃请而赦之以成其私名,美则美矣,亦非公义也。"

司马光强调对高遵泄密案依照朝廷纲纪办事,不仅是理性的结论,也有个人感情使然。他本人就是一个恪守保密纪律、做事严谨的人。据《司马光年谱》记载,他在50岁的时候,曾主动辞免皇帝任命他为使臣馆伴的命令,理由之一是"禀性昏聩",担心接待来使的时候,言语差错,"或漏泄机事,或抵触使人,恐贻朝廷之忧"。[1] 欧阳修也曾赞扬司马光"识虑深远,性尤慎密"。[2]

除了上述有明确个人议论的保密记载以外,《资治通鉴》中还有一些地方只是照抄前代史书。这些记载中更多技术性内容显示,司马光也有肯定保密实用主义的一面。[3] 例如,王轨是北周武帝宇文邕的心腹大臣。他出于对北周前途的考虑,多次提醒武帝说皇太子宇文赟品德低劣,没有仁孝,不堪继承皇位。但他不是私下进言,而是在公开场合表达这一观点,尽管后来在旁人提醒下,他也意识到这一做法欠妥,但为时已晚。宇文赟即位后,很快将其处死。

王轨尝与小内史贺若弼言:"太子必不克负荷。"弼深以为然,劝轨陈之。轨后因侍坐,言于帝曰:"皇太子仁孝无闻,恐不了陛下家事。愚臣短暗,不足可信。陛下恒以贺若弼有文武奇才,亦常以此为忧。"帝以问弼,对曰:"皇太子养德春宫,未闻有

---

〔1〕《司马光年谱》,中华书局2006年版,第121~122页。

〔2〕同上书,第341页。

〔3〕邓广铭也认为,司马光是"一个偏重于务实的人"。参见邓广铭:《宋史十讲》第五讲《王安石变法的革新精神支柱——"三不足"精神》,中华书局2008年版,第127页。

过。"既退,轨让弼曰:"平生言论,无所不道,今者对扬,何得乃尔反覆?"弼曰:"此公之过也。太子,国之储副,岂易发言!事有蹉跌,便至灭族。本谓公密陈臧否。何得遂至昌言!"轨默然久之,乃曰:"吾专心国家,遂不存私计。向者对众,良实非宜。"[1]

有意思的是,司马光本人为官期间也曾就建储这样的重大敏感问题多次向北宋皇帝进言,但采取的是密奏的形式,并请求皇帝"焚臣此奏,勿以示外"。这除了他自己说的以示"非敢徼冀毫厘之幸"以外,未尝不是吸取了上述历史上的惨痛教训。[2] 其他还有一些例子,不多列举。

综合上述,在《资治通鉴》中,司马光的保密观既有继承前人的一面,也有独具匠心的一面,总体上看,司马光比较强调道德论,但也重视技术性、智慧性。这与司马光编纂《资治通鉴》的初衷是一致的。司马光认为,君主治理国家是有规律有技巧的。编纂《资治通鉴》,就是要把历史上一些为君之道、治国之术告诉后人。这就是所谓政治智慧。但何谓政治智慧,司马光并未明言。笔者认为,《资治通鉴》中的这样两条记载或许可以反映司马光的意见。其一是《资治通鉴》卷六十六《汉纪五十八》记载,孙权劝吕蒙读书,吕蒙辞以军中多务,孙权的回答是:"孤岂欲卿治经为博士耶?但当涉猎,见往事耳。卿言多务,孰若孤?孤常读书,自以为大有所益。"这就是后世传诵的吕蒙读书,令鲁肃三日不见当刮目相看故事的起源。一般人只注意这里孙权强调读书的重要性,但更不应忽略的是,孙权还明确指出,要求吕蒙读书的目的并不是让他去做学问,而是要"见往

[1] 《资治通鉴》卷一百七十二,宣帝太建八年八月乙卯条。
[2] 司马光:《请建储副或进用宗室第一状》,载《司马光集》卷一六《章奏一》,四川大学出版社2010年版,第506页。

事”,为现实服务,这和博士读书“治经”是不一样的。其二是《资治通鉴》卷七十四《魏纪六》记载,蜀汉册立刘璿为皇太子。大司农孟光向秘书郎郤正了解太子读书及情性好尚。郤正回答说:“奉亲虔恭,夙夜匪解,有古世子之风;接待群僚,举动出于仁恕。”孟光对这一回答不满意,进一步追问:“如君所道,皆家户所有耳;吾今所问,欲知其权略智调何如也。”正曰:“世子之道,在于承志竭欢,既不得妄有施为,智调藏于胸怀,权略应时而发,此之有无,焉可豫知也!”光知正慎宜,不为放谈,乃曰:“吾好直言,无所回避。今天下未定,智意为先,智意自然,不可力强致也。储君读书,宁当效吾等竭力博识以待访问,如博士探策讲试以求爵位邪!当务其急者。”这里孟光明确区分储君与“家户”(普通人家)、“吾等”(普通人)读书的不同,与孙权的话异曲同工,强调的实际都是政治智慧,即“权略智调”“智意”。〔1〕司马光还曾经写过一篇《机权论》的文章,明确提出圣人并非不用机权,只是要看轻重缓急。〔2〕这和上述观点是一致的。

按照这一精神,作为一位资深政治家,司马光固然可能看重保密的道德内涵,但也不会忽视保密的技术意义,甚至还比较推崇善于保密的君主,懂得保密在一定程度上也意味着政治上的成熟和智慧。他本人在保密问题上也是比较谨慎的(如前述关于建储和接待

〔1〕 唐人魏元忠亦言:“选将当以智略为本,勇力为末。”在此意义上,《三国演义》不应简单地看作一部争夺龙椅的相斫书,更是一部总结、宣扬传统智慧的古典名著,包括我们这里所说的保密在内的谋略,在三国纷争中的应用可谓出神入化、炉火纯青。后来满清君臣好读三国,毛泽东对《三国演义》的肯定,与此不无关系。文学界(如郑振铎)也认为,广大人民对诸葛亮的崇拜,主要并非由于他是扶刘抗曹的忠臣,而是把他作为智慧的典型和结晶来看待的。当然,《三国演义》这部古典名著蕴含多层面的意义和价值,还可以从其他方面进行分析。这也涉及对传统文化的精神实质和其派生条件的区分和评价问题,详见王元化:《关于京剧与传统文化答问》,载《王元化文论选》,上海文艺出版社 2009 年版,第 233 页。

〔2〕 司马光:《机权论》,载《司马光集》卷七一《论二》,四川大学出版社 2010 年版,第 1442 页。

使臣的进言)。在这点上,他和此前的韩非子等人并无重大区别,但是根据他的政治观和道德观,保密的技术性智慧性仍然要服从和服务于道德伦理和正义是非的要求,不可滑入阴谋的深渊,不能为目的不择手段。这是他不同于韩非子的地方,也是其忠厚和受人尊敬的地方。

最后,补充一则司马光关于保密问题的上书。这份上书的背景是,宋代初年规定,官员上殿奏事时,皇帝侍从必须退避,但到司马光时期,这个规定几乎荡然无存。司马光力主恢复原有制度,并获得皇帝支持。

> 臣等窃闻:自先帝以来,应两府台谏官等上殿奏事,左右侍臣悉皆屏退,盖以"君不密则失臣,臣不密则失身",重慎枢机不得不尔。窃见近日臣僚上殿奏事,左右侍臣不遵旧制,或有进至殿角板障门以里,与御坐相去不过数步,陛下德音及群臣敷奏之语皆可听闻。其间有机密大事,若致漏泄,大为不便。欲乞一依旧制,今后应遇两府、台谏官等上殿奏事,其左右侍臣并于殿角板障门外踏道下祗候,仍乞委都知押班于两边板障门外检校,如敢窃有觇听者,并具姓名闻奏,勘罪施行。取进止。[1]

这只是一份技术性的意见,对保密纪律废弛的分析也流于一般化,但从中可以看出,司马光对保密的重视,以及对保密纪律的强调。根据《司马光年谱》,该上书系于公元 1061 年,司马光时年 43 岁。[2] 这和他在晚年完成的《资治通鉴》中表现出来的立场是一致的,显示其保密思想的一贯性。

---

〔1〕 司马光:《论上殿屏人状》,载《司马光集》卷二十《章奏五》,四川大学出版社 2010 年版,第 565 页。

〔2〕 《司马光年谱》,中华书局 2006 年版,第 59 页。

# 中国法律与司法起源重述*

陈　煜**

【内容摘要】　中国法律起源有多种假说,各种假说都在一定程度上揭示出中国法律起源的特色,而法律的起源是和司法起源一致的。准司法的活动实际就是古代经典中的"垂裳而治"和"象以典型"。当然,真正的司法活动,则是"大刑用甲兵",这是伴随着部落战争,在对外征伐的过程中产生的。所以中国的司法一开始就侧重于刑事司法的模式。这在一定程度上可以解释何以中国古代刑事立法和裁判特别发达之故。

【关键词】　法律起源　垂裳而治　象以典型　部落战争

## 一、中国法律起源假说与司法活动的雏形

关于中国法律的起源,如同地球和人类的起源一样,到目前为止,学术界的研究仍旧停留在种种"假说"的阶段,都是人们按照目前流传的传世文献,结合若干考古发现,运用相应的方法,所做出的逻辑上的推测,并无确切的直接证据。既然如此,我们为什么还要追踪法律的源头呢?美国法律史学家 J. M. 赞恩说得好:"事实上那些代代相传的原始心智和体态特征,在今天仍以一种潜意识本能的

---

* 本文为笔者参加张晋藩教授主持的国家社科基金课题"中国古代司法文明"的阶段性研究成果。

** 作者系中国政法大学法律史学研究院副教授、法学博士。

方式控制着人。"〔1〕这种原始心智，实际上就等同于人格心理学家荣格所谓的"集体无意识"，在初民时代形成后，后来就对这个民族产生了几近神秘的、不可思议的影响。荣格称："通往无意识之路上的任何一个人，都在不自觉地对周围环境施加某种影响，随着他意识的发展、深入与拓宽，他也常常产生出一种原始人称为'威望'的效果，这是一种对别人无意识心理不知不觉的影响，是一种无意识的'威望'，只要不受有意识动机的干扰，这种威望的影响作用将会永远持续下去。"〔2〕这个理论似乎可以解释：世界各民族都有法律，但是彼此何以有异，甚至迥然不同？比较世界各国的法律发展史，我们会发现一个有趣的现象，很多民族的历史缺乏连续性，有的民族几经变迁，就表面上而言，其法律制度也许经过了伊斯兰法系、大陆法系、英美法系诸种法系的塑造，然而始终会或多或少，或显或隐地保留该民族初民的传统。而在法律意识或法律心理上，这种保留的成分或许更多。譬如，就今天的中国人而言，"讼则终凶"这样的初民法律心理，依然占据着广大老百姓的心灵。〔3〕因此，我们欲研究中国传统司法文化，必须从法律的起源谈起。从中既可以找到我国与世界其他各国法律或司法上的共性，也更能体会出我们民族独特的法律个性。

（一）中国法律起源的假说

传世文献是我们推测中国法起源的主要依据。不过因为传世文献真伪掺杂，同样存在"文献不足征"的无奈，但是即便如此，至少我

---

〔1〕［美］J. M. 赞恩：《法律简史》，孙运申译，中国友谊出版公司 2005 年版，"序"。

〔2〕［瑞士］卡尔·古斯塔夫·荣格等：《未发现的自我》，张敦福、赵蕾译，国际文化出版公司 2001 年版，第 73 页。

〔3〕这可以解释，目前社会上存在的电信诈骗中，何以经常会使用"公检法"等法司的名义，就是捕捉到了老百姓"畏讼"的心理，而这个心理，恰恰是传统司法文化流传至今的明证。

们可以从中得到一个信息，即古人是如何看待法律的起源的。所以，虽然停留在“假说”的层次上，但在文化学角度而言，这些传世文献关于法律起源的假说意义甚为重大。归纳起来，大致有以下几种假说。

1. 天意说

这种假说在古代社会中极有影响力，带有较强的宗教气息。它实际上为法律起源设定了一个逻辑起点，将立法的原动力归结为“天”，天是一切的主宰，自然包括了设范立制的活动。人们对“天”的认识，最初是懵懵懂懂的，后来有意识地利用天来为人事服务，经过了“神化”到“德化”的过程，形成了中国法律思想史上独具特色的“天命观”（详见第三章）。初民社会中自然而然地形成了系列的规则，但又无法明确地表达这些规则的来源或者规则何以具有“合法性”，于是最便捷的方法，就是归之于“天”，于是这种假说就应运而生。

例如，《周易·系辞传》云：

> “天垂象，见吉凶，圣人象之；河出图，洛出书，圣人则之。”[1]

就是说天会降下某种物象，表明凶吉，来启示人类，至于河图、洛书，也带有某种神秘主义的色彩，非人力所能为。也是天给这个世界提供的秩序，人们只要秉持天的意图行事就可以了。法律的根本在于天意。后世人们经常强调要则天立法，即源于此。

那么天为什么要来为群生立法呢？目的是要规范人间的秩序，表彰德行，惩罚犯罪。《尚书·皋陶谟》中对此表达得至为清晰：

---

[1] 《周易·系辞传》。

“天叙有典，敕我五典五惇哉！天秩有礼，自我五礼有庸哉！同寅协恭贺衷哉！天命有德，五服五章哉！天讨有罪，五刑五用哉！”[1]

通常情形下，我们援用这段文字，侧重于“天讨有罪，五刑五用”这句。这是狭隘的在司法意义上来讨论的。事实上，如果把法律理解为指导人们生活的规则，那么上述的“五典”“五礼”“五服”均为广义上的法律。这是文献中最早也是最为典型的关于法律起源的“天意说”。

《皋陶谟》出自今文尚书，相对比较可信。皋陶与尧舜同时，大约处于新石器时代后期，这段文字，典型地体现了新石器时代初民对法律起源的认识。对后世影响深远。

无独有偶，在《尚书·多士》篇中，周公在营建完洛邑后，对众多殷遗民如是说：

“予惟率肆矜尔，非予罪，时惟天命。”[2]

意思是说西周攻灭殷商，不是周人要加罪于殷人，实在是秉承天意而为之。类似的言论，在周初所在多有。联系到下面将提到的“大刑用甲兵”，灭人之国就是最大的刑罚，我们可以知道，即便到了西周，理性主义已经高度萌发之时，仍旧将法律的起源或者司法活动的正当性归于“天意”。

到春秋之时，“天意说”仍不少衰，最热衷于此派理论的墨子，就曾提道：

[1] 《尚书·皋陶谟》。

[2] 《尚书·多士》。

“反天意者,别相恶,交相贼,必得罚。”[1]

墨子将人间的惩罚归结为“反天意”,也就意味着他同样将法律的来源归结于“天”,在此基础上,他发明了一整套“天志”说,成为墨子十大主张之一。所以,就法律的起源,“天意说”可视为最早且最有影响力的一派假说。

“天意说”的形成,可以说是历史的必然。在西方世界,“天意说”同样源远流长,这最初源于初民思想能力的限制,但尽管后来人们的智慧发达,“天意说”仍旧被人们所沿袭。当然,时代越往后,天就越带有“德性”的色彩,此时的“天”,与其说是人们的“迷信”,毋宁说是人们“神道设教”使然,所以“天意说”有其内在的生命力。

2. 圣人制刑说

在宗教气氛浓厚的地域,都流行“神创”理论。在基督教世界中,上帝是创世主,是一切法律的来源。例如,有名的“摩西十诫”,就是上帝与以色列人立下的西奈山之约,要求他们必须遵守。[2] 而伊斯兰世界中,真主安拉就是人类律法制定者。至于古印度,在佛陀诞生之前,也把法律的起源归结于伟大的先知摩奴。这些是荦荦大者,至于众多小众宗教,都莫不把法律的起源归结于彼等的创世神。

而中华民族的初民,在不同的部落中,也各有其创世神,如天昊、毕方、据比、竖亥、烛阴、伏羲、女娲、盘古等,林林总总,不可胜数。就不同的方位,不同的季节,也有各自的神灵,诸如勾芒、祝融、蓐收、玄冥、后土等。这些神祈,寄托着农业时代中人们对天地四方秩序的愿望与想象,在后来的民间社会中产生了不小的影响。但是在法律的起源上,人们似乎并不将人间的法律归结于这些神灵上。最

[1] 《墨子·天志》。

[2] 《圣经·旧约·出埃及记》。

为明显者是西汉司马迁著《史记》时,径直以《五帝本纪》开篇,从轩辕黄帝开始讲起,此前的创世者均不牵涉。黄帝遂成为中华民族的人文初祖,这实在是受不语怪力乱神的人文理性传统影响所致。即便黄帝身上具有神性,也表现出神迹,但是整体的形象上,仍旧是一位睿智明达之人。所以中国没有出现类似于西方宗教世界的法律起源神创说,这是因为我们民族开化非常早,很早就进入理性和人文的时代。所以西方的法律起源的神创说,到了中国,就演化为了"圣人制刑说"。

我们这里曰神曰圣,并不是为了精确地辨析神人和圣人的概念,在中国语境中,两者往往连用。正如《难经》中所云,"望而知之谓之神,闻而知之谓之圣"。[1] 此中的差异,只在程度有别而已。强要区分,大体"神"偏向于宗教,而"圣"偏向于伦理。

而中国的"圣人制刑"说,也有不同的版本,举其要者,以下面四位圣人的制刑说影响为最大。

(1)伯夷降典。

此处的伯夷,不同于《史记·伯夷列传》中的那位,后者不食周粟而与其弟叔齐一起饿死于首阳山,遂成为我国历史上一个为坚持理想道德而献身的著名"烈士",司马迁有感于此,遂将之列在《史记》列传之首。而我们此处所说的降典的伯夷,为尧舜时人,要早于烈士伯夷一千一百多年。关于伯夷降典的说法,出自《尚书·吕刑》,西周吕侯在向周王建议立法之时,追述古代圣人立法时曾提道:

> "乃命三后,恤功于民。伯夷降典,折民惟刑;禹平水土,主名山川;稷降播种,农殖嘉谷。"[2]

---

[1] 《难经·六十一难》。

[2] 《尚书·吕刑》。

对“伯夷降典”的理解,历来存在争议,争议主要集中在“折民惟刑”四个字上。有人从字面上,直接解释为“伯夷制定出了法典,利用刑罚来折人民之狱讼”,如果按照这种说法,那么伯夷主要是利用法典来进行司法,惩治犯罪。那么,当时惩罚犯罪这一行为,其重要性,怎么可能大于大禹治水和稷降播种呢?这不得不令人怀疑。而如果我们按照《史记》中关于伯夷的记载,那么这句话的真实意思就一目了然了。《史记》是这样说的:

“伯夷主礼,上下咸让。”[1]

这说明伯夷主要从事的是礼方面的事务,而礼在当时又有教化作用。所以,实际上伯夷主抓的是教育和引导人民走上正途的事务。《国语》中也明确地提到:

“伯夷能礼于神以佐尧者也。”[2]

“礼于神”同样是教化之用。因此,“折民惟刑”中的“折”,不能释为“折狱”,而“刑”也不是简单的“刑罚”,至于“典”,则应该是广义上的规范。而“折”通“哲”,“使之哲”,即使老百姓睿智。“刑”通“型”,即“塑造”或“规范”之意。整句话应该解释为,伯夷制定出一系列礼义典则,来塑造和规范百姓生活,使之摆脱蒙昧状态。

由此可知,伯夷降典,侧重于指定正面规范的法律。这符合我国明刑弼教、先教后刑的法律传统或司法文化。不如此,是不足以解释伯夷何以在当时具有如此高的地位的。

---

〔1〕《史记·五帝本纪》。
〔2〕《国语·郑语》。

(2)皋陶制刑。

相比于伯夷降典,皋陶制刑的在法律史上的影响似乎更大。伯夷所降之典,是一种广义的法。但是皋陶所制之刑,则更类似于传统社会中的律,侧重于司法和强制作用方面。

皋陶主要的法律创制活动是在虞舜时期,虞舜命令皋陶:

"汝作士,五刑有服,五服三就,五流有宅,五宅三居。惟明克允。"[1]

此处的"士"即法官,皋陶在舜帝时,主要是以法官的形象活动的,后世遂将法律的起源归结在皋陶头上。较早的先秦时期的古籍《竹书纪年》称:

"帝舜三年,命咎陶作刑。"[2]

至春秋战国时,《管子》提道:

"皋陶为李。"[3]

"李",即是"理",即主管司法的官员。当然也有可能像后世的召伯甘棠树下听讼之例,皋陶曾经在李子树下听讼,故名为"李",不得而知,暂且存疑。

到了战国末年,《吕氏春秋》中也记载:

---

〔1〕《尚书·尧典》。

〔2〕《竹书纪年·帝舜有虞氏》。

〔3〕《管子·法法》。

“皋陶作刑。”〔1〕

到西汉武帝时期,司马迁著《史记》时,则提道:

“舜命皋陶作士,定五刑。”〔2〕

再到西汉元帝时期,史游撰《急就篇》,当中也提道:

“皋陶造狱法律存。”〔3〕

由此可见,从先秦到汉代,皋陶以司法官的身份制定刑法,为人们广泛接受并流传。此后,皋陶被人奉为“狱神”,享受祭祀血食,堪称“圣人制刑”的正统。

(3)黄帝制刑(王者制刑)。

这种制刑说实际上和西方的神创说最为相似,不同之处在于黄帝是神圣兼人王,既然后世将黄帝定位中华民族的人文初祖,那么给世间制定法则的人,自然也就是这最高的王者了。

《史记》中在叙述黄帝事迹时,提道:

“轩辕之时,神农氏世衰,诸侯相侵伐,暴虐百姓,而神农氏弗能征。于是黄帝习用干戈,以征不享,诸侯咸来宾从……诸侯咸尊轩辕为天子,代神农氏,是为黄帝。天下有不顺者,黄帝从而征之,平者去之。”〔4〕

---

〔1〕《吕氏春秋·君守》。

〔2〕《史记·五帝本纪》。

〔3〕(汉)史游:《急就篇》第二十八章。

〔4〕《史记·五帝本纪》。

此处虽未明言黄帝制刑,但却把黄帝设范立制的背景交代清楚了。很明显,黄帝立法的过程伴随着军事征伐,这与古籍上所云的"刑起于兵"的论断颇为吻合。而明确提到黄帝制刑的,则多见于春秋之后的典籍。

《管子》云:

"故黄帝之治也,置法而不变,使民安其法者也。"[1]

这表明,黄帝是用法度来治理的,且法律保持高度的稳定性,这是与管子自身的主张相一致。无独有偶,同为法家之书的《商君书》中也提道:

"神农既没,以强胜弱,以众暴寡。故黄帝作为君臣上下之义,父子兄弟之礼,夫妇妃匹之合,内行刀锯,外用甲兵"。[2]

是明言黄帝制法,且法律很全面,君臣上下之义,父子兄弟之礼,夫妇妃匹之合都在里面了。君臣、父子、夫妇为三纲之礼,出礼则入刑(刀锯、甲兵),很明显这应该是西周以后才陆续完善的伦教观念。这很明显是假托黄帝名义而推出先秦法家的法律起源观。

以后,黄帝制刑说也有很大的市场,东汉班固的《汉书》中也提道:

"黄帝《李法》曰:'壁垒已定,壁垒已定,穿窬不由路,是谓奸人,奸人者杀'。"[3]

[1] 《管子·任法》。
[2] 《商君书·画策》。
[3] 《汉书》卷六十七"胡建传"。

很显然,这是一条军事法律,意思是说军队的营垒已经筑好,如果此时人们穿壁墙而不从正路走的人,这就是奸邪之人,是奸邪之人就应该杀掉。汉人将此条规则的著作权归属于黄帝:一方面说明黄帝制刑说有影响力;另一方面也说明刑起于兵,最早的法律恰恰诞生在军营或者军事活动中。

到了东汉儒学统一运动时,作为运动最终成果的《白虎通》中,我们同样可以看到黄帝制刑的说法:

> "古之时,未有三纲六纪……黄帝始作制度,得其中和,万世常存。"〔1〕

可见,将法律起源归结于黄帝,也是专制时代惯有思路。实际上这是作者受时代风气的影响,因为专制社会中,只有王者才配"制作",是以古代典籍中,我们也可以看到伏羲、尧、〔2〕舜、禹等都曾经立过法。只是作为法律的源头,他们不如黄帝那么突出罢了。

(4)蚩尤造律说("苗民说")。

这种说法也有一定的影响力,出现得也较早。但是因为蚩尤所作之律皆暴虐无比,不符合中华文教正统,所以逐渐变成一种"地方性说法"。《尚书》中对蚩尤造律的说法集中在《吕刑》一篇:

> "蚩尤惟始作乱,延及于平民;罔不寇贼,鸱义奸宄,夺攘矫虔。苗民弗用灵,制以刑。惟作五虐之刑曰法,杀戮无辜,爰始

〔1〕《白虎通》卷二"号"。

〔2〕例如,汉代扬雄就曾经提到过:"洪荒之世,圣人恶之,是以法始乎伏羲,而成乎尧。"见其《法言·问道》篇。当然,这里的法也泛指规则,而非刑法。

淫为劓刵椓黥。"〔1〕

蚩尤为上古九黎部落酋长,性情暴烈,勇猛无比,曾经与黄帝逐鹿中原,后被尊为"兵主",为苗民之祖。据说他所立之法,皆酷虐。据唐孔颖达《尚书正义》中称:"蚩尤作乱,当是作重刑以乱民,以峻法酷刑,民无所措手足,困于苛虐所酷,人且苟且,故平民化之,无有不相寇贼。"〔2〕蚩尤严刑峻法,不事教化,给苗民作了恶劣的榜样,汉代孔安国在解释"苗民弗用灵"这段话时,就曾经说:"三苗之君习蚩尤之恶,不用善化民,而制以重刑,自谓得法。"〔3〕

由《尚书》经文以及传疏者的议论来看,其显然并不认为蚩尤之法或者苗民之法为中华法律的正统,因此,批评苗人制五虐之刑,只是"自谓得法",这是站在华夏族立场上的批评。但是,如果站在苗民部落立场来看,蚩尤或者三苗之君所造之法,亦不失该部落人文始祖的伟大贡献。

3. 自然或天理说

这种说法类似于西方所谓的"客观精神说",即将法律的起源归结为某种不以人意志为转移的客观精神,传统上以"自然"或"天理"天理名之,当然,这种学说和之前我们提到的天意说和圣人制刑说有某种程度的相通之处。当人们对某种奇怪的现象或熟悉的事物,无法解释其来源或因果之时,此时自然而然的方式就是将原因归于形象的神祈或客观的精神。最为常见的是归结于不可捉摸的抽象之天,民间则可能将之形象化为"老天爷",其次则归结于历史传统中或者想象中的"圣人"。而在一些知识丰富的人看来,无论是天还是圣人,以上的解释不免牵强。于是产生出一种搁置传统和历史的

〔1〕《尚书·吕刑》。
〔2〕(唐)孔颖达:《尚书正义·吕刑》。
〔3〕《尚书大传·吕刑》。

做法,而直面现实本身的思路。这种思路就是将法律的起源理解为自然而然的结果。这派学问在春秋战国以道家的“自然”为主,而到宋代,则以理学家的“天理”为主。

最能表明自然说的是老子的名言:

“人法地,地法天,天法道,道法自然。”[1]

道家眼中的“法”,并不完全是人类的行为规则,而涵盖天地间的一切规律。人类的法律作为一种规则,当然要受到自然的支配,其起源也非人力所能为,一切都是自然而然的。

后来同为道家学派的另一位大师庄子,又对老子这样的法律起源观作了诠释,他说:

“天地有大美而不言,四时有明法而不议,万物有成理而不说。”[2]

也就是说,天地间有大美,不需要言语来宣扬,四时运行有明显的规律,不需要再去讨论,万物的变化具有现成的原理,不需要去说明。那么法律作为万物之一,显然也是有“成理”的,不用去人为发掘,言下之意,实际上就是论证了法律的起源是自然。到了“自然”这个层次,就已经到了逻辑的起点了,再往上推,就超出了人类的认知范畴。所以这种假说就将法律起源归结到客观存在的自然。

到了朱熹时代,更加明确地将法的来源归结到客观存在的“理”上,他说:

---

〔1〕《道德经》第二十五章。

〔2〕《庄子·知北游》。

“法者，天下之理。”〔1〕

我们需要注意，这个“理”，并不是后来梁启超所谓的“公理”，而是朱熹理学意义上的“天理”，天理是人间行为的一切规定性的源头，那么天理从何而来，朱熹未加明言，大约最终也只能说是天理是自然流行的。它存在于法之上，朱熹提道：

“未有天地之先，毕竟也只是理。有此理，便有此天地，若无此理，便亦无此天地。”〔2〕

所以，无论是自然说还是天理说，实质是一样的，都是将法律的起源归结于一种抽象的客观精神。从而使现实法律之上还存在一种“更高级”的“元规则”，这颇有点类似于中国特色的“自然法”。

4. 军事征伐说

这一假说在中国也是源远流长，影响很大。从古至今，不断有论者讨论过“刑始于兵”或“兵狱同制”的问题。这构成了中国传统法律或司法的特色。一开始也许只是一个意外，但是伴随着部落战争和军事征伐，带有法律色彩的种种措施，越来越多地出现在征战当中。

行军打仗得有规矩，这种思想出现得很早。在中国最早的传世文献之一《周易》第七卦“师”卦中，就已经将兵和刑结合在一起。该卦第一爻“初六”即说：

“师出以律，否臧凶。”〔3〕

〔1〕《朱子大全·学校贡举私议》。

〔2〕《朱子语类》卷一。

〔3〕意思是说军旅出征必须遵循法律纲纪，否则，必有凶险。

为了实现师出以律,那么前提就是首先要有一定的规则,然后要有严格执行该规则的人。因为我们不难发现,最初的法呈现出军事征伐色彩,而最早的司法官员,同时又是军事人员,这点从其名称上就不难看出,先秦典籍上对司法官员的称呼诸如“士”“士师”“司寇”“廷尉”等,都带有强烈的军事色彩。

军事征伐一开始是对外而不是对内的,所以最初的法律表现出来的是“甲兵”“斧钺”“刀锯”等极具武器色彩的内容。它们最早是在部落战争中出现和发展的。关于部落战争和刑起于兵的具体讨论,留待下节,此处不赘。

5. 治水说

洪荒时代的洪水,实为全世界人类共同的记忆。“考天下各族述其古事,莫不有洪水,巴比伦古书言洪水乃一神西苏罗斯所造……希伯来《创世纪》演耶和华鉴世人罪恶贯盈,以洪水灭之,历时五十日,不死者惟诺亚一家。最近发现云南倮倮古书,亦言洪水……观此,则知洪水位上古之实事。而此诸族者,亦必有相连之故矣。”[1]

中国唐虞之时,更是以治水为一大要务,禹因为治水成功,遂得由圣而兼人王。《史记》谓:

“河菑衍溢,害中国也尤甚。唯是为务,故道河自积石,历龙门,南到华阴,东下砥柱,及孟津、雒汭,至于大邳。于是禹以为河所从来者高,水湍悍,难以行平地,数为败,乃厮二渠,以引其河,北载之高地,过降水,至于大陆,播为九河,同为逆河,入于渤海。九川既疏,九泽既洒,诸夏既安,功施于三代!”[2]

---

〔1〕 夏曾佑:《中国历史教科书》,转引自柳诒徵:《中国文化史》(上册),中华书局2015年版,第15页。

〔2〕《史记·河渠书》。

洪水带来了人类历史的深刻变化，法律也是在治理洪水的过程中得以展开。这一派学说在西方很有影响力，马克斯·韦伯认为治水，对于中国的政治和法律，同样意义非凡：

“治水的必要性，在中国与在埃及一样，是一切合理、经济的决定性前提。回顾一下中国整个历史，便不难发现治水的这一必要性是中央政权及其世袭官僚制之所以成立的关键所在。”〔1〕

他同时还认为：“在中国，如前文所述，某些根本性的命运（对我们来说则是史前的命运）也许是由治水的重要意义所决定的。”〔2〕

这个说法虽然无法得到证实，但是从逻辑上推理，则可以成立。由于治水是一个系统性的工程，为了有效地管理庞大的人力、物力，必须建立一个遍及全国或者至少及于全国人口重要中心的政治权力网，必须确立严格的纪律、从属关系和强有力的领导，于是必然产生集权主义。治水导致了公共权力的诞生和完善。治水的英雄赢得了人们的支持、尊重和崇拜，成为公认的权威，他们进而取得了凌驾于民众之上制定法律和规则的神圣地位。

就技术角度而言，因为治水关乎技术与魄力，有技术与魄力者，乃为民众所推举，从而形成某种崇拜。慢慢地，其权威跨过了治水的领域，乃至能设范立制。所以，此说也不失为法律起源的有力解释。

6. 定分止争说

这种假说是从法律的功用来反推法律的起源，有点“功能主义”的味道。持此说者往往从施行法律的必要性和可行性出发，来讨论法律的起源。对此说最为醉心者，是法家学派。

〔1〕［德］马克斯·韦伯等：《儒教与道教》，洪天富译，江苏人民出版社2002年版，第125页。

〔2〕同上书，第213页。

比如托名于春秋时期管仲的法家著作《管子》，就对法律的功效如此认定：

"法者，所以兴功惧暴也；所以定分止争也。"〔1〕

从中我们也可以看出法家逻辑：因为有了暴乱纷争，法律应运而生。暴乱纷争又从何而来，荀子将之归结为恶的人性：

"故古者圣人以人之性恶，以为偏险而不正，悖乱而不治，故为之立君上之势以临之，明礼义以化之，起法正以治之，重刑罚以禁之，使天下皆出于治，合于善也。"〔2〕

对于荀子而言，人性之恶，在于人生而有欲，一旦不得到满足，就起纷争，荀子说：

"人生而有欲；欲而不得，则不能无求；求而无度量分界，则不能不争；争则乱，乱则穷。"〔3〕

所以为扬善去恶，不得不重视两手措施：一是"隆礼"，对人从正面加以教化引导；二是"重法"，对违礼乱俗者加以制裁。

荀子的人性恶的观念直接为其学生之一、后来的法家集大成者韩非子所继承，且韩非子更进一步，认识到了纷争的最终根源在于经济基础，他说：

---

〔1〕《管子·七臣七主》。
〔2〕《荀子·性恶》。
〔3〕《荀子·理论》。

“上古之世，人民少而禽兽众……古者丈夫不耕，草木之实足食也；妇人不织，禽兽之皮足衣也。不事力而养足，人民少而财有余，故民不争。是以厚赏不行，重罚不用，而民自治。今人有五子不为多，子又有五子，大父未死而有二十五孙。是以人民众而财货寡，事力劳而供养薄，故民争。虽倍赏累罚而不免于乱。”[1]

所以，面对这种既定的事实，单纯从道义上号召人们不争，是于事无补的，那么剩下的，只能用法律来定分止争。这样一解释，法律的起源就顺理成章了。韩非子此论，可能算先秦最为透彻，也最合理的起源学说了。只是他的规范的外延，要较其师荀子的要窄。荀子的规范，是同时包含“礼”与“法”的，而韩非子，则将规范局限在了“法”之上。

关于中国法律起源的假说，荦荦大者，即如上说。各说虽皆有其局限，但是呈现出了不同的看待法律起源的视角，这一点，对于我们今天追寻中国法的源头，体认传统司法的民族特色，至为重要。

(二)司法活动的雏形——“垂裳而治”与“象以典刑”

按照马克思主义经典学说关于法的观念，法是由国家制定或认可的，并由国家强制力保证实施的行为规范的总和。那么，司法就是指国家司法机关及其司法人员依照法定职权和法定程序，具体运用法律处理案件的专门活动。当一部分人出于特殊利益的需要而对统治阶级的利益及公共利益造成威胁乃至发生实际斗争时，“使得通过以国家姿态出现的虚幻的‘普遍’利益来对特殊利益进行实际的干涉和约束成为必要”。[2] 故而司法活动需要在国家与法产生之后才可能发生。那么，在不存在严格意义上的阶级和国家的原始

[1] 《韩非子·五蠹》。

[2] 《马克思恩格斯全集》(第3卷)，人民出版社1983年版，第38页。

社会,也就无所谓司法可言。所以,真正意义上的司法必待国家和法产生之后才有,在我国,一般认为要到夏朝。

但是,随着法律人类学和法律社会学的兴起和发展,人们思考法律和司法的视野逐渐拓宽。如果跳出阶级统治的工具这一认识框架,而将法律理解为一种规则形态,那么,种种人类学的调查和社会学的研究,都表明了早在阶级国家产生之前的原始社会,就已经存在着法律和司法。〔1〕

在这个意义上,我国传世文献所表达出来的司法活动,也带有“国家之前”或者“史前”的味道。关于夏朝之前的法律和司法,迄今并无任何实物证据,也无文字支持。〔2〕 现在关于上古时期的人类生活状态的记载,都是出自后人的追忆。这段时间,又可以分两段:第一段大致处于人类创始至伏羲、神农时代,这个时代,基本上处于原始社会早期,类似于西方思想家洛克、卢梭笔下的“自然状态”时期,在这个时期中,人类懵懂自治,无所谓统治,也无所谓犯罪和惩罚。这就是文献中记载的:

〔1〕 这方面最为著名的尝试即英国马林诺夫斯基的《原始社会的犯罪与习俗》,马林诺夫斯基根据其在较为原始的特罗布里安德岛上的调查,还原了一幅原始社会法律和司法的图景。此后最为著名的著作则属美国的霍贝尔,其成名著《原始人的法》中,他在前人所做的爱斯基摩人、北吕宋岛伊高富人、特罗布里安德群岛族群、西非黄金海岸阿散蒂人习惯调查的基础上,总结归纳出了原始社会法律和司法的状况和特点。载氏著:《原始人的法》,严存生译,法律出版社2006年版,第63~633页。但是我们应当注意,这种研究方法,仍是将某个族群视作静态的东西来研究,虽然这些族群较之现代社会要原始,但并不意味着该族群自始至终皆是如此。事实上,它们也经过了长期的发展。所以,这一研究方法属于“以今推古”,仍有其内在的局限性。

〔2〕 迄今发现的最早的可释读文字,已经到商代中期,为甲骨文。而甲骨文已经是一种比较成熟的文字了,其必定经过了一个长期的演变过程,柳诒徵先生认为:“吾国之有文字,实分为三阶级(阶段):一曰结绳,二曰图画,三曰书契。是三者,皆有文字之用,而书契最便,故书契独擅文字之名。”[参见氏著:《中国文化史》(上册),中华书局2015年版,第38页。]这个观点是有道理的,这也可以解释为何甲骨文有许多都像图画。

"神农之世,男耕而食,妇织而衣,行政不用而治,甲兵不起而王。"[1]

及至原始社会后期,阶级逐渐出现分化,正是古史中所谓的"五帝时代"。虽然出现了"治人"与"治于人"的社会现象,但是后人,尤其是儒家,将这个黄帝至尧舜的时代,视为黄金时代。于是出现了对这个时代世情最为经典的表述:

"大道之行也,天下为公,选贤与能,讲信修睦。故人不独亲其亲,不独子其子,使老有所终,壮有所用,幼有所长,矜、寡、孤、独、废疾者皆有所养,男有分,女有归。货恶其弃于地也,不必藏于己;力恶其不出于身也,不必为己。是故谋闭而不兴,盗窃乱贼而不作,故外户而不闭,是谓大同。"[2]

当然,这是为了配合儒家"德治"主张的需要,所以创造出一个上古"大同"世界。在这个大同世界中,圣人以德服人,以德化民,这就是黄帝、尧舜"垂衣裳而天下治"。[3]

何为"垂衣裳而天下治"?当然可以理解为圣人德性至高,可以垂拱而治。但更合理的解释应该是用衣服来区别各个阶层,相当于后世"礼"以"别"的功效。《尚书·皋陶谟》云:

"天命有德,五服五章哉。"[4]

---

[1] 《商君书·画策》。
[2] 《礼记·礼运》。
[3] 《周易·系辞传》。
[4] 《尚书·皋陶谟》。

《尚书大传》释此五服五章为:

"天子衣服,其文华虫、天子衣服,其文华虫、作缋、宗彝、藻火、山龙;诸侯作缋、宗彝、藻火、山龙;子男宗彝、藻火、山龙;大夫藻火、山龙;士山龙。"[1]

这显然是用不同的衣服纹饰来表明身份的尊卑贵贱,相传《尚书大传》为西汉今文经学家伏胜所撰,但即便非伏胜所撰,其为今文经学观点无疑。虽然关于五服的"五章"说具体又有五章和十二章的今古文之辩,如古文家郑玄持后说,但郑玄同样认为"尊者绘衣,卑者不绘衣"。也就是说衣服体现了尊卑。乾嘉时期的汉学大儒孙星衍在比较了种种学说之后,认为:"伏生犹见先秦制度,传授其义,似较可信"。[2]

这样看来,这个"垂衣裳而治",实则是早期社会的一种治理模式,对此,柳诒徵先生说得最为通达:

"则此绘绣之法,非第为观美也。文采之多寡,实为阶级之尊卑,而政治之赏罚,即寓于其中,故衣裳为治天下之具也。

阶级之制虽非尽善之道,当人类未尽开明之时,少数贤哲主持一国之政俗,非有术焉辨等威而定秩序,使贤智者有所劝,而愚不肖者知愧耻而自勉,则天下脊脊大乱矣。黄帝、尧、舜之治天下,非能家喻而户说也。以劝善惩恶之心,寓于寻常日用之事,而天下为之变化焉,则执简驭繁之术也。"[3]

如果理解了"垂衣裳而天下治"的背景,那么对于理解原始时代

---

〔1〕《尚书大传·皋陶谟》。

〔2〕(清)孙星衍:《尚书今古文注疏》,陈抗、盛冬铃点校,中华书局2004年版,第86页。

〔3〕前揭柳诒徵:《中国文化史》(上册),第67页。

的司法“象以典型”或“象刑”就十分容易理解了。

“象刑”说最早源自《尚书》开篇《尧典》：

“象以典刑，流宥五刑”。[1]

关于象刑，历来有很多争论。[2] 至当代，又有不少研究者试图从文献学和法学等多种学科意义上，来理解其真义。[3] 大体而言有肯定说和否定说，肯定者认为上古时期的确存在“象刑”，这种意见占据了绝大多数；而否定者则认为“象刑”乃系后人的推测或捏造，上古时期根本就没有。在肯定说中，对于“象”具体作何解，主要又有两说：一说为象征之“象”；二说为画象之“象”。《尚书大传》持第一义，《白虎通》则持第二义。

《尚书大传》谓：

“唐、虞象刑，而民不敢犯。苗民用刑，而民兴相渐。唐、虞之象刑：上刑，赭衣不纯；中刑，杂屦；下刑、墨幪。以居州里，而民耻之。”[4]

《白虎通》则谓：

---

[1] 《尚书·尧典》。

[2] 历代关于“象刑”争论的一个简要的回顾，参见胡留元、冯卓慧：《夏商西周法制史》，商务印书馆2006年版，第16～19页。

[3] 当代具体讨论象刑的，可参见蒋集耀：《象刑考辩》，载《法学》1982年第9期；李衡梅：《“象刑”辨——兼与唐兰、程武同志商榷》，载《社会科学战线》1985年第2期；王定璋：《象以典刑——论〈尚书〉中的刑罚观》，载《中华文化论坛》1999年第5期；肖洪、魏东：《“象以典刑”论考》，载《重庆理工大学学报》2011年第1期；盛劲松、丁银莲：《析“象以典刑”》，载《兰台世界》2013年第6期。此外，在论述旁题兼及象刑的研究文章，所在多有，此处不赘。

[4] 《尚书大传·尧典》。

“五帝画象者,其衣服象五刑也。犯墨者蒙巾,犯劓者赭其衣,犯髌者以墨蒙其髌处而画之,犯宫者履杂屦,犯大辟者布衣无领。”〔1〕

以上两说虽有不同,但都提到了“衣服”的问题。只不过象征说是让不同的犯人穿不同颜色和质地的衣服,以示区别和羞辱。而画象说则是在犯人所穿衣服上画不同的图形,以示惩罚。

到了《尚书·皋陶谟》中,对于“象刑”又有记载:

“皋陶方祗厥叙,方施象刑,惟明。”〔2〕

这里的施象刑,可理解为将五种刑罚(墨、劓、髌、宫、大辟)刻画在器物上,使人有所戒惧。这已经有点类似于立法的行为了。这和古籍上所载“皋陶造狱”的说法是一致的。但是皋陶表现出来的是一个道德治世的圣人形象,所以他的施行象刑,并不是将肉刑实际用在人民头上。对此,《尚书正义》有着权威的解释:

“皋陶为帝所任,遍及天下,故‘方’为四方也。天下蹈帝德,水土既治,亦由刑法彰明,若使水害不息,皋陶法无所施,若无皋陶以刑,人亦未能奉法。”〔3〕

由此可知,施以象刑,有点类似于后来“悬法象魏”之义,即《周

〔1〕《白虎通·五行》。

〔2〕《尚书·皋陶谟》。

〔3〕《尚书正义·皋陶谟》(此处所用正义,用廖明春、陈明整理之《十三经注疏·尚书正义》本,北京大学出版社2000年版,后文引“正义”者,均出自此版)。

礼·大司寇》"悬刑象于象魏"的制度。后世的枭首或悬首级于城门,或谓此遗风欤?不管如何,这都体现了法律的警示作用。

而胡留元、冯卓慧两位先生在其《夏商西周法制史》中,认为"象刑"绝非象征性刑罚,而是如《尚书正义》中所云那样,是一种类似于公布刑罚的立法行为。理由为:第一,西周晚期的青铜器"征匜"铭文上,可见到墨刑(黜黥)的施行,但它不是象征性的;第二,商周卜辞中看到很多刑罚的记载,唯独没有"画衣冠、异章服"的记载;第三,即便是黜黥之刑,也是行之极短,根本不能代表"象刑"。故古人所说的虞舜象刑,实际上不过是借用西周制度,为实现自己的主张,宣扬儒家的仁治政治,而附会的托古改制之伪说。[1] 两位学者的观点诚然有其可取之处,尤其是后人之所以表彰象刑,在于为宣扬儒家仁治政治说服务,诚可谓高明之见。但是以后世的事实而反推上古,一概斥"象刑说"为伪说,则断无是理。象刑出自《尧典》《皋陶谟》,两篇都属今文,真实性较高,已为历代学者所证实。且尧舜时代,既无文献可征,又无出土文物可考,即便不能证实其真,又何得据之后的典章文物概行定其为伪?

综合各家论述,笔者以为"象刑"在上古应该是存在的,且既是一种司法方式,又是一种立法宣示。所谓司法方式,是通过让不同的犯罪者穿戴不同的衣服,来使其感到社会主体对之的否定性评价,以使其改过自新。这和古书中的"垂衣裳而天下治"的社会治理模式是一致的。柳诒徵先生就认为:"衣服之用,有赏有罚,故古代之象刑,即以冠履衣服为刑罚。"[2] 至于如何冠履,则无论是穿不同的式样的衣服,还是在衣服上再画上相应的刑罚,都是说得通的。目的是用外在的标志来让犯罪人感到羞耻。

那让人感到羞耻真可以作为惩罚行为吗?考虑到初民时代,人

---

〔1〕 参见前揭胡留元、冯卓慧:《夏商西周法制史》,第 19 ~ 25 页。

〔2〕 前揭柳诒徵:《中国文化史》(上册),第 68 页。

类往往思维质朴,情感原始,略加谴责,即能收后世法律之效果。这在各类人类学研究中,均能得到证实。所以象刑,恰恰可以代表初民时代的惩罚方式,这也可以看成是我国司法的雏形。

而如后文所要揭示的那样,人类法律的发展,往往经过了由司法到立法,由惩罚到规训的发展过程。那么这样一来,皋陶造律,就有多种意向了。我们知道,人类要控制社会,不使社会崩溃,除了道德教化外,法律的强制在所难免。皋陶画象,正在于警示世人,若有犯者,将按所画刑罚,施之于其身。这实际上已经带有公布法律的性质在内了,公布法律,恰恰就是一种立法行为。所以,《尚书·尧典》中在记载了"象以典刑"之后,又有"流宥五刑,鞭作官刑,扑作教刑,金作赎刑,眚灾肆赦,怙终贼刑"的说法,可见象刑并不孤立存在,而是与五刑鞭扑流赎并行,初非专恃象刑一种。

而之所以要专门强调造律者皋陶施象刑,乃在于表彰尧舜时期,德化甚力,在上者可以以德服人,故而即便有五刑等残酷刑罚,也备而不用。《汉书·刑法志》云:

> "禹承尧舜之后,自以德衰而制肉刑,汤武顺而行之者,以俗薄于唐虞故也。"[1]

由此反证出,在尧舜之时,德行丰沛,民风淳朴,不施肉刑,已可实现社会良善治理,故有皋陶方施象刑之说。而到了禹汤之世,民风浇薄,有乱政而施肉刑,实在是不得已之事。

当然,象刑更多用在族群或者氏族内部,是一种对内的惩罚活动。至于对外,据文献记载,常常出现部落战争。在战争中伴随着酷刑的产生,在这样的场合,肉刑的适用或许更加普遍。所以古人又有"刑起于兵"的著名论断。

---

[1] 《汉书·刑法志》。

总之,从严格意义上来说,在黄帝至尧舜时代,真正的司法还没有产生,更没有确定的程序,即便是规训与惩罚的活动,还带有很大的随意性。只是文献中记载的"象刑",虽也是后世追忆之辞,但是给我们理解上古的法律与刑罚,提供了很好的参考。从这个意义上来说,垂裳而治和象以典型,似可理解为我国司法活动的雏形。

## 二、初民时代的部落战争与"刑始于兵"

### (一)初民时代的部落战争

#### 1. 部落联盟的兴起

《史记》《国语》《大戴礼记》《逸周书》《山海经》等传世文献的记载及相关神话传说,在新石器时代中后期,在我国黄河流域与长江流域,先后形成三大相对稳定的部落联盟:第一大部落联盟为华夏部落联盟,以黄河中上游为主要活动范围,炎帝、黄帝以及后来的尧舜禹均出自此联盟,这一部落最为强盛和发达。第二大部落联盟为东夷部落联盟,活跃在中国东部及海边地带,后来又逐渐向黄河中游地区迁徙,传说中的太皞、少皞和九黎即属于该联盟,九黎族的蚩尤是这个部落联盟最著名的首领。第三大部落为苗蛮部落联盟,以长江流域及其南面的广大地域为活动范围,包括三苗、伏羲、女娲等部落。此外,在淮河流域、四川盆地等地,尚有众多的点状的部落存在。近年考古发掘表明,这些点状的部落,虽然不属于以上三大部落联盟,但是同样有着悠久灿烂的文化,比如四川盆地中的三星堆,就有着令人震撼的发达文明。这充分说明了,中华民族的起源是多源性的。所以,严格地说,中国人是华夏儿女或者炎黄子孙并不确切,只是以之为代表而已。联盟兴盛的时代,即我国古史中的"五帝时代”,关于这个时代,虽然仍旧存在不少争议。[1] 然而,说这些代表人物都是中华的人文初祖,则毋庸置疑。

2. 部落战争

与世界民族志展示的规律相同,氏族部落生成之后,为了自身生存与发展的需要,势必要和其他部落联系,于是不断出现战争和融合。同样,我国初民三大部落联盟为自身发展的需要,也不断向外扩张,就出现了民族的迁徙和战争,大体的方向是:华夏联盟向东、南发展势力,东夷联盟向西扩展,苗蛮联盟则北渡长江,向黄河流域深入。因为争夺生存空间的需要,所以部落与部落之间,势必出现联合与战争,这样的联合与战争在古史文献中不绝于书,其中最有代表性著名部落战争有以下几次。

(1)阪泉之战。

阪泉之战发生在炎帝和黄帝之间,关于这场战争,《史记》云:

> “轩辕之时,神农氏世衰,诸侯相侵伐,暴虐百姓,而神农氏弗能征。于是轩辕乃习用干戈,以征不享,诸侯咸来宾从……炎帝欲侵陵诸侯,诸侯咸归轩辕。轩辕乃修德振兵,治五气,蓺五种,抚万民,度四方,教熊罴貔貅貙虎,以与炎帝战于阪泉之野,三战,然后得其志。”[2]

《列子》则曰:

> “黄帝与炎帝战于阪泉之野,帅熊、罴、狼、豹、貙、虎为前

[1] 关于这一时代一个全面概括的研究,参见许湛顺:《五帝时代研究》,中州古籍出版社2005年版。关于这一时期的部落分布、部落关系、经济发展水平的研究,参见徐旭生:《中国古史的传说时代》(增订本),广西师范大学出版社2003年版;张光直、徐苹芳:《中国文明的形成》,新世界出版社2004年版。

[2] 《史记·五帝本纪》。

驱，雕、鹖、鹰、鸢为旗帜。”〔1〕

《大戴礼记》则云：

“（黄帝）与赤帝（炎帝）战于阪泉之野，三战，然后得行其志。”〔2〕

后两者基本上是在前者的基础上敷衍而成，但是却未如前者一样说明战争的原因。而根据《史记》的记载，似乎是因为神农氏控制不了中原，而黄帝武力强盛，最后胜者为王，炎帝不甘于失败，仍要追回昔日的光荣，于是发动战争，最终失败。但这样的解释不是很合逻辑，诸侯相侵伐，神农氏不能阻止，后来有一位强者出来收拾局面，将诸侯都统一在其麾下，这已经是既成事实。炎帝本身就是因为被诸侯侵伐弗能征而败退下来的，现在在诸侯找到了一个更厉害的靠山后，炎帝居然主动去侵凌诸侯，这无论如何也说不通。所以后出的文献，大概也发现了这样的问题，于是只讲结果，不谈原因。但不管如何，黄帝最后是在阪泉之地（具体位置有争议，大体在河北张家口至怀来一线）打败了炎帝部落。战争的结果巩固了黄帝的统治地位，同时促使炎黄二族的融合，使华夏族成为最强盛的部落联盟。当然，笔者认为，阪泉之战表面上是一个传说，而背后的实质，乃是民族的迁徙与融合。近年来有学者指出，黄帝族实质上是从西北的游牧地带迁徙而来，炎黄之战是农耕民族抗击游牧民族的保卫战。〔3〕其发生地位于农耕文明和游牧文明交界线的塞上地区，似非

〔1〕《列子·黄帝》。

〔2〕《礼记·五帝德》。

〔3〕刘毓庆：《黄帝族的起源迁徙与炎黄之战的研究》，载《山西大学学报》（哲学社会科学版）2008年第5期。

偶然。是说虽非定论,但却有较大的解释力,历史上农耕民族与游牧民族的战争,向来是胜少败多,多采取守势。且“习用干戈”,又常常是后世游牧民族所展示出来的形象。总之,这场战争似乎可以解释为游牧民族为生存所迫,侵入中原,征服了原中原民族,并与中原民族融合,最终为中原文化所同化。其后炎黄并称,同为华夏人文初祖。如果这一推论能够成立,那么阪泉之战的意义,不在于谁成为联盟之主,而在于促成了游牧和农耕民族的融合,成就了华夏族的强盛。

(2)涿鹿之战。

炎黄结合形成华夏集团之后,自西徂东,扩展生存空间。而原先居于中国东部海滨之地的东夷部落,也在向西发展。这样,两大部落联盟相遇,终于发生战争。关于这场战争,《逸周书》载:

> “昔天之初,诞作二后,乃设建典,命赤帝分正二卿,命蚩尤宇于少昊,以临四方……蚩尤乃逐帝,争于涿鹿之阿,九隅无遗。赤帝大慑,乃说于黄帝,执蚩尤,杀之于中冀,以甲兵释怒,用大正顺天思序,纪于大帝,用名之曰绝辔之野。乃命少昊清司马鸟师,以正五帝之官,故名曰质。天用大成,至于今不乱。”[1]

根据这段记载,可知这是这场战争是东夷九黎族的领袖蚩尤发动的,他率族人自东向西,侵入华夏族炎帝一族的地盘,炎帝不能抵挡,于是向黄帝求救,这场战争据说非常惨烈,双方各显神通,甚至请动了各路神仙:

> “有人衣青衣,名曰黄帝女魃。蚩尤作兵伐黄帝,黄帝乃令应龙攻之冀州之野。应龙畜水,蚩尤请风伯雨师,纵大风

---

〔1〕《逸周书·尝麦》。

雨。黄帝乃下天女曰魃,雨止,遂杀蚩尤。魃不得复上,所居不雨。"[1]

传说固然怪诞,但是我们看最终战争的胜利,确是"土"(魃)克"水"(风伯雨师),而土为中央,水为四裔,正好说明这是一场华夷之战。当然,其中也隐然交织着民族融合,我们知道东方为青,本代表东夷,而黄帝女魃所衣者居然未青衣。而水为四裔,黄帝所令应龙,恰恰也能"蓄水"。这当中似乎可以反映初民的战争中寓融合的观念。

涿鹿之战交战的地点,应该距离炎黄之战的阪泉之野比较近,这是炎黄族群生息活动的大本营,且北魏郦道元《水经注》中提到:

"涿水出涿鹿山,世谓之张公泉,东北流经涿鹿县故城南,王莽所谓虢陆也。黄帝与蚩尤战于涿鹿之野,留民于涿鹿之阿,即于是处也。其水又东北与阪泉合,水导源县之东泉。"[2]

不过,关于"涿鹿"的地点究竟在哪儿,古史中仍然存在异议。除了以上涿鹿县一说外,还有"江苏彭城(即今徐州)说",[3]"山西解县说",[4]"河南修武县说"[5],等等,要皆不出今中原范围,所以后世有逐鹿中原之说。

至于蚩尤的结局,《逸周书》和《史记》都云被黄帝所杀,而蚩尤

---

[1] 《山海经·大荒北经》。

[2] 《水经注》卷十二"涿水"。

[3] 唐代张守节为《史记·五帝本纪》所作"正义"中云"涿鹿,本名彭城"。

[4] 唐代司马贞为《史记·五帝本纪》所作索隐中云:"或作浊鹿,古今异字耳。"钱穆认为指的就是山西解县的浊泽,参氏著:《黄帝故事地望考》,台湾东大图书有限公司1982年版,第136页。

[5] (唐)李吉甫:《元和郡县图志》卷十三。

所部,则就此散落,一说是辗转迁徙至长江以南广大地区,与当地土著融合,蚩尤由此也成为"苗蛮"的祖先。当然,神话传说的背后,其实寓意着民族的迁徙与融合。且蚩尤的形象,不过是华夏族群对于来自东夷族群的一个"类型化"塑造,由此解释涿鹿之战中存在多个战争地点以及蚩尤与苗民的关系,才能合乎逻辑。正因为族群在不断迁徙,为生存而征战,所以才有那么多个故事的版本。同样,先秦时代的"五刑",也存在多种说法,这恰恰证明中华民族起源的多元性,各个族群也有各自的规训与惩罚,与现在所谓的"法律多元"理论,有某种程度的若合符契。

(3)讨三苗之战。

按"五帝本纪"的世系,继黄帝之后,统治黄河流域者为华夏族的颛顼、帝喾,然后就到了尧舜禹的时代,在这个时代中,三位华夏圣人相继对处于长江流域的"三苗"发起了征伐。战争的具体地点,同样史说纷纭,但是以今天河南南阳一带最为可信,因为这块地方正好处于黄淮和长江流域的过渡地带,且考虑到古代征战的运兵规模和后勤保障的有限,加上近年在襄汾流域出土陶寺遗址文物,这个地方作为主要交战地点是相对合理的。

战争的起因,据《尚书》所载,是因为:

> "苗民弗用灵,制以刑,惟作五虐之刑曰法。杀戮无辜……民兴胥渐,泯泯棼棼,罔中于信,以覆诅盟。虐威庶戮,方告无辜于上。上帝监民,罔有馨香德,刑发闻惟腥。皇帝哀矜庶戮之不辜,报虐以威,遏绝苗民,无世在下。"[1]

这显然是说苗民不尊天道,不信神灵,杀戮无辜。所以作为有德之君的尧舜禹,替天行道,恭行天罚,是以征伐苗民。

---

[1] 《尚书·吕刑》。

这显然带有强烈的道德主义色彩,将尧舜禹归在正义的一方,颇有点后世吊民伐罪的味道,很明显是西周之后才具备的观念。相比而言,《史记·五帝本纪》中的所说的理由更为直接而可信,即“三苗在江淮、荆州数为乱”,而江淮、荆州恰恰是黄河和长江两大文明的交汇处,三苗的扩张,对华夏族的生存和发展构成了某种程度的威胁,是以华夏族要开始征苗之战。

征三苗之战旷日持久,历尧舜禹三代。文献记载“尧战于丹水之浦,以服南蛮”,[1]丹江口即在今天的河南南阳。而虞舜继位之后,继续征伐三苗。文献记载:

> “当舜之时,有苗不服,禹将伐之。舜曰‘不可,上德不厚而行武,非道也。’乃修教三年,执干戚舞,有苗乃服。”[2]

舜征三苗的故事已经较唐尧详细,且带有较强的德化色彩。至于禹征三苗的战争,似乎更加激烈,据文献载:

> “昔者三苗大乱,天命殛之,日妖宵出,雨雪三朝,龙生于庙,犬哭乎市,夏冰,地坼及泉,五谷变化,民乃大振(震)。高阳乃命(禹于)玄宫。禹亲把天之瑞令,以征有苗。四电诱祇。有神人面鸟身,若瑾以侍。搤矢有苗之祥(将),苗师大乱,后乃遂几。禹既已克有三苗,焉磨(历)为山川,别物上下,卿制大极(乡制四极),而神民不违,天下乃静。”[3]

除了吊民伐罪的普通观念外,这段文字中还隐约可见禹利用三

---

〔1〕《吕氏春秋·恃君览·召类》。
〔2〕《韩非子·五蠹》。
〔3〕《墨子·非攻下》。

苗地区发生自然灾害之际而顺时讨伐,且彻底制服了三苗,解除了三苗对中原地区的威胁。当代有考古学者结合出土文物,对禹征三苗进行了考古学解释,认为禹所代表的文明是龙山文化中较后的王湾三期文化,而三苗所代表的文化是稍早的石家河文化,禹最终战胜三苗,正是先进文化取代后进文化的结果。"龙山前后期之交以王湾三期文化为主体的中原龙山文化对石家河文化的取代,正好与文献中'禹征三苗','而使其无世在下'的记载吻合。此前王湾三期文化对石家河文化影响的不断增强,也与尧、舜攻三苗而常占上风的情况不悖。因此我们推测,由于生产力水平的停滞不前,集团内部各种矛盾的激化,三苗集团进入龙山时代就基本开始走下坡路。到公元前二十三世纪左右,终于在内乱和天灾的背景之下,被生产力更先进、更富于生命力的华夏集团所征服。"[1]

以上就是中国古史中最为著名的部落战争,此外,尚有不少小规模的部落争斗和摩擦,虽然大多流于神话或传说,但无疑都反映了先民为生存而斗争的现实。部落战争的结果,打破了原来的平衡状态,在部落间出现了纳贡宾服关系,同时在部落内部,也加速了阶层的分化,在不断征伐中出现了军功贵族,最后成为"治人"的统治阶层,而被俘者往往成为对方的奴隶,征战不力者,则有可能在同族中也成为隶役者,身份由此降低,从此"治于人",当然,法律和司法在部落战争中也逐渐产生,最初可能带有偶然和自发的色彩,立法者和司法者还处于懵懂的地步,以个案方式解决,但随着时间的流逝,这种情况发生了根本改变,由个案到一般,由裁判到立法,从此,法律和司法得以真正产生和完善。"刑起于兵"因此也就具有了较强的解释力。

(二)刑始于兵

"刑始于兵"的"刑",可以做广义的理解,既可以做"法律"解,

---

〔1〕 杨新改、韩建业:《禹征三苗探索》,载《中原文物》1995 年第 2 期。

也可以做“惩罚”或者“司法”解。“刑始于兵”或“兵刑同制”,乃是古人对于法律和司法起源的通行解释。甚至“兵”本身就代表了一种最大的刑罚惩罚。这方面,最有影响的论述莫过于《国语》中鲁国臧文仲对鲁僖公所说的一段话:

“大刑用甲兵,其次用斧钺,中刑用刀锯,其次用钻凿,薄刑用鞭扑,以威民也。故大者陈之原野,小者致之市朝。”[1]

这是按照所用器具及其力度大小来界定惩罚的轻重,“甲兵”“斧钺”“刀锯”“钻凿”“鞭扑”也正好构成了“五刑”。大刑用甲兵,显然就是用军事征伐的办法来执行,对于某一个人,这显然是用不上的,所以只能解释为对一族之人,才用“甲兵”,考虑到上文所述的“部落战争”,那么一个部落消灭或者征服另一个部落,就是甲兵刑。后世灭人之族的“族诛”,如夏商时期的“劓殄”,及历代王朝的“夷三族”“灭九族”等酷刑,可能即是“大刑用甲兵”的孑遗。至于“斧钺”“刀锯”“钻凿”则是对个人的死刑或肉刑,“鞭扑”,则类似于后世的“笞杖”,乃薄刑示惩之意。

甲兵是对外用的,自无异议。而斧钺、刀锯等针对的固然是个人,但是这个个人的身份,也是有差异的。试看《国语》中另一段文字:

“吾闻之,君人者刑其民,成,而后振武于外,是以内和而外威。今吾司寇之刀锯日弊,而斧钺不行。内犹有不刑,而况外乎?夫战,刑也,刑之过也。过由大,而怨由细,故以惠诛怨,以忍去过。细无怨而大不过,而后可以武,刑外之不服者。今吾刑

[1] 《国语·鲁语上》。

外乎大人,而忍于小民,将谁行武?"[1]

这段话是春秋时期,晋国大臣范文字针对内忧和外患的关系所说的著名的言论。大体是先要把内政处理好,才能去外患。而他所针砭的,恰恰是国内的司法腐败。联系上下文,范文子所说的"刀锯日弊,斧钺不行",就是指"刑外乎大人,而忍于小民",这样看来,斧钺针对的对象,就是大人,而刀锯针对的对象,就是小民。而本段话当中"君人者刑其民"与"内犹有不刑"当中的"刑",不当作"刑罚"解,而应同"型",义为"规范"。之后的"刑",方为"刑罚"之义。而战争,则是刑罚的极端表现——"刑之过也"。范文子的意思就是说,好的治国方式,应该是由内而外,严于治吏,宽以养民,国内政治有了规范,上了轨道之后,方才能考虑对外战争。

由此可见,甲兵是大刑,针对的是外界,斧钺针对的是大臣,刀锯、钻凿、鞭扑针对的是小民,逐次由重到轻,构成了一整套刑罚规范。

至于说"兵刑同制"或"兵狱同制",则除了讲法律和司法的起源之外,还带有功能比较的色彩,即它们的功用是一致的,对此,东汉的王充说得最为充分:

"夫刑人用刀,伐人用兵,罪人用法,诛人用武。武、法不殊,兵、刀不异,巧论之人,不能别也。夫德劣,故用兵;犯法,故施刑。刑与兵,犹足与翼也。走用足,飞用翼,形体虽异,其行身同。刑之与兵,全众禁邪,其实一也。"[2]

由此可以很明确地看出,武、法、兵、刑,在一定程度上是通用

---

[1] 《国语·晋语六》。

[2] 《论衡·儒增篇》。

的。刑罚由最初的征战开始,到最后形成了一整套规范。最初是赤裸裸的否定性的规范(刑),发展到后来,则产生出了复杂且系统的规则(礼),最终出礼入刑。所以《辽史》就对此总结:

> "刑也者,始于兵而终于礼者也。洪荒之代,生民有兵,如蠹有螫,自卫而已。蚩尤惟始作乱,斯民鸱义,奸宄并作,刑之用岂能已乎?帝尧清问下民,乃命三后恤功于民,伯夷降典,折民惟刑。故曰:刑也者,始于兵而终于礼者也。"[1]

这实际上也符合人类社会发展的规律,初民时代,人类社会只有丛林法则,弱肉强食。到后来道德的进步,才有意识的"恤功于民",所以我们更可以坚信,伯夷所降之典,更多是道德礼仪性质的"礼",用他最终规范人民的行为。

如果我们将这类文献记载与上述部落战争相联系,我们就会发现:经过战争,获胜后的黄帝部落联盟迅速发展自身的力量,数万个部落、氏族拥戴黄帝为中原盟主,因而在黄河流域形成了以黄帝部落为核心的部落大联盟。这一较为巩固的部落大联盟在中原大地不断扩展自己的势力,并在军事上采取向外扩张的态势,东征夷族,南伐苗蛮,向长江流域发展,先后形成陶唐氏、有虞氏、有夏氏的部落联盟。作为黄帝的后代,尧、舜、禹相继成为这个中央部落联盟的首领。

而落联盟出于对外扩张以及在相互征战中维系自身存在与发展的需要,更加注重内部秩序的建立和维持。部落联盟在职能机构的设置以及对不同类型社会关系的调整等方面,已形成大量处理争端的判决以及确定某些事项的决定,并进而形成性质各异、功能不同的规范体系。其中相当一部分已为社会所承认和接受,具有普遍适

〔1〕《辽史·刑法志上》。

用性和一定程度的强制性,从而已初步具备法律的特征。

首先,为共同生活及进行战争和组织生产而确立的、以承担不同公共职能为直接目的的部落联盟内部机构逐渐分化,形成各有分工、相对独立,同时又相互配合的不同职能部门。例如,史书记载:

> "(黄帝)以师兵为营卫,官名皆以云命,为云师。置左右大监,监于万国……举风后、力牧、常先、大鸿以治民。"〔1〕

左右大监,风后、力牧、常先、大鸿,具体负责什么,已不可靠,但他们无疑都是官职或者职业性的管理人员。

其次,部落联盟内部机构在职能上的分化直接导致机构数量的增加,逐渐衍生出一个脱离生产专职管理群体。史载:

> "黄帝乃习用干戈,以征不享。"〔2〕

也就是说,黄帝在其盟主地位确立后,即要求向其臣服的部落定期交纳财物,否则干戈相见。从此,人分为两类:"食人"与"食于人"。"习用"一词,固然可以理解为经常性运用,但也可以理解为脱离生产,而专门统治之义。此后的尧舜禹,无不如此。

最后,随着部落联盟势力的扩大,其内部事务也逐渐繁杂。原先以成员自身对群体依靠的信念以及群体舆论的评价来维系部落秩序的习俗,已难以继续奏效。某些成员的行为对部落内部既定的社会秩序造成严重的损害。为了维持部落内部正常的社会秩序,处理那些严重侵害他人或部落群体的行为,以部落机构的名义,对于行为人施以某种报应性惩罚的做法逐渐固定化。惩罚的目的在于使

---

〔1〕《史记·五帝本纪》。
〔2〕同上。

行为人遭受切实的痛苦,以至于不敢再次实施侵害行为;同时,也让部落其他成员了解实施侵害行为的后果,进而起到一般性威慑作用。类似惩罚措施的多次施行,渐而形成一种具有崭新意义的新型行为规范。

这一切,都溯源于部落战争的需要,而部落战争,则根本在于生存的需要。伴随着部落战争出现的“刑”,由此也带上了强烈的部落血缘的色彩。并对此后法律和司法的发展,带来了深刻的影响:“‘刑’归根结底是一种血缘集团的压迫法,并且始终限制在血缘范围之内。从这个角度出发,可以说中国的国家与法师血缘组织强化的结果,这是它们日后走上伦理化,并且在自我完善的同时又趋于封闭的历史渊源。”〔1〕所以,“刑始于兵”,是认识我国初民社会的规范与惩罚的一把重要的钥匙。

## 三、结语

我国民族传说中的黄帝、炎帝、蚩尤、太皞、少皞、帝喾、颛顼等人文初祖,其行为事迹实际上反映了各地先民在新时期时代中的生产和斗争情况。他们作为各个氏族部落的代表或者象征,其分合也恰恰表现了我国远古各地区各民族的分裂与融合。最初,这些部落都是作为一个点状的文化而存在,每一个地方都发展出了自己的早期文化,有其地域性色彩。黄帝、炎帝等最初各自代表某一部落的小文化。这些小文化正如许多小河流一样,会一区一区地合并成较大的文化系统,而较大的文化系统又会进一步合并成更大的文化系统,这样文化就成为一个由点到线、由线到面的存在。这是一个不断交汇与融合的演变过程。交汇与融合在新石器时代最典型的表现即为各部落的联盟、战争乃至吞并等。

---

〔1〕 张中秋:《中西法律文化比较研究》(第4版),法律出版社2009年版,第19页。

当然,不管如何交汇与融合,始终不能泯灭某个点的固有文化特征,这当中自然包括各地的规训与惩罚。诚如学者所论,“不同的生态环境,不同的内容的生产活动,不同的文化传统,这是形成不同文化系统的根本原因。而每个文化系统自身发展所形成的文化特征决定了每个文化的性质。不同文化系统的边缘地区,是新石器文化的过渡区。过渡地区的新石器文化除受相邻地区的文化影响之外,具有自身的文化特征”。[1]

因为征伐者最初依靠的力量为血缘部落,所以对于维系血缘关系的形式最为重视,这些形式逐渐发成为一套烦琐的礼。由于部落共同体的血缘性质,对祖先的尊崇渐而发展成在性质上具有宗教色彩、在实施范围上具有普遍性的祖先崇拜。人们把已故的祖先当作超人的英雄,当作氏族、部落、民族的保护神,希望通过对先祖的崇拜,求得先祖在天之灵对后世子孙的保护。对祖先的崇拜活动,逐渐定期化,并形成固定的祭祀仪式。伴随着经常性的祭祀活动,以确定祭祀活动的程序与方式等为主要内容的习惯,也逐渐成为更加具体、明确,且为部落社会所接受的行为规范——“礼”。这也是内部规范产生的重要原因,古书上称为“礼起于祀。”因为与司法所涉稍远,在此就不再赘述。

总之,结合民族神话传说、古典文献,配合近年来的考古发掘和人类学调查,我们大体可以勾勒一条中国法律起源的线索:

第一,中国法律的起源,走了一条兵刑合一、刑法受到特别重视的道路。

第二,中国法律的起源,在很大程度上受到血缘、婚姻因素的影响。中国国家的起源和国家职能的完备,走了一条通过部落联盟机构的职能分化和完善内在结构的方式,使其直接转化为国家机构的特殊道路。

---

〔1〕 张之恒:《中国新时期时代文化》,南京大学出版社1988年版,第30页。

第三,在华夏先人中产生的祖先崇拜意识,通过一定的典礼、仪式,逐渐演化为具有宗教性质的祖先祭祀。

第四,中国法律的起源还表现出民族大融合的特征。三大部落联盟之间的相互征战,促成了不同部落之间的相互交往。不同的生活习俗,不同的管理方法,在相互接触中交流、融合。史书记载,在不同的部落,形成了不同的刑事惩罚方式。

第五,中国法律的产生,与其他文明中法律的起源一样,也体现了"由裁判到立法"的特点。

# 日用类书与法律知识的空间流动

## ——尤陈俊著《法律知识的文字传播:明清日用类书与社会日常生活》评析

杨 扬*

【内容摘要】 日用类书作为研究明清时期法律知识流动变化的绝佳材料,在史学领域得到了足够的重视。但这种情形在法律史学界却未能继续发挥作用。以黄宗智先生为代表的美国中国法律史研究,开辟了研究法律史的新范式。而尤著《法律知识的文字传播:明清日用类书与社会日常生活》则是作者建立在扎实史料梳理基础上,试图利用社会科学理论来研究法律史的新尝试。目前学界关于法律社会史的研究需要一种"新视角"来突破现有"瓶颈",以传统史学看待材料以外的"法学视角"进行重构。

【关键词】 日用类书 法律知识 空间流动 研究范式 法律社会史

### 一

20世纪80年代中期在中国法学界兴起的法律文化研究,已经历三十余年发展,迄今也是方兴未艾。其间学界对此投入一定精力与热情,发表与出版了相当数量的研究论文与著作。[1] 尤陈俊先生新

---

* 作者系中国政法大学法律史学博士研究生。

〔1〕 刘作翔:《法律文化理论》,商务印书馆2013年版,第1页。

作《法律知识的文字传播:明清日用类书与社会日常生活》(后简称《法律知识的文字传播》),可算是对法律文化研究范式的一种新尝试,亦可作为其对"新法律史"如何发生所作出的有益实践。与苏力先生质问"什么是你的贡献"[1]一样,作者试图想要引起汉语学界法律史学人反躬自省,进而寻求方法视角的突破。[2]

诚如上述,尤陈俊写作本书时,相较前人有关的研究,在研究进路中真正实现了所谓中、外法与史的融合贯通。作者不仅进行了日用类书之间的比勘、日用类书与其他类型文献的互勘比较,探讨包括日用类书在内不同类别文献在传播法律知识过程中的关联性,而且将这些法律知识在日用类书中所占比例演变,放置在整个明清社会变迁的历史背景中进行分析,进而能以一个更为开阔的视域讨论明清日用类书对于法律社会史研究的重要意义。[3]

在本书最后的余论中,作者指出学界存在一种缺乏时空感的"中国法律传统"后,基于研究进路的差别,其提出在充满事后解释意味的背后,实际上没有人去追问一个至关重要的前提性问题——在构成社会人口大多数的下层民众,其在日常生活中可能会接触到何种类型的法律知识?抑或说,他们关于法律的知识从何而来?所有对古代下层民众法意识、法观念的研究,皆因缺乏对前提性问题的回答而存有"无本之木"之嫌。看似解释性很强,实则根基不牢,经不起严谨的推敲。[4]《法律知识的文字传播》一书的研究,正是作者对这种问题意识进行学术实践所催生出的

---

〔1〕 苏力:《什么是你的贡献》,载苏力:《法治及其本土资源》,北京大学出版社2015年版,第V页。

〔2〕 赵晶:《"新法律史"这般发生——评尤陈俊著〈法律知识的文字传播:明清日用类书与社会日常生活〉》,载《中国社会历史评论》第16卷(上),天津古籍出版社2015年版,第218页。

〔3〕 尤陈俊:《法律知识的文字传播:明清日用类书与社会日常生活》,上海人民出版社2013年版,第23页。

〔4〕 同上书,第195~196页。

产物。

梁治平先生认为,范式的不同决定了历史家提问的方式、范围乃至最后结论的差别。在评价20世纪90年代以来美国中国法律史研究(尤指以黄宗智为代表的UCLA法律史研究团队)的迅速发展时指出,影响到发展方向的因素至少应包含三个方面,"那就是新材料的出现,新理论的传布,和社会科学与史学之间的融合"。[1] 这种观点的提出深深影响了法律史学界研究范式的变化,尤著《法律知识的文字传播》便是此种学术风气下的成果。首先,《法律知识的文字传播》就其使用材料而言,基于日用类书所载内容分析法律知识文字传播,这种材料是法律史学界目前较少有人涉及的领域。在"客观资料整理"方面具有一定程度的贡献;作者对这些史料的梳理也并未仅仅依据传统史学的套路,更多以社科法学研究的进路进行开拓性的实践。在"主观理念阐释"方面也具有开创之功效。[2] 作者以整体的眼光,将欲论证之问题放置于明清社会变迁的大背景之中,也不拘泥于法学或史学界限的问题,以更广泛的社会科学视野展开对日用类书的研究。易言之,本书在"新史料"的使用、"新视角"的运用、"社科法学研究与史学研究的结合"三个方面来看,《法律知识的文字传播》都在一定程度上算得上是具有重要学术范式转换意义的作品。

## 二

《法律知识的文字传播》的内容架构,应该是与作者对日用类

[1] 梁治平:《法律史的视界:方法、旨趣与范式》,载《中国文化》第19、20期,第155页。其中梁氏认为,服膺于同一套理论或者信念的历史家形成某种学术共同体,范式正是一个学术共同体成员所共有的东西。

[2] 梁启超先生曾就史学之进步的特征总结为:其一,为客观资料之整理……其二,为主观的观念之革新。参见梁启超:《中国历史研究法》,中华书局2009年版,自序第2页。

书资料细致入微的整理有关。以学术史的梳理为先,在整体上了解到目前中外学界关于日用类书在文学、史学与法学领域的研究现状,且这种研究包含多种维度。《法律知识的文字传播》在学术史梳理中,作者毫不吝言,认为日本学者对日用类书研究具有首倡之功。以及在英语学术圈、汉语学术圈(含我国台湾地区的学术研究)的研究概貌。[1] 根据作者论证的思路来看,除了展现各个学术圈对日用类书的研习之外,作者更多想要阐明的是,日用类书在法律史学研究中的缺失状态——"难入'法'眼或'法'眼偏颇"的问题。[2]

根据本书行文思路,仅从法史学研究的进路看,《法律知识的文字传播》将作者所见日用类书中所载内容大致分为三类:契约体式、讼学知识与律例知识,并在分述这些具体内容前,进行了简单的解读。在整体上对本书将要谈到的几个问题进行简要说明。[3]

本书从架构上看,除篇首"绪论"与篇尾"余论"外,共有五章。分别为:第一章"明清日用类书概说";第二章"依样葫芦:日用类书与契约书写";第三章"攒零合整:日用类书与为讼之学";第四章"鲁鱼帝虎:日用类书与律例入门";第五章"日用类书折射的明清社会变迁"。本文意图按照该书的行文顺序,对《法律知识的文字传播》分别予以解读。

根据第一章标题,即可知为明清日用类书概说。作者对明清日用类书的大致情况进行了总括性介绍。作者在这部分内容中非常关注三个问题:日用类书制作品质与其他书籍区分的问题、日用类

[1] 尤陈俊:《法律知识的文字传播:明清日用类书与社会日常生活》,上海人民出版社2013年版,第2~8页。

[2] 同上书,第9页。

[3] 同上书,第51~54页。

书读者范围区间的问题以及日用类书所收录知识的时代变迁问题。陈长宁博士在对该书所作书评过程中,仅言后两者问题,对第一个问题并未过多涉及。但本文以为,对第一个问题的解答却为后两个问题的有效解读奠定十分关键的基础。[1] 作为实用书籍的日用类书,正因其与其他书籍出版不同是低品质制作,才有可能使得中下层民众有经济能力购买并使用。纸张使用的低品质,使日用类书的定价区间较之其他书籍书价较低,日用类书读者范围区间问题的回答也就变得顺理成章起来。其中对日用类书读者范围区间的讨论尤为重要。因为这一问题的解答关涉到日用类书能够在多大的范围内对法律知识的传播起着多大的影响。按照日用类书对其本身的宣传,以《明代通俗日用类书集刊》所收录的42种明刊本为例,包括"天下便用""四民利观""四民便用""四民备览""士民便用""天下四民便览""天下四民利用便观"。[2] 这些说辞旨在宣传日用类书的广泛适用性,宣扬其受众乃是"天下",是"四民"。也就是说,日用类书的编纂者已经预设了一个极为广泛的读者群体。然而,《法律知识的文字传播》在"'四民便用'话语的真实性考察"中,对这一用语宣传首先进行了质疑。日用类书的低制作品质导致日用类书多被称为"杂凑邋遢本"。[3] 究其原因,多为"盖徒为射利计,非以传世也。"也正因如此,这种低劣品质的日用类书应该很难得到上层士人的接受。接着,从日用类书的书价区间决定了消费此类书籍的人群。书中作者以通俗小说的书价为例,探讨明代书籍在当时社会中的受众情况。结果显示,日用类书重在实用性,购置一册以备不时之需,且利用率高。加之售价不高,导致有经济能力且有意愿购

---

[1] 陈长宁:《滴水藏海:法律文字与社会的关联——〈法律知识的问题传播:明清日用类书与社会日常生活〉评介》,载《云南大学学报》(法学版)2014年第2期。

[2] 尤陈俊:《法律知识的文字传播:明清日用类书与社会日常生活》,上海人民出版社2013年版,第40页。

[3] 刘天振:《明代通俗类书研究》,齐鲁书社2006年版,第103页。

买日用类书者,可能还要比购买通俗小说的百姓人数更多。购买制作不甚精良,价格相对比较低廉的日用类书群体,其人数规模应该是呈不断扩大趋势发展的。[1] 而且当时社会民众识字率的高低也决定这日用类书得以传播的范围空间。其中尤以日用类书所载律例知识为重,这部分内容不仅需要读者具备一定程度的文字储备,而且也要有"学以致用"的贯通能力。这些都远非罗友枝所言,具备"功能性识字能力"就可以实现对内容的有效解读。[2] 本书作者在书中称:"日用类书中载有适合于其预设读者群的知识内容是一个问题,而这些预设读者群是否真能通过阅读获得这些知识内容,则又是另一个问题。"[3] 以上所言,旨在说明一个问题,《法律知识的文字传播》认为日用类书的传播群体,还是更由"粗通文墨且略具余赀人士,而下层人士和士大夫阶层则通常要被排除在外。"即并非"四民便用"的笼统说法。[4]

《法律知识的文字传播》随后讨论到日用类书所载内容时代变迁的问题。通过内容的变化,也可一窥其预设读者群心态的变化。作者认为晚明出现的日用类书在"正统知识"上颇见削减,而增加了不少有关社交应酬与人际交往的内容,这种变化反映此刻刊行的日用类书更具城市文化色彩。[5] 以明万历二十五年《新锲全补天下四民利用便观五车拔锦》内容总目为例,一些被士人阶层认为左道奇技的星命、玄教,甚至一些通常都羞于提及的青楼风月,竟都堂而皇之地出现在日用类书中。这些内容在日用类书内容中占有一席之地,也就暗示着"晚明以后日用类书预设读者群日益世俗化趋势"的

〔1〕 尤陈俊:《法律知识的文字传播:明清日用类书与社会日常生活》,上海人民出版社2013年版,第39页。

〔2〕 同上书,第44页。

〔3〕 同上书,第42页。

〔4〕 同上书,第46页。

〔5〕 同上书,第47页。

发展。需要说明的是，此部分中，作者在论述晚明以降，延至清代中日用类书所载内容时，有言“日用类书所受的知识内容愈显世俗化，并且其卷数与类目都在逐渐减少。”大量门类被删除，逐渐被简化。[1] 此处作者仅点到为止，并未多费笔墨进行说明。综览全文后发现，大致可猜测应是为论述日用类书折射的明清社会变迁奠定基础，前后呼应。

三

第二章至第四章，根据标题则发现应该是《法律知识的文字传播》一书中论述的主体部分。各章每部分内容均对日用类书中所载的三种不同法律知识及其文字传播进行了讨论。尤其值得一提的是，作者在这三部分中，标题前都分别拟有“依样葫芦”“攒零为整”“鲁鱼帝虎”，这些内容不仅富含修辞，更重要的是巧妙地道出了日用类书中这三种法律知识各自的特点与传播途径。前文已述，本书并非是对传统史学进路的延续，而更多是有在探讨这些法律知识各自是实际生活中的运用与传播情况。这种标题的富含新意与架构的创新也是本书的一大特色。

契约体式，相比讼学知识与律例知识，应是日用类书中最为常见的一种。学界长期以来也一直关注中国古代契约对传统中国社会的作用，因此契约体式这类内容在既有研究中是受到重视的。由宋经元，迄至明清，契约的应用范围益加广阔，其中流传至今的也是为数众多。这是因为它和近代人们的现实财产关系有直接或间接的关系，不仅民间重视真诚，而且官方也存入档案，虽经历史变革而遭大量焚毁，遗存的数量仍然很多。这些内容都使学界对契约体式的

[1] 尤陈俊：《法律知识的文字传播：明清日用类书与社会日常生活》，上海人民出版社2013年版，第49~50页。

研究更加丰富。[1] 但这种广泛被适用的状况也会引来疑问:民众是从何处习得契约书写的知识?尤其是在明清时期,帝国境内不同地区的人们在书写契约之时,会呈现出趋同化的明显特点。[2] 而且有学者认为官版契约的出现并影响、不动产交易类契约的示范等均是导致此种状况产生的原因。[3] 本书作者更多着眼点是在于日用类书对于其所载契式范本对上述状况造成的原因进行解读。作者除了认为官版契式出现对契约书写趋同化的外力推动作用外,也提出社会大众基于实际使用便利的考虑而不约而同予以自觉采用的内力因素。[4] 《法律知识的文字传播》作者通过对比明代刊本日用类书中所载契约内容后,发现它们各自所载的文契体式常常如出一辙,内容也几近雷同。[5] 作者接着分别列举明刊本《新刻全补士民备览便用文林汇锦万书渊海》《新刻搜罗五车合并万宝全书》《新刻天下四民便览三台万用正宗》等日用类书中所收"买田契"的契式内容后发现,内容几乎完全雷同,所异者仅寥寥数字而已。[6] 作者通过对契约实物与日用类书中契约式范本进行比对,发现虽在文字表述方面存有不小差异,但在叙述事项和内容结构上是很相似的,尤其是一些套语或模式化的表达。[7] 最后,作者指出,延至清代,民间契约更是朝着趋同化方向大大迈进,其行文风格与日用类书所载的

---

〔1〕 尤陈俊:《法律知识的文字传播:明清日用类书与社会日常生活》,上海人民出版社 2013 年版,第 56 页。

〔2〕 同上书,第 70 页。

〔3〕 参见王旭:《契纸千年:中国传统契约的形式与演变》,北京大学出版社 2013 年版,第 172~229 页。

〔4〕 尤陈俊:《法律知识的文字传播:明清日用类书与社会日常生活》,上海人民出版社 2013 年版,第 59 页。

〔5〕 同上书,第 64 页。

〔6〕 同上书,第 65 页。

〔7〕 同上书,第 71 页。

各自契式范本同样极为接近。[1] 以上的比照,相互的相似与雷同,反映出契约活套对于其所承载的法律知识之传播意义重大。

除了对契约活套与契约实物进行比照外,本书对日用类书中所见“永佃权”的问题、“契式”套语的问题、“服书式”反映的问题分别予以解答。后两个问题的回答显得更为重要。《法律知识的文字传播》作者以法律社会学的角度,认为各种契式在被不断翻印出版的日用类书中占据不小篇幅的事实,这种过程本身就从一个侧面表明,订立契约的习惯当时在民间相当盛行,也正是这些契约构成了明清时期法秩序的实体部分。[2] 只有满足两个条件之后,契式套语才具有意义:其一,产生了需要经常使用契约的社会需求;其二,这种社会需求被付诸实践。这样才会导致内容固定化的契式范本得以出现并广泛流传。作者也从小处着眼,认为像“三面议定”“二主和同”这样的契式套语,背后也有可能隐藏着一些值得重视的社会密码。[3] 在“服书式”中,作者提出了一个新的观点:“贞节观”在明清社会中的绝对支配性影响的推测性研究,其可信性是要大打折扣的。认为在“服书式”中一方面是通过“家贫日食无措”“生活无计”物质层面来部分抵抗“贞节观”话语对妇女再嫁行为的否定性评价;另一方面,这种契式被日用类书作为主要类型收入其中,也能够在某种程度上表明,寡妇再嫁现象,在明清时期并未从“贞节观”的话语霸权下消失不见,反而有可能是具有相当普遍性的社会现象。(这从日用类书本身的传播路径可知)[4]

明清时期的诉讼意识、诉讼观念向来都是法史学界关注的热门话题,依据传统法史学者的认识,基本认为明清时期是一个“好讼”

---

〔1〕 尤陈俊:《法律知识的文字传播:明清日用类书与社会日常生活》,上海人民出版社2013年版,第72页。

〔2〕 同上书,第75页。

〔3〕 同上书,第76页。

〔4〕 同上书,第80~81页。

“健讼”的社会。[1] 这种观点取代了儒家精英阶层所谓“厌讼”的诉讼话语。尤陈俊先生在这一问题方面近几年发表的一系列成果，此处不再讨论。“好讼”之风的盛行，是几个方面的因素共同导致的结果。纷繁的词状被陆续送往官府，积案成山的状况时有发生，对官府官员理讼能力又是一种考验。司法官员面对这种窘境也是束手无策，特别是在司法体制中“制度资源”无法应对社会情势需要时，官员们则会更多倾向于运用一些“话语资源”作为对策。[2] 官员职责讼师为所欲为，并用所谓“健讼”之类的谴责之词在官方话语中频繁出现，以警示讼师的诉讼活动。“讼师”及其所用之“讼师秘本”则在官方话语中被视为“罪魁祸首”。如清雍正年间任职广东的官员蓝鼎元，就曾抱怨说所收词讼中十有八九系讼师在背后教唆而作。《法律知识的文字传播》中，作者重思讼师秘本的社会影响，提出这样的一种观点：“讼师秘本是否真的如一些学者所言的那样是‘当时人们撰写诉状最直接、最重要的教材’，至少从目前所见史料来看，还有待讨论。”[3] 并且认为明清时期的社会大众中，究竟具体有哪些人士，乃至多大比例的人群会购买讼师秘本作为写状参考之物，迄今尚缺乏有力的相关证据。[4] 因此，作者便提出日用类书作为另一种收录有讼学知识的读物，也许曾对促进讼学知识的民间传播影响

---

〔1〕 有关讼师与“健讼”问题的讨论学界已有不少有益成果问世，不一而足。[日]夫马进：《明清时代的讼师与诉讼制度》，载《明清时期的民事审判与民间契约》，王亚新、范愉等译，法律出版社1998年版，第389～421页；尤陈俊：《清代简约型司法体制下的“健讼”问题研究——以财政制约的角度切入》，载《法商研究》2012年第2期；尤陈俊：《清代讼师贪利形象的多重建构》，载《法学研究》2015年第5期；尤陈俊：《法制变革年代的诉讼话语与知识变迁——从民国时期的诉讼指导用书切入》，载《政法论坛》2008年第3期。

〔2〕 尤陈俊：《清代简约型司法体制下的“健讼”问题研究——从财政制约的角度切入》，载《法商研究》2012年第2期。

〔3〕 尤陈俊：《法律知识的文字传播：明清日用类书与社会日常生活》，上海人民出版社2013年版，第98页。

〔4〕 同上书，第99页。

更大。

《法律知识的文字传播》首先分析日用类书中所载讼学知识的比例大小,通过对比《萧曹遗笔》与明崇祯十四年刊本《新刻人瑞堂订补全书备考》中"壮式门"中讼学知识的"硃语"内容大同小异,进而发现讼师秘本中的为讼之学,可能会通过日用类书的抄录而转化进入"公开"的世界。但讼师秘本中所传授的为讼之学,具体究竟有哪些内容被日用类书所吸收,并以何种面貌出现其中,都是尚待理清的疑问。[1] 基于官方话语是抵制,甚至焚毁讼师秘本,导致唯有日用类书中所载的讼学知识能够为社会大众所接触。日用类书的编撰者只会抄录那些有益于诉讼内容的文字,对讼师秘本中的"教诲之词"并未照搬过去。作者认为这种现象,也反映了作为商业性出版品的日用类书其所具备的世俗化特点。[2] 究其原因,与日用类书自身的价值定位不无关系。作为一种实用性书籍而出版的日用类书,更多是一种"专业技术",而非"教诲之词"。

除以上所言契约体式与讼学知识外,律例知识也是日用类书中所载法律知识的重要类型,尤其是在清代中期之前,很多常会专设一门刊载律例知识。[3] 本书该章节中始终在讨论的一个问题就是,日用类书编纂者在抄录律例条文(知识)的过程中多有错抄、误抄与漏抄,以及使用"过时之法"。这些疏漏使得作者在阅读一些史料的过程中常会出现无法理解其意的情形。最为典型的一例就是,一个低级的手民之误,竟然在1596~1612年刊行的7种日用类书中同时出现。16年间刊行的7种日用类书,居然能够分毫不差地重复着同一个错误。足见明代日用类属之间相互抄袭之风强盛。[4] 在本章

[1] 尤陈俊:《法律知识的文字传播:明清日用类书与社会日常生活》,上海人民出版社2013年版,第103页。

[2] 同上书,第115页。

[3] 同上书,第116页。

[4] 同上书,第140页。

最后作者指出，明代日用类书的编者多系下层文人，律例之学非其擅长，甚至还可能相当陌生，在从律学作品中抄录相关内容并编入日用类书之时，常有误抄、漏抄情况的发生。也正是基于上述问题，明代日用类书中所刊载的律例之时，对于时人而言，其参考价值实际上并不高，甚至还颇具误导性。[1]

诚如作者所言，有志于士宦者，若想通过日用类书习得律例知识，很可能要么难解其意，要么反受其误。[2] 加之律例知识的读者群体是比较狭隘的一类群体，远非一般具有“功能性识字能力”的下层民众所能领悟。但在上层士大夫阶层存有优秀的律学作品，他们大多很少有人会依赖日用类书这种错讹百出的杂书来学习律例知识。[3] 由于日用类书出版定位的区别，使其很难获得上层知识群体作为其潜在读者。那么，中下层读书人中有多大比例人群能成为律例知识的潜在群体？他们又能获得多大程度的律例知识？这些问题也许是基于史料的缺乏，作者在书中并未做深一层的解读。

## 四

《法律知识的文字传播》在分别展示存在于明代日用类书中的三种法律知识形态后，讨论的视角由明朝转移至清代（主要是清代中期及以前）。在清代及清代中期以后，法律知识在日用类书中所占比例是否依旧如明代一样占有一席之地，值得深思。此时，一个“意料之中，又意料之外”的结果发生了，“契约体式的淡出”“讼学知识的消失”“律例知识的退场”。[4] 作者在前人研究的基础上，依据材料适时地提出一些新的观点。

---

〔1〕 尤陈俊：《法律知识的文字传播：明清日用类书与社会日常生活》，上海人民出版社2013年版，第169～170页。

〔2〕 同上书，第170页。

〔3〕 同上书，第170页。

〔4〕 同上书，第171～173页。

其一,“契约体式的淡出”。追本溯源探寻契约体式产生的原因。依据作者的观点,其认为契约的正式性使得民间立约之人不得不认真对待此事。因此,一个事项详备的契式范本就显得颇有助益,久而久之,人民都习惯于参照一定的范本撰写契约,最终形成了某种程度的趋同化风格。延至清代,“民间执业,全以契券为凭”的观念也更是为人们所强调。[1] 今人在阅读清代中期后的契约时,可以颇为明显地感觉到,较之明代的契约,此一时期的民间契约在趋同性上体现得更为强烈。而通过列举材料也说明了明清以来,如何撰写契约已经越来越成为当时民众的“常识”。而“常识”恰恰是不需要外界再予不断其实的。这其实是以一种看似平常的方式展示了一个理论问题,那就是常识与市场之间的相互排斥关系。[2] 作为商品的契约体式,已变得俯拾皆是,不再具有其商品的稀缺性。而以“射利”为目的的日用类书编纂者,是不会把这些内容抄录在其想要赚钱的实用性书籍之中的。

其二,“讼学知识的消失”。按照《法律知识的文字传播》作者的思路,这个问题的讨论应当放置在清代中期的社会背景中去考虑,可能会得出答案。官方话语权会决定社会所能流通的内容。乾隆七年正式定例要焚毁讼师秘本,官方对民间讼学知识传播持高压打击的态度。这样一来,讼学所能带来的是一种危险。那么对于面对这种信息的清代日用类书的编纂者或刊印者来说,也就没有必要冒着风险来传播这些官府眼中的危险知识。清代日用类书编纂刊印者所追求的,乃是商业上的利益,当时的态势显然不符合其“经济理性”。甚至就内容包罗万象的日用类书而言,讼学知识从来就不曾

[1] 尤陈俊:《法律知识的文字传播:明清日用类书与社会日常生活》,上海人民出版社2013年版,第177页。

[2] 同上书,第180页。

是这类书籍之所以赢得颇为广泛读者的唯一武器。[1] 在此，作者认为讼学内容在清代日用类书中的“消失”是基于上述社会背景的影响，而并非如吴蕙芳先生所说的那样是因为诉讼之事日趋专业、复杂所致。

其三，“律例知识的退场”。作者对这一问题的探讨，是基于明清法律教育的变化展开分析。自秦汉始，迄至魏晋“律博士”的设置，此乃法律教育史上的一大创举，官方法律教育也因此迈出一大步。元代废律博士，取消官方律学教育。明代虽没有专门的法律学校，但在中央和地方官学以及私学、书院中都设有法律课程，学习法律法令。但到清代中期，科举考试中对“判”题考试的要求，导致考生只需准备一些常识性的、道德性的“套话”应考。[2] 律学本身所具有的独特脉络，由此被湮没于如家经义的宏大话语之中。因为清朝的科举考试看重的是：参加考试的人对于法规范《大清律例》内容的精神是否理解，而不是看重他对于法规范条文的认识与否。[3] 这种具有导向性的要求，致使清代日用类书中的律例知识已很难具有其实用性的风格，最终不复再现。个中原因，也与上述历史背景有微妙的联系。[4]

在本章节最后一部分，《法律知识的文字传播》作者向我们展示其分析的最终结论，即“就法律知识而言，其文字空间与社会空间之间呈现出一种颇为微妙的勾连。”作者审慎地指出，对以上三类法律知识的文字传播，应该分别予以解读。笔者拟做下表以示之：

---

〔1〕 尤陈俊：《法律知识的文字传播：明清日用类书与社会日常生活》，上海人民出版社2013年版，第187页。

〔2〕 同上书，第190页。

〔3〕 同上书，第191～192页。

〔4〕 同上书，第191页。

| 日用类书所载法律知识类型 | 正相关<br>(社会空间渐行狭窄,导致文字空间萎缩) | 负相关<br>(社会空间渐行广泛,导致文字空间萎缩) |
|---|---|---|
| 契约体式 | | 是 |
| 讼学知识 | 是 | |
| 律例知识 | 是 | |

作者将这种结论的得出置于一个更为翔实、丰富的社会背景中看待,必然更加优质地做到"具体问题具体分析"。而这必然是尤陈俊先生长期研究积累的成果,这种研究范式也贯穿其多年来发表的学术论文之中,具有相当程度的启发意义。[1]

## 五

诚如本文第一部分所言,《法律知识的文字传播》在客观的史料整理上,主观的观念提出上,都试图进行了有益的开创性探索。但作为法律史研习者,笔者认为更重要的是,把日用类书,这一在法律史学界使用关注度并不高的史料展现出来。日用类书在史学领域广泛适用时间较早,但在法律史领域的使用却是近几年的事情。因此本书在开篇学术史回顾上,更多是基于史学作品来引入日用类书这一主题。正如作者开篇所述,就总体而言,现有的研究仍然多集中于商业史、社

〔1〕 尤陈俊先生近几年发表的相关论文与编著皆是从法学(社科法学的视角)与史学相融合的视角来分析法律史的内容。这种研究范式的新尝试势必会带动年轻学者从事法律史学术研究的热忱。参见尤陈俊:《"新法律史"如何可能——美国的中国法律史研究新动向及其启示》,载黄宗智、尤陈俊编:《从诉讼档案出发:中国的法律、社会与文化》,法律出版社2009年版,第473~512页;尤陈俊:《尸体危险的法外生成:以当代中国的藉尸抗争事例为中心的分析》,载黄宗智、尤陈俊编:《历史社会法学:中国的实践法史与法理》,法律出版社2014年版,第237~262页;尤陈俊:《清代简约型司法体制下的"健讼"问题研究——以财政制约的角度切入》,载《法商研究》2012年第2期;尤陈俊:《清代讼师贪利形象的多重建构》,载《法学研究》2015年第5期。

会文化史等领域,而在法律史领域,虽然已有一些学者注意到日用类书中的某些相关内容,但往往只是将其作为辅助性史料来点缀使用,未对此类文献的独特性给予充分重视和专门研究。[1] 此言道出目前日用类书在法律史学界的使用状况乃是一种“点缀”“辅助性”使用的地位。综合上述已言,本书学术史回顾是从史学而言,包括现有一些学者,其所使用的日用类书内容大多是将作为二手资料的日用类书来作为个人论点的一个不甚重要的“旁证”。本文试图讲重心放置在法史学未引起充分注意的“日用类书”中,开辟新天地,也引出一条值得继续探索的新道路。

回溯中国法律史的开山之作——《论中国成文法编制之沿革得失》(1904 年),是梁启超在编写《中国历史研究法补编》前所著。这部作品的特色乃是其现代性一目了然。首先,是作者按照现代社会理论和法律理论的框架安排史料运用,使史料获得不同以往的全新意义。其次,是梁氏运用了不同以往的新的历史叙述方式。最后,作为中国第一部自己的中国法律史,虽不能说已完备成熟,但具有的开创性和示范性意义自不待言。[2]

法律社会史的研究,大多不为人所重视。但《法律知识的文字传播》却敢为人先,提出通过日用类书所载法律知识在明清整个社会变迁中的变化,来考察明清日用类书对法律社会史研究的重要意义。法律社会史,顾名思义,应为一种社会史的研究。赵世瑜先生认为社会史从它产生之日起,就是综合的、整体的、长时段的,它既不是把政治当作一切,也不是依据政治来理解社会,而是从社会去看政治,看其他。“它要突破一个被某种意识形态限制和困扰的时间范围,而把表

---

〔1〕 尤陈俊:《法律知识的文字传播:明清日用类书与社会日常生活》,上海人民出版社 2013 年版,第 9 页。

〔2〕 梁治平:《法律史的视界:方法、旨趣与范式》,载《中国文化》第 19、20 期。

意时间的角色留给‘史’去担当”。[1] 这是一种作为社会史的研究范式，更多是将社会作为考察的背景去讨论。因此，更多运用个案分析的研究方法来研究法律社会史，是目前学界的一种研究方法。诚如林乾先生近十年发表的相关著作，作为历史学者尝试将扎实的史料档案与西方的相关理论做到融会贯通。结果暂且不论，这种努力固然是有益的。[2]

《法律知识的文字传播》中虽言是关于明清日用类书与社会日常生活，但在本书第五章中文笔时而触及隋唐，宋元，时而也会涉及清末民初，这种跨时代的知识溯源，有贯通古今之感。正如作者在该章最后所言，“诸如此类的追问，其实都可以运用本章的论述策略展开类似于知识社会学的分析，从文字变化这一表层现象切入，再逐渐撕开，最终动检那些潜藏其后的诸多社会因素之微妙关联。这或许可被看作是本章内容的另一种启示与意义”。[3]

本文所做的又一贡献便是，针对目前法律史研究中出现并牵扯到的法律史研究的“史学化”与“法学化”、“本土化”与“西方化”的问题。这个问题近年来已有学者作出回应。[4] 尤陈俊先生在扎实史料整理与研读的基础上，运用社会科学方法所作的尝试，就是对这一问题最好的回答。其实，“失去史料精确解读的义理揭示令人质疑，隔

---

〔1〕 赵世瑜：《明清史与近代史：一个社会史视角的反思》，载《学术月刊》2005年第12期，后收入赵世瑜编：《小历史与大历史：区域社会史的理念、方法与实践》，三联书店2006年版，第40页、第46页。

〔2〕 林乾：《新喻漕案与包世臣罢官——探究文献背后的真相》，载《中国古代法律文献研究》（第9辑），社会科学文献出版社2015年版，第366～409页；林乾：《从叶墉包讼案看讼师的活动方式及特点》，载《北大法律评论》2009年第10卷第1辑。

〔3〕 尤陈俊：《法律知识的文字传播：明清日用类书与社会日常生活》，上海人民出版社2013年版，第194页。

〔4〕 徐忠明：《中国法律史研究的可能前景：超越西方，回归本土？》，载《政法论坛》2006年第1期。

绝法学视角的史实考证也难惬人意”。[1]《法律知识的文字传播》不是这种研究范式转型的结果，它只是这种“新法律史”研究的开始，学界需要对此所作的努力还有许多。

[1] 徐世虹、支强：《秦汉法律研究百年（三）——1970年代中期至今：研究的繁荣期》，载徐世虹编：《中国古代法律文献研究》（第6辑），社会科学文献出版社2012年版，第170页。

# “上申国法，下顺夷情”
## ——乾隆时期澳门命案研究

徐立星*

【内容摘要】 乾隆时期，清政府和澳葡围绕命案司法产生诸多龃龉，围绕司法主权展开了许多或明或暗的斗争。清政府在“上申国法，下顺夷情”的原则指引下处理此类命案，并通过重视对澳治理、增设管辖机构、完善法律制度、停止贸易等多种方式，多管齐下，有力地遏制了葡萄人的野心，维护了清政府的司法主权。

【关键词】 澳门 命案 冲突 司法权

乾隆时期，清政府在处理澳门命案司法方面形成了一些规则和经验，有力地维护了国家的司法主权。通过“乾隆九年定例”和《澳夷善后事宜条议》，清政府赋予了葡萄牙人一定的司法自治权，对葡萄牙人内部法律事务基本听任。葡萄牙人对轻微的刑事案件有一定的司法自主权。但对于涉及华人的命案等刑事重案，清政府依然保持绝对的司法主权，并明确拒绝葡萄牙人欲取得对华人的司法管辖权的非分要求。记载此一时期清葡命案交涉处理的主要档案材料有《葡萄牙东波塔档案馆藏清代澳门中文档案汇编》[1]（以下简

---

* 作者系中国政法大学法律史专业博士研究生。

〔1〕《葡萄牙东波塔档案馆藏清代澳门中文档案汇编》，刘芳辑，章文钦校，澳门基金会1999年版。

称《东波档》)和《明清时期澳门问题档案文献汇编》(以下简称《汇编》)。[1]《澳门纪略》[2]里也保有一些非常重要的记载。《东波档》共记载了从1788年(乾隆五十三年)到1790年(乾隆五十四年)的命案档案共31份,主要内容为清政府对澳葡官员所下的司法文书,是单方面的。《汇编》则记载了清朝广东地方政府与皇帝之间就澳门命案处理进行的文书往来。《澳门纪略》是由曾出任澳门海防军民同知(以下简称澳门同知)的印光任、张汝霖合撰的,其《官守篇》比较详细地介绍了乾隆时期清政府对澳门的主权行使,包括司法管辖。

## 一、命案处理的一般原则

### (一)与澳门命案司法有关的机构和人员概述

清朝管理澳门的主要官员有香山县丞(职秩八品,驻澳门关闸以北)、香山知县(职秩七品)、澳门海防军民同知(职秩五品,先驻澳门关闸以南的望厦村,后改驻地至澳门围墙之内)。香山知县、县丞和澳门海防军民同知构成了清代管理澳门的三个主要机构。东波档中的清政府与葡萄牙人官员之间的谕、札、牌、示也主要由这三者发出。[3] 至于当时澳门涉外刑事司法的一般程序,涉及华人和葡萄牙人的,香山县丞、知县、澳门同知、广州知府等地方官员负责案件的具体处理,处理原则是"化外人有犯,并依律问断"。但如果嫌犯的身份是葡萄牙人,在解讯等司法程序方面和内地民人有一些不同。[4] 在《汇编》中,我们可以看到乾隆皇帝、两广总督、广东巡抚、

---

〔1〕 中国第一历史档案馆编:《明清时期澳门问题档案文献汇编》(一),人民出版社1999年版。

〔2〕 印光任、张汝霖:《澳门纪略》,成文出版社1967年版。

〔3〕 李雪梅:《澳门明清法律史料之构成》,载《中西法律传统》2002年第00期。

〔4〕 章文钦、刘芳:《一部关于清代澳门的珍贵历史记录——葡萄牙东波塔档案馆藏清代澳门中文档案述要》,载《东波档》,第881页。

广东按察使、广州将军也都实际参与了澳门涉外命案的处理,层层负责案件的审批和指导,在命案司法的实际过程中发挥重要作用。这和清帝国的中央司法集权制度是一致的。

在澳门葡萄牙人方面,与清政府文书往来的主要官员是理事官。澳门理事官,葡文为 Procurador,一称检察长,是澳葡理事会(Senado)成员之一,中国官方文书称为“喽嚟哆”,代表议事会与广东政府沟通,协调澳门葡人与华人之间的关系。[1] 在东波档所载清政府与澳葡方面的司法交涉文书中,与理事官之间的文书占到了绝大部分。可以说,“喽嚟哆”即理事官或称检察长实际上是澳门葡萄牙人的主要司法官员。清政府也承认其作为葡萄牙人司法官的权力和作为葡萄牙人司法代表的地位。澳门总督又叫兵头,在17世纪到18世纪中叶,只拥有军事权。其权力在议事会之下。清政府也很少与其进行直接的司法文书往来。但在1783年葡萄牙女王颁发《王室制诰》后,澳门总督据此得到授权,可以对议事会行使否决权,从而开始凌驾于议事会之上。总体来说,在乾隆中后期以后,澳门总督的权力是在上升的,日益成为澳门葡萄牙人事实上最高的政治和司法官员。不过在鸦片战争以前,议事会依然是澳葡权力的主导机关,清政府和澳葡的交涉也基本通过议事会进行。

议事会作为澳门葡萄牙人的自治机关,与作为葡萄牙国王代表的总督之间其实是有着很大不同的。当时,许多葡萄牙人在澳门都已经累世而居,还有很多是土生葡萄牙人。他们对葡萄牙本国的印象和情感都是较为生疏的。议事会主要考虑和代表澳门葡萄牙人的利益,主要目标是求得澳门葡萄牙人的生存和发展,对宏观而抽象的主权等政治问题并不关心。因而,在议事会主导澳门时期,葡萄牙人基本能够遵守清政府的法律规矩。但随着澳门总督权力的

[1] 章文钦、刘芳:《一部关于清代澳门的珍贵历史记录——葡萄牙东波塔档案馆藏清代澳门中文档案述要》,载《东波档》,第867页。

上升，这种关系就逐渐被打破。澳门总督非由澳门葡萄牙人选举产生，而由葡萄牙本国指派，和葡萄牙本国的联系较为紧密。由于其权力来源于葡萄牙本国，因而在维护葡萄牙本国的利益方面显得不遗余力。澳门总督的权力的增强以及由此带来的越来越多的不恭顺态度引起了清政府的强烈不满。清政府甚至不承认或不想和澳门总督接触，而更希望和态度相对恭顺的议事会交涉相关事宜。

比如，在李廷富、简亚二案中，兵头若些隐匿并私自放走杀人凶手亚吗嚧咹哆呢，清政府将此事通告葡方。葡方即派高等法院法官庇利那前来解决此事，“勘问兵头若些罪”，[1]追究时任澳门总督若些不顾中国政府禁令，私自放走涉嫌杀人的葡萄牙凶犯的罪责。这反映出此时澳门总督的权力正在试图不断扩张中，不过仍然受到葡萄牙方面的强力制约。而这种制约，清政府主要也是通过澳葡议事会向葡萄牙本国更高层官员表达清政府对新任总督的强烈不满而达成的。

《汇编》对此事记载的原文是：“旧兵头安哆呢若些喲唎（即若些）滋事多端，今晏（晏哆呢喲唎哪，即庇利那）奉差来澳审理，遵即矢公矢慎，将旧兵头审拟罪名，解回西洋治罪。嗣后，务必训导夷人遵守法纪，不敢滋事。”[2]前澳门总督若些不守中国法度，多生事端，庇利那受葡萄牙方面派遣来澳门审理，始终遵循慎重和秉公处理的原则，将若些审理拟定罪名，并押解回葡萄牙定罪处理。以后一定要教育训导葡萄牙人遵守法度，不敢犯事。若些终因“不候部覆，擅将哑吗嚧等发往地满安插，并有纵容夷人偷拆税官栅栏之事”以及“纵容夷人逞顽”等罪而被番使庇利那“按照夷法，拟以抄家之

---

〔1〕 印光任、张汝霖：《澳门纪略》，成文出版社1967年版，第143～148页。

〔2〕 《两广总督硕色等奏报葡萄牙更换住澳门兵头缘由折》，载《汇编》，第247页。

罪……押带回本国,听该国王覆核处治”。[1] 最终,若些因为不等候刑部复核,擅自将凶犯哑吗嚧发遣海外,并且纵容葡萄牙人拆毁清政府驻澳税务机构栅栏,以及其他纵容居澳葡萄牙人胡作非为,而被葡萄牙高等法院法官庇利那按照葡萄牙的法律,拟定为抄家的罪刑,押解回本国后,听候葡萄牙国王的复核和处理。这说明对于像若些这样级别的官员,澳门议事会并没有司法权,最终要由葡萄牙本国方面审理。葡萄牙国王对涉及澳门总督的案件应该拥有司法终审权。虽然从清朝法律角度出发,清政府对像哑吗嚧这样普通的葡萄牙人拥有绝对的司法主权。但如果事涉澳门总督,根据清葡双方的默契,清政府并不会将澳门总督纳入司法程序。从一定意义上说,澳门总督其实是拥有司法豁免权的。这也反映出对澳门葡萄牙人的法律治理有着复杂的国际因素,具有一定的国际法的性质,更需要丰富的政治智慧。

特别值得一提的是,在澳葡与清政府的司法往来中,通事也是一个重要的角色。明清时期,有一类人专门负责在中国官员和葡萄牙官员之间传话,负责翻译和传布清政府的政令文书。通事虽然是中国内地百姓,但由于为葡萄牙人雇佣,为葡萄牙人做事,有时不免从葡萄牙人方面考虑问题,从而遭致清政府的训斥惩罚。[2] 通事之所以重要,主要是因为葡方毕竟与清政府语言不通,清政府的命令意见只有通过通事才能传达。通事也常常会因为这种中介作用而惹事,有时确实是有意触碰清政府的政策法令,但很多时候却也无意挑唆葡萄牙人惹事。因为多事对通事来说其实并不是好事。清政府常常会因为通事教唆葡萄牙人违法犯罪而下令逮捕审讯。其实多

---

〔1〕《两广总督硕色奏报葡萄牙住澳门兵头安哆呢若些哟唎已被审明定罪折》,载《汇编》(一),人民出版社1999年版,第253页。

〔2〕章文钦、刘芳:《一部关于清代澳门的珍贵历史记录——葡萄牙东波塔档案馆藏清代澳门中文档案要》,载《东波档》,第863页。

半也是充当了替罪羊。政府甚至会将公务压力有意地转移到通事身上。《东波档》610 号记载“至通事现有应办之事，并即饬令前赴行署，随时伺候，勿得躲避误公”，通事必须根据官府命令及时到达衙署，随时听候差遣，免得耽误公事，更不能躲避。611 号载“至一〔应人等，俱〕须通事传话，迅即前赴〔行〕署〔伺〕候，尚可免其责罚，如再仍前躲匿，定即严拿究处，该夷目亦〔致〕干未便”，所有澳葡方面参与审讯的人员都必须要通事居中传达，通事如果按照官方要求立即赶赴衙署听候差遣，还可以免除刑法；如果仍然和以前一样躲藏隐匿，一定严厉缉拿究问，并且会给其雇主葡萄牙人带去麻烦。

通事之所以经常逃避躲藏，很重要的原因就是地方政府将缉拿审讯的压力转移到通事头上，并且动辄科以刑罚，导致通事害怕官府。当然，其中可能也着实少不了葡萄人的撑腰和刻意阻挠。612 号记载了夷目向香山知县具禀“差役人等因通事不赴行署伺候，将该夷目凌辱，肯行责罚”的事。葡萄牙官员向香山知县控诉，清政府派出的差役因为通事不肯去衙署听候差遣，就对葡萄牙人长官不敬，恳请香山知县予以惩戒。这说明通事不去衙署听候差遣，可能和澳葡官员也有一定关系。通事可能受葡萄牙人的隐匿和保护。不然，差役应该不会向澳葡官员要人，甚至对澳葡长官有所不敬。不过，澳葡官员对通事的人身控制能力甚至能够超越清政府的刑罚威力，也在一定程度上反映出清政府司法的严酷性。更重要的是，葡萄牙人不仅不肯交出通事，反而要求香山知县惩罚执行清政府法令的差役。葡萄牙人对清政府的态度已不像以前那样恭顺了，对中国司法主权的觊觎与窥探也开始明目张胆起来了。

（二）关于澳门命案处理的司法程序的一般规定

事实上，在引发“乾隆九年定例”的陈辉千案发生之前，虽然处理涉澳命案的名义上和法律上的司法权属于清政府，但实际上清政府并没有实际而有力地行使过。究其原因，一者澳葡有自己的司法传统，不愿意清政府处理其司法事务。《澳门纪略》里有载：“蕃人有罪,俱照夷法处治,重则悬于高竿之上,用大炮打入海中,轻则提入三巴寺内,罚跪神前,忏悔完结。"[1]根据《澳门纪略》的记载,在陈案之前,葡萄牙人犯罪,全部遵照葡萄牙本国法律定罪处刑,重的高悬在高竿上,用大炮打到海里,轻的拘禁在三巴寺,在神像前罚跪忏悔。可见,澳门葡萄牙人是有自己的法律传统和自治传统的,并且在一定范围内也的确是按照自己的法律和传统来处理违法犯罪问题的。明清政府对这一事实状态或是鞭长莫及,或是无暇治理,但葡萄牙人拥有一定程度上的司法权力却也是不可否认的。不过,明清政府在陈案之前也并未授权或认可这种司法权力。

当时,葡萄牙本国可能也确有法律规定不能够将案犯交予清政府处治,并对把澳葡案犯交予清政府处治的澳葡官员予以处理,以此强化对澳门的司法控制。在晏些嚧伤毙陈辉千案中,澳葡官员对清政府治澳官员表示:"今晏些嚧伤毙陈辉千,自应仰遵天朝法度拟罪抵偿,但一经交出收监,违犯本国禁令,合澳夷目均干重辟,恳请仍照向例按法处治,候示发落。"[2]此案中,澳葡方面认为尽管晏些嚧杀害陈辉千案,本来应该遵照清朝律例定罪处刑,但如果就此按照清律交给清政府羁押处理,则违反了葡萄牙本国法律的强制规定,澳葡所有官员都将触犯葡萄牙本国法,恳求清政府仍然按照以往惯例处理。"自应"二字的意义尽管主要是修辞上的,但也能着实反映葡萄牙人是清楚清朝法律的有关规定的。

在清朝地方政府方面,清政府地方官员因为抓捕收禁澳葡凶犯困难,担心不能按照官方法律规定的时限和要求完成司法程序,从而因此受到责罚,所以也怠于作为、怯于作为。《澳门纪略》里说:"惟民夷交涉事件,罪在蕃人者,地方官每因其系属教门,不肯交人出澳,事难题达,类皆不禀不详,即或通报上司,亦必移易情节,启重

〔1〕 印光任、张汝霖:《澳门纪略》,成文出版社1967年版,第145页。
〔2〕 同上。

作轻，如斗杀作为过失，冀幸外结省事，以致历查案卷，从无澳夷杀死民人抵偿之案。”[1]有关涉内地百姓和澳门葡萄人的案件，其中有罪一方是葡萄人的，地方官员因为澳葡信仰天主教，不肯将嫌犯送交出澳门，事情很难办，类似案件一般上都不禀告上司，就算是通报了，也一定会改变情节，把重罪作为轻罪上报，比如将斗杀作成过失杀，希望能够就此息事宁人。这导致了查遍所有案卷，都没有找到澳门葡人因杀死内地百姓而偿命的案件。

地方官员的怠惰和不作为更加助长了葡萄牙人的司法自治心态和自治欲求，以致由澳葡自己处理命案几乎成了百年以来的惯例。“据夷目禀称，蕃人附居澳境，凡有干犯法纪，俱在澳处治，百年以来从不交犯收禁。”[2]澳门葡萄牙官员在向清政府的文件中公然宣称，葡萄牙人在居住澳门的一百多年时间里，凡是违法犯罪的，都在澳门处理，从来没有解交嫌犯给清政府收禁的。“澳门夷人均属教门犯罪，向不出澳赴审。”[3]澳门葡萄牙人犯罪属于天主教内部事务，一向没有解出澳门受审的。应该说，清政府地方官员的这种放任对澳葡自行处理命案的传统的养成是有着重要的推动作用的。虽然在陈辉千案中，清政府力图收回命案处理的司法主权，但在命案中应处斩绞的澳葡罪犯仍然“免其交禁解勘”，也是免予解交羁押。这导致清政府在实际行使该案司法权的过程中遭遇了诸多困难和不便，其中最重要的困难就是即使清政府官员到了澳门准备审理案件，澳葡方面还是不将人送上来。就算已经到了判决后将要执行的最后阶段，要被执行的凶犯仍然不被清政府所实际控制。澳葡方面不仅迟迟不肯交人，最后甚至擅做主张，将凶犯流放葡萄牙人其他

〔1〕 印光任、张汝霖：《澳门纪略》，成文出版社1967年版，第145页。

〔2〕 同上。

〔3〕 《署两广总督杨廷璋等奏报水手咿些呢掷伤民人郑亚彩致死已在澳门勒死折》，载《汇编》（一），人民出版社1999年版，第383页。

殖民地了事。

为"上申国法,下顺夷情",乾隆皇帝在陈辉千案的处理中批示,虽然"查律称化外人有犯,并依律问断",但此项规定的目的在于"俱期于律王枉无纵,情实罪当",所以"其他收禁成招等项节目,原不必悉依内地规模,转致碍难问拟"。又因为"澳夷均属教门,一切起居服食,更与各种夷人有间,照例解勘承招,夷情实有不愿",所以最后决定"嗣后在澳民蕃有交涉谋、故、斗殴等,案其罪在民者照例遵行外,若夷人罪应斩绞者,该县于相验之时讯明确切,通报督抚,详加覆核"。这样就形成了香山县令初审、广东督抚复核的审级结构。如督抚认为该案案情允当,那么就批饬地方官会同葡萄牙人首领依法执行,免去交禁解勘的司法程序。但仍然需要向皇帝据实奏明案情,且报送刑部备案。[1] 乾隆皇帝的这个决定是根据广州将军策楞的奏报[2]做出的,所以《澳门纪略》里有"诏可其奏,著为令"[3]一语。

在"上申国法,下顺夷情"也就是要将国法和葡萄牙人具体情况相结合的原则的指引下,乾隆皇帝认为虽然律法明文规定化外人犯罪和内地民人一样要按照大清律例一体处断。但是此一规定的目的在于使案件的处理能够做到情实妥当、罪刑相符,本着目的解释的原则,收禁招供等司法程序并不用完全按照内地的模式,以致司法审判困难。而且,澳门葡萄牙人隶属于天主教,和其他的化外人还不一样,确实不愿意按照律例规定解勘承招。以后,在澳门凡是有谋杀、故杀、斗殴杀等案件的,有罪一方是内地百姓的按照律例处理,如果是葡萄牙人应该处以斩刑或侥幸的,地方官员在查验时验

---

〔1〕 印光任、张汝霖:《澳门纪略》,成文出版社1967年版,第147页。

〔2〕《广州将军策楞等奏报办理晏些嚧扎伤商人陈辉千致死案缘由折》,载《汇编》(一),人民出版社1999年版,第198~199页。

〔3〕 印光任、张汝霖:《澳门纪略》,成文出版社1967年版,第144页。

证明确后通报督抚，督抚应仔细复核。如果案情着实稳妥确切，督抚即可饬令地方官员会同葡萄牙人官员将该嫌犯依法处刑，免去交禁解勘的法律程序，但是仍然需要在此一过程的同时将案件材料据实上报，并且要将招供笔录报送刑部备案。

这样就形成了所谓的“乾隆九年定例”。概括起来，其主要内容包括三个方面：第一，此条例的适用范围仅限于在澳门发生的华人和葡人之间的命案。华人和华人之间，番人和番人之间的命案处理不在此定例中。华人与华人之间的命案仍然要按照律例处理。葡萄牙人内部的命案处理在此并未有详细的规定。按照大清律例，理应一体遵照。不过，真实的情况是该种案件的处理因为并未威胁到清政府的统治秩序，葡萄牙方面的政治和法律机构也非常完善，主要应该由葡萄牙人内部消化了。第二，就算是民蕃之间的命案，罪在华人的仍要按照正常司法程序处理。第三，如果犯命案的是葡人，并且按法律是应该斩绞的，那么则走上段所述之特殊程序，葡人凶犯不用交由清政府收禁。这里面有两层意思：第一层意思是虽然澳门涉外命案处理有其特殊程序，但是量刑仍然是要按照大情律例的，做出适当权变的是程序，在量刑和处罪方面并无任何变通和特殊之处；第二层意思是澳葡凶犯不用经过内地死刑犯的秋审等程序，其实是变得简便快捷了。名义上看着是给葡萄牙人方便，其实也是减少了葡萄牙人可能的程序权利。当然，由于涉及外国人，地方官一般对此不敢轻慢。草菅人命等滥用刑名的事一般也不至于发生。总体来说，“圣天子俯念西洋夷人素称恭顺，施法外之深仁”，[1]也就是说，给葡萄牙人这种特殊的法律待遇其实是超越法律的，是“施法外之深仁”。这也是顺应澳门地方长期形成的司法传统和澳葡现状的无奈。之后，这项规定也给了清政府行使司法权以很大障碍。毕竟，清政府对罪犯的司法控制力实在太弱了。

---

〔1〕 印光任、张汝霖：《澳门纪略》，成文出版社1967年版，第148页。

根据《汇编》的记载,在知府、知县前往澳门审理后,还需经过按察使的覆核才能报到督抚。例如,在乾隆三十一年(1766年)的郑亚彩案件中,"今澳门夷人咿些呢掷伤民人郑亚彩致死,据讯供认明确,拟以绞抵,情罪相符,应即依法办理。随批司饬委广州府知府顾光督同香山县知县杨楚枝前往澳门,饬令夷目提出凶夷咿些呢。于本年十月初九日照例用绳勒死,以彰国法,合澳夷人靡不俯首允服。据按察使费元龙备叙供招具详前来"。[1] 郑亚彩案中,根据按察使费元龙提供的情况说明和案犯供词,葡萄牙人咿些呢将郑亚彩伤害致死,根据审讯,供认确实,咿些呢被拟绞刑抵命,罪刑相符,应该立即按照法律处理。随后饬令广州府知府顾光和香山县知县杨楚枝前去澳门,饬令澳葡官员交出凶犯咿些呢,并在本年十月初九日用绳勒死,以彰显国法。整个澳门葡萄牙人都认为公允,并服从清政府方面的作为。从这一司法运行的实例来看,地方督抚确实是"一面据实奏明,并将招供报部存案";另一面批饬地方官会同澳葡办理此案,按察使对案件的审理和执行也具有监督权和上报权。可见,该定例在实际的司法运行中也得到了很好的遵行。

在乾隆十三年(1748年)澳门发生葡萄牙士兵杀死华人后又弃尸入海的命案(李廷富、简亚二案)后,葡萄牙派高等法院法官庇利来华解决此事,与中国官员在澳门订立《澳夷善后事宜条议》十二款,并在澳门议事会所在地议事亭刻立葡文石碑,在望厦村的香山县丞衙署刻立中文石碑。《澳门纪略》载:"蕃史庇利那明达吏事,听断称平。汝霖复与香山令暴煜详筹善后事宜条议以上,庇利那以为便,台府敕勒诸石,汉蕃文各一具。"[2] 葡萄牙使臣庇利那娴于司法,审判公平。前任香山县令张汝霖和现香山令暴煜详细筹备善后事

[1] 《署两广总督杨廷璋等奏报水手咿些呢掷伤民人郑亚彩致死已在澳门勒死折》,载《汇编》(一),人民出版社1999年版,第383页。

[2] 印光任、张汝霖:《澳门纪略》,成文出版社1967年版,第148页。

宜，并具文给上级，庇利那也认为方便，抚台敕令科石留存，汉文和葡萄牙文两种文字书刻。

其中第5款“夷犯分别解讯”规定：“嗣后澳夷除犯命盗罪，应斩绞者，照乾隆九年(1744年)定例，于相验时讯供确切，将夷犯就近饬交县丞，协同夷目，于该地严密处所，加谨看守，取县丞钤记，收管备案，免其交禁解勘。”按照该规定，在这之后，澳门葡萄牙人犯命盗重案，依律应当斩刑或绞刑的，应该按照“乾隆九年定例”在验证以及讯问和提取供词之后，就近将凶犯交给县丞，并会同葡萄牙官员，在该地防备严密之处严加看管，取县丞印章收押管制备案后，免去收禁解勘的司法程序。但是，仍然需要“一面申详大意，详加复核”，就是仍需要向上级机关报送案件，仔细审核，以使“情罪允当”；并且要“当即饬地方官眼同夷目，依法办理”，不像内地民人案件那样需要等待皇帝的审批后执行。至于其他犯有军流徒罪的非命盗重罪的犯人，只需要将凶犯押解送交承审衙门，在澳门就近训供，交给澳葡官员分别羁押作保，等候裁判，奉旨批准后监督并和澳葡官员一起发落罪犯。如果只是杖笞罪，只需要公文发给澳葡官员，让他们自己训供，把结果上报给地方负责的衙署复核，核定罪名，然后饬令澳葡官员具体落实判决。[1] 这和中国古代刑法抓大放小的原则是一以贯之的，反映了王朝统治秩序和统治利益对于司法的重要影响。

《澳夷善后事宜条议》以清葡双方的约定形式进一步确认了清政府的司法主权，同时也赋予葡萄牙人一定的法律自治权。但是这个自治权并不是协议所赋予的，自治权的来源是清政府的单方授权，协议只是将清政府的授权以文字形式表现出来。协议具有一定的国际法性质，但是它只是李廷富、简亚二案的善后协议，是基于“善后”的法律安排。在李廷富、简亚二案解决后，协议其实已经变

---

〔1〕 该款内容详见《澳夷善后事宜条议》，载印光任、张汝霖：《澳门纪略》，载《官守篇》(卷上)，成文出版社1967年版，第149～150页。

成中国的国内法,而非国际法。葡萄牙方面并没有权力要求中国遵守这个协议。当然,基于国际信义和政府的公信力,清政府有理由遵守这个协议。同时,这也是葡方承认清政府司法主权的重要证明,可以作为清政府要求葡方尊重中国司法主权的重要证据。“乾隆九年定例”、《澳夷善后事宜条议》的有关内容构成了涉澳命案及其他刑事案件的程序方面的法律规定,形成了清政府治理澳门的刑事司法的主要内容。与之相应的陈辉千案,以及李廷富、简亚二案也因之彪炳史册。根据这两个文件,澳门葡人中犯了应该斩绞的命盗重罪的,应按照“乾隆九年定例”办理。这两个文件一举结束了陈辉千案之前清政府治理澳门有法难依的事实上的自由放任状态,进一步强化了治理澳门的法制建设,从法律上强化了对澳门的主权,使治理澳门真正做到有法可依、有法必依。

## 二、清葡双方在命案处理过程中的司法冲突

### (一)澳葡与清政府司法管辖权之间的冲突

可以说,葡萄牙人对清政府的司法管辖权一开始还是极为恭顺的,但是在19世纪末20世纪初之时,其态度发生了微妙的变化。正如学者李雪梅所论,葡萄牙人在澳门寄居日久,势力得以逐步稳固,其对澳门的司法主权和行政管辖权的觊觎之心也在随着时间的推移而不断地潜滋暗长。[1] 这在东波塔档案中就有着诸多体现,可为例证。例如,东波档612号《香山知县许敦元为缉捕汤亚珍案凶蕃事下理事官谕》(乾隆五十七年,1793年)中记载:“禀内混称,欲自行法治,以儆将来。大属冒昧。惟是该夷目素常恭谨,且究因通事之故,以致干累。”澳门葡萄牙人在向清政府的行文中公然宣称要“自行法治”,就是要取得相当程度的司法自治权,遭到香山知县的严词批驳。这也让香山知县疑惑不解。香山知县认为葡人一向恭

[1] 李雪梅:《澳门明清法律史料之构成》,载《中西法律传统》2002年第00期。

顺，如今提出如此冒昧的要求肯定是通事在捣鬼。其对世界大势的无知也表露无遗。不过在鸦片战争以前，葡对抗清政府的司法管辖权的方法主要还是柔性的，主要手段有隐匿和迟交嫌犯、为嫌犯辩白、找人顶替、和受害人家属私了、借清政府有求于己之机趁机要求司法权、要求自行正法、勾结通事等。

隐匿和迟交嫌犯是澳葡常用的手法，在东波档中有许多清朝官员向澳葡方提出解交嫌犯要求的文书，为一个案件发好几道催交嫌犯的文书也是常事。比如，在1790年的张亚意案中，《香山知县彭翥为番人杀死张亚意案下理事官谕》："案照些麻试帝英刀戮民人张亚意身死一案。该夷目未将该犯夷即日解出，经本县明白谕催在案。旋据该夷目禀称：该犯夷平日良善，并非有意杀人，且非鸡犬。等语。竟属无情无理之言，殊属不合。"[1]葡人些麻试帝英用刀杀死民人张亚意，澳葡官员没有即刻将嫌犯送交。尽管香山县明文催促，但澳葡官员以些麻试帝英平时良善，不是故意杀人为理由竟拒绝解交。香山知县不得不再次催促，认为葡方之言是"无情无理"，予以明确回击。东波档610号《香山知县许敦元为汤亚珍被番人戮伤身死事再下理事官谕》（乾隆五十七年，1792年）记载："该夷目禀称：汤亚珍之死，或因携带小刀弯腰出恭，以致自误致伤。"澳葡官员以汤亚珍案系汤亚珍自己误伤致死为由进行辩白，拒绝交出嫌犯。1793年，清政府因汤亚珍案再次发文《香山知县许敦元为会同澳门同知临澳覆训凶蕃万威里亚斯事下理事官谕》："谕到该夷目，即便遵照，将凶夷万威里亚斯送出覆训。勿得抗违，致干未便。速速。特谕。"[2]香山知县要求澳葡官员接到行文后立即将凶犯万威里亚斯解交审讯，不得违抗。态度不可谓不强硬，语气不可谓不急切。

但葡方对清政府的严厉措辞似乎并不是很买账，东波档记载汤

---

〔1〕 东波档第606号。

〔2〕 东波档第618号。

亚珍一案[1]的文书就有12件之多。每件措辞都极为严厉,但是收效却不是很显著,不然也就不需要发送这么多催促葡方交出嫌犯的官府行文。在此案件中,香山县在1792年12月22日就发出了"下理事官谕",要求葡方"立将戮毙汤亚珍凶夷是何名字,即速查明,先行拘禁"。[2] 但到了1793年2月1日,还在发文给理事官要求"将凶夷万威里亚斯送出覆训。勿得抗违,致干未便。速速。特谕"。中间相隔达两个多月之久。而在另外一件典型的陈亚连案[3]中,清政府与澳葡的文书竟有22件之多。陈亚连案首先是"尸亲受贿,私和匿报",[4]即澳葡方面私下和受害人亲属和解,隐匿不报。澳葡方面迟迟不交出凶手,最后在清政府的软硬施压下被迫答应交出凶手,但却又要自行正法,以逃避清政府的司法主权。

这些事件表明澳葡对清政府的态度并不像以前那样恭顺了。而这种变化的发生和当时特殊的时代背景其实是分不开的。18世纪末19世纪初,中国正值康乾盛世的尾期,西方第一次工业革命已经完成,葡方对清政府的态度发生了微妙的变化。"1783年(乾隆四十八年),葡萄牙海外殖民大臣卡斯特罗(Martinho de Melle Castro)以女王玛丽亚一世(MariaI)的名义向葡属印度总督发布敕谕《王室训令》,强调葡萄牙对澳门拥有不可置疑的主权,指责乾隆十四年(1749年)勒碑于议事亭的《善后事宜条议》完全摧毁了基督教教义及葡萄牙王室的主权。授予总督政治、司法方面的权力以管制澳门。不久,议事会的判事官亦由葡王任命。其后,澳门当局开始提出改变这一制度的要求。"[5]《王室训令》认为葡萄牙对澳门的主权

---

[1] 东波档第607~618号。

[2] 东波档第607号。

[3] 东波档第609~630号。

[4] 东波档第623号。

[5] 章文钦、刘芳:《一部关于清代澳门的珍贵历史记录——葡萄牙东波塔档案馆藏清代澳门中文档案述要》,载《东波档》,第883页。

是绝对的，《善后事宜条议》侵犯了葡萄牙主权，并授予总督更大的职权。澳门司法官也由葡萄牙国王亲自任命。葡萄牙政府的这一认识显然是荒谬而可笑的。不过，葡萄牙本国此种政策和态度的变化无疑会影响到澳门葡萄牙人对清政府司法主权的态度。

澳门葡萄牙人的这种态度的变化在东波档中就有明显的表现，尤其是1792年澳葡提出为清政府备船捕盗，并趁机提出九条请求。东波塔档案第810号《香山知县许敦元为澳番禀请备船捕盗以九事要恩事下理事官谕》（乾隆五十七年，1792年）中所提九事的第四项提出：“据禀请：除人命大案禀县定夺，其余汉人倘有过犯，尔等能行责罚。”澳葡方面竟向清政府提出除了人命大案要报送香山知县定夺外，其他的汉人犯罪，澳葡方面也可以处理。这完全是把澳门当作葡萄牙人的了，汉人的犯罪，他们竟然也要管。第5项提出：“据禀请：华人杀死夷人，亦如夷人杀死华人一样填抵，要在澳地明正典刑，使内外共知警戒。”葡萄牙人向清政府提出华人杀死葡萄牙人的，也须像葡萄牙人杀死华人一样，在澳门处刑。也就是说，葡萄牙人虽然提出命案需要报送香山县处理，但是也必须遵循华人和葡萄牙人“平等”的原则在澳门“明正典刑”。这两条根本上构成了对中国司法主权的赤裸裸的侵犯，理所当然地不可能得到清政府的同意。

澳葡方面已经不仅意欲抗拒清政府对在澳葡人的司法管辖权，而且欲将其司法管辖权延伸至在澳华人，这反映了其对澳门殖民企图的进一步加深。而在1826年的严亚照案件中，东波档第631号的内容中有载《民妇严徐氏为子严亚照被番人杀死事投词》（道光六年，1826年）：“初四日氏面禀，哀乞再验，未蒙拘出凶夷质审。又面仰县主讯供，奈县主曲审，押氏具遵。惟氏含冤未白，不甘具结。初五日任夷目将无罪之黑夷交出法场填抵，正是冤上加冤，以致民心不服，被祸临身。”被害人严亚照的母亲徐氏认为杀死其儿子的是葡萄牙人，而不是葡萄牙人的黑奴，要求香山县重审再验。但是香山县却强迫徐氏接受判决结果。最终,澳葡官员将一黑奴作替罪羊正法。葡萄牙人对清政府司法权的渗透争夺,再加上清政府地方官员本身的渎职腐败,事实上导致了清政府对澳门司法主权的不断衰落,并引发了内地华人的强烈不满。

(二)清政府为维护司法管辖权而做的努力

不可否认的是,清政府为了维护和加强对澳门的司法主权也做了相当的努力。东波档第621号载清朝官员为1805年陈亚连身死案发文《香山知县彭昭麟为饬交出凶蕃宴爹礼时受审事行理事官札》(嘉庆十年,1805年),针对澳葡迟迟不肯交出陈亚连案凶手,义正词严地指出:"该夷目务须遵照,即日交出。倘敢违误迟延,定即通禀上宪,从严究办。该夷等仰沐天朝厚恩,食毛践土,等比齐民。"这一官札中"等比齐民"的提法是比较新颖和罕见的,说明当时清政府地方官员的司法主权意识已经非常强烈,要求葡萄牙人遵守中国法律。但尽管香山知县彭昭麟苦口婆心地要求葡萄牙人自觉主动地"感发天良,早为交出",威胁如藏匿罪犯,将"大干未便"。虽然官札说得句句在理,但葡萄牙人对"天朝厚恩"却似乎并不太领情,对威胁也有点视若无睹。尽管措辞严厉,但效果欠佳。在措辞无效后,清政府却也不甘示弱,紧接着采取了严厉的经济制裁措施。

东波档625号记载香山知县彭昭麟因为澳葡迟迟不交出陈亚连案的凶手宴爹礼时而发出《香山知县彭昭麟为饬交凶蕃宴爹礼时暂停交易匠作示》:"示谕澳门商民及工匠人等知悉,所有一切与夷人交易货物,及工匠、木匠、泥水匠人等,暂行停止,俟该夷目将凶夷送出,方许买卖交易工作。如有不遵,一经拿获,定严究办,必须姑宽,各宜凛遵。无违。特示。"为了逼迫葡萄牙人交出嫌犯,香山县下令停止内地民人和葡萄牙人的一切交易,直至葡人交出凶犯。在这一强硬的经济制裁下,澳葡方面终于服软。根据东波档第626号记载:"据该夷目禀称:夷人宴爹礼时戮死唐人陈亚连一案。恳求再宽限二十日送出凶夷,并恳照旧民夷买卖交易"。但是虽然澳葡方面答应交出凶手，但是却要求在澳门自行正法。为此，在东波档第 628 号《香山知县彭昭麟为催交凶蕃宴爹礼时受审勿得自行正法事行理事官札》中，清政府官员正式声明：“惟我天朝国法，必将凶夷训取切供，验明年貌箕斗，发交该夷目羁禁，取具收管，通详各宪，听候宪驾临澳，监同处决，从无夷官自行正法之理例。”香山知县在行文中说，按照清朝法律，澳葡对凶犯只是在清政府审讯后负责羁禁收管。处决权属于清朝官员，澳葡方面无权自行处决。这和“乾隆九年定例”以及《澳夷善后事宜条议》的规定是一致的。

然而，澳葡方面却以“无此前例”否定清政府的此项说法。那么到底“前例”是怎么样的呢？东波档 629 号《香山知县彭昭麟为催交凶蕃宴爹礼时受审勿得自行正法事再行理事官札》记载：“现据该夷目禀称：宴爹礼时杀伤陈亚连身死，业已训明，定于本月二十日在议事亭前正法。但前数十年，偶有杀命事件，累系华官训验年貌箕斗，事亦有之，而始创澳时，从无此例。”澳葡官员在向清政府的禀文中提出他们已审讯完宴爹礼杀伤陈亚连案，并业已确定处决的日期。至于清政府以往杀人案件都是由清政府方面审理处决的说法，澳葡方面则认为这只是最近数十年的偶然事件，在创始澳门之初并无这样的事例。而清政府官员在此文档中则声明：“查尔等寄居澳门，原系我大皇帝深怀远恩，念尔等远来贸易，寄椗无所，许尔等建屋居主，并申明各例，勒石饬遵。查夷人杀伤夷人，听尔等自行办理。如夷人杀伤华人。由地方官训明，验明年貌箕斗，发交夷目收禁，通详上宪，委员会同夷目正法。久经遵照在案。”这说明，如果是葡萄牙人内部的命案，清政府是听任葡人自己处理的。但如果是葡萄牙人杀害华人案件，澳葡方面并无审判权及处决权。此处“勒石饬遵”的“各例”即指《澳夷善后事宜条议》。前面我们已经指出，按照《澳夷善后事宜条议》的规定，清政府对华夷相犯案件拥有完全的司法主权。

东波档 630 号《香山知县彭昭麟为凶蕃宴爹礼时需候宪示办理

不得自行正法事行理事官札》再次强调“不得任意私行正法,大干定例,后悔莫及”。而在东波档632号的严亚照案中,《香山知县彭昭麟为将凶蕃玛笭陁尔羁禁听候查办事下理事官谕》(道光六年,1826年):“现在通详,并奉督宪檄委广州府宪,会督地方文武赴澳,照例办理。该夷目务即遵照,将玛笭陁尔严行羁禁,听候广州府宪来傲查办,勿得专擅,先自行刑,致违天朝禁令,大干未便。”在玛笭陁尔杀死内地民人一案中,香山知县再次重申了清政府的司法主权,要求澳葡方面听候清政府官员前来审讯处理,不得擅自行刑。葡萄牙人对司法执行权的一再争夺表明他们对“乾隆九年定例”和《澳夷善后事宜条议》的相关规定已经置若罔闻,其争夺司法主权的意图也已是“司马昭之心路人皆知”。

而针对澳葡方面对司法管辖权的正式的书面请求,即前述东波塔档案第810号《香山知县许敦元为澳番禀请备船捕盗以九事要恩事下理事官谕》(乾隆五十七年,1792年)的澳葡方的第4项针对汉人过犯的管辖权和第五项针对华人杀死夷人命案要在澳门明正典刑的请求,清政府的回答也毫不含糊。针对澳葡禀请的第4项,清朝官员指出:“查华夷自有攸分,冠履不容倒置。尔等西洋夷人世居内地数百余年,食毛践土,与齐民无二。遇有罪犯,原可照天朝法律惩治,然我大皇帝犹复念尔等究系外夷,除人命至重,杀人者抵偿外,其余军徒杖笞等罪,均听尔等自行发落。岂尔等外国夷人反可管束华人擅加责罚耶?华人如有过犯,自应由地方官问理,尔等未便干预。”[1]在清政府眼中,葡萄牙人寄居中国数百年,其法律地位其实和内地民人是一样的,都需要平等地适用清朝法律,服从清朝的司法管辖。但是清朝政府念及葡萄牙人的特殊情况,除了人命重案外,军徒杖笞等罪已经法外施恩可以由澳葡方面自行发落。葡萄牙人怎么可以管理华人呢?华人犯罪当然有清朝官员处理,葡萄牙人

〔1〕 东波档第810号。

没有权力过问。这和《澳夷善后事宜条议》第5款"夷犯分别解讯"的规定是一致的。葡萄牙人的所有"法外之恩"都是来源于清政府的授权,并且只限于葡萄牙人,对华人则不管是命案还是其他刑事案件都没有丝毫的司法管辖权。

针对澳葡禀请的第5项,清政府官员指出:"查杀人必须抵命,而天朝法度亦不容稍有纷更。定例:杀人后奏闻大皇帝。俟命下之日,即于监内提出该犯正法,所以昭慎重也。"〔1〕也就是说,杀人抵命是清朝法度,这是不容许有任何更改的。按照大清律例,在皇帝命令下达后就应立刻从监狱中提出犯人正法。这也是为了显示慎重。接着,清政府官员进一步指出:"因从前夷人杀死华人奏免收监解勘。是以复原情定法,即在澳地审讯,仍交尔等收管,俟详奉宪行到日,就近正法。原所以顺尔等夷情,而防凶犯之兔脱也。"〔2〕这段话中的"原情定法"乃是点睛之笔,在遵循国法的同时也尊重以往奏免葡萄牙人收监的惯例。葡萄牙凶犯放在澳门审讯,并且仍将由葡萄牙方面负责管理嫌犯。但是这是针对葡萄牙人杀死华人的情况,至于华人杀死葡萄牙人,那就不需要再"原情定法",完全根据大清律例正常处断就可以。"若华人杀死夷人,则自应遵照常经",〔3〕葡萄牙人提出对华人凶犯的司法管辖权实属无理取闹。葡萄牙人提出的所谓平等恰恰忘记了他们本来就不享有对澳门的司法主权,他们并没有任何与清政府做司法权上的"平等"交易的资格。由此,清政府根据法律规定,严辞批驳了葡萄牙人的无理要求,有力地维护了清政府的司法主权。

## 三、结论

综上所述,虽然清葡双方在澳门的命案处理中有着许多不愉快,

〔1〕 东波档第810号。

〔2〕 同上。

〔3〕 同上。

但清政府对澳门的司法管辖权是始终的,无可置疑的。而澳葡方面虽然改变了已往的恭顺态度,而力图挑战清政府的司法权威,但终因国力等原因而不敢公开对抗。清政府对澳门涉外命案司法的法律变通也主要是程序上的变通,在实体法上的变通是极小的,尤其在量刑方面几乎没有让步的余地。既照顾了实际情况,又维护了国家的司法主权。同时,清政府又通过外交、罢市、断水、军事压力等手段迫使澳葡方面服从清政府的司法管辖。不过,随着清朝国力的衰落,澳葡对清政府司法主权的挑战也越来越强劲。

# 中国古代清官符号的多重意象及其当代镜鉴

王　佳[*]　李怀胜[**]

【内容摘要】　清官事迹的褒扬和清官形象的塑造是中国古代清廉文化的重要组成部分，历史典籍、民间传说、文学叙事共同塑造的“清官”形象是道德、政治、文化多重意象的复合体，它凝聚了民间的精神寄托，表达了皇权对官员的政治期待，同时又契合了儒家传统的意识形态，清官是多方聚力的产物。清官本人的政治追求、道德操守在今天依然有着巨大的精神价值和感召力量。但是清廉文化的教化功能必须依赖于良好的制度构架。

【关键词】　清官　符合　清廉　借鉴

中国古代形成了独具特色的清官文化，对清官的信仰也是古代法律文化的一个重要组成部分，以魏征、包拯、海瑞等人为代表的清官群体早在古代就通过戏曲、小说、话本、诗歌等方式在民间广为流传。随着文学艺术的普及，清官文化早已深入民间，并成为老百姓渴求清明政治的缩影。人们将对安居乐业生活的向往都寄托在清官的出现上，对清官的热爱是如此的深切和真挚，它似乎已经成为植根于中国人的心灵深处的政治信仰。而历代统治者无不通过“奖

---

* 作者系中国政法大学博士研究生。

** 作者系中国人民公安大学法学院副教授，法学博士。

廉惩贪”的方式来充分激发清官的政治示范作用。民间的舆论呼声和官方的认可一道,构筑了具有多重意象的清官符号。

## 一、“清官”符号的道德意象:政治伦理与日常伦理的相互渗透

清官首先是一个道德现象。清官是中国民间对好官的笼统的称呼,但在中国古代正式的典籍中,对好官不称清官,而称“清吏”或者“廉吏”。所谓“清”者,是指操守上的清白,道德上的无瑕疵。屈原的《楚辞·离骚》里有“伏清白以死值兮,固前圣之所厚”。而“廉”者,则是有节操,不苟取的人。例如,明朝崔铣在《记王忠肃公翱三事》中称“若翁廉”。廉有正直、刚直、品行方正之意,又有廉洁之意。《周礼·小宰》中即有“一曰廉善,二曰廉能”的表述,既然清和廉的含义如此接近(廉,清也——《广雅》),因此人们干脆把“清”和“廉”合并在一起使用。

清廉不仅是为官者要遵守的政治义务,也是他作为读书人的道德要求。人们总是认为官方的好坏与为官者个人的修为具有密切的关系。因此,作为中国古代士大夫们修身齐家的重要道德规范的儒家文化,对清官个人道德品质的养成,乃至社会清官文化的培育,发挥了重要作用。例如,《大学》就强调“自天子以至于庶人,一是皆以修身为本。”朱熹更明确主张,为大臣者应“屹然中立,无一毫私情之累,而惟知其职之所当为”。中国两千多年来都是以儒家作为社会道德的核心,儒家强调个人的道德操守,而“廉”就是传统道德的核心,因此才有“非廉无以养德”的说法。三国时期的司马懿将“清”放在“慎”与“勤”之前,作为官吏的首要标准。清官的“忠君、爱民、无私”的道德品质与儒家思想的要求相契合。刚正廉洁不仅是统治者对官吏集团的政治要求,也是士大夫们自觉遵守的道德规范,道德义务与政治义务在此合二为一,成为清官符号的道德意象。历史上著名的清官多数有正气、能勤政、敢谏诤、严律己、重家教。明代清官海瑞对皇帝直陈时弊“今大臣持禄而好谀,小臣畏罪而结舌,臣

不胜愤恨”,为此不惜提前准备后事。

清廉不仅是为官者的个人道德要求,也关系着家族的荣辱。家庭是传统中国的基本社会构成单元,个体作为家庭的细胞而存在。国家认可家族首长对家族的统领地位,也认可家族内部的各类祖规、家训。这赋予了家族领袖对族内弟子的教育、约束权,对族内弟子的政治道德养成和熏陶亦成为家族教育的重要组成部分。即使家族成员出仕,取得功名而光宗耀祖,依然要受到家族的道德制约。官员因清廉或者卓越的政绩受到皇帝的旌表的,家族将引以为傲,反之,官员因贪墨受到处罚时,家族亦将因此蒙羞。为此,一些家族在正式的国家处罚之外,也会额外给予家族内的贪墨官员以惩处。清乾隆年间,安徽徽州崔氏族规中规定,崔氏家族世代以诗书传家,家族成员中如有取得功名出仕的官员,这些人首先应当放弃贪念,若有贪赃枉法、滥用职权的,不得认祖归宗。[1] 在以家庭人伦为纽带的传统中国社会里,这类祖规无疑彻底剥夺了贪墨官员的社会人格,并对其本人构成极大的不名誉,是对贪墨官员的最严厉的非规范性评价。通过个人名誉与家族地位的捆绑,维系官员的清廉也成为家族时刻尊奉的道德义务,而这点是统治者所乐意看到的。通过对清官的道德形象的塑造,政治伦理完成了向日常伦理的转化,同时官员的个人操守也上升为一种政治要求。

## 二、“清官”符号的政治意象:皇权维系与统治的道德正当性

清官不仅是个道德现象,也是一个政治现象。管子说:“礼义廉耻,国之四维,四维不张,国乃灭亡。”廉洁问题是诱发国家灭亡的大问题。《周礼》云:“以听官府之六计,弊群吏之治。一曰廉善;二曰廉能;三曰廉敬;四曰廉正;五曰廉法;六曰廉辩。”因此选拔官吏自然要注重其廉的表现。清官的出现,固然是为官者个人修为的体

〔1〕 参见安徽《仙源崔氏支谱·族规》,安徽省博物馆馆藏。

现,然而清官的不断涌现,往往与皇帝的刻意提拔与有意褒奖有密切关系。清朝康熙朝出现了一批清官,如汤斌、张伯行、郝浴、于成龙、彭鹏等。这些人能够走上当时的政治舞台,甚至在历史上扬名立万,与康熙皇帝的有意发掘、提拔、保护有直接关系。康熙朝的清官于成龙,出仕时即表示"某此行绝不以温饱为念,所自信者天理良心四字而已"。康熙对于成龙宠爱有加,于成龙从县令一直坐到总督位上,康熙帝称其"服官敦廉隅,抗志贵孤洁",为"理学之真者"。康熙朝清官的大量出现形成了集体优势,极大地改善了当时的官场风气。

皇帝对清官的提拔和奖赏,当然有其政治考虑。一方面,清官具有强烈的道德自律意识,且"五毒不侵",不善官场经营,不善结党营私,清官较高的廉洁系数也不易被政敌或者同侪拿捏住把柄,清官讲究"君子不党",显然比更易培植党羽的贪官污吏更让人放心。贪腐也是某些政治集团的黏合剂。清官榜样的树立,能够对官场形成或明或暗的道德压力,促使官员们恪尽职守、忠心报君。另一方面,由于官员是皇帝与百姓的纽带,官方的好坏对国家治乱安危具有莫大关系,因此古代的有为帝王们都会通过对清官的提拔和奖赏来打开政治局面。唐太宗谓群臣"群臣若能备尽忠直,益国利人,则官爵立至";反之,若"妄受财物,赃贿既露,其身亦殒命,实为可笑"。康熙帝注重对清官的政治褒奖,即"国家澄序官方,首重廉吏,其治行最著者,尤当优加异数,以示褒扬"。在传统中国,官僚集团是维系国家权力正常运转,实现皇帝意志下传以及民间疾苦上达的重要媒介,一个有效运转的官僚系统可以大大节省皇帝的权力成本,而官员作为掌控基层的主体,是皇帝意志的代表,官员权力的规范运行可以激发老百姓对皇权的认同感,故此,历代王朝均将整顿吏治作为加强王朝统治的重要内容,贪墨横行往往成为民间造反的主要诱因。

西方政治理论认为,政治合法性必须建立在平等的道德主体自愿同意的基础上。清官是统治者对统治权力的自我辩护,清官榜样的推出,有助于提升王朝统治的道德正当性,清官通常出现于王朝统治的鼎盛时期,这个时期国泰民安、政通人和,皇帝的开明政治给了清官施展抱负的舞台,皇帝也乐于塑造、挖掘、培植清官群体。反之,在王朝统治摇摇欲坠,社会矛盾尖锐的时期,清官对稳定政治局面的作用微乎其微,皇帝也就没有心思彰扬清官,因而即使出现过若干能吏,也只好湮灭在历史长河中了。阅读中国历史,如果某个朝代没有出现个把清官,那它是不好意思称自己为太平盛世的。西汉有赵广汉、黄霸,唐有狄仁杰、许有功,宋有包拯,他们都是历史上耳熟能详的人物。清官契合了王朝的政治追求,是皇权在基层的代表,爱屋及乌是人的自然情感,百姓对清官的爱戴自然会转移到对皇权的维系。一旦清官积攒的道德形象被贪官污吏完全取代,则王朝的"气数"也就接近了终点。清官是皇帝与百姓之间的润滑剂,清官给了处于彷徨和绝望中的小民以希望,慰藉了老百姓追求正义的幻象。清官个人克己奉公的道德品质和为民做主的政治情怀使其在老百姓中间有着巨大的道德魅力和感召力,并可以间接拉升百姓对王朝统治的信赖感。时至今日保留在各地的包公祠、海瑞祠等折射了老百姓质朴的感恩心理。清官是掩盖统治缺陷的重要非制度力量,在维系皇权和提升统治的道德正当性方面具有重要作用。

## 三、"清官"符号的文化意象:民间拥趸与官员视角的差异评价

清官不仅是个政治现象,也是一个文化现象,作为中国话语的特有概念,"清官"在中国古代独特的法治文化中孕育和发展起来,经由民间的演绎,再被纳入到官方系统中。从历史上看,"清官"一词出现的时间要比"循吏""良吏""廉吏"等词汇稍晚一些。[1] 最早见于《晋书·何遵传》中:(何嵩)"宽弘爱士,博观坟籍,尤善《史》、

〔1〕 王杰:《古代"清官文化"的启示》,载《光明日报》2015年2月1日。

《汉》,少历清官,领著作郎。”三国时期的司马懿说,为官长当清、当慎、当勤,修此三者,何患不治乎。虽然历代王朝都推崇官员的廉洁品质,汉代即有杨震说出了“天知、神知、我知、子知”的千古名句,成为清廉自持,不接受非义馈赠的典源,然而系统的清官文化实在宋朝之后逐渐形成的。清官代表了老百姓对政治清明的一种美好寄托,它具有广泛的群众基础,并形成了根深蒂固的社会意识。清官本人的形象原本是丰富的,甚至复杂的,清代的于成龙,宦海沉浮二十余年,孑然一身闯荡南北,其结发妻子阔别二十年后才得一见,其不近人情已是令人唏嘘。而通过公案小说、杂剧、话本、故事等民间叙事手段,清官一个个被脸谱化,成为固化的形象,所有的清官俨然都具有大同小异的各类事迹。清官分为在世的清官和过世的清官。在世的清官通常要完成形象的自我塑造和事迹的故事化这两个必不可少的步骤,而民间自会在清官过世后通过清官的神化而完成清官符号的升华,从此清官不仅具有人的属性,而更具有神的属性。这样民众才更乐意向清官倾诉更多的疾苦。无论是包公庙和海瑞庙,这种民间自发的祭祀和纪念活动寄托了民众对清官的向往和期盼。在民间传说中,包拯死后不但到阴间执掌阎罗地狱,即使生前在阳间也是辨是非、察秋毫、摘奸发覆,在他前面一切奸佞无所遁形。清官是被损害和被侮辱的人利益的代言人,清官是我们了解古代民众内心诉求的一面镜子。随着时间的推移,清官的身影只会更加高大,百姓的清官情结加上官方意识形态的有意推动,两者的叠加共同构成了清官的文化意象。

值得玩味的是,清官在同属社会精英的士大夫阶层那里的口碑并不佳。一方面,这可能源于清官太过耀眼,他如同皓月之辉而遮挡了其他官僚的些许萤火之光,身边有了这么一个高大上的光辉形象,并且时刻被人要求向其看齐,论谁都不会感到太舒服的。海瑞在世之时,每到一地赴任,则当地官员战战兢兢、如临大敌,乃至很多贪官污吏自动离职。皇帝虽然多次有重用海瑞之意,但都被阁臣阻止;另一方面,或许是由于更多近距离观察的缘故,清官性格上的某些缺点总能被同僚们察觉,乃至不自觉地放大。晚清小说家刘鹗在《老残游记》中说:"清廉人原是最令人佩服的,只有一个脾气不好,他总觉得天下都是小人,只他一个人是君子。这个念头最害事的,把天下大事不知害了多少","赃官可恨,人人知之;清官尤可恨,人多不知。盖赃官自知有病,不敢公然为非;清官则自以为我不要钱,何所不可,刚愎自用,小则杀人,大则误国"。鲁迅在评论《老残游记》时写道:"摘发所谓清官之可恨,或尤甚于赃官,言人所未尝言,虽作者亦甚自喜","叙景状物,时有可观"。民间舆论的过度捧杀也往往容易染上道德洁癖。"众人皆醉我独醒,举世皆浊我独清","彼为巨盗,我为清官。"〔1〕这种孤芳自赏的心态也让清官难见容于官僚集团,因此清官的下场通常都不太好。

民间对清官的热烈崇拜,只能说明清官的稀缺性,这不能不说是种悲哀。清廉本是官吏的最低政治要求,却由于贪墨的横向,俨然变为官吏的最高道德标准。时至今日,清正廉洁的政治局面需要依靠制度去实现和保障,而不能寄托于个别清官的感召也已成为共识。

## 四、"清官"符号的当代审美价值:制度构建与道德教习的相得益彰

在当代,清官一直是各类文学和影视作品的最爱,借助现代传媒手段,古时清官事迹已经深入人心、被老百姓耳熟能详,最近荧屏上热播的《于成龙》就再次引发了民间的追捧。传统中国的清官文化,虽然植根于封建专制制度,其所依存的人治思想、儒家道德规范在现代社会已难以继续存活下去,且不符合现代法治思想,但是清官自身具有的"仁者爱人""济世救民"的情怀在当代依然值得推崇,

〔1〕 明代李贽《焚书》卷四《杂述·因记往事》。

清官的清正廉洁的道德操守、正道正行的做派,关心百姓疾苦,“先天下之忧而忧,后天下之乐而乐”的政治担当足可以划破时空交织的迷雾,砥砺千百年来岁月的风霜,而成为我们民族持久的历史积淀和超越时代的精神财富。习近平总书记指出,研究我国反腐倡廉历史,了解我国古代廉政文化,考察我国历史上反腐倡廉的成败得失,可以给人以深刻启迪,有利于我们运用历史智慧推进反腐倡廉建设。“清官”文化是我国当代反腐倡廉文化的有机组成部分,同时给后者提供了源源不断的养分与素材。

站在历史的角度看清官,我们除了激扬清官的高贵品质和卓异德行外,不能将清廉视为官员的全部道德品质,不能将清官不假思索地等同于好官。某些清官虽然留下了千古美誉,甚至在世之时就已享誉朝野,但是在严肃的史书中却找不到关于政绩的确切记载,清官形象与清官本人产生了疏离。宋史中的包拯,是以“平居无私书,故人、亲党皆绝之”[1]的形象示人的,也就是说包拯平日不与亲戚、朋友往来,甚至于私人书信都没有,这显然符合统治者要求的政治品质,但是并不足以支撑起清官形象的完整血肉。后世出于对包拯的崇拜,不断对包拯予以神话,使其成为清官的楷模,成为人们崇敬、效法、仰慕与追随的对象。另一位与包拯齐名的清官海瑞,以一道向皇帝的奏疏而名动四海。《明史·海瑞列传》载,明世宗四十五年二月,海瑞向嘉靖皇帝递上一封史无前例的奏疏。在这封奏疏里,海瑞大骂嘉靖皇帝“薄于父子”“薄于君臣”“薄于夫妇”“盖天下之人不直陛下久矣”,还用了好几个“陛下……过矣”,但同时海瑞也表示只要皇帝“一旦幡然悔悟”,“过”的改正也只是在“一振作间而已”。[2] 嘉靖皇帝虽然气急败坏,但是碍于海瑞的威名更不愿落下“杀直臣”的千古骂名,因而一直将海瑞拘禁至自己驾崩。海瑞释放

[1] 《宋史卷三一六》。

[2] 《明史·海瑞列传》。

出狱重回仕途,也没有作出令人钦佩的成绩出来,海瑞做应天巡抚时,赋税减了2/3,海瑞气得大骂“满天下都是妇女”。相反,与海瑞同时代的、官德不佳的一代名臣张居正则是有明一代赫赫有名的改革家,其历史功绩远非海瑞可比。[1] 当政德和政绩不可兼得时,孰舍孰取?清廉只是官员的首要品质和基本操守,纵然官员有兼济天下的追求和信仰,也要有与之同步的政治才干和素养。平庸的廉吏与贪墨的能吏都可能贻害无穷。在以农耕立国的古代社会,统治者垂拱而治百姓就能安居乐业,官员不去侵扰百姓就是百姓的福分了,清廉在官员的考评中分量殊异。但是在社会分工高度细化的现代社会里,对官员的素质就有更高更苛刻的要求了。例如,当前对领导干部的考核就分为对领导干部个人的考核分德、能、勤、绩、廉五个方面。

站在时代的角度看清官,清廉文化必须在有效的制度架构下才可以发挥其教化功能。人们对习以为常的东西是不会过多关注的,中国民间的“清官”情结恰恰折射了中国古代清官群体的稀缺性,因而老百姓只得从戏剧里、从民间传说中寻找慰藉和精神寄托。“法者,国之权衡也”,[2] 反腐败事业应主要从构建官员不敢腐、不能腐、不愿腐的机制入手,用制度管人、用制度管钱、用制度管权,让一切权力都在法治化的轨道运行,让一切权力都自觉地接受人民的监督。廉政文化建设固然重要,反腐倡廉的制度构建则无疑具有更根本的地位。好的制度可以让多数人变成清官,恶的制度则会对清官逆向淘汰。清廉文化是血肉,制度建设是骨架,清廉文化是锦上添花,制度建设是釜底抽薪;制度是对腐败的有形的、外在的约束,文化则依靠价值观念形成对腐败的道德压力。脱离了制度设计去谈

---

〔1〕 刘金祥:《中国人的“清官情结”:只看政德不看政绩》,载《学习时报》2012年7月25日。

〔2〕《商君书·修权》。

反腐文化,则反腐就成了没有牙的老虎,脱离了反腐文化去谈制度设计,则制度就显得过于冰冷和不近人情。实际上,就是中国古代也从来没有把风清气正的政治生态寄托于个把贪官。在漫长的历史演变中,中国古代建立了比较严密的反腐败罪名体系,建立了动态的预防、监督和惩戒体系,以及独具特色的监察体系和富有温情的增薪养廉配套体系。制度构建与道德养成的相辅相成,加上皇帝的励精图治,才催生一个个的盛世的到来。以史为镜,可以知兴衰,知荣辱,对腐败应当多管齐下、综合施策、持之以恒,这样才能实现风清气正的政治局面。

# 试论战后日本金融商品交易法适用对象的发展变化

胡文宇*

**【内容摘要】** 战后日本金融经济发展迅速,同时也产生了许多新的金融问题,使《证券交易法》的适用对象发生了多次变化。本文主要通过对多次颁布法律修正案扩大1948年版《证券交易法》的适用范围以及在日本金融改革过程中对1948年版《证券交易法》进行全面修订、颁布2006年版《金融商品交易法》并将其法律适用范围由有价证券修改为金融商品等问题的讨论,以此来研究日本通过这一系列变化使《金融商品交易法》成为日本金融服务类统一法的过程,讨论了《金融商品交易法》弥合法律规范和经济发展不平衡的问题,揭示了《金融商品交易法》实现了法律对金融行业的规制方式由纵向发展为横向的创新性意义。

**【关键词】** 有价证券　金融商品交易法　金融商品　金融犯罪　金融监管

日本作为世界发达国家之一,其金融经济的发展可谓举世瞩目。日本的近代金融制度源于明治时期,可以说日本金融制度出现的很早,但是其发展过程却经历了一个相当长的时间,自20世纪50年代起,日本经过第二次世界大战,社会、经济、政治等各个方面都受到

* 作者系中国政法大学法律史学博士研究生。

了战争的摧残,所以社会的各个阶层都要求着力发展经济。在此之后的半个多世纪的时间里,日本经济经历了高速增长的阶段,金融经济的发展水平有了显著的提高;同时也经历了几次影响较大的经济危机,导致日本的经济情况有了很大的变化。在不断谋求发展和经历危机之间,日本金融经济也逐渐形成了自己的体系。

## 一、从"有价证券"到"金融商品"

目前日本现行的金融服务类统一法为《金融商品交易法》。而《金融商品交易法》的适用对象被定义为金融商品,其在整个法律中的地位是可想而知的,同时这也是研究整部法律要解决的一个基本问题。《金融商品交易法》法律文本中第 2 条就对其适用对象进行了规定,由原 1948 年版《证券交易法》中的"国债、地方债、企业债券、股票、投资信托和有价证券衍生商品交易等扩大到国债、地方债、企业债券、股票、投资信托、信托受益权全部、集团投资方案和多样化的金融衍生品交易等"。[1]

### (一)1948 年版《证券交易法》的法律适用范围

1948 年版的《证券交易法》所规定的法律适用范围比较狭窄,但在当时颁布、实施这部法律的时候,日本的金融经济情况还比较萧条,当时正是第二次世界大战刚刚结束,日本的整体经济情况还不容乐观,仅就当时来讲,这部《证券交易法》还是比较完善的。在这部法律中的适用对象主要是有价证券一类。

证券,是一定的财产,在法律上彰显权利和义务等问题的文件。本法的适用对象是有价证券。日本法律上的一般说法是用产权证券来表示有价证券,有价证券的作用就是推定持有有价证券的人被认定为是正当的权利保有者,有价证券是持有者行使权利不可缺少的凭证。有价证券作为一种财产的表现形式,是可以进行转让的。

---

〔1〕 朱宝玲:《日本金融商品交易法》,法律出版社 2016 年版,第 56 页。

关于1984年版《证券交易法》中“有价证券”的修改有两次，1992年，对“有价证券”的定义进行了变更，扩大了《证券交易法》的适用范围。此后不久，1998年又将《证券交易法》的第2条，关于“有价证券”的条款进行了增加，“将外国人类的、法人类的投资证券、对权利有表彰意义的证券，以及有价证券的受托者以在该有价证券发行国以外的国家发行的有价证券或者证书所表示的与该受托有价证券有关的权利”。[1] 纳入《证券交易法》的适用范围中。此外，还增加了对场外交易市场的规定并进行了定义，同时还完善了电子信息计算系统。这里我们要重点研究的就是场外交易市场，在证券交易所等的公开市场之外，当事人从事金融商品交易行为。在具体的方式上可以是网络、电话等形式。但是，这样就会更易产生金融问题，金融安全也会受到威胁。所以，1998年的修正案将在场外交易市场的交易写入《证券交易法》的文本中，对这种新兴的金融商品交易形式进行规制。从总体来讲，由于受这一时期并不发达的金融经济形势所限制，简单的有价证券形式足以经适合金融经济的发展，但是金融经济的形式越来越复杂多变，单一的有价证券虽然已经经过扩大，但还是无法满足金融经济的飞速发展。

（二）“活力门事件”与《金融商品交易法》

“活力门事件”是2006年日本金融市场中的一次恶性事件。2006年1月，活力门公司和它的相关分公司由于在股票买卖的过程中，将原来的亏损改成了盈利的行为严重违反了金融类相关法律的规定。由东京地方检察厅特搜部与日本证券交易监视委员会对总公司及公司董事长的住宅等进行强制搜查，受这件事情的影响，股市开始产生暴跌的现象，这不仅是活力门一家公司开始股票暴跌而是整个证券市场暴跌的事件。由此可见，“活力门事件”对整个日本的金融经济产生了很大的震动。自从这件丑闻被曝光出来之后，日

[1] 马太广：《日本证券交易法的最新修改》，载《法学杂志》1999年第3期。

本证券市场、各大股票市场的股价、道琼斯指数和纳斯达克综合指数均产生了相应幅度的下滑。[1]

“活力门事件”过后,2009年5月,东京地方裁判所对活力门公司董事长堀江等人的非法行为进行了审判,使堀江等人的不法行为受到了法律公正的审判。但是,“活力门事件”对日本金融交易市场的影响是不可估量的。以“活力门事件”为契机在投资者和市场相关交易者之间产生了不信任感,影响了股民对市场的信心,也阻碍了政府将储蓄引向投资的导向。这种不信任的感觉几乎动摇了整个金融交易的根本。当然,这次事件也暴露出日本金融经济监管上的一些问题。例如,如果一个机构、组织的话语权人同时掌握着机构的具体执行权,那么他们之间的监督作用就无从谈起了。[2] 还有这一时期的日本金融交易类法律对股票分割等问题是严重缺乏监管的。许多金融经济发展中的问题在“活力门”事件中都集中的爆发出来。此外,“活力门事件”直接推动了日本政府决定全面修改旧的《证券交易法》,制定并颁布新的《金融商品交易法》,这部统合性的金融交易法律也成了日本版的SOX法。

(三)《金融商品交易法》第2条——有价证券的延伸内容

在2006年版的《金融商品交易法》中,第2条的规定主要是关于这部法律的适用范围的,通过《金融商品交易法》第2条中第1款

[1] 彭永清:《“活力门”事件引发的思考》,载《检察风云》2008年第17期。

[2] 李宏舟、王惠贤:《“活力门事件”暴露日本公司治理缺陷》,载《中国财经报道》2007年4月13日,企业财经,第5版,第1页。

的规定,我们可以发现这部法律适用范围比之前有所扩大。[1] 在这款中,我们了解到的《金融商品交易法》的适用范围,是通过正反列举的形式将目前金融经济生活中涉及的金融问题进行了高度浓缩的罗列。

在《金融商品交易法》第2条第2款中有对适用范围进行了创新性的扩大,这部分被称为"视为有价证券"。[2] 在这部分立法中

---

〔1〕《金融商品取引法》,载自金融庁,http://www.fsa.go.jp/common/law/index.html。《金融商品交易法》第2条第1款规定:"(1)国债证券;(2)地方债券证券;(3)特别法上法人发行的债券(包括金融债券,独立行政法人国立医院机构债券,日本原子力研究开发机构债券,广播债券,社会医疗法人债券,私立学校债券,冲绳振兴开发金融公库债券,保险机构债券,银行等机构的债券等);(4)特别法上法人发行的债券;(5)公司债券(含公司相互持有的债券);(6)根据特别法律设立的法人(特殊法人,认可法人或独立行政法人)的证券;(7)协同组织金融机构优先出资证券;(8)特定目的公司优先出资证券、新优先出资权证券;(9)股票认购权证券;(10)投资证券、投资法人证券、外国投资信托的受益证券;(11)投资证券、投资法人债券、外国投资证券;(12)贷款信托的受益证券;(13)特定目的信托受益证券;(14)信托法上所规定的受益证券和发行的信托受益证券;(15)商业本票;(16)抵押证券;(17)外国或外国的投资者发行的证券;(18)内阁府令允许的外国贷款机构发行的证券;(19)部分经过允许交易的金融衍生产品;(20)以上的有价证券或证书的托管者在该证券或证书发行国以外的国家发行的证券或者证书,表示所接受托管的证券或者证书的权利;(21)以上所载内容外,处于对流通性等其他情况的考虑,为了公益或者认为对投资者确有保护必要的,通过政令规定的证券或证书。另外,一般医疗机构的债券作为证据证券来理解,所以不包含在以上之内。"

〔2〕《金融商品取引法》,载自金融庁,http://www.fsa.go.jp/common/law/index.html。《金融商品交易法》第2条第2款规定:"(1)从上述第1项到第15的有价证券,以及上述第17项所提出的证券(第16项的除外)和上述第18项的证券。(2)上述第16项所提出的有价证券,上述第17项所提出的有价证券(限于第16项的证券)和上述第19项到第21项的证券,通过内阁府令规定而得到权利,在有证券发行权的机构没有发行证券的情况下,该权利被视为有价证券。这些有价证券被视为特定电子记录债权。在第2项中所规定的有价证券中新增加的流通抵押性有价证券,有以下几种:(1)信托受益权(第1款的中规定的部分除外);(2)对外国人的权利有信托受益权的性质的证券;(3)关于公司社员的持股;(4)外国法人的职员持股权;(5)集团投资方案;(6)外国集团投资方案持股;(7)特定电子记录债权及以上各个条款外,处于对流通性等其他情况的考虑,为了公益或者认为对投资者确有保护必要的,通过政府的政令规定的证券或证书。"

也采用了正反列举的模式将新的立法内容纳入法律调整框架的范围内。这样作为金融投资服务类法律的《金融商品交易法》就实现了法律的"统一规范化",可以说统一规范是这部法律的最大亮点。所以,《金融商品交易法》的立法意义就在于将金融交易市场上的各类金融商品进行综合性的规制,来更好地保护投资者和金融投资秩序。[1] 将本法的适用范围调整到适应当下金融经济发展需要的水平是金融市场刻不容缓的要求,也是政府必须完成的历史任务。

## 二、金融商品的外延

2006年版的《金融商品交易法》在1948年版的《证券交易法》基础上经过全面的修改,其中一个亮点就是对旧法适用对象的变更,使得金融商品这个概念更加适应现代经济的发展需要,将现代金融市场中的绝大部分行为规定到这部法律的调整、适用范围之内,使这部经过全面修订的《金融商品交易法》可以更好地规范金融行业发展,以及对防止金融经济类犯罪的频繁发生产生一定的抑制作用。

### (一)金融衍生产品

金融经济发展到一定阶段,金融衍生产品这种新型的金融经济形式就会出现,"金融衍生产品是由原来的金融资产之中的一部分提取出来成为新的金融商品",[2] 也称为金融派生商品。它是金融经济不断发展的必然产物。

"金融衍生产品,是根据基础商品(原资产)的变量值(市场价值

[1] [日]黑沼悦郎:《金融商品交易法入门》(第2版),日本经济新闻社2007年版,第15页。

[2] 田文、张邦辉、汤进喜:《金融衍生品的风险防范与化解》,中国物价出版社2001年版,第2页。

或指标)相对的价值来确定新的金融商品的价值。"[1]金融衍生交易是进行债券等有价证券证、实物商品或者权利等交易的人为了规避实物将来的价格变动风险而缔结的一种契约,将原资产的一定百分比的价金提存,进而将幅度内的价格变动风险,通过合同转让给其他人或本公司以外的市场参与者的一种交易形式。金融商品交易中的债券等简单的标准化的金融类商品不在这类金融市场交易范围之中。而且,金融衍生产品交易的目的主要是保值,此外,还有投机和赚取差价的目的。在此交易目的驱使下,金融衍生产品的交易就先天的有借贷经营和短期不稳定性两个特征。由于金融衍生产品交易的形式本身含有杠杆效果,所以经常被各种投机资本利用,这样就可能产生损失,从而产生经济问题。例如,英国的巴林银行事件就是运用了这种杠杆经济的形式,但是由于失败的结果对有关部门和企业以及地方的财政形势都造成了破坏性的打击。相反,若是这种经济形式成功的话则可以博得巨大的利润,这种经济形式从产生开始就没有消灭。所以,现代国家对于企业从事这种衍生产品的交易是十分慎重或者说是要进行严格管理的。由此看来,金融衍生产品这种交易类型,是含有巨大风险的。

(二)"集团投资方案"评析

进入21世纪以来,随着世界经济的发展,越来越多的新型经济形式走进人们的生活,在为人们的经济生活带来机遇的同时,也带来了不少经济问题,甚至引发了恶性的经济犯罪问题。在相关法律没有规定的情况下,这些问题就没有解决方法。其中,"以多数一般投资者为匿名组合形式的事业型基金的受害案例就出现了很多。最为著名的就是2006年的'活力门事件',这个事件实质上的推动

[1] 企业财务制度研究会:《金融派生商品の情報開示に向けての調査研究》,财团法人企业财务制度研究会1994年版,第56页。

了日本立法改革”。[1]

提到“集团投资方案”这种视为有价证券的金融商品,我们就先要明晰在《金融商品交易法》中所规定的“集团投资方案”包括了任意组合和匿名组合、投资事业有限责任组合等利用投资基金等获得权益的投资方式。日本在这次修法中关于“集团投资方案”的部分既参考了美国的《夏威夷标准》,还借鉴了英国的《金融服务市场法》,但在具体的内容上还是有所不同的。

此外,在立法技术上,将“集团投资方案”视为有价证券的一种,丰富和扩大了有价证券的外延,将这种交易形式纳入进《金融商品交易法》的适用范围内,受这部法律的约束,如果违反法律相关规定也将会受到法律的制裁,构成犯罪的还要追究刑事责任。以形式列举和实质立法相结合的方式,有效地填补了立法的空隙,同时将民法、商法和金融商品交易法的有关规定结合起来,防止法律漏洞的出现。

综上所述,集团投资是在金融经济发展的过程中产生的一种新的经济现象,由于集团投资本身就是一种在逐渐发展变化的金融交易形式。所以,作为立法者来讲,对这种新型的交易形式既要规范还不可以进行过于刻板的规范,否则就会适得其反,阻碍金融经济的发展。所以,在这次修改的《金融商品交易法》中,结合现实的情况,将“集团投资方案”纳入法律调整范围,进行有效的规范,同时又适当放宽对其的规制,使集团投资式的金融交易形式可以有效推进。

## 三、传统的金融类法律适用范围狭窄和“住友商社事件”

在日本金融经济高速发展的时代,随着金融经济的腾飞,金融法规监管落后的情况日益浮出水面,金融违法犯罪的情况层出不穷。

---

〔1〕 朱宝玲:《日本金融商品交易法》,法律出版社2016年版,第79页。

(一)传统法律适用范围的不足

日本战后的金融经济变化、发展的速度是十分惊人的,但是关于管理监督金融经济发展类的法律,却基本上是没有什么大的突破,只是一些小修小补,而没有对法律进行全面的修改。尤其在旧的《证券交易法》中所规定的适用范围已经不再适合目前经济的发展,它已经无法再调整金融经济生活中新出现的一些金融经济现象。例如,日本法上的合伙这种经济模式;此外,还有涉及金融期货买卖的行为是由《金融期货交易法》监管,而不是由《证券交易法》监管等问题,而集团投资方案股权的募集则没相应的法律规定。

这样一来,在本来就十分复杂的金融经济交易中,由于适用法律的混乱就导致了整个日本金融经济秩序的混乱,如此就会限制金融经济整体的发展速度,更大的隐患是由于各个法律分工不同,就难免会产生法律漏洞,就会让人利用这种漏洞进行金融经济违法、犯罪行为。

由此可见,全面修改并且颁布新的金融交易类规范,推出对金融商品交易市场进行有效的监管和统合型的法律已经势在必行。

(二)住友商社事件

1."百分之五先生"和住友商社事件

在人类历史发展的过程中,有些事情和有些人是永远镌刻在历史上的,金融经济史也不例外,有些事情和有些人,都是我们无法忘记的。例如,在谈到日本金融经济的时候,人们也不会忘记"住友商社事件"和那位"百分之五先生"——滨中泰男。

滨中泰男是住友商社原有色金属部部长,他于1970年进入住友商社工作,由于他在工作中一直表现得非常突出,后来被派到了伦敦金融交易所工作。[1] 此间,由于他的认真和努力,很快就在世界

〔1〕 田文、张邦辉、汤进喜:《金融衍生品的风险防范与化解》,中国物价出版社2001年版,第51页。

铜品期货买卖市场有了自己的天地,由他所掌握的铜品期货买卖部分已占世界铜品期货买卖总量的5%,人称“百分之五先生”。

住友商社是属于住友集团的大型综合商社,在日本经济市场上的实力不容小觑。1979年6月,住友商社建立营业部门,商品总部分为钢铁、机电、有色金属、生活物资的四个营业部门。同时还积极开拓海外市场。1996年6月,作为交易员的有色金属部部长滨中泰男由于铜的不正当交易,给公司造成2850亿日元的损失发现。事实上,这件事是自1986年开始发生的,滨中泰男的不法行为持续了10年的时间,在1996年6月被发现,并且被逮捕。在他的全盛时期,其交易量占世界铜品需求量的5%。在这10年间,他凭借手中的大量资金对铜品期货进行大量买入,以此来影响、操控铜品期货的价格。住友商社事件爆发之后,给住友商社事带来庞大的损失同时,也打击了世界铜品市场的价格。

2. 法律适用范围狭窄、行业监管的漏洞和企业内部管控失利

引起这一事件的原因有多重,从企业内部来看,可以发现日本企业文化中的一个剪影,就是在企业内部监管问题上是非常混乱的。在此事件爆发之前,滨中泰男同时兼任住友商社的铜品交易人员和部门管理人员,这是与企业管理的规定背道而驰的。[1] 这样的一种制度设计为滨中泰男进行未经授权的账外铜品交易提供了十分便利的条件。

从外部环境上看,无论是日本的金融行政监管机关,还是事情发生地伦敦金属交易局,抑或国际社会的态度都是存在问题的,都要对这样的恶性金融事件的发生负上责任的。

单从日本国内方面来讲,为缓解之前在经济泡沫中留下的许多呆账、烂账,所以,从政府的角度来说,是希望这些有能力的企业可以积极的开发、拓展海外金融市场,但是相关配套的监管法律还没

---

〔1〕 周伏平:《住友事件孰之过》,载《证券市场导报》1996年第7期。

有健全、完善，在这样的金融政策的指导之下，屡屡出现金融经济犯罪事件也不足为奇。

## 四、《金额商品交易法》法律适用范围的扩大和建立统一的金融商品交易法体系

对于日本金融经济发展中的问题以及经济危机的打击，终于使日本政府重新面对已经混乱不堪的金融经济形式，采取全面修订金融服务法的方式来规制金融经济。

### （一）扩大《金额商品交易法》法律适用范围弥补立法空白

法律的制定始终是落后于实际情况的，立法空白、立法滞后的问题是一直伴随着金融经济的发展的。尤其是当代金融经济的发展水平之高，发展速度之快，早已超越了法律调整对象所涉及的范畴。马克思曾经说过，人们通过奋斗想要得到的所有东西，都是和本身的利益有关的。[1] 而对于经济利益的要求一直都是金融经济发展的内在要求，也是金融经济与生俱来的特点。人们对于经济利益的追逐，促使人们不断探索新的金融经济形式，这样就会不断产生新的金融交易形式，而此时法律的滞后性、僵硬性就会凸显出来。

在1948年的《证券交易法》中，第2条关于法律适用对象的规定，仅是单一有价证券的基本形式。在此后的几十年里，社会经济情况、金融经济形势的相继变化，原本法律出现立法空白，这种立法空白对于金融经济的发展是有很大影响的，同时还会滋生出一些经济问题。例如，现有的金融商品交易法对新产生金融商品交易形式无能为力，金融领域内部行业混同现象严重，而金融业相关法律又对这些新问题没有规范，或规范十分僵硬，使其丧失活力。在这种强大的压力面前，《证券交易法》不得不通过修正案的形式对其原有的法律文本进行修缮，其中关于补充立法空白的修正案主要集中在

〔1〕《马克思恩格斯全集》（第1卷），人民出版社1956年版，第185页。

20世纪90年代。由此可见,此时这种矛盾已经由现实社会的矛盾升级为理论层次的矛盾了。在1992年和1998年的两次修正案中虽然也涉及其他方面的制度微调,但是这两次修正案的主要目的就是对本法的适用对象的扩大以及适用范围的调整。直到2006年,以“活力门事件”为契机,使日本政府认识到对1948年版《证券交易法》的小修小补已经无法再适用此时日本金融经济的发展情况了,于是才开始着手出台新的《金融商品交易法》。

在2006年版的《金融商品交易法》中,给金融商品这个概念赋予了广泛的内涵,并且还丰富了其外延。将宏观上整体的金融商品概念作为本法的适用对象的立法技术,直接将目前金融交易市场上的金融交易形式纳入本法的规制范围内,填补了立法的空白,甚至还将目前在金融交易市场上并不成熟的交易形式也通过将宏观概念植入法律文本的形式纳入本法的适用范围中。这足以见得本法以及立法者的前瞻性。

(二)建立统一的金融商品交易法体系

21世纪世界金融市场开始进入全面的高速发展时期,日本颁布的《金融商品交易法》,正是在此时登上历史的舞台,希望可以建立属于日本的综合性统一金融服务法体系。而《金融商品交易法》的出台就是其中的关键一环。

《金融商品交易法》的颁布、实施,使日本在金融法律体系内建立了一个母法,实质上是日本整个金融法律体系内的法典化过程,对日本金融市场的基本问题进行了综合性的规定,使《银行法》《证券法》《保险法》等金融类部门法成为《金融商品交易法》调整下的子法,同时填补了之前各个部门金融法对整个金融行业监管不足的状况。日本政府通过《金融商品交易法》将整个金融法律体系进行统合、完善。无论对于立法者还是法律适用者来讲,都是十分巨大的法律进步。

对于立法者来说,将权力通过正式的、成文的方式明确地表现出来;而对于法律适用者来讲,金融商品市场基本法的颁布实施,可以方便法律适用者更清晰地认识到合法和违法的界限。而本法第2条,关于《金融商品交易法》法律适用范围的扩大则是这次推行金融法体系化的基础,可以说正是因为这次修订法律对金融商品的概念进行了扩大化,才使《金融商品交易法》成为规范整个日本金融行业的母法。

在《金融商品交易法》正式公布实施之后,原来的纵伸式的金融经济规范模式将转变为横穿式的金融经济规范模式,在这一行业的从业人员也将统一称为金融商品交易从业人员,并且还规定了相关的备案制度。早在之前的经济泡沫中,许多投资者就因此损失惨重,其中尤其以自然人投资者的损失最为惨重。金融机构从事金融交易行为时,如果有金融犯罪行为发生,就会导致整个金融行业秩序混乱,这就需要一种统一的金融市场监管类法律的问世,“金融商品要为其投资者划定监管方法和保障标准,建立一个立体化的防范金融交易风险的监督平台”。[1] 只有这样才能挽救当时日本金融商品交易市场混乱的情况,只有这样才能转变人们的消费观念,将人们的储蓄吸引到投资上来,也只有这样才能通过金融经济的发展拉动整个日本经济的发展,通过金融改革一步一步逐渐走出经济泡沫的不良影响。

所以,通过将1948年版的《证券交易法》通过全面修改的方式,颁布、实施2006年版的《金融商品交易法》,将“有价证券”的概念进行优化升级成为“金融商品”,能够更好地统一金融交易市场,服务金融投资者,预防金融犯罪,从而促进日本金融经济快速、健康的发展。

---

〔1〕 马国泉:《论金融商品的规制与监管》,载《东岳论丛》2010年第8期。

## 五、结论

作为日本金融改革中重要一环的日本2006年版《金融商品交易法》的颁布，是日本经过经济泡沫时代总结下来的历史教训，在此次的金融改革中有重要的意义。本次修订新法中对于法律适用对象范围的扩大是本法修订的一大亮点，足见法律适用对象范围的扩大对于日本金融经济发展的价值。这次2006年版的《金融商品交易法》中关于第2条法律适用范围的扩大，是从战后到21世纪初期，关于金融商品交易对象变迁的一次阶段性的总结。这部法律的适用范围从"有价证券"到"金融商品"的转变，不仅仅是法律文本的变化，还是本法的调整对象由单一的有价证券扩充到整个金融商品的个广义的概念范围之中。我们不得不承认这是一次立法技术上的进步。这种扩充不仅仅弥补了立法漏洞，填补了法律空白，还为建立统一金融商品交易法体系提供了条件。在现实层面上来说，新法的颁布完善了法律监管体系，提高了金融行业的整体诚信意识，加强了对金融商品交易从业人员的规制。这都是值得我们借鉴和学习的。

# 妇女参政比例制正当性之法理基础

唐一力*

【内容摘要】 当前，全球超过130个国家规定了妇女参政比例制或类似制度，以提高女性参政比例，实现性别正义。妇女参政比例制成为推动妇女参政最直接有效的方式之一。然而，妇女参政比例制从其产生之初便饱受质疑。本文结合相关法理学和政治哲学理论，深入分析该制度的正当性基础，以期对未来妇女参政比例制的理论和制度建构提出有益建议。

【关键词】 女性参政　妇女参政比例制　法理基础　制度构建

## 一、妇女参政比例制的背景

受到传统性别刻板印象和社会结构的束缚，女性一直被政治边缘化，女性的作用难以得到充分展示。长期以来，女性无法在男性主导的政治事务上发声，导致女性的社会地位低下。近年来，随着受教育程度提高、普遍参与就业和女性主义运动推动，越来越多女性参与公共事务。联合国《人类发展报告》通用的两大综合指标，即性别发展指数（GDI）和性别赋权指数（GEM）都与妇女政治权力的

* 作者系中国政法大学博士研究生（法理学专业）。

实现有关。[1] 为了提高女性参政比例,世界多个国家和地区相继建立妇女参政比例制或类似制度。据统计,目前已经有 130 多个国家和地区采用妇女参政比例制。这一制度成为保障女性参政最直接有效的方式。2015 年各国议会联盟发布的《妇女参政问题分析报告》指出,2015 年全球国会中女性议员的比例为 22.1%,相比 1995 年女性议员 11.3% 的比例,增长了近一倍。其中,41 个国家女性议员的比例超过 30%,而 1995 年只有 5 个国家达到这个比例。同时,女性议员比例低于 10% 的国家也大幅下降,从 1995 年的 109 个下降至 2015 年的 37 个。可见,妇女参政比例制在提升妇女参政方面功不可没。

妇女参政比例制,即妇女参政配额制(quotas),是通过规定各级各类决策机构中的妇女比例,来保证妇女参与政策决策的机会和在决策中发挥足够的影响力。[2] 自不同国家妇女参政比例制的具体形式各有千秋,主要包括以下四种形式:第一种是在宪法或法律中规定所选民意代表的性别比例,如我国台湾地区在"宪法"中规定妇女保障名额;第二种是在宪法或法律中规定民意代表候选人提名名单的性别比例,如 1982 年修改后的《法国选举法》规定:"超过 3500 人以上的议会选举中,候选人名单同一性别候选人不得超过 75%";第三种是政党在内部规范中规定候选人提名名单的性别比例,如德国前六大政党中至少有四大政党在党纲中引入妇女参政比例制;第四种是女性团体等非政府组织通过资助女性候选人参选的方式,帮助提高女性参选和当选比例。

虽然妇女参政比例制能够有效提升妇女地位,但是作为对女性

---

〔1〕 许悦:《中外妇女参政比例比较及其思考》,载《哈尔滨学院学报》2008 年第 1 期。

〔2〕 张永英:《妇女参政比例制实施效果的影响因素探析》,载《妇女研究论丛》2014 年第 1 期。

的倾斜保护,从其产生之初便饱受质疑。有学者认为,从理论和实践两个方面,妇女参政比例制无法真正解决女性政治权利问题。本文结合法理学和政治哲学相关理论,从理论和现实层面剖析妇女参政比例制的正当性基础,为该制度的未来发展提出有益建议,构建更完善的妇女参政比例制理论和制度体系。

## 二、妇女参政比例制面临的质疑和挑战

作为性别上优惠性差别待遇的妇女参政比例制,不可避免与政治理论和法律法规发生冲突。即使其本意是提高妇女参政比例、实现性别平等,但是这种对女性进行倾斜保护的方式,也面临各方的质疑和挑战。学界对该制度的质疑集中体现在以下四个方面:

1. 妇女参政比例制扭曲了民主制度的相关原则,包括平等原则和普遍性原则。第一,妇女参政比例制有悖于平等原则。宪法上的男女平等通常指形式平等。为了改善长期以来的性别歧视和不平等,妇女参政比例制对女性进行倾斜保护,旨在实现两性实质平等。反对配额制的观点认为,尽管配额制只是一种纠偏的暂时性措施,但是仍然与民主政体的本质相冲突。配额制意味着区别性原则取代了人民主权的普遍性原则,导致了新的歧视,与平等原则相背离。[1] 妇女参政比例制超越宪法平等原则的范围,剥夺男性平等参与政治的机会,造成对男性的逆向歧视。第二,妇女参政比例制违反普遍性原则。为了使人们摆脱封建制度和宗教的束缚,而成为法律上抽象的、一般性的公民,1789 年法国《人权宣言》第 1 条规定:"人生来就是而且始终是自由的,在权利方面一律平等。"普遍性原则指公民是抽象的、不可分的整体,不能依照民族、种族、性别、职业、宗教信仰等将公民划分为不同群体。具体到两性政治参与问

〔1〕 张迎红:《试析女性参政配额制在欧盟国家中的运用和发展》,载《中华女子学院学报》2008 年第 4 期。

题,普遍性指因为公民身份不得以性别加以区分,所以选举人和被选举人也不得基于性别而区别对待。因此,法律强制给予女性一定数额或比例参选或当选名额的规定不符合普遍性原则。

2.妇女参政比例制将加深业已存在的两性分歧。民主的目的并非强行推行统一价值观念和体系,而是通过互动,不同社会群体找出共同价值观,以实现社会和谐和稳定。在妇女参政比例制下,选民们将关注重心放在代表的性别上,而非代表的能力和所提议题的内容。这种"男人代表男人、女人代表女人"的方式极易导致男女双方固守自己观点和利益,而忽略双方沟通与交流。这将加深两性之间的矛盾和分歧,难以形成得到全体成员认同的价值观念,不利于民主进步。

3.女性民意代表并不能完全、充分反映女性观点、代表女性利益。如果女人无法完全代表女人,那么妇女参政比例制便缺乏正当性基础。随着民主政治的发展,约束民意代表主要依靠完备的制度;只要制度完备,无论是哪个群体的代表都能充分代表选民的利益。因此,妇女参政比例制要求选举人和被选举人属同一性别实属不必要。此外,即使选出一定比例的女性代表,但是跟其他当选者一样,女性代表是代表全体选民的利益,难以保证她们在任何情况下均能体现女性观点,维护女性权益。再者,女性内部也存在主流社会的等级关系。例如,美国的女权主义者通常反映白人中产女性的利益和观点。通常,女性精英往往凭借政治家族和婚姻关系得以进入政治权力核心,拥有丰富政治经济资源,具有较高社会地位,属于强势的女性群体。这些女性精英能否代表整体女性在政治场域发声,值得质疑。

4.作为暂时性特别措施,妇女参政比例制没有发挥实际功能和效应。主要体现在等两方面。一方面,妇女参政比例制造成女性候选人内部恶性竞争。妇女参政比例制意味着女性候选人只要打败其他女性候选人,就能成功当选。为了争夺有限的政治资源,女性候选人常常相互竞争和排挤。选举沦为女性争夺的消极战场,而忽略男女两性平衡。另一方面,妇女参政比例制已经落后于政治现实。从20世纪90年代开始,一些国家和地区出现妇女参政比例制相关法律法规落后于政治现实的情形。例如,经常出现女性民意代表实际参选率或当选率超过法定女性配额;又如,女性民意代表高票当选,不需要借助妇女参政比例制帮助。此时,妇女参政比例制不仅无法发挥提高女性参政比例的作用,反而限制女性参政。由于政治领域长期被男性主导和占领,为了保障男性候选人利益、增强政党胜选可能性,政党往往牺牲女性利益,在性别比例上限内提名女性候选人。这样,妇女参政比例制不仅无法发挥鼓励女性参政的作用,反而成为政党提名女性候选人的上限,阻碍了那些拥有丰富政治资源、参政能力和从政激情的女性进入政治场域。可见,妇女参政比例制逐渐失去存在的价值。更有甚者,一些女性议员支持废除妇女参政比例制,认为妇女参政比例制加深女性弱势的刻板印象,成为男性民意代表攻击女性参选者的借口。即使没有妇女参政比例制的强制性保障,当代女性也能够凭借自身政治资源和个人能力成功当选。

## 三、妇女参政比例制正当性之法理基础

在性别与政治研究中,女性在政治场域缺席已久。在高度男性化运作的政治场域中,女性的生存和成长空间大受限制,女性进入政治权利中心需要比男性付出更高参政成本。虽然大多数国家的法律制度明确规定男女享有同等参政权,但占总人口50%的女性仅能取得10% ~30%的参政席位,女性智商和情商欠缺、不宜从事政治活动的刻板印象仍然根深蒂固,可见,妇女参政比例制不仅不是对平等原则的扭曲,反而有利于将两性的形式平等转换为实质平等。

随着民主政治的发展和女权运动的推动,无论是传统的民主国

家还是新建立的新民主国家,纷纷引入妇女参政比例制。面对学者们对该制度的种种质疑,最重要的是探寻妇女参政比例制的正当性基础。本文拟结合法哲学和政治哲学相关理论,从正义理论、代表性理论和国际人权公约三个方面论证该制度存在的正当性,以找到妇女参政比例制发展和改革的方向。

1. 妇女参政比例制符合罗尔斯的正义理论

在父权主义主导的男性化政治场域中,基于生理差异和社会结构歧视,女性长期受到不平等对待。为了打破性别歧视,实现事实上性别平等,各个国家和地区纷纷采用妇女参政比例制。妇女参政比例制旨在实现两性实质平等,符合罗尔斯正义二原则的民主平等(实质平等)理论,正义二原则是妇女参政比例制的正当性基石。

正义(justice)在西方哲学中十分重要,是社会哲学、法哲学、政治哲学和经济哲学的研究核心。罗尔斯的正义论主要解决"分配正义"问题,即决定名誉、职位、财富、权力等社会稀缺资源如何分配。因此,决定政治资源分配的性别比例制势必接受罗尔斯正义二原则的检验,以论证其正当性。"正义二原则"是罗尔斯正义论的逻辑起点,其中第一原则指每一个人皆可主张享有一个完备体系下(a fully adequate scheme)的各项平等的基本自由,而其所享有的自由与其他人在同体系下所享有的各种自由相容;第二原则指出:社会和经济的不平等应该满足两个条件:第一,它们所从属的公职和职位应该在公平的机会平等条件下对所有人开放;第二,它们应该有利于社会之最不利成员(the least-advantaged members)的最大利益。[1]

根据正义第二原则,作为性别上优惠性差别待遇的妇女参政比例制只有符合以下两个要求,才能称得上是"正义"的制度。第一,正义第二原则强调关于社会和经济的各项职位和地位应在公平的

〔1〕[美]罗尔斯:《作为公平的正义:正义新论》,姚大志译,上海三联书店2002年版,第70页。

机会平等条件下,对所有人开放。在法律上,妇女获得了和男子平等的政治权利,但在实践中,妇女获得选举权(政治权利)以后,她们发现仅仅拥有法律所认可的那个选举权,并不能自动地变成实际的权利。随着女性在法律和形式上获得了越来越多的平等,形式平等和实质平等之间潜在的紧张状态也就愈发显露了出来。[1] 因此,此处所讲的公平的机会平等并非机械的形式平等,而是民主平等。是将基于自然环境及社会结构上不平等因素降低到最低,使全体公民在平等的出发点上开始竞争。通俗来说,让所有人"不输在起跑线上"。因此,那些为了矫正基于生理的或社会经济地位造成的不公平而做出的社会或经济上的不平等对待,是符合罗尔斯的正义理念的。妇女参政比例制是为了纠正历史上和现实中性别不平等而出现的,使男性和女性在平等的出发点上进行政治竞争,以追求事实平等为目的,符合正义二原则之民主平等的要求。第二,罗尔斯认为不平等为使社会上最不利的成员获得最大利益。性别不平等和性别歧视由来已久,无论从经济能力、社会地位还是政治资源角度,女性都属于最弱势或最不利的阶级。妇女参政比例制为了使得作为最不利成员的女性获得最大利益,因此,符合正义第二原则的第二个要求。综上,妇女参政比例制符合罗尔斯的正义二原则,尤其是第二个原则的要求,符合普遍正义理念。

2. 坚持"只有女人才能代表女人"的妇女参政比例制是性别不平等的重要矫正机制,具有十分重要的现实意义

妇女参政比例制意味着"只有女人才能代表女人,或是只有男人才能代表男人",换言之,只有通过特定性别的民意代表才能实现

---

〔1〕 王郁芳:《主体诉求与政策保护——女性政治参与的困惑》,载《中华女子学院学报》2012 年第 4 期。

和保障该性别的利益。[1] 这种代表方式饱受质疑,反对者认为它将女性视为一个整体,忽视女性群体的个体差异和内部的不平等关系,比如呼吁女性权益的美国女性主义者通常代表白种中产阶级女性的利益,而无法全面反映包括黑种、黄种女性在内的各阶层女性的观点。此外,反对者提出即使由具有相同特质或经验的民意代表代表该群体发声,但是现实生活复杂多变,女性民意代表也无法保证在任何情况下均站在女性一方。最后,这种代表方式的弊端还表现在,基于性别区分民意代表有违现代民主理念,将加深社会分歧,阻碍两性的沟通和互动,不利于找寻能够共同遵守的民主价值和观念。

然而,实践证明,妇女参政比例制是性别不平等的重要矫正机制,这种代表方式具有重要的现实意义。第一,妇女参政比例制不仅没有阻碍两性沟通,反而提高女性参政积极性,增强两性互动。在传统由男性主导的政治场域中,女性缺席已久,女性的生存和成长空间受到限制,她们进入政治权利核心的成本也较高。这导致作为优势方的男性常常忽略或漠视女性的观点和利益;而作为弱势方的女性也无法完全信任男性代表能代表其利益。长此以往,两性间缺乏沟通,形成难以克服的障碍。通过妇女参政比例制,强制规定一定比例或配额的女性进入政治场域就显得十分有必要,提高女性参政的积极性,加强两性的沟通和互动。第二,传统认为男女双方都能充分代表女性的观点是一元的、狭隘的,是一种理想化的构建,"只有女性才能代表女人"的代表理论才符合政治现实的需要。传统观点认为,一国公民应该具有共同的语言、文化、特质、价值等,不符合当前政治现实。随着社会多元化发展,出现多元的性别、种族、语言、文化,不存在放之四海而皆准的通则。让具有不同特质和经

---

〔1〕 Jane Mansbridge, *Should Blacks Represents Blacks, and Women Represent Women? A Contingent "Yes"*, Politics and Society, 1999, pp. 628 – 657.

验的群体都能在政治领域发声顺应政治多元化的发展趋势，因此，增加女性代表的比例是政治多元化的要求，有利于将女性观点纳入国家政治行为。第三，实证研究也表明，女性议员确实能更好地代表女性的权利和利益。相关研究数据表明，女性代表积极推动男女平权，更为关注女性问题，提出关系女性权益的法案、为女性争取利益的往往是女性代表。综上所述，“只有女性才能代表女性”的代表方式看似单一、狭隘，实则符合政治多元化的发展趋势，有利于矫正长期以来存在的两性不平等和性别歧视。

3.《消除对妇女一切形式歧视公约》(以下简称《公约》)是妇女参政比例制的国际法基础

随着全球化深入，性别平等已经成为全球性议题。因此，研究妇女参政比例制不应局限在国内理论和国内法，而是从国际人权公约中寻找正当性依据。《公约》是保障妇女权利最重要的国际人权公约之一，我们能从中找到适用妇女参政比例制的国际法依据。《公约》第 3 条规定：“缔约各国应承担在所有领域，特别是在政治、社会、经济、文化领域，采取一切适当措施，包括制定法律，保证妇女得到充分发展和进步，其目的是为确保她们在与男子平等的基础上，行使和享有人权和基本自由。”《公约》第 4 条第 1 款规定：“缔约各国为加速实现男女事实上的平等而采取的暂行特别措施，不得视为本公约所指的歧视，亦不得因此导致维持不平等或分别的标准；这些措施应在男女机会和待遇平等的目的达到之后，停止采用。”这一积极措施具有改变社会机会、机构和程序的功能，对消除歧视背后所包含的权力支配、社会不平等结构和偏见极为重要，当然，这只是一种临时措施，当其达到预期的目的是应该停止采用。[1] 可见，为了消除两性基于生理或社会性别分工所存在的差异，实现两性事实

〔1〕 吕秋红、郭慧敏：《浅析法律文本中性别歧视的定义》，载《江淮论坛》2008 年第 3 期。

上平等,缔约国在国内法律法规中所采取的妇女参政比例制等暂时性特别措施,属于特殊的例外情形,为宪法所允许,不违背宪法的平等原则和普遍性原则。借由国际法与国内法相互补充的关系,妇女参政比例制不仅获得国际法的认可,而且获得宪法上正当性基础。

## 四、妇女参政比例制的未来发展

学者对比无妇女参政比例制的选区后,发现妇女参政比例制确实有利于促进女性参政,矫正长期存在的性别歧视和不平等。然而,妇女参政比例制不是完美无瑕和一成不变的,需要不断调整和完善,以适应政治经济的发展和两性地位的转变。

1. 性别比例的确定

妇女参政比例制的关键问题之一是性别比例的确定。每个国家的历史发展和社会现实不同,因此,我们难以确定一个固定的、放之四海而皆准的性别比例。一方面,女性参政比例不能过低,如果性别比例的配额低于女性实际当选数额,那么很多拥有丰富政治资源、参政能力和从政激情的女性进入政治权力核心的机会减少。另一方面,女性参政比例不能过高,法定的女性参政比例过高会打压男性的参政激情,加深两性的对立和分歧。因此,要根据各个国家和地区的政治现实确定两性参政的最低比例和数额。如何确定女性参政配额,不得不提及 Kymlicka 提出的门槛原则(threshold of presence),Kymlicka 认为只有弱势群体在国会中的代表达到一定比例,才能使其所关心的议题进入政治议程,对政治产生影响力。简言之,弱势群体的代表数量必须跨过能对政治产生实质影响力的门槛,才能使长期被压制、被漠视的弱势群体的观点和权益得到重视和保障。[1] 这意味着,一方面,法律制度应该明确规定女性参政的

---

〔1〕 Will Kymlicka, *Multicultural Citizenship*, Oxford: Oxford University Press, 1995, Chapter 7.

最低比例和数额，以确保女性能在政治场域发声；另一方面，虽然女性占总人口的1/2左右，但这不意味女性代表的比例必须达到50%，才能得到充分保障女性权益。女性代表的比例只要超过“能对政治产生实质影响力的门槛”即可。

具体到各个国家和地区的法律法规规定，性别比例从5%到50%不等，多数国家规定的比例为30%。美国的相关经验显示，如果女性在团体中的比例能达到1/3左右，那么就能逐步实现性别平等。国际妇女运动也认为30%是妇女参政的临界点，即只要女性参政比例能越过这一关键性门槛，女性群体就能实际影响法律、法规和政策的制定。

2. 选举制度的改革

选举制度直接影响妇女参政比例制的制定和实施效果。实证研究表明，选举中采用比例代表制（proportional representation）的国家，女性民意代表所占的比例较高。例如，北欧的妇女参政走在世界前列，这与北欧各国在选举中采用比例代表制密不可分。区别于单一选区多数制赢者全赢（winner-takes-all）的选举规则，比例代表制为女性参政提供更多空间。在实施比例代表制的国家和地区，对于政党而言，为了广泛吸引选民投票，政党更愿意提名不同背景的候选人。政党通过提名女性候选人，向女性展示其妇女政策，以得到更多女性选民的支持，有利于政党从选举中胜出。由于女性候选人并非政党在该选区唯一参选者，这也大大降低政党提名女性的风险，增加女性参政的机会。对于选民而言，因为女性候选人只是选民所支持的众多候选人之一，因此，选民也较愿意支持女性。

此外，比例代表制还通过政党竞争，促使更多政党引入妇女参政比例制。挪威的经验证明这一点。在20世纪70年代中期，挪威左翼政党——社会主义党开始引入40%的妇女参政比例原则，成为挪威第一个适用妇女参政比例制的政党。随后在20世纪80年代初期，作为当时执政党的劳工党采用妇女参政比例制。直到20世纪80

年代末期，挪威各政党纷纷采用妇女参政比例制或类似做法。可见，比例代表制对妇女参政比例制的推广和实施功不可没。因为，在比例代表制下，为了赢得选举，各政党竞相引入妇女参政比例制，彰显女性在这些政党中得到充分代表，争取更广泛的支持。

3. 定期审查妇女参政比例制

由于缺乏监督保障机制，在法律和政策贯彻执行过程中，对违背培养选拔女干部政策或执行政策不力的单位和部门缺乏有效的监督约束机制和监测评估，致使影响妇女参政的一些问题得不到及时有效的解决，加上受传统观念制约等，使妇女参政的法律和政策难以真正落实。[1] 以往关于妇女参政的文献鲜少提及妇女参政比例制的审查问题。在实施初期，该制度确实有利于女性参政比例的提高，改善长期以来的性别歧视和性别不平等。但是，随着性别角色和社会结构的转变，妇女参政比例制的弊端逐渐显现。到 20 世纪 90 年代，许多国家和地区先后出现妇女参政比例制落后于政治现实的情况，即女性民意代表的实际当选比例高于法律规定的当选比例。我们需要根据具体政治现实，审查和调整妇女参政比例制，以继续发挥该制度的积极作用。具体而言，定期搜集和判断相关性别参数，一方面，随着女性经济和社会地位的提高，不断提高女性民意代表的比例，避免性别比例制流于形式；另一方面，这一性别上优惠性差别待遇是有界限的，即一旦发现已经实现两性实质平等，继续实行优惠性差别待遇便可能导致对男性的逆向歧视，此时应该停止适用性别比例制。可见，定期检查妇女参政比例制的目的有二：一是检查制度的实施效果，是否实际提高女性参政比例，是否有效改善性别歧视现况；二是判断制度是否有存在的必要，一旦实现两性参政机会平等，可终止实施妇女参政比例制。《公约》为定期审查妇

[1] 许悦：《中外妇女参政比例比较及其思考》，载《哈尔滨学院学报》2008 年第 1 期。

女参政比例制提供国际法依据。《公约》第 4 条第 1 款规定："缔约各国为加速实现男女事实上的平等而采取的暂行特别措施，不得视为本公约所指的歧视，亦不得因此导致维持不平等或分别的标准；这些措施应在男女机会和待遇平等的目的达到之后，停止采用。"可见，为改善长期存在的性别不平等而采用的提高妇女参政比例措施不属于性别歧视，是合乎性别正义的。应该不断提高女性参政比例，确保女性在政治场域的话语权。此外，妇女参政比例制并非永久性存在，而是暂时性特别措施，即当男女的机会和待遇达到平等，该制度的目的实现后，应该停止实施妇女参政比例制。许多国家和地区在法律法规中明确规定定期审查制度。例如，根据相关性别参数，英国预计在 2015 年前后能基本实现性别平等，因此，2002 年修改后的《性别歧视法》(Sex Discrimination Act)引入了"落日条款"，规定英国的性别比例制只实施到 2015 年。一旦实现两性平等，女性能与男性进行公平、自由的竞争，不需要借由妇女参政比例制当选，妇女参政比例制也就没有存在必要。

## 五、结语

随着民主化和现代化发展，传统的性别刻板印象已经松动，人类社会进入新的性别分工时代。女性从家庭中解放出来，通过政治参与展示其独立性和实现其价值。当前，妇女参政比例制是女性进入政治场域的重要通道。针对妇女参政比例制存在的问题和正当性基础分析，就当前的政治现实，它是极具积极意义的。妇女参政比例制非但没有造成对男性的逆向歧视，反而通过引入女性观点拓展政治视野和政治空间。然而，妇女参政不是一蹴而就的，而是一个艰辛且漫长的历程。因此，引入妇女参政比例制只是两性共治的开始，我们需要不断调整和完善其理论和具体制度，才能顺应时代潮流和社会情境的变化，最终得以实现。

# 法治思维和价值判断

## ——在法律适用中形成价值最大公约数

李少婷*

**【内容摘要】** 一个社会的核心价值体系是建立法治的基础。塑造法治思维,就是让大多数公民特别是执法者和司法者确立法律至上、权责统一、公平正义等理念,并逐步内化为日常的行动。在解决争议性案件、化解社会矛盾中,案件事实的认定和法律推理的全过程都渗透着价值判断,是法律适用中那只"看不见的手"。法治思维是一种整体性的思维和社会思维,是一种国家治理的理念、视角和思路。在重大争议性案件中,加强规则意识、防止权力滥用、注重人权保护、对弱势者和边缘群体权利进行适当倾斜,更有利于形成价值判断的最大公约数。

**【关键词】** 法治　案件事实　价值判断

法治某种意义上是一种说理式的思维模式,这种思维模式表现为人们自觉地按照规范及其精神来思考和行动,核心在于合法性分析。然而,何为公正,何为事实,在实践中经常遇到争论。究其根本,在于价值观不同,不同的价值判断,在案件事实的认定中会得出不同结论。中国的改革正在深水区"潜泳",面对多元价值观的冲击和各种社会矛盾的交集,公职人员特别是法官的价值判断和思维模

* 作者系中国政法大学法学院博士研究生(法理学方向)。

式对全社会具有示范效应。在法律实务中,法官在适用法律进行法律推理时都注重确定生活事实与法律规范之间的涵摄的过程。面对一项争议或纠纷,法律判断都需确定事实和寻找判断标准——合法性。可以说,依据事实寻找规范文本是大陆法系法律职业者的基本功。从法律适用的过程来看,案件事实的形成与法律判断同步展开,价值判断在法律职业者建构案件事实中具有重要作用,是其隐含的背景。因而,研究价值判断在法律适用过程中的作用,对于提高法律职业者的职业水平,有重要意义。

## 一、价值判断在构建法律三段论中的作用

何为价值判断?从哲学上讲,价值判断是判断主体根据价值主体的需要,衡量客体是否满足价值主体的需要,以及在多大程度上满足价值主体需要的一种主观性的评价活动。[1] 价值判断滥觞于赫克所倡导的利益法学,到了拉伦茨所开创的评价法学那里则发展到了一种巅峰之势,其后一直被视为法学方法论的重要内容。在价值判断中,核心是评价。由于法律具有抽象性,其不可避免地带来不确定概念、概括条款、尚未被立法者预见等问题,需要法官引入价值判断予以填补。拉伦茨在论述案件事实的判断基础时将价值判断视为判断案件事实的填补标准。例如,民事和经济法律中的“公序良俗原则”“诚实信用”“紧急避险”“显失公平”,等等,给予法律职业者自主判断的空间。所有这些标准都需要执法者和司法者在个案中根据自身价值取向予以具体化,因而,价值判断进入法律解释、法律推理和法律论证已成为一个不争的事实,在司法裁判中恰当地运用价值判断可以保证获得一个符合正义的个案裁判,推进个案正义的落实。

在法律规则中,事实与价值是相互联系、彼此交融的。司法三段

---

〔1〕 卓泽渊:《法的价值论》,法律出版社2000年版,第464页。

论是一种基本的法律推理模式和裁判模式,其指法官必须根据事实和法律这两个前提做出判决或裁定(结论),即从大、小前提推导出裁判结论。法律规则是大前提,法庭认定的案件事实为小前提,推导出的结论便是判决。这个裁判过程用公式可表述为:大前提 T→R(具备 T 构成要件者适用 R 法律效果);小前提 S = T(待决案件事实 S 符合 T 构成要件);裁判结论 S→R(该待决案件事实 S 适用 R 法律效果)。在法律史上,三段论的法律推理可以追溯到亚里士多德,推崇到极端的是德国的概念法学和美国的兰德尔主义司法裁判论。直至今天,司法三段论在整个司法裁判中仍处于形式上的主导地位,它为司法裁判过程提供了一个相对确定的形式框架,保证司法活动的形式合理性。学界有一种观点,将法律推理和司法裁判界定为对法律规则和案件事实所作的逻辑分析尤其是演绎推理的三段论逻辑分析。然而实际情况是,法官在司法裁判中所作的决定不仅涉及逻辑方法,还涉及经验、价值判断、社会舆论等众多因素。

价值判断是法律适用过程中不可排除的因素。大体来说,从司法裁判过程来看,法律推理中的价值判断主要就是基于案件事实的价值判断。在司法实践中,价值判断存在于构建司法三段论的每一个步骤中,司法三段论推理的大前提的确定、小前提的认定、结论的推导都渗透着法官的价值判断。任何法律规则都必然是事实与价值的融合体,体现着立法者的价值判断,法律推理的大、小前提都是事实判断和价值判断的复合体,因而价值判断是由案件事实之“是”通往当事人之“应当”的逻辑桥梁。[1] 价值判断在司法三段论的构建中具有重要作用,法官的价值判断不仅有利于正当裁判的作出,而且有助于法律价值体系的完善,其具体表现为:一是价值判断具有发现、选择法律规范的作用,即法律的识别作用。一方面,在面对

---

〔1〕 张继成:《从案件事实之“是”到当事人之“应当”——法律推理机制及其正当理由的逻辑研究》,载《法学研究》2003 年第 1 期。

特定案件事实时,法官可以凭借其价值判断从不同的法律规范中进行挑选,找寻适用于该特定案件事实的法律规范。另一方面,在法律解释中,法官可以通过价值判断发现立法者的立法宗旨和目的,对法律规范作出不同的解释。二是价值判断具有归类、中介的作用。法官对原初事实的认定和判断构成审判三段论的小前提。法官必须通过一定的程序、规则去识别、认定、选择案件事实。而案件事实认定及形成小前提过程中离不开价值判断。价值判断可以对不同的事实进行剪裁,使案件事实得到恰当地法律评价和归类。这一过程是案件事实向法律规则提升和法律规则向案件事实贴近的双向过程,从而推导出裁判结论。三是价值判断具有定性、量裁作用,即确定法律效果。质的价值判断具有定罪(刑事审判中)或责任划归(民事、行政审判中)的作用,量的价值判断具有量刑(刑事审判中)或责任量裁(民事、行政审判中)的作用。四是法官的价值判断通过案例等方式潜移默化地发展着法律价值体系。

## 二、案件事实建构的过程:本体论向认识论的转向

事实作为本体论意义上的概念,主要"对应于观念、理论、价值等主体性存在的一种客观存在",〔1〕即罗素所指出的,"事实本身是客观的,独立于我们对它的思想或意见的"。〔2〕然而,就本体论意义而言,还有事情、事件、事物等相关概念,事实概念既不唯一也不独特。事实概念的最大意义,在于沟通了本体论和认识论,还具有认识论意义。从认识论上来说,事实概念意味着作为认识对象和陈述内容的论证性命题。当法官面临个案时,展现在法官面前的是对已

〔1〕 舒国滢、王夏昊、梁迎修等:《法学方法论问题研究》,中国政法大学出版社2007年版,第282页。

〔2〕 [英]罗素:《我们关于外间世界的知识——哲学上科学方法应用的一个领域》,陈启伟译,上海译文出版社2006年版,第40页。

逝的生活事件的陈述,也就是说,已发生的生活事件并不能在法官面前真实再现,甚至不能像纪录片那样得到接近绝对真实的陈述。人类通过语言认识事实从而描述事实,法官能感知的仅仅是当事人双方对生活事件的陈述和能证明其陈述的证据。案件事实的建构虽然要以客观存在的生活事件及作为陈述性命题的原初事实为基础建构,但是实际上更多受到"规范事实"的制约。如果法律适用中建构起来的"案件事实"不符合法律规范的事实要件,即使它符合客观,在法律上也没有任何意义。如何从生活事件转化为案件事实,在各个不同案件中具有各种不同情况,是法律人面临的一大难题。如上所言,从逻辑展开上,法庭对每一案件必须先查明事实,然后才能适用相关的法律,作出判决。首先是确认作为判断素材的"事实",即小前提;其次是寻找作为判断依据的法规范,即大前提;最后是将案件事实涵摄于法规范之下,依逻辑三段论推理推导出结论。这正是法律形式主义者的观点。然而,司法三段论的过程,绝不是像一架"自动售货机"那样,投入法律条文和事实材料,就能自动输出判决,并始终保持着原汁原味。法律人形成案件裁判结论的过程,更不是按照想象中的逻辑顺序始于作为判断依据的大前提已被发现、小前提已被证立的情况下,而是与案件事实的形成和可适用法规范的发现相同步。在这个意义上,案件事实形成阶段的法律判断比最终形成裁判结果的判断更为重要。

案件事实是如何构建的呢?关于案件事实的建构,有以下几种典型的观点。第一种是以弗兰克为代表的案件事实猜测说,认为案件事实仅仅是对生活事件的猜测。法院通常是通过查明事实程序来了解已然,但查明事实程序经常会遭遇各种困难,诸如证物遗失或变形、证人失踪或死亡等。即便证物保存完好,其反映的信息也可作多种解释。即使证人身体健康,证人证言也可能不真实,原因可能是记忆失误和潜在的偏见,也可能出于故意的不诚实。所以,从听审证词开始,法庭就必须进行一系列的猜测。第二种观点是案件事实修辞说,认为在确定案件事实的过程中,修辞作为一种有目的的语言技巧和说理艺术,本身就是法官对事实的建构。如何从片段性的证据中形成完整的案件事实呢?这其实就是一个讲故事的过程。控辩双方各自根据证据编织出故事,通过语言技巧和文学手法塑造人物形象(类似小说、剧本创作),模拟出案件情境。修辞是跨越证据到案件事实的桥梁,不同的修辞策略将导致不同的故事版本。法官根据故事接受度,挑出或构建出最佳故事版本。第三种是法律解释学分析。指出案件事实的形成是法官基于自身经验和传统对证据作出的一种法律解释。拉伦茨认为,案件事实建构过程中的先行判断是凭借感知、对人类行为的解释、一般的社会经验、价值标准和法官的自由裁量为基础作出的。民法法系有悠久的诠释学传统,最初是对罗马法的解释。“由笛卡尔开启的近代哲学的研究重点从古希腊罗马时期的本体论问题转向认识论问题,主客体关系成为基本的认识范式为人们所把握和运用,最终由19世纪的德国哲学家施莱尔马赫和狄尔泰成就诠释学大统。进入20世纪,哲学史由近代注重主客体关系的研究转向于主体认识活动的内在机制以及认识与语言。”[1]第四种观点以恩吉施为代表,认为司法三段论小前提的构建需要在生活事实与法律间来回穿梭。由于生活事实丰富多彩,需要法官用“法眼”予以挑选,而此“法眼”,又和过往判决以及生活经验相关。这就是解释学上的循环。

如上,无论持哪种观点,在法律适用中,案件事实的形成都涉及错综复杂的问题。具体而言,案件事实的构建可以分为三个阶段:首先,律师、法官听取当事人陈述,审视各项证据。其次,依证据显示的片段化信息对实际发生的事件作出合理想象和情境再现,确认该“案件事实”符合法律真实。法律真实不等于客观真实,但法律真

〔1〕[德]伽达默尔:《真理与方法》(上卷),王才勇译,上海译文出版社2004年版,第424页。

实永远以客观真实为追求。不同案件对“真”的证明要求不同，这涉及证明规则。一般而言，刑事案件因其法律后果之严厉而比其他案件证明要求更高。例如，最高人民法院、最高人民检察院、公安部、国家安全部和司法部联合发布的《关于办理死刑案件审查判断证据若干问题的规定》和《关于办理刑事案件排除非法证据若干问题的规定》，以及最高人民法院《关于审理行政诉讼证据若干问题的规定》《关于民事诉讼证据的若干规定》，对不同类型的案件事实的证明标准作出不同规定。最后，分析该“案件事实”是否具有被涵摄于特定法规范之下的必要构成要件。此时，法官需借助涵摄模式进行推演：一方面将案件事实抽象成构成要件；另一方面解释法律（特别是概括性法律条款和不确定的法律概念），并将二者进行对比。

## 三、案件事实“剪裁”中的价值判断因素

“逻辑的方法和形式迎合了那种对明确性、对静止不变的渴望，这种渴望存在于人的心目中。但是，确定性一般来说是幻想，静止不变也不是人类的命运。在逻辑形式的背后，存在一种判断，涉及的是相互冲突的立法根据的相对价值和重要性。”[1] 司法三段论的构建过程不是完全的逻辑推理过程，而是经过价值剪裁的思维过程。正如霍姆斯曾指出的，逻辑的方法和形式虽然迎合了人们对司法裁判确定性的渴望，但这种渴望只是一种幻觉。判决并不是“一加一等于二”的机械数学计算。如果科学推理的逻辑机制能适用于所有案件，疑难案件会迎刃而解，同案同判也将不再是理想。案件事实的构建包括案件事实的认定与案件事实的归类，这两个步骤都会涉及法官的价值判断。这是因为，法律规范和法律原则的解释以及案件事实的认定都存在价值选择，诸如公平原则和效率原则的紧

---

〔1〕［美］史蒂文·J. 伯顿：《法律和法律推理导论》，张志铭、解兴权译，中国政法大学出版社1998年版，第94～95页。

张,程序正义和实体正义的冲突需要法官在司法三段论的构建中运用自身知识和价值予以选择。

1. 案件事实的认定

“事实的认定(establishafact)就是承认一些断定情况过去是,或现在是如此的命题为真。我们承认为真的命题必须得到充分的证明,不论是通过某种知觉(在这种情况下是法院成员的知觉)的直接证明,还是通过一定推理过程的间接证明。”[1]案件事实的认定是法律适用的前提,也是建构小前提的根本要求。案件事实的认定主要是通过证据认定来完成,对法律规范的寻找、理解有着重要的意义。当具体个案呈现在法官面前时,法官首先需要运用法律思维对生活事件进行剪裁,判断认定的案件事实是否属于法律构成要件所指称的法律事实类的一个分子,这才能使纯粹的事实问题具有规范的意味。价值判断的基础在于实在法,对证据可以进行以下三个方面的价值判断:合法性的评价;真实性的评价;证据内容、意义的评价。

2. 案件事实的归类

案件事实的归类是指根据法律规范判断作为案件事实的生活事件是否可归属于特定法律中的事实范型,是否符合法定的事实构成要件。案件事实得到认定后,小前提的构建并没有完成。从小前提S = T(待决案件事实S符合T构成要件)来看,案件事实的认定仅仅确定了S,对“S”是否符合法律规则中的“T′”构成要件并未涉及。在客观事件被陈述为案件事实的过程中,需要进行法言法语的转换。同时,需将案件事实进行抽象和归类,提炼出构成要件,再判断S和T是否具有相同的价值判断。例如,欠债不还可表达为违反合同约定,顺手牵羊趁着没人拿走别人的东西可表达为盗窃财物。具体而言,案件事实的归类中涉及的价值评价包括对7W(what matter、

〔1〕[波]齐姆宾斯基:《法律应用逻辑》,刘圣恩等译,群众出版社1988年版,第284页。

when、where、how、why、what thing、who)要素事实的价值评价,从而逐一与法律规则中每个法定事实构成要件相比对。每项都符合,才能依据司法三段论进行判断,由是什么推出应当怎样。

“在审判过程中,法官的确是进行了价值判断的,而且这种作为审判依据的价值判断往往与审判的逻辑说明同时,或先于逻辑说明进行,二者在现实中相互交错、相互影响。”[1]在法律实践中,价值判断存在于三段论推理全过程,而且在确定“案件事实”上具有重要作用,是法律适用中那只“看不见的手”。然而,这只看不见的手却必须以维护广大人民利益为基础,才能实现法律效果,推动社会发展。法治思维是一种整体性和程序性思维,是一种国家治理的理念、视角和思路。在重大争议性案件中,加强规则意识、防止权力滥用、注重人权保护、对弱势者和边缘群体权利进行适当倾斜,更有利于形成价值判断的最大公约数。具体而言,对于低收入群体、流动人员、鳏寡孤独人员,要加强信息的搜集和摸底工作,对他们的需求进行调查,对他们的权利要加强保护,降低诉讼门槛。

---

〔1〕 [日]川岛武宜:《现代化与法》,申政武等译,中国政法大学出版社2004年版,第243~244页。

# 学术聚焦

**【编者按】** 本卷“学术聚焦”栏内，我们聚焦于清末民初中国法律近代化的专题。我们选编了两篇文章，其中前一篇讨论中国传统法律体系的解体问题，后一篇讨论民国初年刑事特别条款的删改与复原问题。两篇文章论述的具体问题虽有不同，但是从中都可以体会到，在新旧交替的时代中，中国传统法固有的复杂性，深刻地影响到了中国法律近代化的走向。

# 清末立宪修律及中国传统法律体系的解体的再认识

## ——以“苗民弗用灵”事件为引子*

郭　威**

【内容摘要】　“苗民弗用灵，制以刑，惟作五虐之刑曰法”，是《尚书·吕刑》中的一句话，它可以用来表述我国上古时代的“苗民”部落的“法律及其运行方式”，同时也是夏部落因其“法律及其运行方式”与“苗民”不同而对“苗民”部落征伐的一个借口。但就法律发展及法律价值实现方法的角度而言，“苗民”部落的“法律及其运行方式”显然走出了“神判”的窠臼，而优于“用灵、敬天”的华夏部落。这使我们看到一方可以因军事力量优势占据话语主动权，从而指责另一方的法律甚至整个文化。清末时期，中国传统的法律体系被西方的法律体系所取代与此有类似之处。本文试图以此为切入口，探讨中国传统法律体系的解体，并对中国未来的法律制度建设做出简单思考，以期裨益于中国当代的法制建设。

【关键词】　苗民弗用灵　传统法律体系　解体　文化差异

---

*　“苗民事件”与清末立宪修律活动时间相去甚远，笔者将其放于此处作为引子，实为看中两个历史事件的一个相似性：都是因为战争的失败丧失了本部落、本民族的文化话语权。以其为引，或许存在相当的偏颇之处，在此提出，如有不合理之处，勿望不吝指正。

**　作者系中国政法大学法律史学博士研究生。

反思

## 一、先秦时代的部落战争及其实质内涵

根据文献记载及传说:“苗民”是我国先秦时期的一个古老部落,其可能是现在我国苗族同胞的祖先,也可能与当时的“九黎”一样,仅是区别于华夏部落的一个称谓。《尚书》治要:“三苗,国名也”,说明当时的苗民部落已经有了自己的部落形态,甚至是国家形态。当时,古老中国的土地上部落林立,为了各自生存与发展的需要部落之间的纷争在所难免。其中就有华夏部落与苗民部落的纷争,,纷争还牵涉到了“九黎部落”,“九黎部落”有一著名首领,即为我们所熟知的蚩尤。

黄帝与蚩尤大战于涿鹿之野的历史典故已为我们所熟知,而在部落纷争的过程中,苗民部落似乎与“九黎部落”有着较为良好的关系。《伪孔传》云:“三苗之君效蚩尤之恶”,《国语·楚语下》也言:“三苗复九黎之德”,都表达出了同样的意思。也可以看出华夏部落自黄帝时开始至夏禹时期与苗民部落之间就相互征战,并且互有胜负,直至最后华夏部落对“三苗”取得了决定性的胜利。先是黄帝与蚩尤战于涿鹿,后又“尧战于丹水之浦,以负南蛮”,“窜三苗于三危”,〔1〕到了舜时期,“却苗民,更易其俗”〔2〕已经试图改变苗民部落的风俗习惯,后舜“南征三苗,死于苍梧”,〔3〕到了夏禹时期,华夏部落对苗民部落进行了一场近乎毁灭性的打击战争,此战过后,苗民部落再也无力与华夏部落作战。《墨子·非攻》篇对这场战争进行了描述:“昔者三苗大乱,天命通之。日妖宵出,雨血三朝,龙生于庙,犬哭乎市,夏冰,地坼及泉,五谷变化,民乃大振。高阳乃命玄

---

〔1〕《吕氏春秋·召类》。

〔2〕同上。

〔3〕《淮南子·修务训》。

宫,禹亲把天之瑞令,以征有苗。四电诱抵,有神人面鸟身,若瑾以侍。溢矢有苗之祥,苗师大乱,后乃遂几。禹既已克有三苗,焉磨为山川,别物上下,卿制大极,而神民不违,天下乃静。则此禹之所以征有苗也”。从材料的解读来看,更像是夏禹在苗民部落经受了巨大的自然灾难之后,乘虚而入,一举击溃了三苗,进而取得了战争的决定性胜利,被征服的三苗:“宗庙被夷,子孙为隶”。

值得一提的是,在华夏部落征伐苗民部落的过程中,华夏部落的首领一直在强调一个战争的理由:“苗民弗用灵。制以刑,惟作五虐之刑,曰法。杀戮无辜,爰始淫为劓、刵、椓、黥……皇帝哀矜庶戮之不辜,报虐以威,遏绝苗民,无世在下。”[1]每次进行战争总是以替天行道,消灭异类的口吻,将己方置于“符合天道”的制高点上,指斥苗民部落“弗用灵”,其“法”酷虐。退出历史舞台中央的苗民部落在胜利者书写的历史中成为异端、蛮夷,其创制的“刑法”也被指斥为酷虐之法,其战败也是由于滥施酷法,招致天怒,而对其降下惩罚。

指斥苗民“弗用灵”为非,则己方自然是以“用灵”为正。根据《说文解字》:“灵,巫也。各本巫上有灵字。”“用灵”的华夏部落在法律形态上尚属于“神判”阶段,从法律的发展及价值的实现方式的角度来看,苗民部落的“刑”虽然残酷,但是却比华夏部落较为先进。而根据传世文献和近现代法律史的研究可知,华夏部落在战胜苗民部落不久以后也建立了类似的“刑罚”体系,如华夏部落的刑罚体系中,逐渐也有了“五刑”“俱五刑”等称谓,残酷程度丝毫不逊于苗民的“五虐之刑”。

苗民部落的法律及其刑罚并非真的“酷虐”“不合天道”,而是因为自身的战败,丧失了品评自己法律制度乃至本族文化的话语权,而华夏部落之所以能够在先指斥苗民部落法律制度“弗用灵”“有违天道”,并以“替天行道”的姿态征伐苗民部落,后来又制定与其相似

〔1〕《尚书·吕刑》。

或根本就相同的刑罚制度,而没有感觉有何不妥,就在于部族武力强盛,通过战争的胜利,掌握了文化的话语权,并书写了后来的历史。

历史的一大魅力在于:无论古今中外,总会演绎出相同或相似的情景。中国法律史上的“三千年未有一大变局”的“清末修律”,其产生的背景和根本原因此也颇有类似之处,面对这段史料,我们正可以在反思一下清末的立宪修律及中国传统法律体系的解体。

## 二、清末立宪修律的主要诱因及清末立宪修律的再思考

清末修律,是中国法律史上、中国近代史上乃至中华文明史上的一次重大事件。经过这一事件,不仅中国自先秦时代所产生,并延续至清末的法律体系在西方的强力冲击下解体、被取代,中华数千年之“法统”就此消失,也标志着中国人对“法律体系、法律文化”为代表的中国传统失去了信心,或许至今都未能恢复。清末修律的出现,既是中国自鸦片战争以来一败再败的所催化出的历史事件,同时,修律的出现也有当时历史条件下的几点现实考量。通过清末修律过程的梳理及原因的总结,仍能让人对这一事件作出思考。

### (一)鸦片战争的战败及后来战事的一再败北,是清末修律的诱因

19 世纪 40 年代,势力方炽,正在世界范围内积极寻求扩张的英国与古老的中华帝国相遇,并因“鸦片贸易”受到中国的遏制而与中国开战。中国由于准备不足,武器落后及对此次战争的重视程度不够等多种原因,最终与英国签订了拉开中国近代耻辱序幕的《南京条约》。其后,中国与西方国家又数度发生战争,虽然在一些战争之中有小胜,但还是多以中国的战败而结束。列强在中国攫取的利益越来越多,而对中国的轻视却越来越严重。迨至中日甲午海战,偌大中国竟然败给了一向为中国所轻视的“蕞尔小国”—日本,似乎更让列强看到了中国的虚弱不堪,对中国最起码的尊重亦不再保有,

并无视清政府的存在，在中国划分起了势力范围。并一改昔日羡慕、向往中国文化的心态，对中国的制度，乃至整个文化都开始持有鄙夷的态度。

而中国内部，士大夫阶层中忧国之士，也开始寻求改变国运的良方。这些士大夫们开始还对国家、对本民族之文化保有相当的自信，从“师夷长技以制夷”，到“中学为体，西学为用”，都是这一心态的形象表露。然而，随着中国对外战争的一次次失败，特别是向来不为中国所重视的日本，经过明治维新后短短几十年的发展，竟然在“甲午海战”之中一举击溃了清王朝几十年间花费巨大物力、心力所建立的北洋水师。传统中国的士大夫乃至清王朝的皇帝再也无法安于现状，希望借助一场由“器物到制度”层面的巨大改革来挽救中国的危局。清王朝在甲午战争中的失败，给了以康、梁为代表的试图挽救中国危局的知识分子一个情绪表达的窗口，也给了正在准备掌权，并希望有番作为的光绪皇帝一个借此整合壮大自身力量的机会。一场以“变法图强”为号召的维新运动，最终还是由于双方过多的“政治斗争考量”而流产。

虽然“戊戌变法”并未对当时的体制产生实质性的影响，但是，它却表明：中国的知识分子及统治阶层中一些掌握权力的人开始意识到：摆脱危机必须进行改革，并试图将改革付诸实践。改革的种子被埋进认为需要改革的泥土，一旦有机会，它将会破土而出，甚至最终成为参天的大树。“维新变法”虽然没有成功，但“变法”的理念已然对中国人的思维方式产生影响，一旦再会有危局出现，人们可能还会想到“维新变法”，并企图再次以一场“变法运动”来解救再次出现的“危局”。

义和拳运动及“庚子事变”的发生，给了“新政”一次出场并最终改变了中国传统法律运行轨道的机会。

尚对列强抱有戒备甚至敌对心理，但对国家形势没有清醒认识的慈禧太后，企图依靠义和团的力量战胜列强，最终在列强军队尚未进入北京之前就慌忙带上被其形同囚禁的光绪皇帝去"西巡"。尚在"西巡"的慈禧太后,就匆忙以光绪皇帝的名义下诏;"法敝则更,惟归于强国利民而已……取外国之长,乃可去中国之短;惩前事之失,乃可作后事之师。"[1]要求上下臣工提出变法改制的措施及建议。

1901年7月,湖广总督张之洞,两江总督刘坤一,三次联名上奏折,合计共提出了27条建议。对科举、选官、练兵、税务、邮政等各方面均有所涉及,其中就有陈条明确提出了:定矿律、路律、商律、交涉刑律。[2] 同年6月,驻日公使李盛铎上陈朝廷:"查各国变法,无不首重宪纲,以为立国基础。惟国体、政体有所谓君主、民主之分,但其变迁沿改,百折不回,必归依于立宪而后底定……横览世界,殆无无宪之国可以建立不拔之基业,而幸致富强者矣。俄国国本不固,工商不兴,外强中干,皆职是故"。并建议朝廷"近鉴日本之勃兴,远惩俄国之扰乱,毅然决然,首先颁布立宪之意,明定国是"。[3] 1904年,驻法国公使孙宝琦根据自己驻外使节的经历及考察,也向清廷具奏变法事宜,力言变法立宪的益处:并建议朝廷"仿英德日本之制,定为立宪政体之国,先行宣布中外,于是固结民心,保全邦本"。[4] 1905年,张之洞、袁世凯、周馥又联名上书,恳请朝廷以12年为期实行宪政。

一时间,朝野上下、朝廷内外,已然对变法立宪达成了空前的高度认同,在此种情形下,变法立宪,似乎成了一项必须进行的运动。

---

〔1〕《光绪朝东华录》(光绪二十六年十二月),中华书局影印1958年版,第4601页。

〔2〕苑书义等主编:《张之洞全集》(第2册),河北人民出版社1998年版,第1407~1428页。

〔3〕《追录李木斋星使条陈变法折》,载《时报》1905年11月28日。

〔4〕戴逸、李文海主编:《清通鉴》(1~20册),山西人民出版社2000年版,第8768页。

加之当时内有革命党人声势日高的“排满共和”活动愈发频繁，地方实力督抚日渐离心，外有列强的咄咄逼人与各种干预。立宪，是为了民主、进步，实行立宪既可以应对革命党人革命的口实，也可以安抚地方实力督抚的“离心”。变法则是学习西方之法，使本国与列强具有了同样的法律形式、社会管理模式，可以让列强看到中国抛弃以往“落后形态，向往文明”的决心，以期得到列强的认同、放弃治外法权，[1]更期望达到“量中华之物力，结与国之欢心”的目的。在此种情形下，慈禧太后在接见亲贵大臣时表示；“立宪一事，可使我满洲朝基永久确固，而在外革命党亦可因此涡灭。候调查结果后，若果无妨碍。则必决意实行。”[2]并于1905年7月16日，颁布上谕，表明朝廷已然决心变法，并将派出大臣出国考察。由此拉开了中国法律史上，乃至中国文明进程中的一次重大事件的序幕。

毋庸讳言，就立宪活动而言，清末的立宪活动虽然开“中国立宪活动之先河”，但这场立宪活动并未在中国确立起西方的“宪政体制”，也并未通过立宪活动给当时的中国建立所谓的“民主政治”，更未对当时的君主专制体制产生实质性的影响。而中国君主体制的终结，最终还是靠后来的革命行动来完成。但是变法修律的情形就大不一样，通过这场修律运动，不仅将大量的西方法律制度、法制理念、法律文化引进到了中国，更是直接解体了中国延续近两千多年的法律制度及其运行体系。能展现中国固有文化的法制理念也在当时及以后的制定法的立法精神中剔除殆尽，几乎没有体现，更在日后的立法、司法实践中弃之如糟粕。而这一影响一直持续到今天。

---

〔1〕《辛丑条约》签订以后，英国又与清政府签订了《中英追加通商航海条约》，其第12条规定：“中国深欲整顿律例，期与各国改同一律，英国允愿尽力协助，已成此举，一俟查悉中国律例情形及其案断办法……英国允弃其领事裁判权。”表明英国曾以放弃其领事裁判权为条件，诱使清政府变法修律。

〔2〕张枬、王忍之：《辛亥革命前十年间时论选集》（第3卷），三联书店1977年版，第70页。

值得注意的是，这次变法修律以及立宪活动主要参照的对象是日本，制定出来的法律也多由日本学者参与制定，而追溯其本源，中国变法修律的参照对象实际上应该是德国。因为这个时期的日本也正在参照德国修订自己的法律。刚刚派员游历各国的清政府及参与修律的官员，对参照日本，实则承袭德国法律的情形有相当的知悉。正如戴鸿慈所说，值此生死存亡之际，与其茫然无措或者歆羡日本的成就，不如追本溯源。日本自明治维新三十多年以来，"事事取资于德"，所以中国的当务之急，不外乎"以德为借镜"。[1]

中国变法立宪仿行日、德，除了因为日本与中国毗邻国情风俗相近，德、日两国都保有君主体制的原因外，更因为在清政府看来德日两国都是新兴的军事强国。日本不仅在甲午战争中打败了中国，更在后来的日俄战争中战胜了俄国。而不久前还处于分列状态为的德国通过改革不仅击败了很早就开始侵略中国并一直占据欧洲大陆霸主地位的法国，近来更是以咄咄逼人的态势，同其他列强在中国展开着竞争。清政府青睐日、德两国的政体、法律，也是期望通过学习两国，并能够像两国一样达到"以祸为福，以弱为强"的经历，而且其"进步之速，为古今万国所未有"[2]的状态。这也可以看作战争促使修律的表现。

（二）传统法律体系的解体是战争的失败影响波及文化、法律制度层面的表现

战争，往往是历史及社会进程发生重大变化及转折的促化剂。有时它会穿越因果关系的界限，以难以预料的方式改变或颠覆历史演进的进程，有时它是社会变化一剂猛药，暴露出被掩盖的社会矛

---

〔1〕 戴鸿慈：《出使各国考察政治大臣戴鸿慈等奏到德后考察大概情形暨赴丹日期折》，载故宫博物院明清档案部编：《清末筹办立宪档案史料》（上册），中华书局 1979 年版，第 10 页。

〔2〕 陈铮：《黄遵宪全集》（上册），中华书局 2005 年版，第 6 页。

盾,从而比其他事件更能引起社会思潮的变动,进而引发社会的改革或者革命。但更多的时候,战争是展现力量、掠夺资源、向外推行本国、本民族文化理念、政治模式的有利方式。

正如前文所言,中国在经历过一场场的失败后,一场场失败又不断冲击着中国人传统价值观及文化认知模式,使中国人对本国文化的固有认知逐渐从骄傲的认同走向怀疑再到无情抛弃甚至是鄙夷。并且开始愈发认为只有学习西方、效仿西方、将自身纳入西方的认同体系才是国家和民族未来的出路。而列强则通过一场场对中国战争的胜利不仅看到了一向为西方所钦慕的古老帝国原来是如此的虚弱不堪,更对中国文化的态度由原来的推崇逐渐转向轻视与鄙夷。[1] 后来不仅派驻大量的传教士进入中国传教,创办教育,鼓励中国人到其本土学习,还向中国兜售其政治与法律制度。

因此笔者认为,中国传统的法律体系的解体及西方的法制理念能够取代中国传统的法制理念,并不是因为西方的法律制度,法律文化比中国传统的法律制度、法律文化先进,归根结底可以认为是战争失败的影响,波及文化层面,具体而言,就是法律文化、法律体系、法制理念。因为法律脱胎于文化,本民族的所创造出的法律,是本民族文化的重要组成部分。中国传统法律体系的解体,从内而言,是中国人将战争失败的结果归因到了法律制度上,从外而言,则是西方通过战争的形式,将中国强行纳入了其文化体系、法律体系。正如文章开头所提到的"苗民弗用灵"事件,完全是战胜者对战败者不合理的指斥,假使在这场战争中,苗民部落取得了最后的胜利,恐怕"苗民弗用灵"的话语就不会在《尚书》中出现。而同样,如果,当年东西方之间的战争,中国从一开始能够取得胜利,使列强不敢小视中国,则中国传统的法律体系应当会保存下来,并在日后的文明

〔1〕 如在欧洲启蒙运动时期,孟德斯鸠、伏尔泰等人就多次盛赞中国的法律制度、科举制度的先进,应当为欧洲所借鉴和学习。

碰撞中吸收其他能够完善自我的因素,保留本体,不断发展。中国传统法律体在历史上的发展演进过程就已经说明了这一问题:除汉民族原有的法律、习惯外,中国传统的法律中吸收并融合了其他民族的民族法及习惯,并不断在变化。如果中国传统的法律体系和法制理念能够得以延续,中国就不会在西方的语境下评价自己的法律,中国可能也就不会以西方的标准来给自己定义所谓的“近代与现代”,也不会以“法制的近代化和现代化”来评价自己的法律,因为离开了这样的一种语境和话语体系,这些概念对中国而言可能就是一个“伪命题”。

但是,历史不能推倒重来,现实的情况是:中国传统的法律成了战争失败的一个责任承担者和牺牲者。然而,每一次战争的胜负,必定是多方面因素共同作用的结果,而每一次战争的失败,又必定有多重因素需要对其负责。一个国家的制度形式,文化传统等都不过是诸多因素中的一个,而法律制度、法律文化又不过是政治制度、文化传统中的一部分,如果真的需要法律为战争的失败来负责,那法律究竟该为战争的失败负责几何?

笔者这样讲并不是要否定西方的法律制度及法律文化;相反,倒认为中国传统的法制理念和法律制度在有些方面需要向西方去学习,从而更好地自我完善。

中国的传统法律制度、法制文化乃至中华法系并非由于落后才遭受到了解体、被替代和消失的命运,虽然它在某些方面确实也存在有许多不足之处。例如,西方的民商事法律制度确实保护了工商业和私有财产适应了社会经济发展的需要,单就这方面而言,中国就需要向西方学习。诚如上文所提到的那样,法律,脱胎于文化。文化的形成受多种因素的影响,不同的地区、不同的群落会处于不同的地理环境,经历特有的历史事件而产生和创造出本地区、本群落特有的文化。不同地区、不同民族的文化虽然有差异,但不应有优劣高低之分,文化应当有交流,但应有文化霸权,更不应以自己的文化去试图去压迫其他地区,其他民族的文化。中国传统的法律与西方国家的法律一样,都是本地区、本民族文化的一部分,它们会有表现形式的不同,也会有价值追求的差异,但是,表现形式的不同和价值追求的差异,不应当成为品评优劣因素,更不应当是后者用来取代前者的借口。其实,抛开表现形式不同、价值追求差异,就法律传统、具体立法技术而言,中国传统的法律同西方相比,不仅不会逊色,甚至更有光辉。

## 三、由立宪修律而思及的中西法律比较及当代中国法制建设

### (一)回顾:中西相比,中国传统法律未尝逊色于西方

中西法律的比较是一个十分复杂的问题,笔者自知能力不逮,也无意于将两者进行全面比较。只想仅就中西法律的传统、具体的立法技术两方面作下简单比较,以对上文作出回应。

1.中西法律的起源时间、发展历程、法律体系的构成

关于中国传统法律的起源形式与时间有多种说法。有"法源于天说","刑(法)起于兵说","法源于'定分止争'说","法源于苗民说","皋陶作律"等多种说法。[1] 仅采取其中"法源于兵说"而言,《汉书·刑法志》称:"黄帝以兵定天下,此刑之大者",且"大刑用甲兵"的说法,在《国语·鲁语上》篇中也有提到。这说明,我国的法律(尽管还处于雏形时期)在很久以前就产生了。而根据《尚书·吕刑》中"法源于苗民的"的说法,中国法的起源也已经相当的早,并且形成于中国产生国家以前。即使按照马克思主义史学的观点:法律伴随国家的产生而产生,中国法律的起源起码也可以追溯到夏朝。在后世的典籍与历史文献中多次提到了"夏"的存在,并且考古工作者也在河南偃师二里头遗址中发现了大型宫殿、墓葬以及许多青铜

[1] 关于中国法的起源的论述,在各个中国法制史教材中都有相关论述。具体可参见张晋藩:《中国法制史》(第2版),中国政法大学出版社2014年版,第1~2页。

器，其他相关的考古成果也可以形成佐证。面对大量的文献加上考古成果的佐证，是可以相信夏朝的存在的。且《尚书》《竹书纪年》《汉书·刑法志》中都有关于夏朝法律制度的记载，《魏书·刑法志》更是直接说："夏刑大辟二百，劓辟二百……殷因于夏，盖有损益。"不仅说明了夏朝的刑种，还描述了中国传统的法律继承方式。

"爱琴海文明"被认为是欧洲文明的开端。古代爱琴文明由克里特文明和迈锡尼文明组成，其中克里特文明发生较早。克里特文明发源于地中海的克利特岛上。而克里特文明的早期王宫时期也不过追溯到公元前2000年到前1700年时期。虽然也在考古发掘中也发现了有关商业往来的内容，也不过是一些简单的符号。[1] 远较中国文明的开始要晚了许多，更遑论法律文明。

就法律的传承而言，我国的法律自夏[2]殷周起，经过春秋、战国、秦、西汉、新莽、东汉……唐、宋至明都是汉族一系传承，循序进展。中间虽屡有野蛮民族的侵入，如晋末的后赵、前秦……五代的后唐，宋以后的辽、金、元、清各朝，虽立国的久暂不同，但都是努力的汉化；而编纂法典，传播法律知识诸事，尤有可值得赞美的成就，因此中国法律绵延四千年才不至中断，在五大法系中……能独立成一个系统，并且是日本明治维新以前法律唯一的典型。[3] 并且，在以中为核心的东亚文化圈中，再未能有其他法律体系的存在，中国的法律被周边国家直接适用或移植适用。

而翻看任何一部西方法律文明史，就发现近代以前西方的法律变化犹如其政治状况，简直是乱糟糟的一团，随着各个部族之间征战，法律制度之间经常是"断裂式"的演变，相互之间未能不间断地

---

〔1〕 马克垚：《世界文明史》（上），北京大学出版社2004年版，第212～213页。

〔2〕 中国法律的传承，"殷承于夏"的说法，已经在上文引用了《魏书·刑法志》加以表述。

〔3〕 杨鸿烈：《中国法律发达史》，中国政法大学出版社2009年版，"导言"，第1页。

形成传承的体系。例如,古希腊法、罗马法、日耳曼法之间没有明显相互的继承关系,由本民族的习惯演变而来。后来,在世俗法适用的同时,还有教会法的存在。至于说近世以来罗马法的复兴,也是因为偶然的被发现,并因为社会的需要而被予以关注和研究。期间已间断了数百年。更让人难以理解的是,同属一个文化体系西欧国家间,竟然形成了差异巨大的大陆和海洋法系。

2. 中西法律立法技术的简单比较——以《大清律例》和法国拿破仑时期的刑法典为例

需要说明的是:大清之律非大清所创造也,中华数千年之国粹,经历代圣君贤相参合理法,以辑为成书。[1]《大清律例》承于《大明律》而远法《唐律疏义》,其立法旨趣与技术同"中国传统的法治基本精神"及方式乃是一脉相承的。《大清律例》的总体框架是由"名例律"和"六律"构成。"名例律"列于篇首,是关于刑名、刑等、刑之加减、恤刑、赦免、共犯、自首、类推等方面的原则性规定,其作用大致相当于现代法律之"总则"。"六律"与中央六部相对应,即吏律、户律、礼律、兵律、刑律、工律,基本是按六部的管理事务范围来划分的,其中又以"刑律"所占比重最大,涉及方面也最广。从具体法律规范看,《大清律例》由律、小注、例三者组成。律是关于某一犯罪及处罚的一般规定。小注一般以小字夹编在律或例条相应的行文之间,主要起疏通或注释的作用。例的地位和作用比较有争议,大致说来属于特别法规之类。另外,在卷首还配有八图(丧服、纳赎)以及所附"比引条例"。以当代刑法立法的视角来看,《大清律例》的体例、内容也不能算落后,并且吏、户、礼、兵、刑、工的结构是符合当时的政治架构的。至少在鸦片战争以前,在西方人眼中,《大清律例》不但不算落后,反而能当成学习的对象,伏尔泰曾说:"关于中国,只

---

〔1〕 吉同钧:《刑法为治国之一端若偏重刑法反致国乱议》,转引自孙国栋主编:《律师文摘》(第5辑·总第17辑),中国法制出版社2005年版,第88页。

要听到这种法律,我不得不主张中国是世界上最公正、最仁爱的民族了。"[1]法国大革命之后,拿破仑在主持修订刑法典时,除了吸收了17~18世纪法学家如孟德斯鸠、伏尔泰、贝卡利亚等人的思想外,还特别参考了《大清律例》。其立法参考附件为《十二表法》《查士丁尼法典》和《大清律例》,其中仅有《大清律例》是仍在适用中的活法典。1810年,《法兰西刑法典》正式完成公布实施,这是整个资本主义世界的第一部刑法典。法典由总则和四卷组成,共484条,其总则规定了犯罪的分类和处刑的原则等,与中国传统刑律的《名律例》部分相当。我们还可从其"刑罚"部分看出《大清律例》的影子,如死刑规定为斩首,恢复了在大革命后已被废除的无期徒刑、终身苦役、终身流刑等,还保留了示众、刺字、烙印、枷颈和戴镣链等刑罚,这些都与清代的刑罚制度有着相似之处。一些刑罚内容和手段也是日后才陆续修改的。[2] 法国大革命及拿破仑的对战争不仅仅启发了欧洲的民族主义思潮,更将其法律思想、立法经验传播在了整个欧洲,乃至全世界。正是在1810年的《法兰西刑法典》制定后,欧洲国家及世界上的其他国家才陆续开始制定刑法典,这绝不是一个巧合。[3]

(二)展望:中国未来法制建设当走"中国特色"之路

在此,笔者仍想要再次表明对中国传统法律及法律文化的观点:中国的传统法律是中国数千年来法制建设的成果结晶,是中华民族传统文化的组成部分。虽然它在体例结构上算不上十分完善,内容的涵盖也需要随着时代的变化而发展,法律价值取向也需要同世界上其他法系交流,借鉴……但就其本身而言,绝不至于沦落到因为

---

〔1〕 朱谦之:《中国哲学对欧洲影响》,转引自王涛:《中国近代法律的变迁》,法律出版社1995年版,第28页。

〔2〕 王宏治:《清末修律的再认识》,载《比较法研究》2005年第4期。

〔3〕 关于各国刑法典先后的制定情形,王宏治教授曾经作过梳理,已然相当清晰简洁,可参见王宏治:《清末修律的再认识》,载《比较法研究》2005年第4期。

落后而需要被其他法律替代的地步。它的解体,主要是因为成了战争失败的牺牲品。

这种“取代型的断裂式法律演变”不仅一改中国法制建设的传统,更以短暂、直接、粗暴的方式试图破除中国人的规范习惯和伦理习惯。使得中国的立法失掉了原有遵循的脉络,不得不一味去学习西方,同时也造成法律的制定与法律的运行出现“两层皮”的现象。一边是国家轰轰烈烈的西方式立法;另一边是民众层面特别是乡村、社区的民众仍然在坚持着原有的规范习惯、法律习惯。国家依照制定法所作出的裁判还经常不为民众所认可。更严重的是,随着西方法治理念及文化的推行,中国原有的价值取向及伦理观念开始逐渐解体。移植过来的东西没有很好地确立,原有的一套观念又逐渐解体,中国人,渐渐成了一个问题群体,中国社会,也渐渐成了一个问题社会。我国台湾地区的张伟仁先生在很久以前研究《大清律例》时就提出过这一问题:我国将来的社会可能真越来越像西方社会……糟糕的是现代西方人对他们以前走过的路已经很不满意,对于将来的去向更是十分迷惘。因为近年来西方社会里个人与社会以及自然环境之间种种不合理的问题:个人的孤独无依、社会的暴乱冷酷、生存环境的污损毁灭……已经暴露出来,他们对于这些问题,有的还希望拘其习惯的途径,在更进一步的科技发展中求解决;但也有些人认为不可再一味信赖科技,主张改由哲学和伦理的角度来看这些问题,从根本上调整各项关系,使个人和社会和自然环境亲密配合,和谐共存。他们既在彷徨,我们也应该(实在是早应该)停一停盲目的脚步,仔细地看一看自己过去的路和西方过去的路,看出了其曲直、偏差,然后定下一个新的方向,选一条新的、自己的、更好的路。”[1]不幸的是,张伟仁先生担忧的问题也开始在我们的社

[1] 张伟仁:《研究计划报述(代序)》,载《清代法制研究》,台北“中央研究院”历史语言研究所,1983年。

会中逐渐出现。现在反过来思考一下当年清末修律中“礼法之争”中礼教派的一些担忧与主张,又何尝没有道理?

中国的法制建设道路已然不可能再重走一遍,所倡导的理念与形式也逐渐为我们的社会所接受和认可,但移植过来的法律及其生长仍然会有“水土不服”的问题。再看我们的传统法律体系,它仍然在以不同的方式影响着当今民众的规范习惯。它一些内容,一些旨趣、追求的法制精神及价值取向对当今的法治建设、国家、社会的治理与发展,仍然具有巨大的借鉴和指导意义。

## 四、结语

本文以先秦时期苗民与华夏部落的一个历史事件,也可以说是一个法律事件为视角,并引出与此有类似之处的中国法律史上一个重大事件——清末修律。试图揭示出法律及其所属的文化,可能会因为战争的失败而丧失掉自我的话语权,成为战争失败的牺牲品,进而表达:中国传统法律体系的解体及被取代,并非完全是落后使然,相反中国传统的法律及其基本精神不仅是由中华文化的土壤所孕育,再现在看来仍然能够补救当今法制建设的不足,并值花费大功夫去反思。其间分析相应观点可能会有偏颇之处,但笔者热忱希望通过这一写作实践能够进一步唤起人们对传统法制及法律文化的重视,以裨益于当代中国的法制建设。

笔者衷心地希望,未来中国的法制建设及学者的研究,当有一种经常放慢脚步,反思与回顾的态度。反思,回顾过去,是为了更好的考量“得失”,让将来的路走得更为顺畅。制定的法律,法制建设的道路,符合民众诉求的并适合民族前进方向的,才是有生命力的。让中国今后的特色法律体系建设,能够真正地具有“中国特色”!

# 民初刑事特别条款的删除与复原

## ——《暂行新刑律补充条例》研究*

翟家骏** 杨同宇***

## 一、引言

晚清以降，近代中国面临“三千年未有之大变局”，在传统中华法系急剧嬗变下，传统与现代、本土与舶来、新思潮与旧观念交织碰撞。爬梳近代中国法律转型历程，其间存在的刑事特别条款的删除与复原现象，尤值深思。

1912 年民国新立，法制待更，刑事立法首先提上议事日程。是年 3 月 10 日，临时大总统袁世凯发布大总统令：“民国法律未经议定颁布，所有从前施行之法律及新刑律，除与民国国体抵触各条，应失效力外，余均暂行援用，以资遵守。”[1] 根据该令，《大清新刑律》经删修后定名为《暂行新刑律》，成为民国初年主要的刑事法源。值得注意的是，此次立法同时也删去了集中体现礼教思想的刑事特别条

---

* 本文系笔者参加清华大学陈新宇教授主持国家社会科学基金项目《〈大清新刑律〉新研究及资料汇编》阶段性成果。

** 作者系清华大学法学院博士研究生。

*** 作者系清华大学法学院硕士研究生。

[1] 民国元年三月十一日北洋政府《临时公报》“临时大总统宣告暂时援用前清法律及暂行新刑律文”，转据黄源盛：《民元〈暂行新刑律〉的历史与理论》，载氏著：《民初法律变迁与裁判（1912～1928）》，政治大学法学丛书 47，2000 年版，第 195 页。

款,即《大清新刑律》其后附加的《暂行章程》。然而,迨至民国三年(1914年),《暂行新刑律补充条例》(以下简称《补充条例》)的颁行重新恢复了《暂行章程》的一些内容,对旧律的传统纲常礼教精神予以折返复归。

本文试图以《补充条例》为研究主线,从民初刑事特别条款的删除与复原出发,理解反思中国刑法的近代转型历程。正文分为四个部分:首先,依据史实还原《暂行章程》至《补充条例》这一变化历程,探究两个特别条款之间的因袭与殊异;其次,择取《补充条例》关键条款,梳理把握文本背后的理论资源;再次,结合大理院判决例和解释例,展示《补充条例》实际运行的复杂面相;最后,从法制、社会和文化三个维度的论理与分析,对《补充条例》给予客观评价。

## 二、从《暂行章程》到《补充条例》

### (一)《暂行章程》简介

作为清末修律"礼法之争"产物的《暂行章程》,于《大清新刑律》立法伊始就有所构思。修订法律大臣沈家本在上奏刑律第一案总则时,提议别辑"暂行章程"与"专例",为新旧过渡留存空间。[1]该提议在刑律第二案时得以实定化,修订法律大臣会同法部根据"凡旧律义关伦常诸条不可率行变更谕",[2]上奏《修正刑律草案》,其中最重要的变化就是特别条款即《附则》五条的出台。《附则》五条出自法部郎中、旧律专家吉同钧之手,其参酌内外各衙门签注意

〔1〕《修订法律馆奏刑律草案告成分期缮单呈览并陈修订大旨折》提及:"其有囿于中国之风俗,一时难予骤减者,如强盗、抢夺、发冢之类,别辑暂行章程,以存其旧";又"如谋反、大逆及谋杀祖父母、父母等条,俱属罪大恶极,仍用斩刑,则别辑专例通行",载高汉成主编:《〈大清新刑律〉立法资料汇编》,社会科学文献出版社2013年版,第20~21页。

〔2〕谕旨内容参见高汉成主编:《〈大清新刑律〉立法资料汇编》,社会科学文献出版社2013年版,第469页。

见，集中体现礼教派主张，以“沟通新旧，彼此遵守，不致有扞格之虞也”[1]。《修正刑律草案》后交宪政编查馆审核，形成第三案。《附则》五条改为《暂行章程》五条，旧律思想未变，内容予以归并、删减，并在条款中增设“无夫奸”为罪。第三案经奏请，纳入资政院第一次常年会议的议案之中，《暂行章程》又随之历经第四案的删除、第五案的激辩，但因会期迫近未及专门审议。后资政院闭会，军机大臣奕劻领衔宪政编查馆单独上奏未经议决的分则与《暂行章程》，再度将其恢复，且未采纳资政院表决“无夫奸”入罪列入正文的结果，[2]使《暂行章程》复归至第三案状态。

《暂行章程》历经反复删改，于钦定第六案最终确定，其以维护传统礼教风俗为旨，集中体现了礼教派的诉求。主要内容包括：第 1 条规定侵犯皇室、内乱、外患、杀伤尊亲属处以死刑者，仍用斩，突破刑律正文死刑用绞之规定；第 2 条对发掘坟墓罪一章中的相关规定，应处二等以上徒刑者，可因情节处死刑；第 3 条规定强盗罪可因情节处死刑；“无夫奸”入罪列入第 4 条，并规定该罪须妇女尊亲属告诉乃论及告诉无效之情形；第 5 条规定卑幼对尊亲属无正当防卫权。但随着清室覆灭，作为《大清新刑律》特别条款的《暂行章程》未及付诸实施。然而其并未被历史所湮没，民国初年就有特别条款的复原现象，其背后亦可寻觅《暂行章程》的踪迹。

（二）《补充条例》简介

民国甫建，特别条款《暂行章程》因一方面具有补充性与临时性的性质，另一方面其条款内容饱受诟病，故而被新政权弃置不用。

---

[1] 《法部、修订法律馆为修正刑律草案告成敬缮具清单折》，载高汉成主编：《〈大清新刑律〉立法资料汇编》，社会科学文献出版社 2013 年版，第 472 页。

[2] “无夫奸”是否入罪，通过蓝白票记名投票的方式进行，蓝票表示无罪，白票表示有罪。结果蓝票 42 票（其中包括一张废票），白票 77 票，“无夫奸”有罪；其次是规定于《暂行章程》还是正文，经过起立表决，赞成定于《暂行章程》者是 49 人，赞成定于正文者是 61 人。赞成纳入正文者居多。

当时负责修律的北洋政府法部在呈文中提及:“新刑律后附暂行章程五条,或达死刑唯一之原则,或失刑当其罪之本意,或干涉各人之私德,或未谙法律之解释,即以经过法而言,亦无法律章程两存之理。”[1]是时,袁世凯根基未稳,删去带有传统礼教色彩的《暂行章程》,似有显示拥护共和、反对旧制之意。然而往昔尊尊亲亲、男女有别为根本的伦理纲常,自仍为专制独裁者所极感兴趣,因而力图借纲常之名来维护和加强专制。[2]

随着民初政局的发展,袁世凯积极致力于专制复辟,社会上礼教思潮复起。在此背景下,法学家董康于民国三年(1914 年)二月,署北洋政府大理院院长并代司法部起草了《补充条例》15 条。同年 12 月 24 日,经参政院议决,袁世凯以大总统令正式颁行《补充条例》。该条例共 15 条,其内容大致分为三部分:第一,维护传统纲常伦理,如除特定情形外,排除卑幼对尊亲属的正当防卫权;依亲属关系不同对强制亲属卖奸或为娼科以不同刑罚;恢复“无夫奸”入罪;尊亲属伤害卑幼致轻微伤因情节免除科刑;家长可请求法院以监禁处分惩戒其子等。第二,加重刑事处罚力度,如将藏匿刑事暂保释人与藏匿被追蹑人或脱逃之逮捕监禁人同等处罚;加重强奸罪处罚,轮奸可判死刑;三人以上携带凶器犯强诱、和诱罪加重处罚等。第三,补充刑律未尽之规,如犯强奸罪与杀人罪数罪处死刑;无夫奸、有夫奸、亲属相奸因奸酿成其他罪,排除亲告;强卖、和卖罪科刑依强诱、和诱罪处罚;妾准用妻之有关规定等。

《补充条例》的出现,导致法律与纲常礼教再度混同,传统中国法制上的“礼教立法”精神,蛰伏其间而蓄势待发。《补充条例》在北

---

〔1〕《法部呈明删修新刑律与国体抵触各章条等并删除暂行章程文》,载《司法公报》1912 年第 1 期。

〔2〕黄源盛:《民初法律变迁与裁判(1912 ~ 1928)》,政治大学法学丛书 47,2000 年版,第 241 页。

洋政府统治区域内始终施行，至1928年6月随着北洋政府的倒台而寿终正寝，但在南方以孙中山为总统的广州军政府早在1922年2月17日就明令废止《补充条例》。

（三）两者之比较

通过以上考察，我们不难发现《补充条例》因袭《暂行章程》痕迹明显。《暂行章程》"无夫奸"入罪、卑幼对尊亲属无正当防卫权等规定在民初"魂兮归来"。另外，我们亦不可忽视二者之间的殊异，囿于不同的立法情势，特别条款的折返复归亦非简单的因循守旧，而是在法律近代化历程下呈现出复杂的面向。

从立法意旨观之，《暂行章程》与《补充条例》无疑均有维护旧律纲常礼教之意，但二者意旨并非完全统一。《暂行章程》中的"暂行"表明它只是临时性的过渡条款，注定需择时调整。宪政编查馆将《附则》更名为《暂行章程》，就曾指出"将来体察全国教育、警察、监狱，再行酌量变通"。〔1〕 而《补充条例》中的"补充"表明它并不是一个过渡性条款，在维护旧礼教的同时，也希望弥补刑律之不足。如《补充条例》增设强卖、和卖罪可依强诱、和诱罪处罚，妾准用妻之相关规定等。《补充条例》对于《暂行新刑律》中的诸原则，终不失为一种修正或尅制。〔2〕 因此，《补充条例》较之《暂行章程》的规定更加细化与完善，立法的技术性更强。

就立法内容而言，传统礼教在《暂行章程》与《补充条例》中均有体现，卑幼对尊亲属无正当防卫权、"无夫奸"入罪等重新折返复归。当时就有人认为，"补充条例十五条，其内容与暂行章程五条大致相

---

〔1〕《奕劻等奏为核订新刑律告竣缮具清单请旨交议折》，载怀效锋主编：《清末法制变革史料》（下卷），中国政法大学出版社2010年版，第453页。

〔2〕 黄源盛：《民初法律变迁与裁判（1912～1928）》，政治大学法学丛书47，2000年版，第220页。

同而加以扩充。”[1]法学界江庸亦评论道:“至三年十二月二十四日,复颁行暂行新刑律补充条例,模仿暂行章程而加以扩充。盖是时国会解散,袁氏渐有帝制自为之心,思以礼教号召天下,重典胁服人心,故不慊于新刑律,将刑罚分别加重。”[2]但细细看来,《暂行章程》与《补充条例》仍略有不同。例如,《暂行章程》规定卑幼对尊亲属无正当防卫权,并未列举例外情形,《补充条例》则指出对于嫡母、继母出于虐待之行为、夫之尊亲属出于义绝或虐待之行为仍可适用正当防卫,需注意的是,此例外并未排除父之行为。《暂行章程》与《补充条例》虽均规定“无夫奸”入罪,但仍有所差异,《补充条例》取消《暂行章程》中的一百圆以下罚金处罚,对“无夫奸”仍科以五等有期徒刑、拘役处罚,量刑加重,同时“无夫妇女”前增加“良家”二字。另外,《补充条例》还增加尊亲属伤害卑幼致轻微伤因情节免除科刑、家长可请求法院以监禁处分惩戒其子的规定等。

从立法程序来看,二者在程序上都具有一定瑕疵。《大清新刑律》交由“临时国会”资政院审议,因闭会期迫近,分则和《暂行章程》未及议决。虽然上谕裁可在帝制时期具有法理的正当性,但宪政编查馆在单独上奏分则和《暂行章程》时,无视资政院对“无夫奸”问题的议决结果,程序的正当性难免引发质疑;而反观《补充条例》,其议决机关为参政院。是时,国会已经解散,依据“假总统政治之名,而行独裁政治之实”[3]的《中华民国约法》(“袁记约法”)设立参政院,在立法院未成立前代行其职权,其职责在于“应大总统之咨

[1] 谢振民编:《中华民国立法史》,张知本校订,中国政法大学出版社2000年版,第887页。

[2] 江庸:《五十年来中国之法制》,载上海申报馆:《最近之五十年——申报馆五十周年纪念(1872~1922)》,1924年版,第8页。

[3] 汪馥炎:《中华民国约法摘疑》,载《中华杂志》1914年第6期。

询，审议重要政务”，[1]难免沦为袁氏的御用机构，其政治合法性颇受质疑。在民国五年大理院统字第555号解释例中，武定县知事李佐华呈称“惟补充条例，未经国会通过，当然失其效力”；[2]南方护法军政府也直指《补充条例》乃“袁世凯以教令公布，未经国会通过或追认，原不能认为法律”。[3]由此察之，在法律近代化进程中立法程序的便宜处分和刑事特别条款“以例代法”的情形值得反思。虽然两者都具有程序瑕疵，但在司法实践中并不妨碍《补充条例》的实施，而《暂行章程》则因为时局骤变没有得到司法实践的机会。

## 三、《补充条例》关键条款分析

### （一）正当防卫的限制

《补充条例》第1条沿袭《暂行章程》第5条之内容，规定除特定情形外，刑律正当防卫的规定于尊亲属不适用之。关于子孙对尊亲属有无正当防卫权，在资政院审议新刑律时即争议颇多。礼教派劳乃宣提出“大杖则走，小杖则受，子孙不可以正当防卫以防卫其尊亲属”，倡议将该条款列入正文；法理派坚持认为尊亲属对卑幼的管束不可称之不当之侵害，且国家法律制定之后，子弟有不法行为可诉诸国家法律，用不着尊亲属杀之，故反对礼教派主张。[4]后劳乃宣倡议付诸表决，结果显示支持礼教派主张者寥寥，该条款遂仍列入《暂行章程》中。

子孙对尊亲属无正当防卫权条款于《补充条例》复归，以限缩正

---

〔1〕《中华民国约法》（“袁记约法”）第49条规定：参政院应大总统之咨询，审议重要政务。参政院组织，由约法会议议决之。

〔2〕大理院就此呈请批复：“《刑律补充条例》虽未经国会通过，但中央亦未以命令废止，自不能认为无效。”详见郭卫：《民国大理院解释全文》，中国政法大学出版社2014年版，第558～559页。

〔3〕《呈请废止刑律补充条例文》，载《司法公报》1922年第4期。

〔4〕具体内容详见资政院第一次常年会第三十七号议场速记录，载《资政院议场会议速记录》，李启成点校，上海三联书店2011年版，第589页。

当防卫范围。但与《暂行章程》不同,《补充条例》规定了嫡母、继母出于虐待之行为者、夫之尊亲属出于义绝或虐待之行为者不在此限,即对此二者行为仍可正当防卫。从文义解释观之,该条限于子对嫡母继母、妻对夫之尊亲属,而子对父、妻对夫仍无正当防卫权。如此规定似在维护父权之伦理,但其导致的结果又或许与伦理相悖。时人就此言道:“父之杀子亦为法律之所禁,而一面则不予以正当防卫权,俾无所逃于其父之戕杀,则其特陷亲与不义,而已又使其陷亲于犯罪也。”〔1〕而考究“虐待”与“义绝”二词,均为恶意之行为,主观过失行为便不能涵摄其间,子孙对尊亲属的正当防卫权仍有所限制。更何况,正如礼法论争中法理派所论,尊亲属管束卑幼之行为不可视为不当侵害。那么,如何将尊亲属对子孙的正当管束与正当防卫“不当之侵害”进行界分?如何避免假借正当防卫之名蓄意伤害尊亲属呢?该条文均未阐释缕清。故此,“于孝道毫无所裨,徒有伤人道而已”。〔2〕

当时也有人从人道主义和国家主义的角度对该条款进行了批判:“往者参政诸公以暂行刑律欠完密,更制补充条例以实之。开宗明义即为削减卑幼之正当防卫权……愚所欲言者,非明正当防卫为何物,乃在卑幼防卫权,胡为不应削减。”〔3〕其认为“父子自父子,人权自人权,父子虽天性之亲,不过恩情之关系属于私。人权乃天所付与,为法律上之关系属于公,故恩情与人权无涉不得坐是为削减防卫权之理由也……凡诸原理,皆阐人权不可侵犯,防卫出于自然,故不问对诸何人皆不得削减,欧美各邦于个人之权特重,从无削减之规定。惟范围与条件常以风习及学派而微异。”也就是说,卑幼的防卫权乃必须捍卫的人权,不能因为亲子关系就削减卑幼正当防卫

〔1〕 吴贯因:《人子之正当防卫权》,载《大中华》1915年第6期。
〔2〕 同上。
〔3〕 刘相无:《读暂行刑律补充条例》,载《甲寅(东京)》1915年第10期。

的自然权利，因此作者直斥此种条例是“蹂躏人权、不近人情、紊乱法序”。作者还提到，防卫权是所有国民都拥有的在紧急状况下行使法律赋予的自我救济权利，“故皆予以防卫权乃以其同为国民即应受法律保护，法律有不能济急时即认为当然有防卫权，是子孙之取得防卫权乃以国民之资格而非以子孙之资格取得之，兹以父祖之故而削之，是不认子孙为国民而认子孙为父祖之私有物矣”。另外，作者也指出传统观念上父祖对卑幼的惩戒权没有限制，而对子孙防卫权的限制无疑将使家长惩戒权更加稳固，“则吾卑幼之正当防卫权较他国尤不可削而兹竟削之，又无异浇火以油矣，且暂行刑律伤害罪中对于卑幼之刑最重，其维持孝道之点亦可谓亚东之特出者，主张人道者犹且病其过重，兹以为未足复重以削减防卫权，吾不知造例之人道思想究胡似也”。

（二）“无夫奸”的入罪

《补充条例》第6条规定“无夫奸”入罪，实为刑事特别条款复原的又一例证。奸通无夫之妇“自前清资政院以来，久滋争议”[1]，当时礼教派和法理派就“无夫奸”是否入罪在资政院展开激辩，双方均不乏精辟高见。虽然在钦定颁布的《大清新刑律》中，“无夫奸”入罪条款列入《暂行章程》，但资政院表决结果却是多数人倾向于“无夫奸”有罪，并应列入刑律正文之中。或许礼教派人物劳乃宣的一句话点到最要处，即“无夫奸，中国社会普通的心理都以为应当有罪的”。[2]

民初随着《暂行章程》的废弃，“无夫奸”在法律上一度被认为不是犯罪，《暂行新刑律》补笺有云：“无夫奸”等行为“当依家庭教育、

---

〔1〕 章宗祥、董康、汪有龄等：《第一次刑法修正案》呈文，载杨鸿烈：《中国法律发达史》，中国政法大学出版社2009年版，第569页。

〔2〕《资政院议场会议速记录》，李启成点校，第一次常年会第三十九号议场速记录，上海三联书店2011年版，第655页。

学堂教育及舆论制裁以防止之,非刑罚所能矫正也”。[1] 然而,“无夫奸”不入刑此后却并未被严格贯彻。大理院在民国二年(1913年)回覆广州地方审判厅提出的“亲属相为和奸,如系处女或无夫之妇,应否论罪”疑问时,支持“但系亲属,即无夫妇女,罪皆成立”之主张,[2] 而次年颁布的《补充条例》则明确指出“无夫奸”行为应入罪。

《补充条例》中“无夫奸”入罪规定主要包括以下几方面:第一,和奸对象为“良家无夫妇女”,相比《暂行章程》增加“良家”二字,根据大理院民国五年上字第230号判决例,“良家”即“非素习淫行者”妇女;[3] 第二,刑期为“五等有期徒刑或拘役”,删去《暂行章程》中的“三百圆以下罚金”,量刑略为加重。早在礼法论争时,礼教派劳乃宣在说帖中就提出“有夫奸不能以财赎,无夫奸能以财赎也,于理于情均不合适”,[4] 此处删去或许亦有采取劳氏说帖之意;第三,“无夫奸”为亲告罪,在“尊亲属事前纵容或事后得利而和解”的情形下告诉无效,此规定与《暂行章程》相同。后大理院对亲告罪进一步细化,其亲告权专属于尊亲属,不能指定非尊亲属代行告诉权;若父母均有亲告权,父先于母行使等;[5] 第四,《补充条例》第7条规定,“无夫奸”等和奸罪的亲告罪属性存在例外情形,即因奸酿成其他犯罪时,虽未经有告诉权者之告诉,仍可论其奸罪。

由此,“无夫奸”在民初于立法层面再次入罪。吊诡的是,民国四年(1915年)法理派人物章宗祥、董康等制定《第一次修正刑法草

---

[1] “补笺”,似为北京政府法部所作之笺注。参见葛遵礼:《中华民国新刑律集解》,会文堂书局1917年版。

[2] 大理院民国二年统字第4号解释例,载郭卫:《民国大理院解释例全文》,中国政法大学出版社2014年版,第256页。

[3] 郭卫:《大理院判决例全书》,中国政法大学出版社2013年版,第721页。

[4] 劳乃宣:《倡议修正新刑律案说帖》,载高汉成主编:《〈大清新刑律〉立法资料汇编》,社会科学文献出版社2013年版,第805页。

[5] 详见大理院民国六年统字第653号解释例、民国七年统字第834号解释例、民国九年第1284号解释例;民国十年上字第139号判决例等。

案》时,将其在清末明确反对的“无夫奸入罪”写入刑律正文,民国七年(1918年)《刑法修正第二次修正案》仍援用之,只不过以“未满二十岁良家妇女为限”。[1]

(三)维护家长的惩戒权

《补充条例》第11条规定,除特定情形外,行亲权的父或母可因惩戒其子,请求法院施以6个月以上的监禁处分,该条旨在保护家长的惩戒权。溯归晚清礼法论争,礼教派坚持认为“子孙违反教令”旧律有之,如不入罪实与孝道不符;法理派坚决反对,违犯教令完全是教育之事,与刑律无关。“如因犯罪而拘置于监狱,薰染囚人恶习,将来矫正匪易;如责付家族,恐生性桀骜,有非父兄所能教育,且有家本贫窭无力教育者,则惩治教育可不为缓也。”[2]后因资政院闭会,“子孙违反教令”条款不及讨论,终未写入刑律。

《大清民律草案》对家长惩戒权有所规定,《补充条例》与其类似,但相较而言更为简化。或许因《补充条例》乃刑事特别条款,细化规定有待将来制定民律时再行完备。但“监禁”一词并不具体阐明,难免引发争议。大理院解释例指出此监禁处分并非刑罚,纯粹系惩戒作用,不可代为辩护等,[3]但监禁是否完全没有刑罚上的色彩呢?[4]大理院对于“监禁”之解释,似并未详解其具体属性,该条款文义上的模糊仍未得到有效阐明。更何况,在亲权规定尚未完备

[1] 黄源盛:《民初法律变迁与裁判(1912~1928)》,政治大学法学丛书47,2000年版,第263页。

[2] 《修订法律馆奏刑律草案告成分期缮单呈览并陈修订大旨折》,载高汉成主编:《〈大清新刑律〉立法资料汇编》,社会科学文献出版社2013年版,第21页。

[3] 详见大理院民国五年统字第401号解释例、民国五年统字第458号解释例、民国九年第1281号解释例等。

[4] 《暂行新刑律》刑名中虽未具体指明“监禁”,但第45条规定了罚金刑逾期不完纳易为监禁的条件,并对监禁的场所、日数作了规定。补笺有云:“本条系由罚金易为自由刑”。且徒刑的最低刑期为2个月,行亲权的父或母可因惩戒其子请求法院施以6个月以上的监禁处分,岂不重乎?

之际,家长惩戒权规定骤然列入刑律特别条款合适与否?进一步讲,家长惩戒权在哪些具体情形下得以适用?如被滥用则子女如何得到法律救济?这些问题都实难索解。

当时就有人对此条文进行了抨击,认为此条有两点欠妥之处:第一,从立法精神和目的看,“不宜有此规定,国家立法,原期劝善惩恶,今本条例所指之子,既未列举其罪恶,则其人虽孝道有亏,而法律上仍未有何触犯;国家当另设法以教导之,威化之,不可绝其自新之路也。”[1]作者认为,对此种违反孝道者科以短期自由刑达不到劝善惩恶的社会目的,而且刑法上已经设立了缓刑制度,“乃实行犯罪之人,犹有缓刑之举,而未行犯罪,仅孝道上稍有欠缺者,反罹此短期之监禁,岂非与缓刑意旨相矛盾乎?”第二,从具体法律条文来看,“不必多此规定,刑律第三百十七条规定,对于尊亲属施强暴未至伤害者,处三等至五等有期徒刑。其保护尊亲属之权利,既如是周密,则逆子之对于父母,果犯此条之规定,国家得以是惩戒之,非然者,或因意见之龃龉,言语之冲突,以致触怒父母,若从父母一时之恶意,施以此短期之监禁,不亦已甚乎?是此补充条例之规定,未免画蛇添足矣”,即认为《暂行新刑律》已经对侵犯尊亲属的行为科以刑事处罚,不必再赋予尊亲属惩戒权,短期监禁刑过于严重,也与罪刑相适应原则有悖。

### (四)明确妾的法律地位

自古妻妾地位不同。妾者接也,字的含义即指示非偶,所以妾以夫为君,为家长,妾在家长家中实非家属中的一员。就妻妾关系而言,妾以正室为女主,处于妻的权力之下。[2] 民国初立,立法尚未对妾的法律地位作具体规定,《暂行新刑律》中也只有对妻子即有夫之

---

〔1〕 冯岳南:《新刑律补充条例第十一条之商榷》,载《法律评论(北京)》1924年第77期。

〔2〕 瞿同祖:《中国法律与中国社会》,中华书局2013年版,第146~148页。

妇适用的通奸罪名,但妾仍然存在于当时社会生活之中。《补充条例》指出妾准用妻之相关规定,对妾的法律地位而言是一大突破。然而从具体文字表述来看,其仍保留传统色彩。“有家长之妾”准用“有夫之妇”条款,“妾之家长尊亲属”准用“夫之尊亲属”条款。妻之于夫,类同于妾与家长,妾的地位仍低于妻。妾于家长是一种人身契约关系,与“合两姓之好”的夫妻关系确有差异。

就思想观念而言,妻妾制度在近代已诟病颇多,然处于新旧社会过渡期,观念更新并非一时之事。民国司法总长章宗祥回忆当时社会情状有言:“一般旧社会最不洽意者有二端,其中之一就是不承认妻妾制度,已有妾之家庭,时时发生纠葛。”[1]是时,因法律无定文,因妾产生的诸多争议很难得到妥善解决。《补充条例》明确妾的法律地位,或许亦有应对现实之需的考虑。

在司法实践中,大理院在妾的法律地位的问题上也有转变的过程,曾不认可妾是有夫之妇。大理院民国元年上字第29号判决例曾认为:“文明国家法律上断不能认一夫多妻制之存在,故妾在法律上之地位不能认为有婚姻关系,故不能有夫之名义,在私法上更不能谓其当然取得法定代理人之资格,而何有于亲告权之可言。”[2]还把妾看作无夫之妇。然而随着《补充条例》颁行,大理院对于妾的法律态度也从否定转向肯定。大理院民国四年统字第353号解释例曰:“同一家长之妾,苟系同为家属,自应依据《刑律补充条例》,认为其有亲属关系。”[3]即便妾的通奸罪名在刑法上不能成立,于民法仍被

---

〔1〕 章宗祥:《新刑律颁布之经过》,载《文史资料存稿选编》(第1册),中国文史出版社2002年版,第37页。

〔2〕 《大理院关于妾之判例》,载《法政杂志(上海)》1913年第8期。

〔3〕 郭卫:《民国大理院解释例全文》,中国政法大学出版社2014年版,第463页。

认为是有过失的,家长更可以此为由与其断绝关系。[1] 可见,随着刑事特别条款的删除与复原,大理院的判决例与解释例也随之发生变化,而下文就将对补充条例在司法实践中的适用问题展开讨论。

## 四、《补充条例》司法实践透视

据前分析,《补充条例》以不同的立法精神修正或补充了《暂行新刑律》,在司法实践中未免与《暂行新刑律》正文产生抵牾,导致法律适用的混乱。另外,《补充条例》之条文甚为简洁,无法足以规范社会上各种各样的法律事实,民初政局混乱的现实也导致立法机关不能及时做出详备的解释。因此,在司法实践中如何适用《补充条例》就成为大理院亟须解决的问题。大理院运用判决例和解释例两种不同手段,从具体个案出发对《补充条例》的适用做出了积极回应,其中有一大部分判决例和解释例是对《暂行新刑律》和《补充条例》同时做出阐释,以协调二者之间的关系。

### (一)与《补充条例》有关的大理院判决例

根据黄源盛先生编辑的《大理院刑事判例辑存》和郭卫先生编辑的《大理院判决例全书》,与《补充条例》有关的大理院判决例[2]据统计共计有30条,其判决例要旨如表1所示:

---

[1] 有关民国时期妾在法律上的地位及其变迁,详见程郁:《蓄妾习俗及法规之变迁》,上海人民出版社2013年版,第326~348页。

[2] 大理院判例通常包括六个部分:判例要旨;判决的时间和在所有判例中所列之序号;上告人、被上告人及诉讼代理人的相关情况;主文;理由;审理此案的推事、书记官和判决的具体时间。理由部分通常是判例最主要的部分,一般包括:上告人提出的基本事实及理由;被上告人答辩的基本事实及理由;合议庭在分析双方当事人所提出的事实及理由的基础上,提出判决依据。判例要旨系资深评议推事就判决理由中所涉及的相关法律问题加以抽象化之结果。参见音正权:《近代刑法变迁中的法律家(1902~1935)》,中国政法大学2000年博士学位论文,第40~41页。

**表 1　相关判决例要旨**

| 序号 | 判决例编号 | 针对条文 | 判决例要旨 |
|---|---|---|---|
| 1 | 四年上字第 625 号 | 第 7 条 | 告诉无效之和奸，不适用刑律补充条例"虽无告诉，亦应论罪之规定" |
| 2 | 四年上字第 966 号 | 第 7 条 | 他人对于犯奸者有加害行为，不能谓为因奸酿成他罪 |
| 3 | 五年非字第 52 号 | 第 7 条 | 刑律补充条例第七条之解释应以奸夫、奸妇为限，不能以他人犯罪远因，由于奸通，一律认为因奸酿成他罪 |
| 4 | 五年上字第 230 号 | 第 6 条 | 妇女犯奸而非素习淫行者，不得谓非良家妇女 |
| 5 | 五年上字第 336 号 | 第 9 条 | 因与子不睦，将养媳强卖，虽得财礼，不能指为营利 |
| 6 | 五年上字第 528 号 | 第 9 条 | 以营利为目的，用相当代价于人身上得有支配权，即成收受被和卖人之罪，虽托名借约，不能变更和卖之性质 |
| 7 | 六年上字第 7 号 | 第 4 条 | 强奸不遂，即将强奸之人杀死者，为强奸杀人 |
| 8 | 六年上字第 118 号 | 第 7 条 | 他罪，不以犯奸者之双方皆犯为限 |
| 9 | 六年上字第 208 号 | 第 9 条 | 因贫卖妻者，为单纯之和卖罪 |
| 10 | 六年上字第 361 号 | 第 12 条 | 家长于妾，得准用亲告权 |
| 11 | 六年上字第 548 号 | 第 6 条 | 与二人先后相奸者，成二罪 |

续表

| 序号 | 判决例编号 | 针对条文 | 判决例要旨 |
| --- | --- | --- | --- |
| 12 | 六年上字第781号 | 第9条 | 由他人手买,取其侄女或妾,转卖得利者,仍为营利诱拐 |
| 13 | 六年非字第15号 | 第9条 | 价买妇女为妻或弟妻或为义女者,均系以慈善养育为目的,自不构成犯罪 |
| 14 | 六年非字第111号 | 第6条 | 孀妇之姑于孀妇之奸情,知而畏不敢较者,不为纵容 |
| 15 | 六年非字第136号 | 第7条 | 犯他罪之起因与奸罪有相当之关系者,均为因奸酿成 |
| 16 | 八年上字第646号 | 第7条 | 奸夫、奸妇如有一方因奸酿成其他犯罪,虽其人旋即身死,未判罪刑,其他一方仍不待告诉论罪 |
| 17 | 八年非字第4号 | 第7条 | 因奸酿成其他犯罪,乃指其他犯罪行为与和奸行为具有相当之因果关系者而言 |
| 18 | 九年上字第86号 | 第6条 | 妾于所生或所抚育外之其他子女,非尊亲属 |
| 19 | 九年上字第127号 | 第6条 | 在人未嫁前和奸与既嫁后和奸,应论二罪 |
| 20 | 九年上字第464号 | 第9条 | 价买人口者,不为罪;承受夫产之妻,强卖为故夫守志之妾,应成立强卖被养育人罪 |
| 21 | 九年上字第484号 | 第7条 | 因奸酿成其他罪之结果,致有告诉权人不能告诉时,始不待论奸罪 |

续表

| 序号 | 判决例编号 | 针对条文 | 判决例要旨 |
|---|---|---|---|
| 22 | 九年上字第613号 | 第9条 | 和卖、强卖与和诱、略诱罪质迥异 |
| 23 | 九年上字第650号 | 第10条 | 扁担等类,非凶器 |
| 24 | 九年上字第1057号 | 第9条 | 凭书虽称过继作女,然为价卖之变相者,仍成立和卖被养育人罪 |
| 25 | 九年非字第70号 | 第9条 | 于受寄养之人,有养育义务 |
| 26 | 十年上字第139号 | 第6条 | 父母均有亲告权,父先于母行使 |
| 27 | 十年上字第1017号 | 第9条 | 强卖孀嫂,应成立强卖罪 |
| 28 | 十年上字第1343号 | 第9条 | 母于出嫁之女归宁时,将女出卖者,成强卖、和卖罪 |
| 29 | 十二年上字第138号 | 第9条 | 强卖罪以移置所卖人于他人实力支配之下为既遂时期,若仅成立买卖契约而未将所卖人移置,尚不能谓为既遂 |
| 30 | 十五年上字第879号 | 第9条 | 买受人妻,于收藏前既有议价、立约情形,显系预谋收藏被卖人<br>犯刑律补充条例第九条之罪,虽非强卖、和卖人,而有意图营利之情形,亦应褫夺公权 |

在表1的30个判决例中,从针对条文来看,针对第4条的有1

个,针对第6条的有6个,针对第7条的有8个,针对第9条的有13个,针对第10条和第12条的各有1个;从时间跨度上看,民国四年有2个,民国五年有4个,民国六年有9个,民国八年有2个,民国九年有8个,民国十年有3个,民国十二年和民国十五年各有1个;从案件程序上看,一般上诉案件有24个,非常上告案件有6个;从字面解释上看,判决例又可大致分为三类:一是不构成该罪或不适用该条的否定性判决例;二是构成该罪或适用该条的肯定性判决例;三是说明定义或厘清疑义的阐释性判决例。其中,否定性的判决例占了2/3强,后文提到的解释例情形也和判决例大致相同。从这也可看出,大理院视具体情形往往倾向于对《补充条例》条文做出限制性和排除性的解释。

(二)代表性判决例的个案解读

大理院判决例中有一些记录完整且具有代表性的案例,在这些案例中,当事人或检察官的上告意旨明确,大理院的分析说理充分。通过这些判决例,能够揭示《暂行新刑律》与《补充条例》二者在实践中的关系以及不同主体对《补充条例》的解释与看法。在此下举五例:〔1〕

第一,在民国四年上字第625号判决例中,河南高等检察厅检察官不服河南高等审判厅就郑赵氏和刘品璋因奸勒毙本夫案第二审判决,而向大理院提出上诉,检察官与大理院法官就"告诉无效之和奸"是否适用《补充条例》第7条的问题提出各自的看法。检察官认为:"查暂行刑律补充条例第七条,立法之本意在惩戒犯奸者,盖以既因奸酿成其他罪名,此种奸行实为犯罪根本,情节可恶,故取国家干涉主义,虽未经有告诉权者告诉,仍论以罪,使行奸者暨相奸者不致倖逃法网;至有告诉权者之告诉为有效或无效,非所问也,是以该条仅云虽未

〔1〕 以下大理院判决例材料均出自黄源盛纂辑:《大理院刑事判例辑存》,犁斋社有限公司2013年版。

经有告诉权者告诉,仍应论之,并未分别告诉有效、无效。”而大理院则认为:“查刑律第二百九十四条第二项后段[1]之规定,其立法本意,凡和奸一罪,本夫既事前纵容,法律即不加以制裁,虽经本夫告诉,亦属无效,为法律上一种放任行为,而不成立犯罪。至刑律补充条例第七条之解释,凡因奸而酿成他罪者,不过其诉追权归之于国家,虽无本夫告诉,亦应论罪,而于刑律上不成立犯罪之行为,当然仍不能加以罪刑,故刑律第二百九十四条第二项后段之情形,自不能适用刑律补充条例第七条之规定,其理至为明显。”双方都提到了“立法本意”,但解读立场各不相同,检察官认为根据“国家干涉主义”的立法本意,无论当事人的告诉是否有效,只要符合《补充条例》第 7 条的情形,“虽无本夫告诉,仍应论罪”;而大理院认为根据“放任主义”的立法本意,丈夫事前纵容的和奸行为本不成立犯罪,此种状况下丈夫没有有效的告诉权,国家更不会主动追诉,当然就无从定罪量刑。最终该案判决结果是撤销原判,发回河南高等审判厅重新审理。

第二,在民国四年上字第 966 号判决例中,安徽高等检察厅检察官不服安徽高等审判厅就向金氏和奸案二审判决向大理院提出上诉,与前案不同的情形是,检察官与大理院法官就“他人对于犯奸者的加害行为”是否构成《补充条例》第 7 条的“因奸酿成他罪”形成了较为一致的意见。检察官认为:“暂行新刑律补充条例第七条所谓因奸酿成他罪,系指犯罪主体即为和奸之人,而犯罪之事实又为和奸直接所酿成者,方可不待告诉而并论其奸罪,观大理院统字第二百五十八号解释,意义极为明显。本案向金氏虽与查贵林和奸,然不能因萧麻子之犯有他罪,遂不待告诉,遽科向金氏以和奸罪云云”。大理院认为:“查刑律补充条例第七条后半段规定,无告诉权者之告诉仍应论罪,系以犯奸之人因奸酿成其他犯罪时为限,若犯奸者以外之人,对于该

---

〔1〕《暂行新刑律》第 294 条第 2 项规定:“第二百八十九条之罪,须本夫告诉乃论。但本夫事前纵容或事后得利而和解者,其告诉为无效。”

犯奸者有加害行为而成犯罪，自不在本条规定范围之内，不得依据本条，不待告诉遽科犯奸者以和奸罪。”双方均认为《补充条例》第 7 条规定的“因奸酿成他罪”的犯罪主体是犯奸之人，而第三人对犯奸之人有加害行为构成犯罪的应另案处理，不能没有告诉就对犯奸之人处以和奸罪。该案判决结果是原判关于向金氏罪刑的这一部分撤销，同时驳回对向金氏提起的和奸罪公诉。

第三，在民国六年上字第 118 号判决例中，上告人浙江第二高等检察分厅检察官不服浙江第二高等审判分厅就王寿高和奸案二审判决向大理院提起上诉，检察官和大理院法官就《补充条例》第 7 条的解释产生“罪与非罪”的分歧，检察官认为：“刑律补充条例第七条，对于犯奸者之双方均论奸罪，乃因双方均因奸酿成他罪之故，其一方因奸酿成他罪而他方仅犯奸罪者，自不能认为包含于同条之内。在此场合因奸酿成他罪之一方，依双方因奸酿成他罪，均应论奸罪之当然解释，固应并论奸罪，他方则以非同条所包含，自应以下不论奸罪为正当。本案王寿高与赵曾氏通奸，既未因奸而犯他罪，自应不在论罪之列，原判驳回控诉自属违法。”即认为《补充条例》第 7 条中的“因奸酿成他罪”是指通奸的双方均因奸而犯他罪，如果仅仅是一方因奸犯他罪，一方仅仅犯奸罪，则不适用该条规定。在本案中，通奸一方的王寿高没有因奸而犯他罪，因此不应论罪。而大理院认为：“查刑律补充条例第七条，本包括犯奸者之双方而言，即或另犯他罪者仅止一方，而他之一方因其奸罪系必然的共犯，在法律上亦应同予处罚。本案相奸人赵曾氏既因奸酿成他罪，第一审依补充条例将被告人亦论奸罪，原审予以维持，均甚正当，上告意旨不免有所误会，自难认为有理由。”即根据共同犯罪理论，只要通奸双方中的任何一方因奸犯有其他罪，那么通奸双方就会成为他罪的共犯，应予以适用《补充条例》第七条。故认为原审判决正当，最终驳回检察官的上诉。

第四，在民国六年上字第 781 号判决例中，上告人张兰亭不服山东高等审判厅就其意图营利略诱案二审判决向大理院提起上诉，上告人的辩护人和大理院围绕买卖人口的犯罪认定及法律适用问题产生争议,辩护人认为:“刑律营利略诱之罪,须被略诱之妇女未得女之父母、妇之夫或翁姑或妇女之监护人等之承诺,而暗将妇女移于自己权力支配之下而出卖之者,始得构成营利略诱罪。上告人买李小宝系从其亲叔买得;买刘氏系从其夫尚志买得;李玉美、尚志为卖妇女之人,上告人为买人妇女又转卖之,明系买卖人口,不得谓略诱,应适用前清现行律中禁革买卖人口条例处断。”在辩护人看来上告人的行为并不符合《暂行新刑律》营利略诱罪的构成要件,应适用前清政府颁行的《禁革买卖人口条例》。大理院则认为:“本院查刑律补充条例施行后,禁革买卖人口条例即已失效,依刑律补充条例第九条强卖和卖之规定,李玉美、尚志均应成立该条犯罪;惟上告人意图营利以转卖为目的,因有卖之母的而为买之行为,其买之行为即系诱之方法。其实施犯罪之际,虽已得诸有妇女之监督权者之承诺,仍不得谓为非诱。况有妇女之监督权者因被诈诱而承诺,乃事所恒有,不能以其承诺与否为犯罪是否成立之标准,追加理由亦难认为正当。”即随着《补充条例》的施行,《禁革买卖人口条例》已经失效,出卖人口的李玉美和尚志构成《补充条例》第 9 条的强卖和卖罪,而无论出卖人口方是否做出承诺的意思表示,上告人以营利转卖为目的诱骗人口的行为已然构成刑律中的营利略诱罪。

第五,在民国九年上字第 613 号判决例中,上告人郭天保不服河南高等审判厅就其营利和诱案二审判决向大理院提起上诉,上告人和大理院就该案是否属于“律无专条”的情形展开争论,从侧面反映出双方各自理解的“罪刑法定主义”观念。上告人认为:“略称买卖人口,前清虽悬为厉禁,然以本夫价卖其妻且又因不守妇道,新刑律上无专条,民以关系之人,无罪更不待言……”即认为“法无明文规定不为罪”,因妻子不守妇道而出卖妻子的行为在新刑律上没有明确规定为犯罪,故其不承担刑事责任。但大理院对此说法不予认可,大理院认为:“本院查本夫价卖其妻,在刑律补充条例颁行以前,固无论罪专条;而自刑律补充条例颁行后,其第九条既有强卖、和卖被扶助、养育、保护人之规定,本夫于妻又有抚养之义务,则得价出卖,不能复谓无罪可科。上告意旨第一论点乃称律无正条,应不为罪,殊非正当。惟刑律补充条例第九条系于刑律以外补充之规定,所谓强卖、和卖与刑律第三十章所谓略诱、和诱罪质迥有不同,不过因情节相当,而于科刑时规定为依例处断而已。”大理院认为该行为在《补充条例》实施前“律无专条”,但《补充条例》第9条对此行为已做出相应规制,该行为构成该条强卖、和卖罪。因此,将原判关于郭天保罪刑的部分撤销,发还河南高等审判厅重新审理。

(三)与《补充条例》有关的大理院解释例

根据郭卫先生编辑的《民国大理院解释例全文》,与《补充条例》有关的大理院解释例[1]据统计共计有66条,其解释例要旨如表2所示:

**表2　相关解释例要旨**

| 序号 | 解释例号数 | 针对条文 | 时间 | 解释例要旨 |
|---|---|---|---|---|
| 1 | 统字第11号 | 第9条 | 民国二年 | 买卖人口条款所称“某等罚”,应照前清现行刑律罚金刑之标准处断 |
| 2 | 统字第94号 | 第9条 | 民国三年 | 买卖人口条款应认有效。至审理上告案件,亦应有判例可循 |
| 3 | 统字第213号 | 第9条 | 民国四年 | 因慈善养育之目的而和买对手人所扶助养育保护之人者,不为罪。否则应照补充条例第9条第2项分别论罪 |

[1] 大理院解释例的格式一般分三个部分,即抬头、主文、解答机关。解释例的风格通常是简明、透彻、法令立场稳固,在篇幅上比大理院判例要简短得多。详见桂万先:《北洋政府时期审判制度研究》,中国政法大学出版社2010年版,第315页。

续表

| 序号 | 解释例号数 | 针对条文 | 时间 | 解释例要旨 |
|---|---|---|---|---|
| 4 | 统字第 214 号 | 第 9 条 | 民国四年 | 和卖关系人以助成强卖或和卖人犯罪之目的,实施收受藏匿之行为者,自应适用补充条例第 9 条第 2 项,分别有无预谋论罪 |
| 5 | 统字第 248 号 | 第 9 条 | 民国四年 | 卖妻及子女,均应依补充条例第 9 条处断 |
| 6 | 统字第 309 号 | 第 2 条 | 民国四年 | 被责付之家属犯刑律补充条例第 2 条之罪,应依该条第三项免除其刑 |
| 7 | 统字第 342 号 | 第 9 条 | 民国四年 | 因贫卖妻可为离婚之原因。知情故买者,不能论罪 |
| 8 | 统字第 345 号 | 第 11 条 | 民国四年 | 请求惩戒之案,得准请求人撤销 |
| 9 | 统字第 347 号 | 第 10 条 | 民国四年 | 掳人价卖,系意图营利以强暴略诱,与刑律第 351 条相当。若系三人以上携带凶器犯者,依刑律补充条例规定,得处死刑 |
| 10 | 统字第 353 号 | 第 12 条 | 民国四年 | 同一家长之妾,苟系同为家属,自应认为有亲属关系 |

续表

| 序号 | 解释例号数 | 针对条文 | 时间 | 解释例要旨 |
| --- | --- | --- | --- | --- |
| 11 | 统字第360号 | 第7条 | 民国四年 | 因奸酿成其他犯罪,系指奸夫或奸妇犯他罪,其犯罪行为与奸行有相当因果关系而言,且以和奸为限 |
| 12 | 统字第364号 | 第6条 | 民国四年 | 女子成年未嫁者,尊亲属有告诉权;孀居者,夫之尊亲属亦有告诉权 |
| 13 | 统字第386号 | 第9条 | 民国五年 | 未得孀妇同意,私行强嫁取得财礼,其出嫁行为实为卖之变相,应依补充条例第9条适用刑律,照营利略诱论罪 |
| 14 | 统字第401号 | 第9条 | 民国五年 | 刑法补充条例第9条和卖、强卖罪之规定,有营利、非营利之区别。如因贫卖子女者,即非营利 |
|  |  | 第11条 |  | 补充条例之监禁处分与刑罚不同,应分别执行 |
| 15 | 统字第405号 | 第6条 | 民国五年 | 奸夫被人仇杀,奸妇未经尊亲属告诉,不能论罪 |
| 16 | 统字第409号 | 第6条<br>第7条 | 民国五年 | 孀妇和奸,如未因奸酿成他罪,自不能仅以第三人之犯罪,指为与奸行有相当因果关系。若有相奸者之尊亲属告诉,则以和奸论罪 |

续表

| 序号 | 解释例号数 | 针对条文 | 时间 | 解释例要旨 |
|---|---|---|---|---|
| 17 | 统字第428号 | 第12条 | 民国五年 | 兼祧双娶后之妻,应认为妾 |
| 18 | 统字第439号 | 第10条 | 民国五年 | 单刀、木棍,应认为刑律补充条例第10条之凶器 |
| 19 | 统字第445号 | 第11条 | 民国五年 | 行亲权之父母请求惩戒其子,得直接向审判衙门呈诉。但父在,应以父之意思为断 |
| 20 | 统字第458号 | 第11条 | 民国五年 | 刑律补充条例之监禁处分,纯系惩戒作用,不能认为刑罚制裁 |
| 21 | 统字第462号 | 第4条 | 民国五年 | 强奸未遂杀死妇女,适用刑律补充条例第4条处断 |
| 22 | 统字第467号 | 第6条 | 民国五年 | 夫外出无踪,妇与人和奸,其姑之告诉权应以其夫是否失踪为断。如果可认为失踪,应援补充条例以无夫论,其姑告诉当然有效 |
| 23 | 统字第472号 | 第7条 | 民国五年 | 相奸酿成其他犯罪,系包括亲告罪而言。但所酿成之亲告罪未经亲告时,奸罪自不应论 |

续表

| 序号 | 解释例号数 | 针对条文 | 时间 | 解释例要旨 |
| --- | --- | --- | --- | --- |
| 24 | 统字第489号 | 第7条 | 民国五年 | 甲、乙、丙、丁共杀死甲子戊,甲以戊忤逆而起杀意,惟丙独以戊在有碍其与戊母奸情而决其心,则丙与戊母奸非行为虽未亲告,应依补充条例第7条,仍论刑律第289条之罪 |
| 25 | 统字第497号 | 第7条 | 民国五年 | 告诉无效之奸非罪,因奸酿成其他犯罪时,不应论奸罪 |
| 26 | 统字第524号 | 第9条 | 民国五年 | 因子女妻妾有犯奸行为愤而鬻卖,并非图利,自与因贫而卖者无异 |
| 27 | 统字第540号 | 第7条 | 民国五年 | 奸夫谋死奸妇之姑,奸妇仅止知情而未同谋实施者,只应科奸罪,不能以杀人共犯论 |
| 28 | 统字第555号 | 第9条 | 民国五年 | 以强暴胁迫卖其妻,应构成强卖及略诱罪。和买人亦应构成收买强卖人及略诱之俱发罪。但其妻系因夫强卖,自不能成为法律上之婚姻,重婚罪当然无由成立 |
| 29 | 统字第556号 | 第6条 | 民国五年 | 和奸良家妇女,应构成刑律补充条例第6条之罪,和诱之后交回,复行诱去,则又成立一和诱罪,与前罪行为各别。至奸生子女,仍应责令奸夫收养 |

续表

| 序号 | 解释例号数 | 针对条文 | 时间 | 解释例要旨 |
|---|---|---|---|---|
| 30 | 统字第649号 | 第9条 | 民国六年 | 收买他人抱养子女应否科罪,应视其目的而定 |
| 31 | 统字第653号 | 第6条 | 民国六年 | 刑律补充条例第6条之罪,其亲告权专属于尊亲属,不能指定代行告诉人 |
| 32 | 统字第666号 | 第10条 | 民国六年 | 三人以上共同略诱,内有一人携带凶器者,即成立刑律补充条例第10条之罪 |
| 33 | 统字第704号 | 第7条 | 民国六年 | 本夫事前纵容其妻犯奸,虽经告诉,依刑律应以无效论。即使因奸酿成其他犯罪,亦只能以因奸发生他种犯罪之原因,不能认为独立别成一罪,当然不受补充条例第7条“仍应论之”之拘束 |
| 34 | 统字第791号 | 第6条 | 民国七年 | 女尼犯奸,其告诉权属于其尊亲属 |
| 35 | 统字第792条 | 第9条 | 民国七年 | 强卖、和卖之共犯如有营利意思,均可依刑律第351条处断。若仅收受藏匿被强卖、和卖人者,补充条例第九条第2项规定至为明晰,应分别预谋、未预谋援律处断 |
| 36 | 统字第818号 | 第6条 | 民国七年 | 孀媳既经嫁卖,于姑即为义绝,纵在未嫁卖前之犯奸行为,其姑亦不许有亲告权 |

续表

| 序号 | 解释例号数 | 针对条文 | 时间 | 解释例要旨 |
|---|---|---|---|---|
| 37 | 统字第834号 | 第6条 | 民国七年 | 同胞兄对于出继同胞弟之寡弟妇与人和奸,既非尊亲属,当然无告诉权 |
| 38 | 统字第837号 | 第9条 | 民国七年 | 得价典妻,如其真意系属绝卖,当依刑律补充条例,处典者以和卖罪,受典者不能论罪。若双方并无买卖意思,典者等于得利纵奸,法无处罪正条 |
| 39 | 统字第870号 | 第9条 | 民国七年 | 图利价卖亲女,应依补充条例第9条,查照刑律第351条处罪。该女既有婚姻预约,除劝谕夫家倍追财礼女归后夫外,自未便以裁判强令仅受赔偿 |
| 40 | 统字第873号 | 第11条 | 民国七年 | 子妇不孝,不能请求法院施以惩戒 |
| 41 | 统字第961号 | 第10条 | 民国八年 | 结伙在途行劫,并杀死事主,自系惩治盗匪法第3条第1款。共犯内一犯并奸占事主之妻,如他犯亦有犯意,仍系共犯,均得照刑律补充条例第十条处断 |
| 42 | 统字第1038号 | 第7条 | 民国八年 | 奸妇因奸酿成他罪,其奸夫奸罪亦应论断 |

续表

| 序号 | 解释例号数 | 针对条文 | 时间 | 解释例要旨 |
| --- | --- | --- | --- | --- |
| 43 | 统字第 1050 号 | 第 9 条 | 民国八年 | 因妻常住母家愤而强卖者，既非图利，自应依补充条例第 9 条处断，其妻对于本夫得径行告诉 |
| 44 | 统字第 1054 号 | 第 12 条 | 民国八年 | 买卖为婚并无婚书或财礼者，不生婚姻之效力，无重婚、离异之可言。果有虐待情形，自可断绝关系。至和诱及有夫奸罪，如有合法告诉，仍应论之 |
| 45 | 统字第 1086 号 | 第 10 条 | 民国八年 | 明知他人奉县谕帖捕人，率众持械夺脱人犯，应依刑律补充条例第 10 条加重治罪。其后虚伪报称被匪，并私擅逮捕之行为，均应按刑律各本条处断 |
| 46 | 统字第 1191 号 | 第 7 条 | 民国九年 | 刑律补充条例第 7 条，乃指因奸酿成其他犯罪者而言。若为便利诱拐计陷害他人，尚非直接因奸酿成 |
| 47 | 统字第 1196 号 | 第 9 条 | 民国九年 | 主婚人受聘礼，不能视同卖价，即不能成立刑律补充条例第九条之罪 |
| 48 | 统字第 1215 号 | 第 12 条 | 民国九年 | 典妻与人奸通及被人诱逃，自不能援用刑律补充条例第 12 条主张有告诉权 |

续表

| 序号 | 解释例号数 | 针对条文 | 时间 | 解释例要旨 |
| --- | --- | --- | --- | --- |
| 49 | 统字第 1222 号 | 第 9 条 | 民国九年 | 夫因妻不守妇道私行潜逃而卖,自非意在图利。妻若曾经同意,只应成立普通和卖罪,依刑律补充条例第 9 条第 1 项、刑律第 349 条第 2 项、第 355 条,须告诉乃论。叔父不得独立告诉,但得为当然代诉人,仍以不违反本人之意思为限 |
| 50 | 统字第 1264 号 | 第 6 条 | 民国九年 | 孀妇如系良家妇,与人相奸,应成立暂行刑律补充条例第 6 条之罪。惟既无尊亲属告诉,应不论罪。为和诱若奸夫具备和诱条件,孀妇之子以不违反本人意思为限,当然得为代诉人 |
| 51 | 统字第 1281 号 | 第 11 条 | 民国九年 | 父母因惩戒其子,请求法院施行监禁处分,系惩戒作用,无刑罚性质,不能委任辩护 |
| 52 | 统字第 1284 号 | 第 6 条 | 民国九年 | 妻与人通奸,本应俟本夫或其尊亲属告诉,方可论罪,夫兄无从代行告诉。对于奸夫之诱拐,自得为当然代诉人 |
| | | 第 9 条 | | 所典之妻虽非法律上之妻,要有担任养育之义务。如再转卖,系犯刑律补充条例第 9 条第 1 项之罪 |

续表

| 序号 | 解释例号数 | 针对条文 | 时间 | 解释例要旨 |
| --- | --- | --- | --- | --- |
| 53 | 统字第 1322 号 | 第 7 条 | 民国九年 | 因奸酿成其他犯罪,若有告诉权者并不告诉或明示舍弃告诉权,或被害者并非本夫或尊亲属时,则其奸罪应不论 |
| 54 | 统字第 1360 号 | 第 11 条 | 民国九年 | 行亲权之父或母,指凡未经丧失亲权之父或母而言。得请求惩戒之子,则不问已否成年 |
| 55 | 统字第 1367 号 | 第 9 条 | 民国九年 | 夫得妻之同意租于人为娼,立有租约,如本夫与娼家有买卖意思,托名为租夫,应成立和卖或营利和卖罪。娼家应区别是否主动诱卖,抑系被动买受,应成立营利和诱或收受被和卖人之罪,妻兄为当然代诉人 |
| 56 | 统字第 1389 号 | 第 11 条 | 民国九年 | 刑律补充条例第 11 条之监禁处分,虽未传被惩戒人到案审理,尚非违法。惟违反但书之决定,应准被惩戒人声明疑议;监禁处分既非刑罚,自不适用行刑权时效之规定 |
| 57 | 统字第 1418 号 | 第 6 条 | 民国九年 | 处女与人和奸,如无尊亲属告诉,不能论其奸罪。惟奸夫有侵入第宅或诱拐情形,仍可按律问疑 |

续表

| 序号 | 解释例号数 | 针对条文 | 时间 | 解释例要旨 |
| --- | --- | --- | --- | --- |
| 58 | 统字第 1434 号 | 第 7 条 | 民国九年 | 因有奸制给衣食等物,果系赠与,后复强取而去,当然成立强盗罪。苟仅借给,只得就其夜入人室捆人,分别情形科断。至通奸一节,女父既有继容情事,虽经告诉,亦属无效 |
| 59 | 统字第 1446 号 | 第 9 条 | 民国九年 | 夫强卖妻未得身价,仅得科以单纯强卖罪 |
| 60 | 统字第 1477 号 | 第 6 条 | 民国十年 | 须尊亲属告诉乃论之罪,本生父母虽得告诉,但以所继父母均亡故或事实上不能告诉时为限。若能告诉而不告诉,或有法律上不得告诉原因,本生父母自不得告诉 |
| 61 | 统字第 1505 号 | 第 7 条 | 民国十年 | 和奸所侵害之法益不同,当然成立两罪。惟不经告诉仍应论者,统字第 1322 号解释已有制限,其初犯之奸罪自须告诉 |
| 62 | 统字第 1529 号 | 第 7 条 | 民国十年 | 刑律补充条例所称“其他犯罪”,不包含违警罚法 |
| 63 | 统字第 1565 号 | 第 11 条 | 民国十年 | 刑律补充条例之惩戒请求权,专属于行亲权之父或母 |

续表

| 序号 | 解释例号数 | 针对条文 | 时间 | 解释例要旨 |
|---|---|---|---|---|
| 64 | 统字第 1582 号 | 第 9 条 | 民国十年 | 将童养媳得财另行许嫁者,实系价卖之变相,其犯罪自应成立 |
| 65 | 统字第 1644 号 | 第 10 条 | 民国十年 | 为匪司账,并为登记被掳人醒目、住址、家产者,此种行为如果确有犯罪故意,应以准正犯论。又掳掠妇女欲为妻妾者,系犯略诱罪 |
| 66 | 统字第 1729 号 | 第 11 条 | 民国十一年 | 养母招夫入赘,与出嫁无异,不能行使亲权请求惩戒 |

在表 2 的 66 个解释例中,从时间上看,民国二年和民国三年各有 1 个,民国四年有 10 个,民国五年有 17 个,民国六年有 4 个,民国七年有 7 个,民国八年有 5 个,民国九年有 14 个,民国十年有 6 个,民国十一年有 2 个;从解释条文上看,同时解释两个法律条文的有 3 个(第 401 号、409 号和 1284 号解释例),在其余的解释例中,针对第 2 条的有 1 个,针对第 4 条的有 1 个,针对第 6 条的有 11 个,针对第 7 条的有 12 个,针对第 9 条的有 19 个,针对第 10 条的有 6 个,针对第 11 条的有 9 个,针对第 12 条的有 4 个。按数量排序,解释例分别针对第 9 条、第 7 条、第 6 条和第 11 条解释最多,总计 51 条,和判决例中主要针对第 6 条、第 7 条和第 9 条的情形相一致。可见,大理院判决例和解释例的重心都在于“无夫奸”入罪、和奸罪亲告的例外情形、买卖人口犯罪和家长惩戒权的行使上。或许可推测,当时社会上这几类案件可能常见、多发,需要大理院进一步对法律条文进行阐释。但吊诡的是,对于《补充条例》第 1 条正当防卫的限制条款却没有一条判决例和解释例,对于第 2 条也只有一条解释例,但反观第 9 条的判决例和

解释例、第10条的解释例较多，其他条款的判决例和解释例数量大致较为均匀。

## 五、《补充条例》评价

### （一）《补充条例》的法制评价：重刑主义的凸显

从法律制度层面看，北洋政府当时的立法指导思想为“隆礼重法”，“重法”即“以重典胁服人心”，在刑事立法中倾向于重刑主义。重刑主义是在民初时局混乱、犯罪多发、民不聊生的社会背景下产生的，当时有人在法学杂志上提出实行“重典主义”的必要性：“吾国今日之情形何如乎？篡弑相寻，叛逆接踵，政刑怠缓，四维不张，虽欲强辩谓非乱国而事实昭著，有不可掩者，于是而用重典之说必将发生于政界，而为一般政界军界之圭臬。”[1]《补充条例》的起草者董康也认为：“夫立法期垂诸永久而权宜亦不妨因时……方今国基初缔，易煽浮言，战祸未宁，尚资屯戍……窃发寻绎周官刑重之意，宜定劫略惩肃之方，拟请暂复就地正法。”[2]即主张因时制宜，对强盗罪犯处以重刑。

对比《暂行新刑律》与《补充条例》，可以明显看到罪刑加重的趋势：第一，强奸罪方面，《补充条例》明显比《暂行新刑律》处罚严重，《暂行新刑律》中关于强奸罪的刑罚较轻，强奸罪一般处以一等或二等有期徒刑，[3]只有在致人死亡或笃疾的情况下，才可适用死刑，而且有死刑、无期徒刑或一等有期徒刑三种刑罚供选择，并且缺乏轮奸罪的规定，而《补充条例》第3条规定：“二人以上共犯刑律第二百八十五条之罪（注：强奸罪）及第二百八十六条（注：猥亵或奸淫精神丧

〔1〕 王予觉：《刑乱国用重典释义》，载《法政杂志（上海）》1913年第3期。

〔2〕 董康：《司法界之名论：匡救司法刍议》，载《庸言》1914年第1期。

〔3〕 根据《暂行新刑律》第37条之规定，一等有期徒刑为15年以下、10年以上；二等有期徒刑为10年未满、5年以上。

失或不能抗拒者）关于奸淫之罪，而均有奸淫行为者，处死刑或无期徒刑。”第二，买卖人口犯罪方面，对负有扶助、养育、保护法律义务的人犯出卖人口犯罪，加重刑事责任，《补充条例》第9条规定：“依法令、契约担负扶助、养育、保护义务，而强卖、和卖其被扶助、养育、保护之人者，依刑律第三百四十九条、第三百五十一条、第三百五十二条及第三百五十五条（注：以上各条均为刑律第三十章略诱及和诱罪）处断。其豫谋收受或藏匿被强卖、和卖人者，依前项各条处断；未豫谋者，依刑律第三百五十三条第二项处断。”第三，对略诱及和诱罪的共犯也加重处罚，《补充条例》第10条规定：“三人以上携带凶器，共同犯刑律第三百四十九条至三百五十二条各第一项之罪者，各依本刑加一等。其本刑系无期徒刑者，得加至死刑。”使死刑适用的范围进一步扩大。

（二）《补充条例》的社会评价：礼教精神和伦理色彩的复原

从法律原则层面看，如果说《补充条例》中的重刑主义条款是“重法”思想的具体体现，那么其中带有礼教精神和伦理色彩的条款就是“隆礼”思想渗透立法的真实写照。杨鸿烈先生总结民初立法总体上为“礼教派的得势”。[1] 具体言之，1912年年底北洋政府发布《整饬伦常令》，其中提到“中华立国，以孝悌忠信礼义廉耻为人道之大经。政体虽更，民彝无改”，“为此申明告诫：须知家庭伦理、国家伦理、社会伦理，凡属文明之国，靡不殊途同归。此八德者，乃人群秩序之常，非帝王专制之规也”，“惟愿全国人民，恪循礼法，共济时艰”。[2] 当时在宪法起草时更有甚嚣尘上的“孔教入宪”争论。观察《补充条例》，无论是对卑幼正当防卫权的限制、亲属相隐的认可、家长对子女

〔1〕 参见杨鸿烈：《中国法律思想史》，中国政法大学出版社2004年版，第292～300页。

〔2〕 袁世凯：《整饬伦常令》，载《民国经世文编·道德》，上海经世文社1914年版。

惩戒权的规定,还是“无夫奸”的入罪都体现了这种礼教精神的回归。而这无疑与当时袁世凯欲意称帝的政治背景以及《补充条例》起草者董康的法律思想有直接关联。虽然笔者尚未发现董康在起草《补充条例》时的理由书或说明书等材料,但可以根据其他资料观察董氏在此前后的立法思想。[1] 例如,董康在1915年的《修正刑法草案理由书》中提到:“昔者东汉卓茂有言,律设大法,礼顺人情。故夫刑法之设,所以制裁不法之行为。而要与其国俗相维系,诚使整齐一国之法制,内有以葆其善俗,外有以规乎大同。斯其法方为良法。中国数千年来以礼教立国,昔人所谓礼之所去,刑之所取,则立法自必依乎礼俗。”[2] 董氏借古语推崇在法律条文中融入“礼”之精神,以体现固有习惯与传统风俗。

(三)《补充条例》的文化评价:中西法律文化的冲突

从法律文化层面看,中国传统法律文化具有伦理化的特点。儒家礼教的伦理原则成为立法和司法的指导思想,法律条文中充满着伦理道德因素,并奉行家族主义,这与新刑律中的国家主义格格不入。伦理化不仅使传统法律成为实现道德的工具,也损害了道德本身,在精神上制约了中国近现代法律文化的建立。[3] 而法律的实施,应与社会演进和观念转变相适应,当中国礼教社会中长期存在的传统道德观念与西方近代法律理念发生冲突,当法律条文与社会现实相对脱节时,法律转型的进程就容易陷入困境,因此,《暂行新刑律》在施行过程中难免会遇到阻力。问题的关键在于,中国传统社会中对礼教的维护既需要道德准则通过舆论和良心来起作用,也需要借助于法律这一

[1] 关于董康的介绍及其法律思想转变的论述,详见陈新宇:《向左转?向右转?——董康与近代中国的法律改革》,载《法制史研究》2005年第8期。

[2] 董康:《修正刑法草案理由书》,载何勤华、魏琼编:《董康法学文集》,中国政法大学出版社2005年版,第2页。

[3] 张道强:《中西刑法文化冲突与中国刑法近代化》,中国政法大学出版社2015年版,第12~13页。

国家强制手段。没有法律的维系，很难确立礼教社会的伦常秩序；同样，排除伦理内容的法律，也难以为当时社会所接受。[1] 但传统的价值观和调控方式仍然在民国社会生活中发挥着主导作用，因此，立法者不得不向传统文化和社会现实妥协，作为刑事特别条款的《补充条例》就这样应运而生，由此也可看出当时社会的现实需要与礼教思潮对刑事立法的直接影响。总之，刑事特别条款的删除与复原，在很大程度上显示出中西法律文化冲突中两种法律文化此消彼长与碰撞融合的变化态势。

## 六、结语

《大清新刑律》和《暂行新刑律》所确立的近代刑事立法体系可以视为中国刑法史上的一次"革命"，对中国刑法的近代转型意义深远。但刑法的转型又是整个社会转型的一部分，社会转型之复杂，不是任何一次"革命"就能毕其功于一役的。[2] 民国初年的刑事立法中始终存在着如何处理近代西方法律原则与中国法律固有传统之间的冲突，实际上也就是如何制定一部既能吸收西方法律制度和法律原则，同时又有利于将中国社会维系在符合伦理的传统框架之内的刑法典的问题。[3] 故而，传统伦理色彩显著的特别条款在刑法制定过程中的删除与复原是两种法律文化的正常博弈，大可不必仅以进步或退步而定性。在司法实践中，大理院也以判决例和解释例的形式表达出司法机关的观点和立场，以完善《补充条例》的具体规定，协调《补充条例》与《暂行新刑律》正文之间的关系。《补充条例》同样在立法上影

---

〔1〕 沈大明：《〈大清律例〉与清代的社会控制》，上海人民出版社2007年版，第245页。

〔2〕 李启成：《清末比附援引与罪刑法定存废之争——以"刑律草案签注"为中心》，载《中国社会科学》2013年第11期。

〔3〕 周少元：《中国近代刑法的肇端——〈钦定大清刑律〉》，商务印书馆2012年版，第273页。

响深远,其若干条文还被之后的民国刑法第一次修正草案所吸收和援用,董康在《修正刑法草案理由书》中提到修订刑法的三大立法宗旨之一是:“采择补充条例,篡入限制正当防卫及‘无夫奸’二条,对现在不正之侵害而出于防卫权利之行为,本属旧律擅杀、擅伤之义,然使遇有尊亲属相犯而亦援用之,实大背中国之礼教。若奸通无夫之妇,原案根据外国法典不列正条,自前清资政院以来,久滋争议。今各依类编入,庶足以厌舆论。”〔1〕即将《补充条例》中卑幼对尊亲属行使正当防卫权的限制以及“无夫奸”的规定纳入刑法草案正文。即便在南京国民政府时期,1935 年《中华民国刑法》也不能说是完全剔除了传统的礼教精神和伦理道德因素。时至今日,“有中国特色的社会主义法律体系”已宣告建成,而法律与社会仍处处脱节,法治精神淡薄;中西古今之辩了无止歇,文化认同问题较以往更加严重和急迫。〔2〕回顾民初刑事特别条款的删除与复原现象,或许可为我们在当今法治建设中如何处理中西法律文化冲突提供反思与启示。

**附:《暂行新刑律补充条例》**〔3〕

**第一条**

刑律第十五条于尊亲属不适用之,但有左列请事之一者,不在此限:

(1)嫡母、继母出于虐待之行为者。

(2)夫之尊亲属出于义绝或虐待之行为者。

---

〔1〕 董康:《修正刑法草案理由书》,载何勤华、魏琼编辑:《董康法学文集》,中国政法大学出版社 2005 年版,第 2~3 页。

〔2〕 梁治平:《礼教与法律——法律移植时代的文化冲突》,广西师范大学出版社 2015 年版,第 140~141 页。

〔3〕 黄源盛:《晚清民国刑法史料辑注》(上册),元照出版有限公司 2010 年版,第 511~514 页。

**第二条**

藏匿刑事暂保释人者,处四等以下有期徒刑、拘役或三百元以下罚金。

意图犯前项之罪而顶替自首者,亦同。

刑事暂保释人之亲属为暂保释人利益计,而犯前二项之罪者,免除其刑。

**第三条**

二人以上共犯刑律第二百八十五条之罪及第二百八十六条关于奸淫之罪,而均有奸淫行为者,处死刑或无期徒刑。

**第四条**

犯强奸之罪故意杀人者,处死刑。

**第五条**

强制亲属卖奸或为娼者,依左例处断:

(1)女、孙女及子孙之妇,五等有期徒刑或拘役。

(2)妻及在监督权内同居之卑幼,三等以下有期徒刑。

**第六条**

和奸良家无夫妇女者,处五等有期徒刑或拘役。其相奸者,亦同。

前项之罪,须相奸者之尊亲属告诉乃论,但尊亲属事前纵容或事后得利而和解者,其告诉为无效。

**第七条**

犯刑律第二百八十九条、第二百九十条或前条第一项之罪,虽未经有告诉权者之告诉,而因奸酿成其他犯罪时,仍应论之。

**第八条**

尊亲属伤害卑幼仅致轻微伤害者,得因其情节免除其刑。

**第九条**

依法令,契约担负扶助,养育,保护义务,而强卖、和卖其被扶助、养育、保护之人者,依刑律第三百四十九条、第三百五十一条、第三百五十二条及第三百五十五条处断。

其豫谋收受或藏匿被强卖、和卖人者,依前项各条处断;未豫谋者,依刑律第三百五十三条第二项处断。

**第十条**

三人以上携带凶器,共同犯刑律第三百四十九条至三百五十二条各第一项之罪者,各依本刑加一等。其本刑系无期徒刑者,得加至死刑。

**第十一条**

行亲权之父或母得因惩戒其子,请求法院施以六个月以下之监禁处分,但有第一条第一款情事者,不在此限。

**第十二条**

刑律第八十二条第二项及第三项第一款称妻者,于妾准用之。第二百八十九条称有夫之妇者,于有家长之妾准用之。

本条例第一条第二款称夫之尊亲属者,于妾之家长尊亲属准用之。第五条称妻,子孙之妇及同居之卑幼者,于己之妾、子孙之妾及同居卑幼之妾准用之。第八条称卑幼者,于卑幼之妾准用之。

**第十三条**

第九条之未遂犯罪之。

**第十四条**

犯第四条及意图营利犯第九条之罪者,褫夺公权。犯第二条第一项、第二项、第五条、第九条之罪者,得褫夺之。

**第十五条**

本条例自公布日施行。

# 法治人物

**【编者按】** 本卷“法治人物”栏中，我们选编了两篇文章。一篇是介绍近代著名法学家王宠惠先生的宪政思想的，作者由王宠惠先生的生平和著作入手，逐步勾勒出王宠惠作为一代大师的宪政理想。另一篇则介绍近代的社会学家群体，因为处在社会治理转型的过程中，在由传统人治迈向现代法治的关节点上，这些社会学家们有时表现出法律家的风貌，他们对于法律与社会的关系，都展示出了某种“在边缘中思考的特色”。

# 王宠惠宪政思想探析

范小渝*

【内容摘要】 王宠惠是民国法学巨擘，对民国的政制设计、宪法制定做出了很大贡献，其宪政思想既有历史意义，亦有现实价值。王宠惠宪政思想包括前后两个时期共十个方面的内容，其前期的宪政思想包括强调宪法为立国之大本、坚持主权在民的共和制、建议实行议院政府制、主张法院行使宪法解释权、重视身体自由的保障和信教自由这五个方面，后期的宪政思想包括对五权宪法的精妙阐释、区分国民会议与国民大会、训政时期是军政时期过渡到宪政时期的桥梁、分县自治是宪政实现的基础和守法精神的养成是宪政实现的根本这五个方面。王宠惠的宪政思想表现出内容的流变性、注重国情和非工具主义的特点，其不仅推动了民国前期的宪政运动，而且直接影响了南京国民政府的宪政建设，也启示着当代的法治建设应当注重守法精神的培养和注意国情观念与宪法理念的平衡。

【关键词】 王宠惠　宪政思想　民主宪政

## 一、引言

宪政思想之于我国百余年间，从萌芽、发展到勃兴，宪政实践经历了变法立宪、“预备立宪”、革命立宪与民主立宪，宪政之路坎坷不

---

* 作者系中国政法大学法律史学博士研究生。

平、波澜起伏,几乎遍尝迄今为止世界各国所出现过的所有宪政设计模式。辛亥革命是宪政史的一个重要转折点,此后民国建立,民主共和理念深入民心,宪政的思想嵌入了国人的心中,后虽历战乱纷争,宪政运动不曾中止。在众多倡言宪政的精英中,王宠惠是比较重要的一员。

王宠惠(1881—1958 年),字亮畴,广东东莞人,民国著名法学家和外交家,其精通宪法、民法、刑法、国际法和比较法,被誉为"民国第一法律家"〔1〕"近世法坛'第一人'",〔2〕是我国第一代法学家群体的代表,〔3〕是继沈家本之后对我国近代法律体系影响最大的人,〔4〕也被誉为20 世纪中国十大法学名家之一〔5〕。王宠惠是中国第一个大学本科文凭的获得者,耶鲁大学民法学博士,他在整个民国期间均位居高位,是南京临时政府第一任外交总长,是北京政府第一任司法总长,北京政府国务总理、大理院院长,是南京国民政府第一任司法部部长、司法院院长,代理行政院院长、外交部部长、国防最高委员会秘书长。此外,王宠惠还是中国第一任驻海牙常设国际法庭正式法官,是世界上第一部德国民法典的英文翻译者,是中国第一批被海牙国际法院评选出的 50 位国际著名法学家之一(总共两位,另一位是杨兆龙先生),是驰名国际的法学家。

---

〔1〕 段彩华:《民国第一位法学家——王宠惠传》,近代出版社 1982 年版。转引自张生:《王宠惠与中国法律近代化——一个知识社会学的分析》,载《比较法研究》2009 年第 3 期。

〔2〕 张仁善编:《近世法坛"第一人"——王宠惠》,载张仁善编:《王宠惠法学文集》,法律出版社 2008 年版。

〔3〕 许章润:《书生事业无限江山——关于近世中国五代法学家及其志业的一个学术史研究》,载《清华法学》2004 年第 1 期。

〔4〕 张仁善编:《王宠惠法学文集》,法律出版社 2008 年版,"序言"第 5 页。

〔5〕 华友根:《20 世纪中国十大法学名家》,上海社会科学院出版社 2006 年版,第 94 ~ 138 页。

王宠惠自1911年归国后即投身国家宪政建设,并一直活跃于其中。在1913年王宠惠撰写了《中华民国宪法刍议》一文,该文在当时产生较大影响,黄兴对其评价甚高,认为“兹大著出,而宪法之真义昭如日月”,[1]而该文所附的《中华民国宪法草案》是民国私拟宪草的代表,其中的省制模式对当时的联省自治运动起了一定程度的理论指导作用。在1918年,王宠惠与蔡元培等人发起成立了和平期成会和国民制宪倡导会,呼吁南北和平、协商制定宪法,这有力推动了当时制宪运动的发展。在19世纪20年代“好政府主义”宪政思潮流行时,王宠惠积极参与其中,他是该思潮的宣言书《我们的政治主张》的联名发表者之一,在此之后他出任北京政府总理,组建了著名的“好人内阁”,把民国前期的自由主义宪政运动推向了最高峰。在南京国民政府时期,王宠惠直接参与了民国宪政体系的设计和宪法文本的制定工作。在1928年,第二次北伐结束后,国家统一在即,王宠惠与胡汉民、孙科等人于巴黎联名致电国民党中央,提出训政大纲提案,建议实行“训政”,该提案为国民党中央所接受,开启了民国的“训政时期”。随后,王宠惠与胡汉民、戴季陶草拟了《国民政府组织法》,民国的五权政制自此建立起来。民国实行“训政”后,王宠惠负责起草了《中华民国训政时期约法》,参与了“五五宪草”的制定工作,为实施宪政做了诸多准备工作。在1943年,立宪行宪的呼声日益高涨,国民政府成立了宪政实施协进会,为实施宪政做准备,该会分为三组委员会,王宠惠与孙科为第一组的召集人,具体负责宪法草案的研究工作。在1946年,王宠惠作为国民政府的代表参与了“政协宪草”的审议工作,之后又受国民党当局的委托与吴经熊等对张君劢起草的宪法草案进行修改,对于该宪法草案的完善付出了很大精力,在该宪法草案的审议中,王宠惠是第三审查委员会的召集

〔1〕 李云汉:《黄克强先生年谱》,台北中央文物供应社1973年版,第323页,转引自刘宝东:《出山未比在山清:王宠惠》,团结出版社2010年版,第82页。

人,负责总统、行政及立法三章的审议工作,该草案在之后的国民大会得到通过,史称"1946年《中华民国宪法》"。在宪法制定后,迫于国内战争形势,国民政府准备进行"动员戡乱",但针对是否修宪以授予政府应变权力出现了分歧,王宠惠从维护新定宪法的稳定性出发,借鉴国外战时宪政体制,提出了制定《动员戡乱临时条款》对宪法作临时性修正的建议,该建议为国民政府所接受,这开创了民国的戡乱时期宪政模式。[1]

王宠惠的宪政实践,不可谓不丰富,在其前期,他或直接或间接地推动了民国宪政运动的发展,在其后期,他作为南京国民政府法律建设的主导者,制宪活动的直接参与者,其宪政思想对于民国宪政体系的形塑具有一定的影响,故对于王宠惠宪政思想的研究有着一定的历史意义。

## 二、王宠惠宪政思想的主要内容

王宠惠饱受西方现代宪政思想的熏陶,又有着极为丰富的行政、立法和司法实践,始终参与到了民国宪政建设的第一线,使得其宪政思想内容非常丰富,既有对国家主权归属与政权组织方式的宏观论述,也有对国民权利保障的和宪政秩序的维持的微观探讨。但王宠惠的宪政思想整体呈现出逐渐演变的趋势,明显的分为前后两个阶段,由于两个阶段并没有十分明确的分界点,这里暂

〔1〕 该部分的写作除参考前面注释所引文献外,还参考了以下文献:陈夏红:《政法往事:你可能不知道的人与事》,北京大学出版社2011年版;胡文俊:《王宠惠与中华民国》,广东人民出版社2006年版;许章润:《说法活法立法——关于法律之为一种人世生活方式及其意义》,清华大学出版社2004年版;吴相湘:《民国人物列传》,传记文学出版社1986年版;冯自由:《革命逸史》,新星出版社2009年版。

以1927年为界,[1]将王宠惠在1911～1926年的宪政思想称为其前期的宪政思想,将其1927年之后的宪政思想称为其后期宪政思想,对两个阶段的宪政思想分别归纳阐述。

（一）王宠惠前期宪政思想的主要内容

1.强调宪法为立国之大本

宪法是宪政的前提,可谓国之根本,王宠惠认为,"宪法者,立国之大本也。譬诸广厦,必先基础巩固,方能巍然卓立,虽疾风暴雨弗能破坏也。惟国亦然,必其宪法良好,国本巩固,乃足自存,而不为政海波涛所摇动",[2]"宪法为一国之根本法,故西人亦有称宪法为根本法者,极言其重且要也","夫宪法关乎国家之大本,宪法一日不制定,则国家一日不巩固,而政治一日不进行"。[3] 王宠惠通过这种通俗易懂的语言把宪法作为立国根本的宪政精神阐释出来。为了强调这一点,他还特地指出,从表面上看,"宪法者,不祥之物也。牺牲无数之生命,抛弃无量之财产,有鏖战数载而仅乃得之者,有屡战屡得而复失之者,有屡争屡败迄今仍未得之者。史乘所载,不罕其事。然则此寥寥数十条之宪法,其得之也,必先以杀人流血于前;其失之也,亦必继以杀人流血于后",[4]但是宪法作为"立国之大本",在革命成功之后,国人如果同心协力,为了国家前途,泯弃私见,制定一部巩固的宪法,组织良好的政府,从而实现国家的和平发展,转贫为富,转弱为强,不祥之物就能变成最祥之物。正因为宪法是立

---

〔1〕 这一分界点的选择是尝试性的,在1927年王宠惠先后任职于北京政府和南京国民政府,此后其始终以三民主义为旨归,故最保守估计1927年当为其宪政思想的转折点,当然一种思想的转折是需要过程的,或许此前其宪政思想已发生根本转变,但根据现存文献尚无法确定。另刘宝东博士主张以1924年为王宠惠前后宪法思想转折点,参见刘宝东:《出山未比在山清——王宠惠法制思想的理论与实践》,中国人民大学2003年博士学位论文,第30页。该划分方式也有一定道理。

〔2〕 张仁善编:《王宠惠法学文集》,法律出版社2008年版,第3页。

〔3〕 同上书,第15页。

〔4〕 同上书,第3页。

国之大本,王宠惠认为,“宪法固未易言也,无统观全国之眼光者,不足言宪法。无盱衡久远之眼光者,不足与言宪法”。[1] 为了保证宪法作为国之大本的地位,王宠惠提出了两个至关重要的制宪原则:

(1)宪法者非因一人而定,乃因一国而定也。[2]

王宠惠寥寥数言,深刻地揭示了民初制宪中因人设法的弊病。《中华民国临时约法》是民国的第一部宪法文件,此后的“约法之争”也正是围绕它的存废而进行的,但是,该约法存在因人设法的重大缺陷,其最初确立的是总统制,后为制约袁世凯而改为责任内阁制,这开了此后我国立法史上“因人设法”的恶例。[3] 针对此现象,王宠惠指出,“宪法之条文,字字句句,盖莫不以国家为前提,未尝因人而有所轻重损益也。顾吾尝闻今之谈宪法者矣,曰某也贤,非畀以重权,不能展其才也。曰某也贤,非宽其任期,不能行其政策也。反对之者,则曰某也不肖,假以大权,不蹂躏民权不止也。曰某也不肖,久执国柄,不推翻共和不止也。此皆不明宪法之性质及作用所致也。夫某之果贤,某之果不肖,特某一人去留之问题耳,于宪法之制定无关也。若以某之贤而宪法偏重于此,以某之不肖而宪法偏重于彼,是何异于削足适履,吾未见其可也。且以一人之故,而宪法为之转移,是又重一人而轻一国,颠倒失当,莫此为甚。虽在专制时代,以国法徇一人,论者犹耻之,况堂堂新定之民国宪法乎”。[4] 这段论述,可谓鞭辟入里。另外,该原则还把宪政的精髓蕴含其中,强

---

〔1〕 张仁善编:《王宠惠法学文集》,法律出版社2008年版,第3~4页。

〔2〕 同上书,第4页。

〔3〕 《中华民国临时约》中“因人设法”弊病的论述可参见周叶中、江国华主编:《从工具选择到价值认同——民国立宪评论》,武汉大学出版社2010年版,第83~84页;张学仁、陈宁生主编:《二十世纪之中国宪政》,武汉大学出版社2002年版,第64~65页;卞修全:《近代中国宪法文本的历史解读》,知识产权出版社2006年版,第94~96页;丁凌华:《艰难与希望:中国法律制度史讲课实录》,人民出版社2008年版,第390~391页。

〔4〕 张仁善编:《王宠惠法学文集》,法律出版社2008年版,第4页。

调立宪的目的是实现一国人民的幸福,而不是谋取个人私利,共和宪法应当“以谋取最多数人之最大幸福为立法要旨”,建立“牺牲个人之尊荣,力谋多数人之政权”。王宠惠这种抛弃党派利益,从国民幸福的角度制定宪法的主张,很有深意。

(2)宪法者非因一时而定,乃因永久而定也。[1]

王宠惠认为,“宪法者,万法之本原,其质性宜固定,不宜流动。异乎他种法律,他种法律可随时提议而变更之,不为甚害。而宪法则否,譬之枝可披而本不可伤也,故宪法必依一国之恒态而定,不能依一时之特别事故而定”。[2] 当然,王宠惠为避免误解,特别指出,宪法不因一时而定、永久适用,并不是否定宪法的流动性,而是强调宪法的制定当依国家的恒态,而不是突发的特别事件,因为“特别事故,攸然而兴,亦溘然而灭。若不惜以一国宪法殉之,其结果将变更时起,国无宁日。夫宪法经一度之变更,则举国之事业制度,咸因之而摇动。其一时之情形,顿形棼扰”[3]。王宠惠还认为,制宪除了要按照国家恒态外,还要“顺乎民意、合乎国情”他认为,制宪如果真能如此,则“斯法之成也,槃然有当于人心,屹然能垂诸永久,倘堌一时之计,汲汲然于补偏救弊,时移事易,则宪法将为土苴矣”。[4] 王宠惠提出该制宪原则尚在 1913 年,但此后我国的制宪史中,频繁地制宪和废宪,在民国短短的三十几年间,就有十几部宪法、宪法性文件或草案,立宪者尚且不尊重宪法,遑论众人。对比美国的制宪史,其宪法制定于独立战争后的 1787 年,但一直沿用至今,只是适时的增加了一些修正案,宪法的主旨不曾改变。两者对比,就更显出王宠惠的远见卓识。

---

〔1〕 张仁善编:《王宠惠法学文集》,法律出版社 2008 年版,第 4 页。

〔2〕 同上。

〔3〕 同上书,第 5 页。

〔4〕 同上。

在提出了制宪的两个基本原则后，王宠惠还对当时世界已有宪法的种类进行了性质上的对比区分，结合国情，建议我国应当制定一部刚性的共和单一制成文宪法，以此来保障宪法的根本法地位。

2. 坚持主权在民的共和制

民国建立后，虽然共和理念已深入民心，但袁世凯的称帝、张勋的复辟使共和几经颠覆，王宠惠认为"中华民国永远定为共和国"，在制宪热潮中，对于民国宪法采取"主权在国"还是"主权在民"争论相当激烈，王宠惠面对争论，始终坚持"主权在民"。

（1）强调民国当永远实行共和制

辛亥革命成功之后，共和政体在我国建立起来，并通过《临时约法》将其在根本法上固定下来，共和理念逐渐深入人心。王宠惠不失时机地强调，民国的政体应当明确并永远适用，在其自拟的宪法草案里第1条就明确规定"中华民国永远定为共和国"。他认为，"宪法总纲，首应确定政体，并声明所定之政体为永远之政体，庶足以定人心，而固国本"，"而约法第一条对于此点竟未言及，惟泛然规定之曰，中华民国由中华人民组织之。不知中华民国实一新定之国民，于政体无与也。而所谓由中华人民组织之者，亦只声明民国为何人所组织，并未确定其所组织者为何种政体"。〔1〕但是，王宠惠的主张并未受到重视，当时立宪派势力还很强大，主张君主立宪者仍然大有人在，这为袁世凯的称帝提供了莫大的帮助，封建帝制思想仍根深蒂固，遗老遗少仍活动频繁，这为张勋的复辟埋下了伏笔。此后的民国历史，称帝、复辟轮番上演，各路军阀把持国政，个人独裁、一党专政，共和政制荡然无存，不亦悲乎！

（2）主张"主权在民"

"主权在民"还是"主权在国"即宪法内容采取民权主义还是国权主义，这在民国初期引起了较大的争论。王宠惠一贯主张"主权

〔1〕 张仁善编：《王宠惠法学文集》，法律出版社2008年版，第26页。

在民”，在其自拟的宪法草案第2条明确规定“中华民国之主权属于国民全体”，这与《临时约法》第2条的规定是一致的，他在说明中阐释道，“共和国之主权，当然属于国民全体。民国既为共和国，则此条本可不必加入。但主权在国民，乃共和国体最要之原理，不妨特为规定，使国民晓然于共和之所以为共和，全在此点”。〔1〕但是，以袁世凯为首的北洋派、以梁启超为首的进步党和另外一些拥护袁世凯的势力主张国权主义，他们认为，主权不在人民而在国家。梁启超在其自拟的宪法草案中指出，“临时约法第二条，采主权在民说，与国家性质不相容。无论何种国体，主权皆在国家，久成定说，无俟喋引”，〔2〕其学生蔡锷也认为“主权在民”说有很多缺陷，并发表通电指出，“民国宪法宜以巩固国权为主义。国权巩固，国力自张，然后有发达民权之可言”，他还发表了《读王君亮畴〈中华民国宪法当议〉》一文，对王宠惠坚持的“主权在民”说提出了异议，明确指出“主权在民”说有六大谬误，中国宪法当效法葡萄牙宪法规定主权在国，他还进一步指出，“凡称国名之处，虽民字亦宜删除，曰中华共和国，曰中国，方为适当”，王宠惠宪草力主“主权在民”，把“民”字楔入国名的做法是错误的。〔3〕比较“主权在民”与“主权在国”，当深入两种理论的根本而不是仅从字面意义和短期效用角度考虑。“主权在民”是以社会契约论为基础的，其强调国家是由全体社会成员以契约方式建立起来的，因此，“对于个人，他就是主权者的一个成员；而对于主权者，他就是国家的一员”，〔4〕这将民权提到了至高的地位，在根本上否定了君主是国家的主权者，成为反封建的有力武器。而“主权在国”是基于国家有机体理论，强调国家有机统一和有

〔1〕 张仁善编：《王宠惠法学文集》，法律出版社2008年版，第26页。

〔2〕 梁启超：《进步党拟中华民国宪法草案》，转引自夏新华：《近代中国宪政历程：史料荟萃》，中国政法大学出版社2004年版，第567页。

〔3〕 毛注青编：《蔡锷集》，湖南人民出版社1983年版，第290~292页。

〔4〕 ［法］卢梭：《社会契约论》，何兆武译，商务印书馆1980年版，第26页。

力秩序,国民的自由与平等倒是次要问题,这是与强调权利与自由的时代潮流相左的。当然,进步党的主流观点也并不主张绝对的国权主义,而是希望把国权和民权调和,以便遇到国力不振的情况时能"稍倚重国权主义,以济民权主义之穷"。[1] 然而,以偶然因素而易主权主体,必然动摇宪法的根本地位,此诚为国权主义者所忽视了。

3. 建议实行议院政府制

在民初的制宪权之争中,一个核心的问题就是国家是实行总统制还是内阁制。针对两种不同的政权组织方式,不同的支持者之间进行了长期的争论,不仅在袁世凯势力与革命派之间有争辩,就是革命派内部,也存在总统制和内阁制的分歧。在某种意义上,正是基于对两者的不同选择,导致了民国的频繁制宪与废宪。王宠惠以为,总统制与内阁制的争论实则有失偏颇,两派之间虽争论不止,但对于该问题的性质,并没有界定清楚,在他看来"此问题之性质,即在政府应如何组织而成,其对于议院有何关系"。[2] 而内阁制和总统制两者在名称上都不足以表明政府的组织和性质,因为内阁制易让人误以为内阁具有不受议院支配的独立性质,而忽略内阁应当以议院为主体;总统制只表明政府不受议院支配,但是在君主国家同样有这种政权形式。他认为,"夫世界各国组织政府问题,其屹然对峙者,惟议院政府与非议院政府两制……世界各国政府之组织,非此即彼",[3] 他解释说,所谓议院政府制就是议院为政府的主体,而使政府受议院的支配,非议院政府制就是政府与议院对立,而不使政府受议院的支配。王宠惠基于以上理由建议中国实行议院政府制,并认为"斯制也,促政治之进步,奠国势于安全,比较之善,无过

[1] 梁启超:《饮冰室合集》(文集29),中华书局1989年版,第100页。

[2] 张仁善编:《王宠惠法学文集》,法律出版社2008年版,第18页。

[3] 同上书,第18页。

此者”。[1] 此外,王宠惠还详细论述了实行议院政府制的好处,具体包括,可以谋求最大多数国民的幸福,促进民权的发达和政治的进化;可以防止个人独裁专制,巩固共和政体;可以通过议院来监督政府,让政府良性运转,实现国家的富强。

王宠惠认为,议院政府制这种政权组织方式非常适合国情,我国采用该制度是毫无疑义的。但是他也认识到,即使实行了该制度,也不能从根本上解决现实问题,他看到了总统制和内阁制之争的实质,即党派之间的政争,从而一针见血地指出,“无论采用何制,其政治之进行,均有赖乎政党。惟政党少则进行较速,政党多则进行较迟。政党多少之影响,乃政治上普通关系,非所以专论于采用某种制度也。欲救此弊,惟有于根本上改良政党之组织”,“吾国政党发生未久,苟能真以国家为前提,则组织政府问题,初不难解决。所患者,各党竞争权利,莫肯降心相从。彼党专以反对此党为事,小党又以赞同大党为羞怯,甚至一党之中,自行争执意见,而有分崩离析之患,则诚大乱之道也”。[2] 王宠惠通过犀利的语言揭示了民初的党争实质,也指出我国宪政建设的关键。在此后的历史中,因党派不同、政见相左而频频的兵戎相向,循环着成王败寇的争斗,一次次地验证了王宠惠对政党政治不成熟的担忧。

4. 主张法院行使宪法解释权

民国宪政运动干将们的主要目的是制定一部良好的宪法,并依此来实施宪政,但是对于宪法的保障问题并无过多关注。宪法作为国家的根本和民权的保证,是宪政的前提和基础,那么它的保障问题就显得相当重要。王宠惠意识到了这一点,他主张把宪法解释权委诸法院,通过宪法解释来保障宪法,把法院作为宪法的保障机关。

王宠惠认为,虽然“命令抵触法律,则命令无效力。法律抵触宪

[1] 张仁善编:《王宠惠法学文集》,法律出版社2008年版,第17页。

[2] 同上书,第17~22页。

法,则法律无效力。此一定之理也",[1]但是,宪法和法律都是"死物",自身没有生命力,当命令抵触法律或法律抵触宪法时,不能自行言语而使其无效,必须通过人为的判断方可。因此,宪法的解释成为必要。对此王宠惠还分析道,社会舆论也是一个国家法律和宪法的保障,因为有舆论的预先监督,则明显抵触法律的命令,政府就不敢发布,而明显抵触宪法的法律,议院也不敢决议。但是,舆论监督没有强制效力,这种事前监督仅仅是理论上的假设,即使这种事前的监督有效,也不能保证抵触法律的命令和抵触宪法的法律一定不会出现。所以需要一定的机关来进行补救,保障宪法和法律的有效运行。当然,法院有解释法律的权力,当命令抵触法律之时,法院可以通过判决使之无效,这具有当然法理,但是当法律抵触宪法之时,法院是否有权进行解释,则有所争议。主张法院有宪法解释权的以美国为代表,否定法院解释宪法的以欧洲大陆法系国家为代表,我国自清末修律以来,在法律体系上主要借鉴了大陆法系诸国,固国人对这一问题倾向于大陆法系主张。王宠惠认为宪法的解释关乎宪法的保障,我国应当选择两者中最有利的一种,于是他分析了两者的理论渊源。欧洲大陆法派的主张是基于法律的有效或无效与一国的政治密切相关的认识,从而主张由立法机关在立法之初对宪法进行解释,所以,当立法机关认识到一部法律与宪法相抵触时,就不会议决它,而立法机关议决的法律经过正式公布,则必定不会与宪法相抵触。美国的主张是基于三点认识:其一,立法机关不宜自行决定其所定法律是否抵触宪法;其二,议员几年就发生变化,他们对于宪法很难有统一的解释;其三,法律经过公布之后,如果真的与宪法相抵触,而法院又无权判决使之无效,就没有补救的手段。王宠惠认为,虽然很少听说欧洲大陆诸国颁布了与宪法相抵触的法律,但是仅依靠舆论监督,实在无法完全避免前面提到的三点弊病,

[1] 张仁善编:《王宠惠法学文集》,法律出版社2008年版,第11页。

那么宪法就可能受到影响。我国为避免这种情况，就应当采取美国的方式，由法院行使宪法解释权，并将此明文规定在宪法里面，作为宪法的保障。[1]

法院拥有宪法解释权，可以判决立法机关制定的法律有效与否，人们会担心是否会产生法院的权力过大，使得司法机关凌驾于立法机关之上的问题。王宠惠认为不会出现这种问题，因为法院解释宪法的问题，不会无端发生，其必须由一定的事实引起，即在一些具体案件中对某部法律抵触宪法与否发生争议，此时由法院进行判决，确定该法律有效与否。而且法律解释权和法律取消权完全不一样，法律的取消权，是命令抵触法律或宪法时，国会有权质问政府，而使之取消；法律抵触宪法时，国会也有权以后法律废止前法律的方式将它废掉，该项权力只有立法机关才拥有。而法律解释权，则是法律或命令的内容与宪法相抵触时，法院在所审判的案件中判决该法律或命令为无效，从而不予以适用，但法律和命令仍然是存在的。所以，法律的解释权和取消权分属于法院和立法机关，这不会使司法机关凌驾到立法机关之上的，而且立法机关在立法之时可以作出抽象的解释，法院在案件审判时作出的是具体的解释，这是可以并行不悖的，还可以达到“立法无失权之患，司法有匡救之美”的好处。[2]

王宠惠所主张的法院解释宪法的权力，在性质上类似于美国联邦法院的违宪审查权，但又不完全相同。因为，这种解释权行使的结果只是确定某部法律与宪法发生抵触，在所审判的案件中不再适用，其仍然是存在的，至于废止与否则由立法机关决定。而美国违宪审查权行使的结果若确定某法律与宪法抵触时，则该法律就自然失效，不需要立法机关的废止。另外，王宠惠主张由法院解释宪法，

---

〔1〕 张仁善编：《王宠惠法学文集》，法律出版社2008年版，第11～12页。

〔2〕 同上。

但没有规定由哪一级法院进行解释,那么,从字面上理解所有的法院都可以进行解释,则宪法解释的统一性和权威性有待商榷。

5. 重视身体自由的保障和信教自由

限制国家权力与保障公民权利是宪政的两大标志,对公民权利的保障更是宪政的核心,当然公民享受权利和履行义务也是对应的。王宠惠认为在"天坛宪草"中关于公民权利义务的规定与世界各国规定的大同小异,体现了对公民权利保障的精神。针对国情,王宠惠又提出了两个比较重要问题。

(1)身体自由的保障

王宠惠认为,"身体自由为一切自由之根本,身体苟失其自由,则无论何种自由事实上皆无从享受。若身体尚得自由,而其余自由难受违法之侵犯,被害者之自身尽可依法而求救济",[1]故当将身体自由保障的方法特别规定于宪法之中。"天坛宪草"第5条规定,"中华民国人民非依法律不受逮捕、监禁、审查、处罚,人民被羁押时,得依法律以保护票请求提至法庭审查其理由"。[2] 王宠惠对这一条的第2项表示极为赞同,因为该项建立起了中国的保护票制度,这是对自由保障精神的深刻体现。但是,"保护票制度"在当时宪法学界极少涉及,在宪法草案拟订讨论过程中宪法起草委员会的争论也很激烈,虽然最终通过了,仍有部分委员表示异议。有鉴于此,王宠惠对保护票制度进行了深入的分析。他认为,这项制度仿自英国,其本意是将被羁押人送达法院,审查羁押原因是否违法,若违法就应当庭释放,不违法则视情况而准予取保或从速审判。但保护票的称谓与英文原意有些不符,又因为保护身体自由在宪法和法律中已经有所规定,而该制度只是审查羁押合法性问题,在个人身体自由受到侵犯时起到救济作用,故可以改称为"出庭状"。出庭状之所

〔1〕 张仁善编:《王宠惠法学文集》,法律出版社2008年版,第70页。

〔2〕 同上书,第62页。

以能保障个人身体自由，王宠惠分析有以下原因：第一，出庭状有一定格式，由法院（在英国由高等法院）发出，在被羁押人怀疑羁押行为违法时，不仅被羁押者本人可以，其亲人或任何他人均可说明理由而向法庭请求发出出庭状；第二，收到出庭状的主体（一般为羁押行为实施者）无论官职均不能违抗，必须将被羁押人交出；第三，被羁押人在出庭状发出后，必须到法庭接受审查；第四，法庭接受发放出庭状请求时，有即时发出的义务，违背者应受到严重惩罚；第五，受到出庭状而拒绝交出被羁押人者，也应受到严重惩罚。基于这五个理由，王宠惠认为，如果我国真能实行这种制度，“则违法之羁押不患无救济之方，而吾国民庶可永脱黑暗之监禁而免无辜之被害，爱自由者其急起而争之哉”。[1]

宪法已经规定人民依法享有身体自由，那么再规定出庭状制度有没有必要呢，王宠惠认为很有必要。因为依法享有身体自由涉及的是自由的范围，而出庭状制度是对违法侵犯身体自由的救济手段，是自由实行的方法，两者相辅而不可偏废。他还引用美国宪法学家白节斯的观点认为，宪法关于自由的要件有三，即自由的范围、自由的保障和自由的停止，《临时约法》中规定了自由的范围和停止，缺少了自由的保障，在新宪法里规定出庭状制度显得很有必要。当然，王宠惠也认识到，即使宪法中规定了出庭状制度，也可能身体自由得不到保障而成为具文，因为“出庭状也者，惟法治国尊重司法独立，依法庭之威严而行之始可见其功用耳，若于坏法乱纪之时，宪法尚不能保其效力，纵有出庭状之规定，亦何足制止违法者之暴力乎？故出庭状之功用正为吾国今后之希望，而非所论于以往之时代也”。[2]

---

〔1〕 张仁善编：《王宠惠法学文集》，法律出版社2008年版，第69～70页。

〔2〕 同上书，第70页。

(2)主张“信教自由”

宪法与“孔教”的问题,在北约政府立宪活动中显得较为突出,[1],政学两界争议较大,王宠惠关于信教自由的问题即因“孔道为修身之本”而出。“天坛宪草”第19条第2项规定“国民教育以孔子之道为修身之本”,王宠惠认为,在宪法之中规定如此内容与国民信教自由相抵触,实属不当。他从法律与道德的关系出发进行阐述,指出在古代因文化未开而把法律与道德混为一谈,但道德的说教力量有限,于是就以政治的威力来强迫接受;但中古时欧洲各国的宗教战争,让人民逐渐认识到宗教信仰不能受世俗政权的干涉,信教自由也由此而始;到了近代,法律与道德的学说日渐繁荣,都有了不得互相侵犯的界限,法律与道德发生了分离,所以宪法以不定国教为原则。对于宪法起草委员会否决孔教为国教王宠惠表示非常赞同,但对宪法起草委员会以“变更原议,缩小范围”而规定“国民教育以孔子之道为修身之本”表示极力反对。他认为,变更后的规定比定孔教为国教影响更大,因为定为国教只使孔教在形式上尊崇,而定为国民教育修身之本则是从实际上进行强迫,是没有国教之名而有国教之实,这是与现代信仰自由的理念和宪法信教自由的规定相冲突的,也背离了否决国教的初衷。对于主张孔子之道为伦理学而非宗教从而不为信教自由的说法,王宠惠表示宪法没有理由让一国之人遵从于一个伦理学家的依据。王宠惠这里所主张的“信教自由”,否定把一家之言纳入宪法,实质就是信仰自由,这不仅在当时,至今也具有很大意义。[2]

---

[1] 相关内容参见殷啸虎:《近代中国宪政史》,上海人民出版社1997年版,第188~194页。

[2] 张仁善编:《王宠惠法学文集》,法律出版社2008年版,第70页。

(二)王宠惠后期宪政思想的主要内容

1. 对五权宪法的精妙阐释

五权宪法是孙中山宪政思想的核心,王宠惠对之深为服膺,认为其"为我总理所独创,不独在我国宪政史为然,即在全世界各国宪政史亦为创制","实治中外政制之优点于一炉,取我之长,补彼之短,而集全民政治之大成"。[1] 作为国民党五权宪法的权威,王宠惠指出"五权之创制,有两大问题:一属于基性,一属于应用;前者为原则,后者为施行。遗教中仅阐明原则,至于施行,则几无一语及之",[2] 于是他对五权宪法进行了精妙阐释。

(1)把握五权宪法的前提

首先,研究五权宪法应当以三民主义为大前提,因为"五权宪法为实现三民主义之法","在全部遗教内,三民主义与五权宪法,率皆形影相随"。其举出的具体例证包括,第一,民国八年一月十二日,孙中山的誓词内有"实行三民主义,采用五权宪法";第二,民国十二年十二月三十日孙中山的演讲词,"我们国民党要革命的道理,是要改革中国政治,实行三民主义和五权宪法";[3] 第三,《建国大纲》第一条就是"国民政府本革命之三民主义、五权宪法,以建设中华民国"。故三民主义和五权宪法是"相互为用",三民主义的实现有赖于五权宪法的确立,三民主义特别是民权主义与五权宪法是"息息相通之关系"。所以,"必须研究民权主义中最精要之意义,方能彻底了解五权宪法之精义"。[4]

其次,要明了五权宪法的精义,应当理解"权能分治"理论。王宠惠指出,一般人回答五权宪法的内容就是把行政权、立法权、司法

〔1〕 张仁善编:《王宠惠法学文集》,法律出版社2008年版,第88页。
〔2〕 同上。
〔3〕 同上书,第89页。
〔4〕 同上。

权、考试权和监察权进行列举,他认为这种答复“毫无意义”,即便是更进一步详细说明每一权的具体执掌,而不明白各权之间的关系和其在整个政治机构中的位置,仍然是“知其然而不知其所有然”,要真正掌握五权宪法的精要,有赖于对“权能分治”的理解。“权能分治”即政权和治权相分离,由人民享有政权,由政府行使治权,王宠惠将孙中山这一理论评价为“对于政治之伟大发明”。为了解释这一理论,他把人民与政府的关系形象地比喻为工厂里的工程师和机器的关系,说工程师有“权”来管理机器,而机器有“能”为其工作,对应的人民有权力节制政府,政府有能力治理国事,人民的权力就是“政权”,政府的能力就是“治权”,“政权为人民节制政府之权,治权为政府治事之权”,“权”在人民,“能”在政府,权能分属,实现政府效能的最大发挥和民权的充分发展和国家的长治久安。[1]

(2)对四权行使的具体阐释

根据“权能分治”理论,选举权、罢免权、创制权和复决权这四种政权由人民行使,也只有在人民能够行使这四权时,“才算是彻底的直接民权”。王宠惠从四权的历史和具体内涵出发,对四权具体运用和宪政实施的关系进行了深入探讨。他认为在“代议制度之下,选举权实为人民参政之唯一机会”,但各国选举制度不尽一致,有限制选举和普遍选举两种方式,在普遍选举成为共同趋势情况下,应当采用通过考试来限制被选举人的普遍选举制度才能选出“有才德技能之人”,如此既能“杜绝滥竽之代表”,又可“为国家求的真正之人才”。而罢免权是与选举权相对应的,其来源于主权在民原则,强调“人民既有权将其举用,即有权将其罢免”,“旨在淘汰不称职之民选官与议员”,是对选举制度的救济。王宠惠在分析对比各国的罢免制度后认为,罢免权在更大程度上起着监督警戒的作用,“盖罢免权之使用,不在其使用之类,而在有一武器在人民手中,使为议员及

〔1〕 张仁善编:《王宠惠法学文集》,法律出版社2008年版,第89~90页。

公务员者,有所警惕,不敢违法妄为,实为澄清政治之一道也"。[1] 创制权和复决权是针对法律而言的,创制权即当人民希望制定某部法律但议会不予提议或加以反对时,可由法定数以上的选民自行提议,而复决权是对于议会的议案可以由法定数以上的选民加以决定或否决,两者是赋予人民监督议会的权力,前者为"积极监督之行使",后者是"消极监督之行使",均为民权不可或缺的要素。王宠惠认为,要像瑞士一样实行直接民主制,由人民自行管理政务,实属不易,那么通过间接民主的方式,于选举权外施行罢免、创制、复决三权,则"一面足以救济代议制度之穷,一面实为表现民权主义之彻底办法"。[2]

(3)对五权分立的详细阐释

王宠惠指出,"欲明五权分立之精义,则必须先明中外政制之缺点"。[3] 他通过分析国外三权分立的渊源,再结合孙中山当年的考察研究结果,认为国外三权分立的缺点主要在考试权附属于行政权和弹劾权附属于立法权。当考试权附属于行政权时,会产生两个弊病:其一,因为行政者本身就是主考者,会导致低级官员需要经过考试而高级官员则不经考试;其二,虽然低级官员要经过考试,但是考试权不独立而出现行政权自行考试其所用之人的现象。而弹劾权附属于立法权又会产生四个弊病:其一,议会权力太大,议会不免滥用职权,挟制政府,酿成议会专制;其二,因议会专制导致政府软弱,从而造成政府的消极怠工或成为议会的工具;其三,若政府强硬则与议会产生冲突,形成政府与议会的对立,酿成政争;其四,弹劾权的实际行使中会因为政党的因素而党同伐异,导致弹劾权的滥用或名存实亡。有鉴于此,才有了五权的由来,即在廓清君权之后,立

[1] 张仁善编:《王宠惠法学文集》,法律出版社2008年版,第85页。
[2] 同上书,第84~87页、第97~99页。
[3] 同上书,第91页。

法、行政与司法三权分立基础上引入考试和监察两权以补救国外三权之缺点,实行五权分立。[1]

王宠惠认为,五权分立和三权分立一样,各个权力之间存在一定的相互关系,他引用孙中山的话为"分立之中,仍相联属,不致孤立",但是这种具体关系比较复杂,他通过列表的方式与三权分立的关系对比表达如下:[2]

(说明一)假设

甲=行政权

乙=立法权

丙=司法权

丁=考试权

戊=监察权

第一表,三权之相互关系表

| | | |
|---|---|---|
| 甲与其他之关系 | 甲乙 | 甲丙 |
| 乙与其他之关系 | 乙甲 | 乙丙 |
| 丙与其他之关系 | 丙乙 | 丙甲 |

除重复关系不计外实得

三种关系

甲乙=行政权与立法权

甲丙=行政权与司法权

乙丙=立法权与司法权

第二表,五权制之相互关系表

| | | | | |
|---|---|---|---|---|
| 甲与其他之关系 | 甲乙 | 甲丙 | 甲丁 | 甲戊 |
| 乙与其他之关系 | 乙甲 | 乙丙 | 乙丁 | 乙戊 |

[1] 张仁善编:《王宠惠法学文集》,法律出版社2008年版,第91~93页。

[2] 同上书,第93~94页。

| | | | | |
|---|---|---|---|---|
| 丙与其他之关系 | 丙甲 | 丙乙 | 丙丁 | 丙戊 |
| 丁与其他之关系 | 丁甲 | 丁乙 | 丁丙 | 丁戊 |
| 戊与其他之关系 | 戊甲 | 戊乙 | 戊丙 | 戊丁 |

除重复关系外,应余下列十种关系:

甲乙　为三权之所有　(行政权与立法权)

甲丙　为三权之所有　(行政权与司法权)

甲丁　=行政权与考试权……………………(1)

甲戊　=行政权与监察权……………………(2)

乙丙　为三权之所有　(立法权与司法权)

乙丁　=立法权与考试权……………………(3)

乙戊　=立法权与监察权……………………(4)

丙丁　=司法权与考试权……………………(5)

丙戊　=司法权与监察权……………………(6)

丁戊　=考试权与监察权……………………(7)

除为三权制所有关系外,其余以上(1)至(7)七种新关系

通过对比可以发现,五权分立比三权分立多出了七种新关系,王宠惠认为,这七种新关系"主要作用在于济外国三权制度下选举及代议制度之穷,树立全民政治之基础,此为考试权及监察权独立之意义所在"。[1] 王宠惠通过这种比较新颖的方式,把孙中山的五权分立思想阐释得更加精妙,也更加理论化和体系化,这也是王宠惠对于孙中山五权宪政的创新之处。

2. 区分国民会议与国民大会

国民会议和国民大会都是民国宪政史上的关键词,"国民会议"最早由革命党人在辛亥革命后提出,在制定的《临时政府组织大纲》里就有了"召集国民会议"的主张,其后"南北议和"过程中也多次提

〔1〕 张仁善编:《王宠惠法学文集》,法律出版社2008年版,第95页。

出该主张,但均未得到实施,在20世纪二三十年代,国共两党也主张召开"国民会议",在大革命期间还掀起过轰轰烈烈的国民会议运动。[1] 国民大会则是孙中山宪政思想的内容,孙中山认为人民直接行使四种"政权"存在困难,主张由人民行使选举权,将余下的三种"政权"交由选举而成的国民大会行使,故国民大会应当是"宪政时期"代表人民行使权力的最高国家权力机关。召集国民会议在孙中山生前没有得到实现,故南京国民政府成立后召开"国民会议"被提为议程。1930~1931年,以汪精卫为首的扩大会议派和以蒋介石为首的国民政府,都先后通电主张召集国民会议,这引起了社会的广泛关注,社会各界希望借此来表达自己的政治诉求,改变国民党一党专政现状,在社会上掀起了一场讨论国民会议有关问题的浪潮。这其中出现了主张开通过召集国民会议来制定宪法,实施宪政的主张,王宠惠针对这种观点先后发表了《国民会议与国民大会的区别》和《民众对于国民会议应有之认识》两篇文章,对国民会议和国民大会进行区分。

王宠惠肯定了召集国民会议的必要性,同时也指出国民会议与国民大会存在根本的区别。他从孙中山1924年北上宣言的时代背景出发,指出国民会议是"革命过程中的产物",孙中山召集国民会议的目的在于"求中国的统一"和"求中国的建设"。他认为虽然现在国家已经实现统一,时代背景发生了变化,但孙中山召集国民会议的精神没有变,统一的国家仍有召开国民会议的必要。对于国民会议与国民大会的区别,王宠惠总结为以下三个方面:其一,两者的性质不同,国民大会"为建国大纲所规定",是民国的政纲,是"主义所寄以运行者,主义不变,政纲也不变";国民会议则"为本党方针之一种",不是一成不变的,在不与主义相抵触的条件下可因时间或空

---

[1] 王红梅:《关于国民会议运动的几个问题》,载《中共党史研究》1995年第1期。

间而进行调整。其二，两者作用不同，国民大会是在“宪政时期”代表人民行使“政权”，具体包括对中央行政官员的选举和罢免权，对中央法律的创制和复决权；国民会议则是因时而变的，在孙中山1924年北上时是为“解决民生问题和抵抗压迫势力”，现在则是为了“进一步明了一切建国根本问题，决议颁布宪法日期，以明本党执政时期之责任”。[1] 其三，两者的代表组成不同，国民大会由每个县在实现自治后选举产生，“以一员为单位”，而国民会议的代表则是社会团体的代表。他指出，国民会议“乃是促进将来宪政的基础”，故不能与宪政时期的行使政权的最高机关的国民会议相混淆。[2]

3. 训政时期是军政时期过渡到宪政时期的桥梁

“训政时期”是孙中山宪政思想的特有内容，来源于他的“建国三期说”，他认为中国的宪政之路要分为“军政时期”、“训政时期”和“宪政时期”三个阶段，军政就是用武力实现国家的统一，训政是因为国人没有宪政的基础，当由国民党训练国人的政治能力为宪政做准备，宪政就是国民党自动放权，将权力归还国民，制定宪法，依宪而治，孙中山的这种宪政理论在世界宪政史上独具特色。

王宠惠投身南京国民政府之后，其宪政理论基本以孙中山的“遗教”为旨归，故认为训政时期是由军政时期过渡到宪政时期的桥梁。之所以强调这一点，是因为在政府决定召开国民会议后，外界主张国民会议之后就“可以公布宪法，实行全面政治了”。王宠惠认为，这其实是一种“误会”，而误会的原因是“没有读总理的遗著，不明了总理的遗教”和“虽然研究过总理的遗教，但缺乏政治知识，不明白民治政治的程序”。[3] 他解释说，自从推翻满清政府建立民国以来，国民党始终为实现三民主义、造就全民政治而努力，但是要达

---

〔1〕 张仁善编：《王宠惠法学文集》，法律出版社2008年版，第79页。

〔2〕 同上书，第77～81页。

〔3〕 同上书，第82页。

到此目的必须经历相当时期。因为中国有着几千年的专制政治历史,在这种政治体制下,政府"不管民间疾苦,只知道横征暴敛,擅作威福",而人民"不管政治,只知道纳粮输绢",故人民和政府没有密切的联系,"国家不知有人民,人民亦不知有国家",现在虽然专制政体被推翻了,但人民长久不知国家观念,直接让他们行使民权,容易被人利用,达不到目的。如在民国初年制定了《临时约法》,在曹锟时期也公布了宪法,但这些约法、宪法都被军阀利用,成为实施专政的工具。所以,需要通过"训政"来推行民权,唤起人民对于政治的兴趣,从而去关注政治,了解自身对政治的责任,增进人民的政治知识,使其对国家一切事情都能够明了,最终促成全民政治。而且,通过训政阶段的长期训练,还可以改变我国人民"不在其位不谋其政"的普遍心理。[1]

王宠惠还解释道,训政并不是外界所言的"开明专制",两者有着根本的区别,因为"开明专制虽然开明了,但结果仍是以专制为目的的,而训政则以全民福利为目的"。[2] 同样,训政时期的"以党治国"也不是专政,"不是喜欢要怎样就怎样",而是类似于英美国家的"信托制度",是一种义务,承担着很大的责任,是在国民尚不能由自己行使权力时"由本党的信托来代表国民,行使职权",[3] 当宪政开始时再交卸这个责任。故训政作为"由和平接到全民政治的桥梁","希望全国民众都抱早登宪政之路的宏愿,大家赶快来同筑这条渡登彼岸的训政之桥,千万不要反对掣肘","如果训政工作能够早一天完成,那么宪政的目的,也就可以早一天实现了"。[4]

---

〔1〕 张仁善编:《王宠惠法学文集》,法律出版社2008年版,第82页。

〔2〕 同上书,第83页。

〔3〕 同上书,第78页。

〔4〕 同上书,第83页。

4. 分县自治是宪政实现的基础

王宠惠认为,“五权宪法之精义,不仅在于政权之区分,不仅在于五种治权之分立,尤其在于完成分县自治”,[1]因为“宪政之实现,依照建国大纲之规定,以县自治为基础”。[2] 他引用孙中山的话表示,“盖无分县自治,则人民无特凭藉,所谓全民政治必无由实现。无全民政治,则虽有五权分立、国民大会,亦未由举主权在民之实也”,[3]所以分县自治就是五权宪法的重心。所谓分县自治即一个县实现完全的自治,根据《建国大纲》的规定,县实现完全自治需要经过“训政时期”对人民的训练,达到“全县人口调查清楚,全县土地测量完竣,全县警卫办理妥善,四境纵横之道路修筑成功”,[4]让全县人民能直接行使四项政权,能完成国民义务,并誓行革命的主义,从而选举县官来执行一县的政事,选举议员来议立一县的法律。而一个县的自治是逐渐完善的,人民行使四项政权并不要求一开始就全部行使,可以法律的方式视情况而规定先行使选举权和罢免权,等到县实现完全自治时再行使创制权和复决权。当然,分县自治是宪政的前提并不是要求全国所有的县都实现自治后才进入宪政,而只要全国有半数省份达到宪政的要求,即可召开国民大会,定宪法行宪政,而一个省达到宪政的条件则要求“一省全数之县皆达完全自治”。对于在颁布宪法推行宪政时尚未实现县的自治的地方,需要继续推行训政时期的工作,而这项工作就是“继续推行分县自治”。因此,王宠惠强调,分县自治是实现全民政治的必要因素,也“为我国建国之最大成功”。[5]

---

[1] 张仁善编:《王宠惠法学文集》,法律出版社 2008 年版,第 95 页。

[2] 同上书,第 91 页。

[3] 同上书,第 95 页。

[4] 孙中山:《国民政府建国大纲》,转引自李贵连、李启成:《中国法律思想史》,北京大学出版社 2010 年版,第 265 页。

[5] 张仁善编:《王宠惠法学文集》,法律出版社 2008 年版,第 95 页。

5. 守法精神的养成是宪政实现的根本

根据《国民政府建国大纲》的构建,在“宪法颁布之日,即为宪政告成之时”,[1]然后即可由按照国民大会的选举而组建的民选政府行使国家权力,建国就大功告成了。但王宠惠认为,仅仅制定宪法,并不意味着宪政的实现,因为“宪法为国家根本大法,其内容若何,固属重要,但凡百法律,贵在能行,宪法自非例外”。[2] 他指出,法律之所以值得重视,是因为其能成为整个社会普遍遵守的规范,但法律要真正产生效用,则“不仅在乎条文之本身,而尤在养成守法之风气。否则无论法之内容如何优美,苟无良好之守法习惯与风气以为之辅,则白纸黑字,将成具文。宪政云云,徒成虚语”。[3] 其实孙中山也意识到了这一问题,他曾经指出,国人有着“以订章程为办事,章程定毕而万事毕”的习性,所以事情多数都得不到成功,从而警戒道“异日制订宪法,万不可再蹈此覆辙。英国虽无成文宪法,然有实行之精神。吾人如不能实行,则宪法犹废纸耳”。[4] 王宠惠对此深表赞同,说“故所贵乎宪法者,在能切实遵守,顺利运行”,他进一步指出,宪法能否顺利运行与其内容有关。对此他阐述道,一部法律能否得到贯彻,与法的内容有着很大的关系,内容适当,就会全国上下都乐于遵守,自然顺利地运行;内容不当,即使政府有诚意依法而治,社会也难以养成守法的风气。所以一部新宪法的内容就应当理想与现实同时兼顾,过重理想会导致闭门造车而不合实用,过重现实又会因缺乏创造而与时代脱轨。他指出,美国宪法之所以能顺利运行,是因为在制定宪法时,制宪者对于各项重要事项都能折衷调和,使得宪法内容兼顾了理想与现实。在1946年《中华民国宪法》

---

〔1〕 孙中山:《国民政府建国大纲》,转引自李贵连、李启成:《中国法律思想史》,北京大学出版社2010年版,第267页。

〔2〕 张仁善编:《王宠惠法学文集》,法律出版社2008年版,第96页。

〔3〕 同上。

〔4〕 同上。

颁布之后，王宠惠曾经对该宪法的要点进行了阐释，在最后他再次强调了守法精神对宪政的重要性，他指出“中华民国宪法是一部具有特性而最新式的民主宪法。就其条文而言，固不敢云尽善尽美，但是宪法的顺利运行，不尽在其条文之完善，而更有赖于政府与人民遵守宪法的民主精神。故吾人不仅应检讨宪法之条文，而更应修养守宪之风度”。[1]

## 三、王宠惠宪政思想评析

### （一）王宠惠宪政思想的特点

#### 1. 内容具有流变性

王宠惠宪政思想内容的前后对比显示出其宪政思想具有明显的因时而变的特点，虽然在不同阶段，他都主张宪政，但宪政的具体内容却有所不同。在民国前期，王宠惠是一个比较彻底的自由主义学者，虽然他是同盟会成员，与孙中山等革命派有着密切的交往，但其仍然保持着自由主义的宪政主张，其对宪法重要性的阐述、对主权在民的论述、对政府政权组织方式的设计、对宪法以及公民权利保障的强调无不体现出浓厚的自由主义特色。面对民国建立后政治纷扰的状况，王宠惠能不囿于党派利益而发出独立的见解，指出“究厥原因，皆自私自利之一念，只知有个人而不知有国家阶级也”。[2]在胡适提倡的“好政府主义”思潮流行时期，王宠惠积极投身其中，倡言建立“宪政的政府”“公开的政府”，主张政府厉行改革，呼吁南北和解，其后出任“好人内阁”总理，亲力践行“好人政府”的宪政主张，更是其自由主义宪政观最直白的体现。但是，在投身于南京国民政府之后，王宠惠的宪政思想发生了明显的变化，其宪政内容紧紧围绕着三民主义和五权宪法，成为孙中山宪政思想的诠释者，他

〔1〕 张仁善编：《王宠惠法学文集》，法律出版社2008年版，第96～97页、第106页。

〔2〕 同上书，第69页。

也从一个自由主义知识分子转变成为三民主义的技术官僚。他在对孙中山宪政思想的诠释过程中,还显得非常的教条化,将“总理遗教”奉为至上,不得有丝毫的变动,变得异常的僵化。例如,王宠惠对“五权分立”中五权关系的阐述是其后期宪政思想的主要内容之一,在此阐释中他发现的只有五权分立相比三权分立的优越性,却没发现五权分立导致五权之间失去了权力制衡的理论缺陷。另外,在南京政府时期,国民党借“训政”的外衣实行一党专政,导致国民宪政诉求高涨,此时王宠惠没有顺应民意,促成宪政,而是区分“国民大会”和“国民会议”,强调“训政”的合法性,对国民党的专制统治进行粉饰,在某种程度上与宪政潮流相逆,此恐为其当年所未料及。

2.注重国情

“橘生淮南则为橘,生于淮北则为枳”是中国上古已有的常识,这阐释的是植物移植时水土等环境因素的重要性,而一项制度、一种观念的移植具有同样的顾虑。对此,西哲孟德斯鸠早已有所关注,只不过他认为一种制度应当只适合某一地,若同样适合于另一地则只是“非常凑巧”[1]的看法有失偏颇而已。宪政于我国是纯粹的舶来品,在近代以前,国家没有宪政体系,国民没有宪政意识,那么宪政建设就需要考虑国情因素,顺势而行。虽然王宠惠宪政思想的容具有明显的流变性,但是他主张宪政建设应当符合国情的理念在不同时期都有所体现。例如,他认为按照宪法的性质我国应当采用刚性宪法,对宪法的修正则采取先由立法机关通过修正案,然后交给地方议会来决议的方式,因为“此适协乎吾国之国情,而合乎吾人之心理也”。[2] 对于宪法的具体内容,王宠惠有别于西方国家,提

---

〔1〕[法]孟德斯鸠:《论法的精神》,张雁深译,商务印书馆2007年版,第20页,其关于法律与气候的论述详见该书第3卷,第139~189页。

〔2〕张仁善编:《王宠惠法学文集》,法律出版社2008年版,第10页。

出了会计和省制两章,因为我国的财政管理历来比较混乱,故"会计问题,在吾国尤为重要",[1]王宠惠遂于自拟的宪法草案中专门规定会计一章,希以此来解决国家财政的紊乱问题;而"省制一章,所以定中央及地方之权限而为吾国特种之制度",[2]王宠惠对此也专门规定,对具体省制的选择提出个人意见,认为"试就吾国种种特别情形观之,似宜略采加拿大之制,而变通之,对于各省权限,应取列举主义"。[3] 王宠惠后期的宪政思想以五权宪法为依据,而五权思想是孙中山糅合西方三权分立思想和中国的考试与监察两传统而成,具有明显的中国特色,故王宠惠此阶段宪政思想在整体上已经倾向于与国情相符,并体现于具体的宪政细节中。例如,针对四权的行使,王宠惠认为,"吾人旁参欧美经验,内察我国国情,对于四权之直接行使,似应循序渐进,次第扩充"。[4] 以上均反映出王宠惠并非不切实际的照搬西方经验,而是力图构建符合中国国情的宪政体系的努力,是其主张宪政思想符合国情的体现。

3. 非工具主义

我国近代的宪政运动,具有明显的工具主义特点,而"这种工具主义不仅是近代宪政运动的基本思想动力,而且是影响近代中国宪政发展的最核心的问题之一"。[5] 当然,这种工具主义确为时代环境所迫,因为宪政本非我国所有,是国人在面对几千年未有的大变局,面临日益深重的国家与民族危机而临时向西方借鉴的舶来品,国人希望借用西方这一先进体系来扭转颓势,实现国家的富强。因此对宪政的态度从工具性选择到价值认同,可谓我国近代宪政史的

---

〔1〕 张仁善编:《王宠惠法学文集》,法律出版社2008年版,第17页。

〔2〕 同上书,第11页。

〔3〕 同上书,第25页。

〔4〕 同上书,第99页。

〔5〕 殷啸虎:《中国百年宪政发展的反思——宪政工具主义对中国宪政发展的影响》,载《唯实》2004年第2期。

真实写照。在民国时期,宪政思想的工具主义色彩仍然很浓,但是,王宠惠的宪政思想具有非工具主义性。因为宪政工具主义者把宪政当作救亡图存的手段,认为只要国家采用了这一体系,就能实现民族独立、国家富强,宪政被纯粹的工具化,失去了自身的独立价值。王宠惠长期游学国外,系统地研习了欧美法律制度,深受西方立宪主义宪政观的影响,在其宪政思想里,宪法是国家的根本,宪政是社会发展的必然,它不是手段,其本身就是目的。他认为,“宪法关乎国家之大本,宪法一日不制定,则国家一日不巩固,而政治一日不进行”,〔1〕“国于二十世纪殆未有无宪法而可以立国者”,〔2〕此种制宪观,摆脱了工具主义的窠臼,还原的宪法的真正价值,此其宪政思想非工具主义的体现之一。“现代立宪主义的宪法本质上应是人的尊严和基本权利的基本法”,〔3〕在王宠惠自拟的宪法草案里,力主共和、强调主权在民,保障公民身体自由、高扬个人信仰自由,坚持公民与官吏平等接受法律制裁,将民权精神奉为至上,始终维护国民的权利,这种具体的制宪诉求体现了现代立宪主义的精神,避免了宪法成为个人独裁、政党斗争的工具,此其宪政思想非工具主义体现之二。在王宠惠的人生后期,服膺于三民主义的五权宪政,宪政思想的具体内容有所变化,主张由“训政”过渡到“宪政”,主张四权区分与五权分立,但是其对于“宪政”本身仍然作为目的对待,只是此时的依据不再是西方的自由主义,而是孙中山的“遗教”。他明确提出“舍弃民权,则无宪政可言”、〔4〕制定宪法不等于实现宪政、宪政实施的要义在于宪法得到国人遵从、国民守宪精神的培养是宪政的根本,这种宪政观明显区别于那种认为制定宪法即实现宪政的

---

〔1〕 张仁善编:《王宠惠法学文集》,法律出版社2008年版,第15页。
〔2〕 同上书,第61页。
〔3〕 林来梵:《宪法学讲义》,法律出版社2011年版,第46页。
〔4〕 张仁善编:《王宠惠法学文集》,法律出版社2008年版,第61页。

主张，更有别于将制宪作为证明自身统治合法性的工具的主张，此其宪政思想非工具主义体现之三。因此，王宠惠的宪政思想虽然随着时代的变化而有所变迁，甚至有着某些矛盾之处，但是他始终把民权奉为宪政核心，把宪政当作一种理想的社会状态，坚持宪政的目的除了其自身无他，体现了其宪政思想的非工具主义特点。

（二）王宠惠宪政思想的历史意义

作为一名法学家，王宠惠的历史地位最直白地体现于如下评价之中，"今日来看，穷弱老大之国竟然出了个王宠惠，出了个吴经熊在国际法律论坛上庶几占有一席，正像好歹有个胡适之，代表中国文化人出出头露露脸，也真是奇迹，也真是苦难中国的福气。如此这般，他们不仅完成了对于传统律学的终结，并且开启了现代法学的先河，中国的法律智慧由此庚续发扬"。[1] 而王宠惠的宪政思想作为奠定其历史地位的重要基石之一，在当时就已经得到了公认，在 1948 年南京国民政府首届中央研究院院士选举中，王宠惠以"早年以英文翻译民法，至今有国际声誉，于国内对于法律修订及宪法制度多所贡献"而当选，[2] 此乃明证。故于此探析其宪政思想历史意义诚为脚注而已。

1. 推动了民国前期宪政运动的发展

民国初期是我国宪政运动蓬勃发展时期之一，当时各界对于开国会、定宪法的呼声不断高涨，制宪热潮和好政府主义思潮流行一时。在制宪热潮中围绕宪法的制定产生了制宪权之争和宪法内容之争，两者都涉及党派利益和军阀利益，故而争斗异常激烈。对于制宪权，王宠惠主张由通过公平选举国会成员的国会来行使，恰如制定"天坛宪草"的国会，因而对"天坛宪草"给予了高度评价，认为

---

〔1〕 许章润：《说法活法立法：关于法律之为一种人世生活方式及其意义》，清华大学出版社 2004 年版，第 335 页。

〔2〕 刘宝东：《出山未比在山清：王宠惠》，团结出版社 2010 年版，第 310 页。

"此草案为袁氏所忌,当时萃法学巨子于一堂,而经过若干次之讨论始有此结果,洵可为吾国宪法史上放一异彩。顾当时诸君子苦心调和而又处于黑暗专制势力之下,其不能厌足吾人之期望,诚为势所难免"。[1] 而王宠惠关于宪法内容的主张,完整地体现于其自拟的《中华民国宪法草案》[2]之中,在该宪草里他坚决主张国家的主权在于国民,认为这是共和国最重要的原理,也是共和国之所以为共和国的关键点。这引起了蔡锷等"主权在国论者"的注意,他专门撰文进行反驳,指出主权在民的错误,应当奉行主权在国的原则。故王宠惠"主权在民"的观点客观上推动了当时关于主权在民或在国的论战。另外,王宠惠提出的中央与地方权力分属的省制原则得到了联省自治论者的关注,蔡元培在1920年一次对湖南人的演说中就建议湖南人制定省宪时,不妨参考王宠惠于所著的《中华民国宪法刍议》一书,所以,王宠惠的宪政思想省在宪运动中起了一定的理论指导作用。"好政府主义"是我国20世纪20年代颇具特色的一种宪政主张,它由胡适在1921年的一次演讲中首次提出,针对的是当时军阀统治的状况,希望"好人"不再自命清高,由"好人"出来组建政府,建立宪政的政府,进行政治改革。[3] 这一主张得到了社会的广泛支持,而王宠惠就是其中之一,他不仅赞同这一观点,还和胡适、蔡元培等一起商量起草了《我们的政治主张》一文,系统地阐述了"好政府主义"的宪政诉求。随后,王宠惠又作为公认的"好人"而出任总理,组建了有名的"好人内阁",虽然该次宪政尝试很快就失败了,但是王宠惠等人对于"宪政政府"追求的精神对当时及之后的

---

〔1〕 张仁善编:《王宠惠法学文集》,法律出版社2008年版,第61页。

〔2〕 该草案可参见张仁善编:《王宠惠法学文集》,法律出版社2008年版,第26~43页。关于该草案的研究成果可参见夏新华、刘鄂:《民初私拟宪草研究》,载《中外法学》2007年第3期。

〔3〕 石凡毕:《近代中国自由主义宪政思潮研究》,山东人民出版社2004年版,第101~104页。

宪政运动仍起到了重要影响。

2. 直接影响着南京国民政府的宪政建设

王宠惠的宪政思想在20世纪20年代后期逐渐发生了转变，这种转变在某种程度上与他服务于南京国民政府互为因果，当然这也应是其热衷政治的性格的直接结果。此后，王宠惠的宪政思想集中于阐述孙中山宪政思想，并与南京国民政府的宪政建设息息相关。首先，王宠惠的宪政思想对南京政府"训政"影响很大。在1928年，王宠惠与胡汉民、孙科、伍朝枢等于巴黎致电国民党中央，提出了训政大纲提案，建议国民政府实行训政，这一主张被国民党中央接受，之后国民政府即宣布进入"训政时期"。《中华民国训政时期约法》由王宠惠起草，该约法在整个"训政时期"起着类似于宪法的作用，该约法是对孙中山宪政思想的初步实践，当然更是王宠惠本人宪政思想的直接体现。该约法虽内容较简略，但确立了五权政制，规定了人民行使四项政权以及国民享有的一系列权利，还确定了权能分治的政治制度，实为了五权宪法的雏形。[1] 其次，王宠惠的宪政思想还直接影响了"五五宪草"中立法权的最终归属，因为在"五五宪草"的初稿中，立法权由立法院和国民大会(及委员会)分别行使，但草案最终确定由立法院行使，之所以出现如此区别，是"由于王宠惠所主张的政权治权应厘分清楚之说；因为欲分清政权治权，所以特将兼有二者的国民大会委员会取消"。[2] 最后，王宠惠的宪政思想对于维护1946年《中华民国宪法》的稳定性具有影响。该宪法制定于国内战争时期，因为战争环境的特殊性，在宪法制定后不久即有人提议通过修改宪法来授予政府更多应变权力，以适应"戡乱动员"，当然也有因宪法刚定而反对者，两派分歧较大，后王宠惠提出"参酌各国战时宪政体制，不修改宪法而依修宪程序，制定《动员戡

---

〔1〕 张仁善编：《王宠惠法学文集》，法律出版社2008年版，第574页。

〔2〕 王世杰、钱端升：《比较宪法》，商务印书馆2010年版，第485页。

乱时期条款》,对宪法作临时性的修改,授予政府紧急应变权力”,[1]以此来维护了新定宪法的稳定性。《动员戡乱时期临时条款》的出台与王宠惠有着莫大的关系,但这不应作为他诟病之处,因为此举只是为了维护宪法的稳定,是尊重宪法权威、维护宪法秩序的体现,值得商榷的是所制定的戡乱条例具体内容有着诸多违宪之处,此当与宪政相违,但也是王宠惠个人所无法左右的。

(三)王宠惠宪政思想的当代启示

王宠惠的宪政思想虽存在某些历史局限性,但对此应当辩证看待,其中诸多方面仍值得参考吸纳,不足之处也可引为殷鉴。

1.应当注重守法精神的培养

王宠惠结合近世以来各国宪政实践经验与民国实际状况,指出守法精神的养成是宪政实现之根本。对此,民国诸多法学家均持相似观点,如张君劢认为“中国要走向近代国家的轨道,非得注重法治,非得养成法治的精神不可”;[2]吴经熊指出,“宪政能否实施,是有条件的”,条件之一就是“须有守法的精神”,因为“宪法为一国的根本大法,应为全国人所共信共守”。[3] 民国时期国人的宪政努力最终走向失败,很大程度上在于整个社会守法精神的缺失,这种缺失不仅体现于普通民众之中,也体现于国家政权的执掌者身上,而后者危害更大。王宠惠于1916年就明确指出,“国家之建设非制定宪法之难,乃制定宪法之后而保全之之难也”,“不患宪法之不能公布,而患宪法公布后执政者阳谓奉行,而实则视为无物,甚或多方借口,而思有以推翻之”。[4] 此论虽针对民国初年的政治纷扰局面,却同样适用于近百年后的今日,可见在近一个世纪里我国守法精神的

---

[1] 张仁善编:《王宠惠法学文集》,法律出版社2008年版,第576页。

[2] 张君劢:《宪政之道》,清华大学出版社2006年版,第379页。

[3] 孙伟:《吴经熊与近代中国法制》,中国法制出版社2010年版,第273~274页。

[4] 张仁善编:《王宠惠法学文集》,法律出版社2008年版,第69页。

形塑是多么的缓慢。我国的社会主义法律体系已经于 2010 年建立起来,[1] 自此法治建设的重心当由立法转为对法律的实施,故守法精神的培养更显得重要。该精神的培养当侧重于两方面:一为普通公民的守法精神的培养;二为权力行使者守法精神的培养,前者实质为让法律成为公民信仰之对象,因为“没有信仰的法律将退化成僵死的法条”,[2] 后者实质为让法律成为权力驯化之主体,因为不受约束的权力将是社会的巨大灾难。当然,这种普遍的守法精神的最终形成需要漫长的时间,其中权力行使者守法精神形成的快慢对这一时间的长短具有主导作用,因为权力行使者守法与否对公民的守法意识具有直接影响作用。

2. 应当注意国情观念与宪法理念的平衡

在民国时期,德国的魏玛宪政主义、英国的基尔特宪政主义和美国宪政主义都曾风靡一时,张君劢、章士钊、张东荪等诸多宪法学者均热衷于各自所推崇的宪政模式的研究与宣传,各种模式的国家宪政改造方案纷纷登上历史舞台。[3] 对此王宠惠并未追随其中,而是秉承其宪政思想中的国情理念,力求构建起符合中国国情的宪政模式。此本其宪政思想中的闪光点,但在他后期的宪政思想里国情观念与宪政理念逐渐失衡,国情成为其主张“司法党化”的理由,也成为其主张将三民主义列入宪法的依据,国情成了逆行宪政的挡箭牌。我国当今的法治建设中,也有着完全西化与坚守本国传统的不同宪治主张,前者强调普世性,后者强调国情因素,两者均有根据,

---

[1] 全国人大常委会委员长吴邦国于 2011 年 3 月 10 日上午在向十一届全国人大四次会议作全国人大常委会工作报告中指出,中国特色法律体系已于 2010 年形成,在 2011 年 10 月 27 日国务院新闻办公室发表了《中国特色社会主义法律体系》白皮书。

[2] [美]伯尔曼:《法律与宗教》,梁治平译,中国政法大学出版社 2003 年版,第 38 页。

[3] 邓丽兰:《西方思潮与民国宪政运动的演进》,南开大学出版社 2010 年版,第 85~133 页。

但应注意两者的平衡。完全的西化是不必要的,因为宪政模式并不是唯一的,只要基于宪政的普遍性价值完全可以建立多元的宪政模式;完全西化也是不可行的,因为脱离了民族传统的宪政设计定会失去支撑力量。尊重人权、保障公民权利等,均为先进的宪法理念,因而,糅合先进的宪法理念和国情因素,并注意两者的平衡,实现依法治国,建设社会主义法治国家。

## 四、结语

对王宠惠宪政思想的探析,只是尝试着揭开了我国近代宪政史帷幕的一角,囿于学力所限,在如此大家面前,自己的任何解读都显得那么的稚嫩,因而这种尝试也是肤浅的。王宠惠的法学思想不限于宪政思想,其在民法、刑法、国际法、比较法和司法制度等学科都造诣极深,值得深入发掘探析。

# 行走在法学边缘的中国近代社会学家们
## ——一个法律社会史的思考

韩姗姗*

**【内容摘要】** 社会学的研究对象是各种社会现象,而法律作为社会现象之一,在社会学发展史中占据重要的地位。社会学自19世纪末20世纪初传入中国,中国近代第一批社会学家运用社会调查的方法研究中国近代社会,发现并解决社会问题。在此过程中,社会学家们重视以制定与实施法律的方法来缓和社会矛盾、化解社会冲突从而解决社会问题。本文以法律社会史的视角,阐述中国近代社会学家们的法学思想以及法律在社会变迁中的作用,从而深入了解中国近代法律制度。

**【关键词】** 近代社会学家　社会学　法学　法律社会史

法国著名社会学家沃尔姆斯说,如果社会学要想求进步,唯有依靠"法律及比较法律史"(L'Historie de droit et droit compareé),因为社会学是建设在这一切法律制度的痕迹上的。[1] 中国近代社会学的发展进步亦是如此,它与中国传统社会的法制观念密不可分。恰有这样一群现代知识分子,他们身处在同一时代,同受中国传统文

---

* 作者系中南财经政法大学法学院外国法与比较法研究所助理研究员,华东师范大学法学研究生。

〔1〕 吴文藻:《论社会学中国化》,商务印书馆2010年版,第93页。

化的熏陶，又同受西方学术训练的感染，他们调查社会、发现社会问题、解决社会问题，他们抱着家国情怀走向各自的学术道路，却又不忘以学识救国。他们叫作“中国近代第一批社会学家”，他们行走在法学边缘，立志以法救济人民，以法治理国家。本文通过法律社会史的思考，阐述中国近代社会学家们的法学思想，了解中国近代法治社会。

## 一、社会学中国化与中国法治

中国近代社会学家们大多有留学国外的经历，社会学自 19 世纪末 20 世纪初传入中国，社会学科建设始终未能完成真正意义上的中国化。自 20 世纪 40 年代，吴文藻开启社会学中国化的风气，开始调查中国现实、认识中国社会，在此过程中也产生了中国社会和中国法治的撞击。吴文藻、费孝通、瞿同祖、严景耀等社会学家们以社会学的视角，探讨中国民主、政治以及中国宪政。

### （一）吴文藻：民族与国家

吴文藻作为社会学中国化的奠基人，在三民主义与共产主义对立的中国社会，国家主义甚嚣尘上，其在借鉴各国关于民族与国家的论调的基础上，对比区别种族、民族、国家及政邦的含义。种族作为生物概念，为人类学的研究对象。吴文藻对于民族的理解则多借鉴德国法学家柏伦知理的界定，“民族者，乃若干人群之联合也；此若干人群职业及社会身份虽各不同，但在同一精神，同一情感，及同一种族之遗传社会中，特赖语言风俗习惯之力，而团结于一共同文明之内；此共同文明，可以启发其统一观念，使其知觉与外族异殊，而此与政邦之羁绊无关”。（1863 年）[1] 并结合梁任公民族意识理论，从语言文字、历史本质、文化精神三方面解释民族之含义，“言

---

〔1〕 J. K. Bluntschli：英译本《政邦学说》（第 6 版），第 90 卷；吴文藻：《论社会学中国化》，商务印书馆 2010 年版，第 406 页。

文、历史及文化三者,为人文精神之所寓,故民族者,乃一文化之团体也”。[1] 政邦为政治学和法理学的研究对象,法学家认为政邦的主权应为固有、独立且具有普及性的,不可抵抗。国家在国家法学、社会学以及其他社会科学中讨论广泛,国家立于文化的基础上,兼有民族、政邦的意涵。在此基础上,吴文藻总结认为民族与国家的区别主要在于是否含有政治意味。

(二)费孝通:乡土社会与礼治秩序

著名社会学家费孝采取社会人类学的实地调查方法,注重对制度和经济生活的分析。费孝通领头的社会学调研室对云南多处农村地区开展社区调查,其中尤其是“从江村到禄村,从禄村到易村,再从易村到玉村,都是有的放矢地去找研究对象,进行观察,分析和比较并用来解决一些已提出的问题,又提出一些新的问题。换言之,这就是理论和实际相结合的研究方法”。[2] 其《乡土中国》完整呈现中国当时农村的社会结构,并将乡土社会的礼治秩序和法治秩序进行比较。乡土社会的分工是依照社会契约,而法治社会中得权利义务是依照法律的规定。乡土社会更加强调社会治理中的人的因素,而不是法,即使在乡土社会中是依靠传统和礼治来维系社会秩序,但这并非没有任何规则和秩序而言,礼治社会中的“仪式”相当于法治社会中的法律。[3] 乡土社会崇尚“无讼”,将“讼师”比作是“挑拨是非”之类的恶行,秩序的理想手段是教化,而不是折狱。中国传统的差序格局中,原本不承认有可以施行于一切人的统一规则,而现行法是采用个人平等主义的。传统礼治社会和法治秩序的冲突,乡间认为坏的行为却正可以是合法的行为。[4]

---

[1] 吴文藻:《论社会学中国化》,商务印书馆2010年版,第414页。

[2] 费孝通:《从实求知》,北京大学出版社1998年版,第154页。

[3] 费孝通:《乡土中国》,北京出版社2009年版,第71页。

[4] 同上书,第81~86页。

可以看出,社会学家强调的是整个社会的同步改变,不单单是法律这一因素,仅依靠法律这一单方面因素是很难真正使中国社会走向法治中国的,应该在思想观念、社会结构同步改革的情况下,才能同步推行法律建设,否则就会产生消化不良的现象。单把法律和法庭推行下乡,结果法治秩序还未产生良好效果,而破坏礼治秩序的弊病却已先露出的端倪了。

(三)瞿同祖:中国法律与中国社会

社会学出身的著名法律史学家瞿同祖以社会学视角对中国古代法律基本精神及主要特征的分析荟萃成《中国法律与中国社会》一书,并成为法律史研习者的必读书目。任何社会的法律都是为了维护并巩固其社会制度和社会秩序而制定的,只有在充分了解产生某一法律的社会背景,才能完整地理解这些法律的意义和作用。瞿同祖认为,中国古代法律的主要特征表现在家族主义和阶级概念上,此外,儒家意识形态、宗教对于法律制度也有重要影响。瞿同祖的法律史学观强调法律制度背后的概念,只有在深入了解结构背后的概念才能真正明白法律的精神。伴随中国古代社会的变迁,中国法律也随之变化。瞿同祖还辟出专节讨论刑法、行政法和家族主义的联系、区别。[1]

(四)严景耀:民主斗士

要说严景耀,世人恐皆因熟知其夫人著名社会学家雷洁琼而始闻其名。脚踏实地、苦守书斋的严景耀一生的研究经历和思想变化紧跟社会变迁而变化——从早期的犯罪社会学起步,到最终成为卓越的民主斗士。

抗日救亡时期,积极参加民主建国运动、大力宣扬抗日救亡思

〔1〕 瞿同祖:《中国法律与中国社会》,中华书局2003年版。

想。为呼吁民主政治，他发表了一系列关于民主思想的政论文。[1]在《论民主与法治》一文中，大力斥责国民党时期的"一党专政、独断专裁"，极力倡导废止旧的专制法律，创制新的民主法律，配合不能否定的民主政治，使合理的都合法。[2]

直到1947年，严景耀重返教坛，投身于中国法学建设，为我国宪政民主做出巨大贡献。他批判资产阶级宪法的虚构性，揭露资产阶级宪法的阶级本质。[3] 他还撰文阐述新中国宪法的特点与优越性，从宪法中规定的国家机构论述适合新中国国情的民主政治。[4] 为了说明民众选举权的普遍性，他以当时的《选举法》第4条展开了"什么人具有选举权与被选举权"问题的讨论。[5]

此外，不乏其他社会学者论述中国的民主法治。吴景超在面对蒋胡之争时高度赞成民主政治，因为民主政治是理智的政治、自由的政治、和平的政治、大众的政治。[6] 孙本文在其《公民·社会问题》中也从社会问题的视角论述中国公民的性质、法律地位等。

## 二、普通社会学研究之法律思想

以调查和理论紧密结合见长的社会学学科，不仅以宏观的社会学理论研究中国社会，更是发展出了大批以宏观理论应用于各分支领域的社会学研究。20世纪20年代末至30年代初，以孙本文主编

---

〔1〕 参见《严景耀论文集》，有《彻底的民主与形式的民主》《欧美的民主政治是怎么展开的》《论民主与法治》《论民主与自由》等。

〔2〕 严景耀：《严景耀论文集》，开明出版社1995年版，第321页。

〔3〕 严景耀：《资产阶级宪法的虚构性与危机》，载《严景耀论文集》，开明出版社1995年版，第368页。

〔4〕 严景耀：《我国宪法中的国家机构》，载《严景耀论文集》，开明出版社1995年版，第369页。

〔5〕 严景耀：《什么人有选举权和被选举权?》，载《严景耀论文集》，开明出版社1995年版，第382页。

〔6〕 吴景超：《中国的政制问题》，载《大公报》1934年12月30日版。

的《社会学丛书》为代表,掀起了中国普通社会学研究的浪潮。农村社会学之父杨开道的乡约制度研究反映了我国当时农村地区法制建设和社会建设的落后;都市社会学第一人吴景超以发展都市救济农村的,提倡土地改革、税法改革;吴泽霖提出通过法律手段的社会约制来缓解个人、社会间的冲突,改善社会病态。

(一)杨开道:农村社会学之乡约制度

中国最早的农村社会学家杨开道提倡振兴农业和农村、救济农民的"归农运动"。[1] 杨开道将大量欧美农村社会学学说、农村发展史及统计资料介绍到中国,并结合中国实际情况,从整体上分析和把握农村社会的本质特性及结构构成要素。他主张农村地方自治是解决问题最基本的办法,经过研究,他认为可以把中国历史上的乡约制度作为地方自治的基础。[2] 于是,他进一步探讨乡约制度的起源、演变及其同保甲组织的关系,强调乡约是振作国民精神较好的办法。在他看来,乡约秉承德业相劝,过失相规,礼俗相交,患难相恤的原则,应为一个全体村民的组织。[3]

杨开道之所以强调人民自动的重要性,是因为他的农村组织建设的目标是建立民治社会。农村地方社会组织的建设是其社会建设思想的基础,是民主改良的第一步。农村地方组织与农村自治十分相似,只是前者由章程、会员大会和委员会构成,是一个社会组织,后者是由自治法、村长、村民大会、村约规章组成的政治组织。农村自治是民治国家的构成要件,相对于城市自治而言,属于直接自治,可以行使直接民权,是真正民治的基础。农村自治"必须有自己的意志、自己的能力、自己的工作、自己的指挥、自己的事务,所以

[1] 杨开道:《归农运动》,载《东方杂志》1923年第20卷第14号。
[2] 杨开道:《农村自治》,世界书局1930年版。
[3] 杨开道:《中国乡约制度》,山东省乡村建设研究院,1937年。

自治总是由下而上的”。[1] 在这样的基础上“由村自治而区自治,由区自治而县自治,由县自治而省自治,一步一步地上升,以实现完全民治的国家”。[2] 杨开道关于农村地区的乡约制度研究反映了改良主义知识分子对于民主自治的追求,也为我国后来的村民自治、村规民约建设提供了借鉴。

(二)吴景超:法律推动社会改革

吴景超关于人口节制、工业化、都市化以及社会主义经济制度的研究可谓其学术研究的主要贡献,此外他对于文化、公平分配、政治、家庭、社会管术、移民等领域也颇有研究。吴景超根据人口密度及职业分派两点将世界上的国家分为四类,而中国实属不幸的属于其中第四类。[3] 有鉴于此,他主张中国要实行人口节制的政策,反对中国人“多福多寿多男子”的传统生育观念。[4]

作为都市社会学研究的第一人,在发展都市化的同时,提倡工业化同步发展。希望政府制定新的公司法、工厂法时尽量采纳工业界的意见,[5] 并建议政府建立专门的经济行政组织辅助执行经济政策法规。同时,为解决地方财政问题,应推行地方新政,要在地籍整理、科则改订、征收方法改良、税制改革几方面进行改革,[6] 而这些都需要国家以颁发法律法规的形式辅助施行。在土地分配和土地改革方面吴景超提出,通过实施土地法推进土地改革,使农民身份实现从佃农到自耕农的转变。[7]

---

〔1〕 杨开道:《中国乡约制度》,山东省乡村建设研究院,1937年,第7页。

〔2〕 同上书,第10页。

〔3〕 第四类国家主要特点呈现为人口密度颇高,但在农业中谋生的人,其百分数也比较高。

〔4〕 吴景超:《第四种国家的出路》,商务印书馆2010年版,第10页。

〔5〕 同上书,第224页。

〔6〕 吴景超:《四川田赋征实的办法及其问题》,载《新经济》1941年第6卷1期。

〔7〕 吴景超:《土地法与土地政策》,载《独立评论》1935年第191号。

(三)吴泽霖:通过法律的社会约制

吴泽霖把社会学、人类学与民族学结合,在介绍西方社会学理论的同时,对中国人口、贫穷、妇女、犯罪等社会问题进行探究,其《社会约制》是中国最早专论社会控制问题的社会学著作。吴泽霖将社会控制的方法分为武力的方法、会意的方法,其中会意的方法分为两类,直接的和间接的。所谓直接的方法,是指明言直示的约制。吴泽霖所列举的直接会意方法有惩罚、酬报、理喻和命令四种。他认为,惩罚是一个很复杂的问题。从法律的方面看,惩罚就是违反法令后由当局所施的苦痛或损失,但是惩罚不只限于法律方面。广义地说,凡是约制者所施的最后手段,使被约制者遭受相当的痛苦或损失的,都是惩罚。惩罚的方法就是指示我们行为的一条路径,在消极方面,它指示我们,不能做到某种行为;在积极方面,它指示我们,某种事情非做不可,并做到何种程度。惩罚的效力也表现在这种明显的限制上。惩罚方法的特点:一是较为经济;二是所得的效果、效率很高;三是对于一部分社会化不深的人,不依靠惩罚几乎无从约制他们。同时,惩罚方法的缺点也很多,最重要的就是它的强制性不适用于所有特殊情形。并且惩罚的根据脱离不了武力,在表面上或能得到约制的结果,但是仍不能根本地改革被约制者的恶劣心性,所以不能算是彻底的方法。[1] 吴泽霖认为,理喻是社会约制中最高的一种方法。理喻的前提是,被约制者是有理智的人。理喻的方法如能成功,就可以代替别种方法,社会也可安宁无事。吴泽霖相信:“如果一切政策都能够采取这种方法来做取舍的标准,那民治程度可算是达到极点了。”[2]政府作为具体的社会约制组织之一,其之所以能约制一般人,就在于政府是民众公认的有权力强制

〔1〕 杨雅彬:《近代中国社会学》(上),中国社会科学出版社2001年版,第184~187页。

〔2〕 吴泽霖:《社会控制》,世界书局1930年版,第58页。

执行社会事业的机关。"民治政府的约制,是以人民为主体,以社会安宁为目标,权力虽广,可是处处都根据法律。"[1]

无独有偶,孙本文也认为政府与法律实为极重要的社会控制工具。因为如果没有社会秩序,则任何社会行为都不能顺利进行。由此看来,政府与法律是人类社会不可缺少的制度;社会越进化,社会状况越复杂,则维持社会秩序越困难,越需要政府与法律。同时,孙本文也指出,法律与政府仅仅限制个人的外表行为,凡是法律与政府的限制所不及的,就需要教育、道德与宗教等来行使社会控制功能,以补法律之穷。[2]

## 三、社会问题与法律解决路径

霍姆斯说:"法的生命不是逻辑的,而是经验的。"[3]社会学家们同样认为,"一切科学,在纯理方面说,固然可以不问应用,但终究言之,都应能应用到实际生活上去。有物理化学的知识,人类就可以征服自然;有生物学的知识,人类就可以减免疾病;有社会学的知识,人类就可革除社会痛苦,增进社会幸福"。[4] 因此,社会学家们强调的是以社会学的视角、社会调查的科学手段发现社会问题,并解决社会问题,这才是社会学的生命之所在。而法律作为规制社会及个人行为的手段之一,被诸多社会学家所倡导。

### (一)犯罪问题与刑罚

犯罪学先驱严景耀认为,犯罪问题是社会病理学中一个大问题,"社会的变迁是靠着社会力的运用,倘若有益于人群的思想与事业,日益发展,毫无窒碍,社会进步自然不生问题;倘若对于人群有妨碍

[1] 吴泽霖:《社会控制》,世界书局1930年版,第84页

[2] 杨雅彬:《近代中国社会学》(上),中国社会科学出版社2010年版,第495页。

[3] O. W. Holmes, *The Common Law*, Macmillan, 1968, p. 1.

[4] 孙本文:《社会学原理》(上册),商务印书馆1935年版,第68页。

的,或者甚至于有害的社会力,在那里活动,不加阻止,则社会进步必受影响。"[1]严景耀以社会学的视角论述了犯罪的界定、人数、种类、年龄与性别、犯罪原因以及犯罪的预防和救济。

对于犯罪,严景耀从法学和社会学两方面来界定和分析。他认为,从法律角度看,犯罪的定义是:"破坏法律就是犯罪",其中有两种含义:一是犯了法律所禁止的事情;二是不尽法律上应尽的义务。严景耀认为,犯罪就是扰乱社会安宁、阻碍社会进步的行为,所以,对于犯罪问题,不能仅仅停留在法律的层面上,而丢开社会的观点。因为,法律本身不过是社会生活的一种状态,也就是社会上有了组织的权威,法庭才能约束行为,所以犯罪不仅是法律上的事,同时大部分是社会上的事。犯罪行为是反社会的行为。严景耀从社会学的角度将犯罪定义为:"犯罪是一个团体的人群信以为对于社会有害的行为,而且该团体有能力去实行所信的而制裁之。"社会学角度的定义更加强调犯罪背后的综合社会因素和环境,并非仅法律手段可制裁之。

美国犯罪学教授 Parmelee 说:"犯罪与贫穷是社会中两个最大的恶毒。"严景耀也同意该观点,认为犯罪带来的社会成本极高,严重阻碍社会的进步和发展。"为保护社会安宁和利益起见,非用相当方法,处置他们不可,不过用铁面无私的专治平民的,只管目前事实不顾事前成因的法律去惩罚这种变态社会中的牺牲者,以为制裁犯罪的方法,是否公平?而将这种'犯人'——社会恶毒的结晶品——视为社会的'败类'而幽禁起来,一方面让社会发生犯罪的渊源的社会因循如旧,不加改良,是否根本方法?这是很值得注意和讨论的问题。"[2]因此,严景耀提出了多种从根本上解决犯罪问题的

〔1〕 严景耀:《北京犯罪之社会分析》,载《严景耀论文集》,开明出版社 1995 年版,第 1 页。

〔2〕 严景耀:《严景耀论文集》,开明出版社 1995 年版,第 39 页。

思路，并特别强调对于“犯人”群体的感化和教育。要“以了解犯人与社会情形的个别处置方法，代替刑罚的方法，首先要说服社会，使之了解科学的方法，乃是真正解决犯罪的方法，绝不能用划一的刑罚去寻求完美的效果。倘若能逐渐将目前社会一般人民，对于刑罚的旧思想打破以后，则采用科学的个别处置方法，便可免去根本困难，否则在中国以刑罚为主的社会里绝难实行”。[1]

严景耀的犯罪学观点认为，犯罪不仅仅是法律上的事情，同时大部分是社会上的事情，因为犯罪行为是一种反社会的行为。同时还应注意对监狱制度的改革，注意对监内收押犯人的感化，以杜绝职业犯和累犯的出现。严景耀的犯罪学观点即使置于今日之国情，仍然值得借鉴和参考。

（二）婚姻家庭、生育问题与婚姻法

潘光旦的研究重通、达、广，但却始终围绕“人”展开。潘光旦的优生学与人文观在当时的中国社会都激起了不小的反响。1931 年，专门撰文《优生婚姻与法律》评述当时民法中关于婚姻的条文。并认为现存有关婚姻的条文存在四个问题：年龄问题、裁可问题、血缘问题、当事人品性问题。并就出现的四个问题紧扣其优生、位育观提出修改建议，实属当时之先进。[2] 1930 年，立法院会议上就姓、婚姻、家庭问题的存废征求立法意见，邀请了诸多教育学界专家，却未听取社会学家们的意见，这让潘光旦大批立法院此举实属“隔靴搔痒”，立法政策仍存较大偏颇。他从生物演化的角度对立法存废问题、立法困难予以说明，并再次强调家庭、社会演化过程中人的重要性。[3]

雷洁琼是较早运用历史唯物主义研究妇女、婚姻、家庭的社会学

---

〔1〕 严景耀：《严景耀论文集》，开明出版社 1995 年版，第 107～108 页。

〔2〕 潘光旦：《人文史观》，群言出版社 2014 年版，第 112～121 页。

〔3〕 同上书，第 123～144 页。

家。通过新中国成立以来对婚姻法的研究,以及对社会的调查,于1985年发表了《新中国建立后婚姻家庭制度的变革》,指出我国婚姻家庭制度的四方面变革,[1]并提出今后婚姻法的立废均应遵循这样的变革方向。[2]

(三)劳工问题与劳动法

劳工问题一直是诸多社会学家所关注的问题,孙本文、陶孟和、陈达等均对劳工问题进行过调查、研究,各学者的关注角度页各有差异。陈达的劳工问题研究应属最系统,在全面分析当时有关劳工立法、劳工问题政策的基础上,提出劳工问题救济的根本在于劳工法规。

自1927年以来,政府采取劳资合作政策,并公布了一些重要的劳工法规,如工会法、工厂法、劳资争议处理法、工厂检查法、劳动契约法等。学者们均认为制定劳工实施办法是解决劳资问题的重要途径,应决定救济劳工的种种办法,依据实际情况,由政府主持制定各种法规和政策,依据法规处理各种问题,并且还应出台关于解决劳资问题的社会政策纲领。[3] 陈达采用统计学的方法,研究中国劳工问题的定义、范围、内容、解决途径等。陈达发现,当时中国工资率不是由法律规定的,而是由习惯规定的,这一点为我国国情之特殊考虑,却是不合理的。[4] 陈达认为,解决中国当前劳工问题的根本途径就是制定统一的劳工法规,并详细阐述了劳工法规的法律基础和立法原则。他认为,近代工业实际上是一种买卖制度,在这种制度下产生劳工契约,劳工契约的内容是工人和雇主之间的权利、

---

〔1〕 指家庭制度变革、婚姻制度变革、家庭形态的变革、家庭和社会变迁的关系变革。

〔2〕 雷洁琼:《新中国建立后婚姻家庭制度的变革》,载《北京大学学报》(哲学社会科学版)1988年第3期。

〔3〕 杨雅彬:《近代中国社会学》(下),中国科学出版社,第521~552页。

〔4〕 陈达:《中国劳工问题》,民国丛书,第263页。

义务关系。他还特别强调对工人中的女人和童工要予以特别保护。[1] 陈达针对劳工法规起草的具体条文内容还逐条给出了自己的建议和分析。

(四)社会行政与行政法

学术研究,特别是社会学研究,同政府的关系是密不可分的,社会学的研究成果需要同政府的行政力量相配合,才有可能转化为社会政策,改善社会生活状况。社会学者们大多认为,“社会行政应根据整个人与社会各部分,各方面之需要,与经济、教育、文化、卫生等项行政设施连锁调整,以谋人的整改生活,与整个社会福利之完满实现,而社会行政之特殊使命始告完满达成”。[2] 社会学者应积极参与社会行政工作,开展中国社会事业。陶孟和的北平劳动问题及工人生活的调查曾得到国民政府的支持和协助推行,解放后,周恩来总理还派国家行政机构的工作人员协助施行社会调查的结果。[3] 还有不少学者从政以推动社会调查结果和建议落实,并制定行政法规、政策。吴文藻、许仕廉、孙本文、吴景超和陈达就曾担任过国家机构要员,他们通过自己的职务行为将其学术研究调查结果运用到政策制定和实施中,使得社会调查发挥了其切实的作用,在推行社会福利政策、劳工法规制定、民族教育政策等方面起到了很大的作用,真正做到了社会学理论寓于社会行政事务、国家行政法规之中。

## 四、中国近代社会学家法学思想的再思考

(一)重视社会调查,因地施法

社会学家们信仰社会调查,认为从社会调查出发,才能从根本上

---

[1] 陈达:《中国劳工问题》,民国丛书,第551~556页。

[2] 吴文藻等:《我们对于社会行政的意见》,载孙本文等:《社会行政概论》,中华文化服务社1944年版,第4页。

[3] 巫宝三:《纪念我国著名社会学家和社会经济研究事业的开拓者陶孟和先生》,载《近代中国》(第5期),上海社会科学院1995年版,第387页。

认识、解决中国的社会问题,才能从根本上找出解决问题的对策。吴文藻、费孝通的社区研究以中国农村、社区为单位,借助田野调查法深入当地人民的生活,了解生活习惯、社会观念。在长时间的接触、了解、记载的基础上,剖析当地社会全貌,描绘法治秩序。严景耀亲自下监狱,亲尝铁窗滋味,在监狱和犯人同吃同住了三个多月,分析犯罪问题与社会现状的联系,监狱管理制度的优化。并深刻剖析了犯罪除了作为法学概念的社会意涵,以及其背后的多种综合因素,对于如何预防、救济犯罪提出了远高于法律手段的解决办法。他还对监狱管理人才的素质和培育提出了相关建议,以更好地感化在押犯人,帮助其顺利完成在监社会化,避免出狱后的再犯以及严重脱离社会现实的出现。严景耀的犯罪社会化的分析对于我国刑罚制度改革、降低犯罪成本、促进社会和谐具有重要借鉴意义,现存刑罚制度的不完善均可从严景耀的犯罪社会化分析中找到解决办法。杨开道的清河社会试验区将其乡约制度、农村自治理念植入该试验区的建设中,尝试建立一个和谐有序、礼治、法治并存的农村社区。虽然最后中都在抗日浪潮中无疾而终,但为我国基层农村自治组织建设和治理提供了参考和借鉴。陈达的劳工问题调查更是为劳工法规的正确定位和现实立法需求提供了重要的参考意义。

社会学家们在深入社会调查中,发现社会根本问题,并因势制宜地推动法规政策的制定和实施,这种"回到民间去"的立法建议更加科学化,也能避免法治观念和社会治理的脱节。美中不足的是,其中一些非常值得借鉴和参考的方法并未能在法学领域得以继承和发扬,这是我们当今在建设法治国家中所不得不深思的问题。

(二)借鉴域外经验,后劲不足

国外的社会学研究路径是以社会调查推动立法,最终实现社会学改进社会、推动社会进步。伦敦经济学院和著名的"费边社"由社会科学家兼社会活动家维伯夫妇及作家萧伯纳等创办,维伯等主张以前者研习社会科学,以后者进行社会调查与社会改良。他们做了很多有关劳工、失业、贫困等方面的调查，并主张通过立法，解决工时、养老金、工会组织等问题。维伯夫人还于 1912 年建立了“费边调查部”，从事有关工业管理等问题的调查。[1] 国外的社会调查推动立法的进程要更加迅速，实现效果也比较客观。中国近代社会学家们基本都具有留学背景，也都积极借鉴域外经验，然而我国社会调查推动立法进程缓慢，难以实现，大多都淹没在抗日浪潮中。不可否认，这与当时混乱的社会局势不无关联。

社会学学科的生命即在于发现社会问题、解决社会问题，当社会学家的立法建议难以付诸现实时，对于社会问题的解决将会一无是处。即使当时任国家机关要员的吴文藻、吴景超、许仕廉等社会学家也未能将其社会调查的结果通过行政立法的方式一一落实并在全国推行，当今立法、执法更是存在这样的问题。通过对中国近代社会学家法律思想的梳理，对我们当今以学者推动立法的方式提供了借鉴意义，我们应落实学界观点纳入立法、执法政策中，这样才能更好地推行法律实施。此外，中国近代社会学家们似对当时法律制度关注不够，陈达在进行劳工问题的界定时，从经济学、政治学、伦理学的角度予以多方面论述，对于法学角度的论述却较少，在提出劳工法规制定建议时，对于现存劳工法规问题的分析较少，难免有失全面性。当然，当时的国共环境也较少给予社会学家对于立法建议提出专家意见的机会。这才引得潘光旦先生撰长文于报纸，批判教育学家对于姓、婚姻、家庭问题的立法存废观点的尖锐批驳。[2]

### （三）关心传统法治，皆论民主

中国近代社会学家们大多在 20 世纪 20 ~ 30 年代期间学成归国，中国社会正处于混战、分崩离析的境地，后又经历国共交战、抗

---

〔1〕 阎明：《一门学科与一个时代：社会学在中国》，清华大学出版社 2004 年版，第 29 页。

〔2〕 潘光旦：《人文史观》，群言出版社 2014 年版，第 123 ~ 144 页。

日战争,社会动荡不安、局势混乱,社会学家们都抱着高涨的爱国热情致力于以学识救国。就连一心居于己堂的吴文藻后期也投入到政治救亡的运动中,一向安乐于学术殿堂的严景耀也投身革命。综观严景耀一生的学术研究,从早期一心钻研犯罪学,到后期成为卓越的民主斗士,再到最后投身于新中国宪政民主,这都和当时时代发展变迁有着重要关联。即使以民族优生、优育为主要研究方向的潘光旦也常有相关民主、宪政的言论见报,散见于《潘光旦短集》和《自由之路》两本著作中。1944 年潘光旦发表《民主政治与先秦思想》,认为民主政治中的民治应包含自由、平等、人民参与权和法治四要素,强调官吏守法才能实现真正的法治。宪法的根本要义在于限制君主专权,防止官吏弄权。[1] 1945 年发表的《民主的先决理论》详细阐述了人治与法治这一相对的概念。"其实在提倡法治精神的今日,最少不得的,倒并不在人权事务空论与物权的争讼,而在民权的实际取得。"[2]一心研究农村社会学的杨开道也有罕见的文字论及中国人权、法治建设。他在《"人权"一个社会学的解剖》中,对人权进行过一番讨论,他指出人权既指抽象的平等权、自由权,也指具体的生存权、教育权、工作权等基本权利;同时,还包括选举、豁免等政治权利,他并不赞同社会精英或个别领袖代表社会大众行使权力的做法,他说,"最好的办法,是人民自己商议,自己办理,不需任何领袖的代表"。[3] 都市社会学第一人、经济学家吴景超也有着重要的民主法治思想。他在其论文《中国的政制问题》中明确表述,"中国当前不是施行民主,而是培育民主的条件,等到条件具备了再实行民主,在技术上,在事实上,在最近的将来,中国可能后期摆脱

[1] 潘光旦:《自由之路》,群言出版社 2014 年版,第 276 页。
[2] 潘光旦:《民权保障》,载《年华》1932 年第 1 卷第 38 期。
[3] 杨开道:《"人权"一个社会学的解剖》,载《社会学刊》1930 年第 2 卷第 1 期。

不了一党专政的局面"。[1] 费孝通的《民主·宪法·人权》中汇集了8篇文稿,均以对白和讲故事的方式谈论民主国家人民对于民主政治和国家宪法的态度。

社会学家们各有其专长研究领域,但都抱着以学识救国、建立民主国家的良好愿望,虽然其中不乏改良主义的思想。社会学家以行动践行社会学是发现社会问题、解决社会问题的使命,社会学者出于其职业的责任,也往往比普通人更加关注国家、社会以及世界上一切有关公共利害之事。这在中国近代第一批社会学者身上展露无余。他们继承了"士大夫"以国是为己任的传统,同时他们也是西方自由主义的追随者,信奉公平、自由、民主和权利义务。

(四)回应礼法之争,观念脱节

社会学者在根据中国社会问题提出法律建设建议的同时,还关注到中国社会礼与法的严重脱节,正如伯尔曼所说,"法律必须被信仰,否则它将形同虚设"。[2] 西方法律之所以让人信仰的根基,是其社会中牢固的宗教信仰基础,西方人认为法律是上帝在人间理性的彰显,而我国急于求成,照搬西方法律制度,导致在中国传统社会中礼法之争的出现。费孝通在其《乡土中国》中详细论述了西方法律和中国传统礼治的冲突。中国传统社会是在"礼"控制下的礼治秩序,这种"熟人社会"的相互熟悉,是建立在了解的基础上,因为这种了解而产生了彼此之间的信任。在中国传统社会中,法律是内嵌于社会的,而法条主义通过把几乎所有的社会因素——道德、伦理、情感、观念、意识形态等排除出法律之外,这样很难顺利完成"从身份到契约"的转变。潘光旦在论及妇女婚姻裁可之时发现,实则当下法律是允许离婚的,但是根据调查数据发现,离婚在现实生活中的

---

〔1〕 吴景超:《中国的政制问题》,载《大公报》1934年12月30日版。

〔2〕 Harrld J. Berman, *Faith and Order: The Reconciliation of Law and Religion*, Emory University, 1993, p. 14.

执行力度极小。这是由于妇女们的思想尚未解放,认为离婚是一件极其有失妇德的事情。这也体现了法律的施行与社会观念的严重脱节。

社会学家强调的是整个社会的同步改变,不单单是法律这一因素,仅依靠法律这一单方面因素是很难真正使中国社会走向法治中国的,应该在思想观念、社会结构同步改革的情况下,才能同步推行法律建设,否则就会产生消化不良的现象。单把法律和法庭推行下乡,结果法治秩序的好处未得,而破坏礼治秩序的弊病却已先发生了。这种“应激性反应”使中国法律成为没有精神指引的躯壳,走向了彻底的功利和工具主义,这一点在今天法治社会的建设中,仍应引起法学家们的高度关注。

# 学术新人

**【编者按】** 本卷“学术新人”栏中，我们选编了两篇文章，都是硕士研究生的作品。一篇讨论先秦时期的刑官与秦廷尉设置的问题；另一篇则讨论梁启超近代司法独立改革的思想。两篇文章一谈先秦，一谈近代，两相辉映，都着眼于司法相关问题，着力进行制度的解释和思想的发掘，有着相对深入的思考。

# 廷尉以前
## ——先秦时期的刑官与秦廷尉的设置

闫强乐*

【内容摘要】 在详细考证出土金文中关于司寇的记载,本文否定了“廷尉起源于周司寇”的观点,认为西周到春秋初期,廷尉的职掌主要为治理盗贼,维持社会治安,而这一时期的司法狱讼,并无专官管理。春秋中后期的司寇开始转化为专职的刑官,体现这一历史时期司法职官专业化的演变趋势春秋时期楚国的中央刑官是“司败”,战国时期楚国的刑官可能为与秦国廷尉极为相似的廷理,楚国在春秋战国之际的官制变革潮流下,其刑官的专职化并不是很彻底。秦国设置廷尉的原因,一者秦国商鞅变法的“一元化”;二者自春秋战国以来刑官专职化趋势;三者上古“军政合一”,“兵刑合一”“兵刑同源”政治传统在战国时期秦国的延续。

【关键词】 廷尉　司寇　周制　楚制　秦制

官制之沿革变迁,殊为繁杂,而其中刑官之源流,尤为难解。沈家本曾言:“官制之因革损益,代各不同,即一代之中,或亦先后不同。刑官之制,尤为纠纷,非舰举而详究之,不能得其变迁之故”。[1]

---

* 作者系兰州大学历史文化学院专门史研究所硕士研究生。本文系中央高校基本科研业务经费专项资金项目“战国秦汉时期的‘壅蔽’思想与政治实践(项目编号:17LZUJBWZY058)”阶段性成果。

〔1〕 (清)沈家本:《寄簃文存》,商务印书馆2015年版,第198页。

廷尉作为帝制中国的专职刑官,其渊源流变是当分析。而以往学界关于廷尉的相关研究论著在论及“廷尉”官职的起源时,往往是堆砌先秦刑官的史料,如安作璋、熊铁基《秦汉官制史稿》、[1]问永伟《秦汉廷尉新探》、[2]黑广菊、李家钊《论两汉的廷尉制度》、[3]何君《论汉代廷尉制度》[4]等,皆认为“廷尉”起源于“司寇”,简单地勾勒出“廷尉”职官的源流演变进程,即商周(司寇)—春秋(司寇)—战国秦(廷尉),这种单线条式的历史叙述遮蔽了职官制度演变所反映的历史信息。“先秦”是以千年计算的时间概念,西周王朝亦有三百多年的历史,官制既复杂,又有很多的变化。[5] 故本文选取廷尉为研究对象,梳理先秦刑官的演变过程,借此分析商周到秦汉法律秩序的演变与发展。

关于上古时期中央刑官的设置,传世文献有所记载。《史记·五帝本纪》:“……舜曰:皋陶,蛮夷猾夏,寇贼奸轨,汝作士,五刑有服,五服三就;五流有度,五度三居:维明能信”,[6]可见虞舜时期,中央刑官可能为士,以皋陶为之,但并没有相关史料佐证,故存疑。而殷商时期,《礼记·曲礼下》:“天子之五官,曰司徒,曰司马,司空、司士、司寇,点司五众”,郑注:“此亦殷时制也”,[7]但查阅现阶段出

---

[1] 安作璋、熊铁基:《秦汉官制史稿》,齐鲁书社1984年版,第149页。

[2] 问永伟:《秦汉廷尉新探》,首都师范大学2001年硕士学位论文。

[3] 黑广菊、李家钊:《论两汉的廷尉制度》,载《聊城师范学院学报》2001年第6期。

[4] 何君:《论汉代廷尉制度》,载《北京电力高等专科学校学报》2010年第10期。

[5] 官长为:《西周官制研究的回顾与展望》,载《史学月刊》1995年第5期。

[6] (汉)司马迁:《史记·五帝本纪》,中华书局1959年版,第39页。

[7] (汉)郑玄注、(唐)孔颖达疏:《礼记正义》卷4《曲礼下》,(清)阮元校刻:《十三经注疏(清嘉庆刊本)》,中华书局2009年版,第2730页上。

土的商代甲骨文，并未见到“司寇”的记载。[1] 因此，殷商时期中央刑官员是否为司寇，至今仍不能确定。

但这些史料从另外一个侧面说明了中国上古时期在治国理政方面，就已经有了处理犯罪的相关公共事务，同时亦有了“礼法并用”的法律思想。[2]

## 一、西周、春秋“司寇”的演变

西周从公元前1046年到公元前771年，历时约300年，“司寇”是中央刑官，但其何时作为中央刑官，这是值得我们思考的问题。传世文献中关于周初“司寇”的记载如下：

《左传·成公十一年》：“昔周克商。使诸侯抚封，苏忿生以温为司寇”，杜注：“苏忿生，周武王司寇苏公也。”[3]

《左传·定公四年》：“武王之母弟八人，周公为太宰，康叔为司寇……”[4]

《史记·管蔡世家》：“于是周公举康叔为周司寇。”[5]

---

[1] 李力：《〈九刑〉、“司寇”考辨》，载《法学研究》1999年第2期。但1971年12月，考古发掘河南安阳小屯西地殷墟遗址，出土21枚牛胛骨卜骨，其中第四号有刻辞如下：“御臣，父乙豚，子豚，母壬豚。御廌，丙鼎犬，丁豚。祖庚豚，父乙豚，子豚。”（参见郭沫若：《安阳新出土的牛胛骨及其刻辞》，载《考古》1972年第2期）；李力据此认为商代甲骨文中之“御廌”一词是职官名，主掌司法审判（参见李力：《出土文物与先秦法制》，大象出版社1997年版，第82页），可见殷商时期是有专职从事司法审判的法官，但中央刑官仍难以考证。

[2] 郭川伟：《〈周礼〉制度渊源与成书年代新考》，国家图书馆出版社2016年版，第401页。

[3] 杨伯峻编著：《春秋左传注》，中华书局2009年版，第854页。

[4] 同上书，第1541页。

[5] （汉）司马迁：《史记·管蔡世家》，中华书局1959年版，第1565页。

同时《周礼·秋官》设司寇,“帅其属而掌邦禁,以佐王刑邦国”,[1]将司寇分为大司寇和小司寇,大司寇为卿,其职能为颁布法令,“布刑于邦国都鄙”,[2]同时处理诸侯、卿大夫、庶民之狱讼,从事司法审判,“凡诸侯之狱讼,以邦典定之;凡卿大夫之狱讼,以邦法断之,凡庶民之狱讼,以邦成弊之”。[3] 小司寇为中大夫,当为大司寇之佐贰(副手),其具体职掌亦为狱讼,主要负责平民的司法审判,“以五刑听万民之狱讼……以五声听狱讼,求民情……以三刺断庶民狱讼之中”。[4] 大、小司寇下设64名属官,并具体负责狱讼中的相关事务。其中,掌刑狱者,为士师、乡士、遂士、县士、方士、讶士、朝士、司刑、司刺、司厉、司圜、掌囚、掌戮、布宪、禁杀戮、禁暴氏,16个;掌刑禁者,为雍氏(掌沟渎之禁)、萍氏(掌水禁)、司寤氏(掌宵禁)、司烜氏(掌火禁)、野庐氏(掌路禁)、修闾氏(掌国中路禁)、衔枚氏(禁喧哗),7个;掌民事、奴隶及管理战犯者,司民、司隶、罪隶、蛮隶、闽隶、夷隶、貉隶,7个;掌“秋官司寇”外交、祭祀者,为大行人、小行人、司仪、行夫、环人、象胥、掌客、掌讶、掌交、伊耆氏、犬人,11个;掌辟除及安全事务者,为蜡氏、冥氏、庶氏、穴氏、翨氏、硩蔟氏、翦氏、赤龙氏、蝈氏、壶涿氏、庭氏、职金、柞氏、薙氏,14个;掌诸侯会盟约法者,为司盟、司法、2个;掌诸侯、卿大夫之安保及刑罚执行者,为条狼氏,1个;至于其他掌祭祀,货贿、都则、都士、家士,5个。[5]《周礼·秋官·司寇》以此构建了周代的司法体系。

故法律史学界中的先贤前辈认为西周时期司寇为中央刑官。如

---

〔1〕 (汉)郑玄注、(唐)贾公彦疏:《周礼注疏》卷三四《秋官·司寇》,(清)阮元校刻:《十三经注疏(清嘉庆刊本)》,中华书局2009年版,第1873页上。

〔2〕 同上书,第1879页上。

〔3〕 同上书,第1881页下。

〔4〕 同上书,第1887~1888页。

〔5〕 郭川伟:《〈周礼〉制度渊源与成书年代新考》,国家图书馆出版社2016年版,第402页。

民国学者杨鸿烈《中国法律发达史》中有法院编制的栏目,罗列传世文献中关于司寇的文献资料,认为西周、春秋时期的司寇是中央刑官。[1] 民国时期另一位法律史大家陈顾远先生《中国法制史概要》亦认为"周,法官统名秋官,或泛言理官,详则莫考,而春秋各国有司寇,陈、楚有司败,齐有士,晋有理,散见经传,当较可信"。[2]

这样的认识似成为法律史学界的通说,曾宪义、[3] 蒲坚、张晋藩[4] 大概都赞成该说,并将这样的内容编著进法律史教科书中。冯卓慧在利用相关出土青铜器金文的研究基础上,结合上述传世文献,得出了更加肯定的认识,"西周初期司寇就是中央的刑官,苏公为周初第一任司寇,康叔为周初第二任司寇,同时认为周初司寇为专职中央司法官员"。[5] 但西周初期的出土青铜器金文中尚未发现有关"司寇"的记载,同时传世文献只是说到了西周时期司寇的任职,并没有提到其具体是否有司法审判权利,所以说周官司寇是否职掌狱讼,这是值得细致研究的问题。

之后,张亚初、刘雨、[6] 王贻梁、[7] 李力、[8] 徐祥民、[9] 陈絜、[10] 朱腾[11] 对上述通说式的论断提出了质疑。故前贤关于西周

---

〔1〕 杨鸿烈:《中国法律发达史》,中国政法大学出版社 2009 年版,第 36 ~ 37 页。

〔2〕 陈顾远:《中国法制史概要》,商务印书馆 2011 年版,第 115 页。

〔3〕 曾宪义:《新编中国法制史》,山东人民出版社 1987 年版,第 56 ~ 57 页。

〔4〕 蒲坚、张晋藩观点,参见张晋藩主编:《中国法制通史》(第 1 卷),法律出版社 1999 年版,第 329 ~ 330 页。

〔5〕 冯卓慧、胡留元:《西周金文中的司寇及其官司机构》,载《考古与文物》1988 年年第 2 期;后主体内容收入胡留元、冯卓慧:《夏商西周法制史》,商务印书馆 2006 年版,第 543 ~ 545 页。

〔6〕 张亚初、刘雨:《西周金文官制研究》,中华书局 1986 年版,第 24 ~ 25 页。

〔7〕 王贻梁:《周礼"司寇"考辨》,载《考古与文物》1993 年第 4 期。

〔8〕 李力:《〈九刑〉、"司寇"考辨》,载《法学研究》1999 年第 2 期。

〔9〕 徐祥民:《春秋时期的司寇是法官吗?》,载《郑州大学学报》2002 年第 1 期。

〔10〕 陈絜、李晶:《(矢廾)季鼎、扬簋与西周法制、官制研究中的相关问题》,载《南开学报》(哲学社会科学版)2007 年第 2 期。

〔11〕 朱腾:《也论先秦时代的司寇》,载《法学家》2015 年第 2 期。

初期司寇的论断是存在疑问,论证并不严谨。本节利用出土青铜器金文,对西周、春秋时期司寇的演变历程作一番考述。

现阶段出土青铜器金文中有"司寇"之名的共有5件,周共王时期器南季鼎、[1]周厉王时器扬簋,[2]均为西周中期青铜器。西周晚期青铜器司寇良父壶[3]和虞司寇壶、[4]春秋中期青铜器鲁少司寇封孙宅盘。[5]关于西周时期司寇的职掌问题,我们主要通过分析南季鼎和扬簋来解决。

南季鼎铭文如下:

"唯五月既生霸庚午,伯俗父佑南季……曰:'用佐佑俗父'。司寇南季拜稽首,对扬王休,用作宝鼎。其万年子子孙孙永用。"[6]

---

[1] 刘海年、杨一凡主编:《中国珍惜法律典籍集成》甲编第一册《甲骨文金文简牍法律文献》,科学出版社1994年版,第299~300页;《殷周金文集成释文》作"庚季鼎",参见中国社会科学院考古研究所编:《殷周金文集成释文》(第2卷),香港中文大学中国文化研究所2001年版,第357页;陈絜作"(矢廾)季鼎",参见陈絜、李晶:《(矢廾)季鼎、扬簋与西周法制、官制研究中的相关问题》,载《南开学报》2007年第2期。本文以《中国珍惜法律典籍集成》为准,称"南季鼎"。

[2] 刘海年、杨一凡主编:《中国珍惜法律典籍集成》甲编第一册《甲骨文金文简牍法律文献》,第301~302页;中国社会科学院考古研究所编:《殷周金文集成释文》(第3卷),香港中文大学中国文化研究所2001年版,第415页。陈梦家:《西周铜器断代》(上),中华书局2003年版,第192~193页。

[3] 中国社会科学院考古研究所编:《殷周金文集成释文》(第5卷),香港中文大学中国文化研究所2001年版,第422页。

[4] 同上书,第444页。

[5] 刘海年、杨一凡主编:《中国珍惜法律典籍集成》甲编第一册《甲骨文金文简牍法律文献》,科学出版社1994年版,第311~312页。

[6] 中国社会科学院考古研究所编:《殷周金文集成释文》(第2卷),香港中文大学中国文化研究所2001年版,第357页。

上文质疑学者主要关注于“用左右俗父司寇南季拜稽首”的断句问题，第一种句读为“‘用左右俗父’。司寇南季拜稽首”；第二种句读为“‘用左右俗父司寇。’南季拜稽首”。张亚初、刘雨、王贻梁、李力、徐祥民皆赞成第一种观点。陈絜赞成第二种观点，其立意以日本学者松井嘉德关于西周社会“家产制统治”的学术假说为基础，即认为“周的职务任命是以‘封建’原理给予受命者以周王的大家庭相关具体事务。因此，不必认为受命者在权力结构中的地位是通过官制来体现的，换言之，不必认为职务任命构成等级官制”，[1]陈絜以此学术假说为基础，汇录西周册命文书中被册命者的各种自称形式，认为“在针对天子的自称形式中，须强调的仅为个人的私名，有时也会提及家族名号也即氏名，但其职官与职事无须彰显”，[2]从而认为这一时期“司寇”是职事而非职官。[3]

这一论断本身即存在许多问题。该论断是建立在日本学者西周社会“家产制统治”的学术假说之上，这一假说本身就已存在很多质疑。[4] 笔者较为赞成第一种观点，南季当为司寇，其“左右俗父”中的“左右”当为辅佐的意思，即(司寇南季)辅佐俗父，可能亦为伯俗父的属官。

另外一件重要的青铜器铭文为扬簋。扬簋铭文如下：

“唯王九月既生霸庚寅，王在周康宫。旦，格大室，即位。司徒单伯内佑扬。王呼内史，史先册命扬。王若曰：‘扬，作司

〔1〕［日］松井嘉德：《周的国制——以封建制与官制为中心》，载［日］佐竹靖彦主编：《殷周秦汉史学的基本问题》，中华书局2008年版，第85页。

〔2〕陈絜、李晶：《(矢廾)季鼎、扬簋与西周法制、官制研究中的相关问题》，载《南开学报》(哲学社会科学版)2007年第2期。

〔3〕同上文，第105页。

〔4〕［日］松井嘉德：《周的国制——以封建制与官制为中心》，载［日］佐竹靖彦主编：《殷周秦汉史学的基本问题》，中华书局2008年版，第86页。

工。官司量田佃,罘司居、罘司刍、罘司寇、罘司工司。赐汝赤市、銮旂,讯讼,取徵五寽。'扬拜手,稽首。敢对扬天子丕显休,余用作朕烈考宪伯宝簋。子子孙孙其万年永宝用"。[1]

这篇铭文主要内容是周王"作司空",任命扬为司空,"司量田佃,罘司居、罘司刍、罘司寇、罘司工司",同时对对扬担任司空时的属官进行了介绍,[2]这里的"罘"当作管理来讲,[3]即司寇在这一时期是司空的属官。

通过分析这些出土的青铜器铭文,我们可以看到司寇在西周中期是伯俗父、司空的属官,王贻梁《周礼"司寇"考辨》[4]再考证这一时期司寇的地位时亦指出"司寇的爵位是大夫而非卿",那么司寇的具体负责的职事是什么呢?

"司",《说文解字》:"司,臣司事于外者",[5]当理解为治理之意。"寇",《尚书·舜典》:"蛮夷猾夏,寇贼奸宄",孔颖达传曰:"群行攻劫曰寇,"郑玄注曰:"强取为寇";[6]《说文解字》"寇,暴"也,[7]《左传·昭公十七年》记载少皞氏时期,"爽鸠氏,司寇也,杜注:'爽鸠,鹰也。鸷,故为司寇,主盗贼。'孔颖达疏曰:"鹰,鸷击之鸟。司寇,主击盗贼,故为司寇"。[8] 可见,西周时期司寇的主要职

[1] 中国社会科学院考古研究所编:《殷周金文集成释文》(第3卷),香港中文大学中国文化研究所2001年版,第415页。

[2] 王贻梁:《周礼"司寇"考辨》,载《考古与文物》1993年第4期。

[3] 陈絜考证了西周出土青铜器金文中所有"司某史"的例证,从而认为扬簋中的"司寇"应该被解释为是司空扬的具体职事,其论证错误之处,已在上文中有所涉及。

[4] 王贻梁:《周礼"司寇"考辨》,载《考古与文物》1993年第4期。

[5] (汉)许慎:《说文解字》卷九,中华书局1963年版,第186页下。

[6] (汉)孔安国传、(唐)孔颖达疏:《尚书正义》卷三《舜典》,(清)阮元校刻:《十三经注疏(清嘉庆刊本)》,中华书局2009年版,第274页。

[7] (汉)许慎:《说文解字》卷三,中华书局1963年版,第68页下。

[8] 杨伯峻编著:《春秋左传注》,中华书局2009年版,第1388页。

掌是治理盗贼,维持社会治安,当为治安官。[1]

同时,上文所引《左传》中国关于周初司寇的记载亦证明了司寇为治安官,并且其爵位不高。周武王时期太史苏忿生兼职司寇,文献并未记载其职掌。但周成王时期卫侯康叔兼职司寇,从中我们知道司寇的职掌。康叔封于卫国,卫国所在地方是殷的旧土,当时管叔、蔡叔与殷遗民叛乱,康叔封于卫国即以殷遗民及流寇作为管理对象,其职掌当为治理盗贼,维持社会治安。后期随着周王朝统治的稳定,不太需要周王重臣如康叔等兼职司寇,司寇成为专职的治安官,先后隶属于朝廷重臣伯俗父、司空。

接下来我们分析春秋初期"司寇"职官的存在形态?出土的春秋中期青铜器有鲁少司寇封孙宅盘,[2]可见春秋时期的鲁国仿周制也设置司寇这一职官,但其中关于司寇的职责并没有记载。同时这一时期的传世文献向我们说明了此时期司寇的职责,《左传·襄公二十一年(公元前552年)》:"于是鲁多盗。季孙谓臧武仲曰:子盍诘盗?武仲曰:不可诘也,纥又不能。季孙曰:我有四封,而诘其盗,何故不可?子为司寇,将盗是务去,若之何不能?武仲曰:子召外盗而大礼焉,何以止吾盗?子为正卿,而来外盗;使纥去之,将何以能?"[3]"子为司寇,将盗是务去"正好体现了这一时期司寇职责仍为治理盗贼,维持社会治安。[4]

那么,我们就需要思考西周时期与春秋初期负责司法诉讼的职官是谁呢?前贤学者已经对这一问题提出了精辟的见解。张亚初[5]在分析扬簋和毛公鼎的铭文之后认为"(西周时期)其他大大

---

[1] 王贻梁:《周礼"司寇"考辨》,载《考古与文物》1993年第4期。

[2] 刘海年、杨一凡主编:《中国珍惜法律典籍集成》甲编第一册《甲骨文金文简牍法律文献》,第311~312页。

[3] 杨伯峻编著:《春秋左传注》,中华书局2009年版,第1056~1057页。

[4] 徐祥民:《春秋时期的司寇是法官吗?》,载《郑州大学学报》2002年第1期。

[5] 张亚初、刘雨:《西周金文官制研究》,中华书局1986年版,第25页。

小小的职官都可以受理讼罚之事”。李力亦认为“西周的刑讯诉讼诸事,并无专官管理”。[1] 王贻梁[2]将西周、春秋初期出土青铜器铭文中关于刑诉的二十多件器物分为两大类:第一种是记载周天子命令某职官处理刑诉案件,如毛公鼎、扬簋等;第二种是记载具体诉讼案件的铭文,如五祀卫鼎、师旂鼎等。而在分析这些青铜器铭文的基础上,处理狱讼的人主要是王、太子和各类王官,没有见到司寇的记载。尤其是师旂鼎中,负责处理狱讼的是贵族伯懋父,同时伯懋父亦担任军职。

师旂鼎铭文如下:

> “唯三月丁卯,师旂眔仆不从王征于方。雷使厥友引以告于伯懋父。在,伯懋父迺罚得、䫄、古三百锊。今弗克厥罚,懋父令曰:‘宜播,厥不从厥右征,今毋播,其有纳于师旂。’引以告中史书,旂对厥賨于尊彝”。[3]

师旂鼎为西周中期器,此铭文中记载师旂的仆从不遵从周王命令,引向伯懋父告诉,伯懋父判处师旂罚金三百锊。从中我们可以看出伯懋父是主持师旂案件的诉讼刑官,同时龚军在考证召尊、召卣中出现的伯懋父铭文,认为此人是西周中期成康时期的军事统帅。[4] 出土青铜器金文中“□”字,李学勤先生在《岐山董家村训匜考释》[5]认为此字应训释为“谳”,释义为“议罪”。可见西周时期军事将领亦是具有处理司法审判的权力。

---

〔1〕 李力:《〈九刑〉、“司寇”考辨》,载《法学研究》1999 年第 2 期。

〔2〕 王贻梁:《周礼“司寇”考辨》,载《考古与文物》1993 年第 4 期。

〔3〕 中国社会科学院考古研究所编:《殷周金文集成释文》(第 3 卷),第 376 页。

〔4〕 龚军:《〈师旂鼎〉所反映西周的军法制度》,载《华夏考古》2008 年第 1 期。

〔5〕 李学勤:《岐山董家村训匜考释》,载中国古文字研究会、吉林大学古文字研究室编:《古文字研究》(第 1 辑),中华书局 1979 年版,第 150～151 页。

既然西周时期、春秋初期的负责司法诉讼的职官并无专员，那么什么时候开始，司寇成为专门的刑官呢？笔者窃以为，当春秋中后期。

春秋时期，各诸侯国亦设置了司寇职官，宋国设"大司寇、小司寇"，《左传·成公十五年》："（向为人）大司寇，（鳞朱）少司寇。是年二司寇出奔楚。乐裔为司寇"。[1] 晋国亦设司寇，《左传·襄公三年》："襄三年，魏绛曰：'请归死于司寇'"。[2] 齐国亦设有司寇，《左传·成公十八年》："庆佐为司寇"。[3] 郑国亦设有司寇，《左传·昭公二年》郑公孙黑将作乱"子产曰：'……不速死，司寇将至'"。[4] 但各国之司寇职掌并不明确。

明确司寇具有司法审判权力的文献是关于孔子任鲁司寇的记载。《史记·孔子世家》："其后定公以孔子为中都宰，一年，四方皆则之。由中都宰为司空，由司空为大司寇"。[5] 孔子作为司寇参与司法审判案件，从而得出"听讼，吾犹人也，必也使无讼乎！"[6] 的审判智慧。

由此可见，在孔子任职鲁国大司寇期间，行使其司法诉讼权力。我们大概可以这样推论，司寇由治理盗贼，维持社会治安职能逐渐扩大，介入司法领域，逐渐成为专职的中央刑官，当在公元前552年（上文《左传·襄公二十一年》关于司寇的记载）到公元前479年（孔子任司寇）期间，即在春秋中晚期。

这样的认识也是就有一定时代背景佐证的。春秋中晚期，各诸侯国纷纷变法图强，逐渐颁布成文法律。西周时期，司法诉讼并无

---

[1] 杨伯峻编著：《春秋左传注》，中华书局2009年版，第875~876页。
[2] 同上书，第930页。
[3] 同上书，第908页。
[4] 同上书，第1230页。
[5] （汉）司马迁：《史记·孔子世家》，中华书局1959年版，第1915页。
[6] 《论语译注》，杨伯峻译注，中华书局2015年版，第185页。

专官，随着春秋时期法律条文的公布，原来西周请求受周王册命过有司法权的官吏断案形式逐渐得不能满足社会的现实诉讼需要，于是这种专业的刑官应运而生。春秋中后期的司寇就是将这种司法的职权专业化的体现。《周礼》成书于汉初，[1]或许孔子任司寇，职掌司法，成为《周礼》以司寇为中央专职刑官的历史事实依据。[2]

## 二、楚国的中央刑官

现阶段学界认为春秋战国时期，楚国"中央刑官是司败"，[3]《左传》中有相关的记载。

> 《左传·文公十年》记载："楚王使子西为商公，子西辞曰：臣免于死，又有谗言，谓臣将逃，臣归死于司败也。杜注：'陈、楚名司寇为司败'。"
>
> 《左传·宣公四年》记载："楚箴尹克黄曰：'弃君之命，独谁受之。君，天也，天可逃也。'遂归，复命，而自拘于司败。"
>
> 《国语·楚语》："臣何有于死，死在司败矣。韦昭注：'楚国谓司寇为司败'。"[4]

楚制在一定程度上继承周制，"司败"与周"司寇"极为相似，"败"与"寇"皆可释为贼寇之意。上引史料中的"归死于司败""自拘于司败""死在司败"，可看出这一时期楚国司败的职掌是司法诉

---

〔1〕 有关《周礼》成书年代问题，现阶段有六种观点：(1)周公时期制作；(2)成书于西周中晚期；(3)成书于春秋时期；(4)成书于战国时期；(5)成书于汉初之际；(6)汉代刘歆造伪。其中第五种成于汉初时期最为学界认可。参见彭林：《〈周礼〉主体思想与成书年代研究》(增订版)，中国人民大学出版社2009年版，第180~186页。

〔2〕 朱腾：《也论先秦时代的司寇》，载《法学家》2015年第2期。

〔3〕 谭黎明：《春秋战国时期楚国官制研究》，吉林大学2006年博士学位论文。

〔4〕 徐元浩撰：《国语集释》卷十八《楚语下》，王树民、沈长云点校，中华书局2002年版，第524页。

讼，可能春秋中后期，楚制司败已与周制中的司寇职掌非常的相似。同时陈国、唐国亦有如此设置。杨伯峻先生在《左传·文公十年》注云："《论语·述而》有'陈司败'，定三年传述'唐人自拘于司败'"，[1]此与《左传·宣公四年》"自拘于司败"相同，足见陈、唐两国中央刑官当亦为司败。

到了战国时期，楚国的中央刑官可能为"廷理"，虽然学界现阶段一般认为春秋时期楚国的中央刑官当为廷理，[2]其依据《韩非子》《韩诗外传》以及《说苑》中的相关记载，具体史料如下：

《韩非子·外储说》："楚庄王时期（公元613年—公元前591）荆庄王有茅门之法：'群臣大夫诸公子入朝，马蹄践溜者，廷理斩其辀，戮其御'。于是太子入朝，马蹄践溜，廷理斩其辀，戮其御。太子怒，入为王泣曰：'为我诛戮廷理'。王曰'法者，所以敬宗庙，尊社稷。故能立法从令，尊敬社稷者，社稷之臣也，焉可诛也……'"[3]

《韩诗外传》："楚昭王（公元前523年—前489年）有士曰石奢，其为人也，公而好直，王使之（廷）理。"[4]

《说苑·至公》："楚成王时期（公元前671年—前626年）楚令尹子文之族有干法者，廷理拘之，闻其令尹之族也，而释之。子文召廷理而责之曰：'凡立廷理者，将以司犯王令，而察触国法也……'廷理惧，遂刑其族人。成王闻之，不及履而至于子文之室，曰：'寡人幼少，置理失其人，以违夫子之意。'于是黜廷理

[1] 杨伯峻编著：《春秋左传注》，中华书局1990年版，第576页。

[2] 陈绍辉：《楚国法律制度研究》，湖北教育出版社2012年版，第297~299页。

[3] （清）王先谦撰、钟哲点校：《韩非子集解》卷十三，中华书局1998年版，第351页。

[4] 台湾"中华文化复兴运动推行委员会"、"国立"编译馆中华丛书编审委员会主编：《韩诗外传》卷二，赖炎元注释，台湾商务印书馆1972年版，第58页。

而尊子文,使及内政。国人闻之,曰:'若令尹之公也,吾党何忧乎?'乃相与作歌曰:'子文之族,犯国法程,廷理释之,子文不听,恤顾怨萌,方正公平'。"[1]

但这一观点需要我们重新思考。《韩非子》成书于战国末期,《韩诗外传》《说苑》皆为汉代作品,其主要内容应该来源于《韩非子》,更为关键的是,记载春秋史事的《左传》并没有记载楚国廷理。《韩非子》一书中的内容多是寓言式的故事,周勋初将这些故事分为动物故事、民间故事、历史故事三类,同时认为"第三类故事则是过去曾经发生过的某一具体事实,属于历史的范畴"。[2] 公木[3]统计了《韩非子》一书中语言的来源,其中包括《左氏春秋传》《战国策》《国语》《吕氏春秋》等史籍。其中三十九则来源于《左氏春秋传》,并对这些故事进行了改变,如"晋献公假道于虞""齐桓公用竖刁"等。引自《战国策》的为四十则。其中绝大多数是摘录,韩非对其中的故事稍加修改,如"不死之药""温人之周"等。对于这些真实的史料,韩非或改写或润色,甚至全部引用。故其中的人物可能"托古"人之名,但其具体的历史事件与职官制度很有可能是真实的事件。所以我们猜测,战国时期楚国的刑官可能为廷理,其与秦国的廷尉极为相似。

但在战国时期,楚国职掌军事的左尹亦为司法刑官,掌握一定的司法行政权力。战国传世文献并不见关于左尹的记载,但出土包山楚简《简220》[4]记载了相关信息,如下:

---

[1] (汉)刘向撰、向宗鲁校证:《说苑校证》卷十四《至公》,中华书局2000年版,第359~360页。

[2] 周勋初:《韩非子札记》,江苏人民出版社1980年版,第143页。

[3] 公木:《先秦寓言概论》,齐鲁书社1984年版,第141页。

[4] 谭黎明:《春秋战国时期楚国官制研究》,吉林大学2006年博士学位论文。

> 东周之客鲁(无)绖归作(胙)于蒧郢之戢(岁),顕(夏)栾之月,乙丑之日,苛嘉以长恻(恻)为左尹舵貞(贞):出入峙(侍)王,自顕(夏)栾之月以庚寨(集)戢(岁)之顕(夏)栾之月,肀(尽)寨(集)戢(岁),躬身尚毋又(有)咎。占之巫(恒)貞(贞)吉,少又(有)慐(忧)于穷身,虞(且)外又(有)又訫(训)。以其古(故)敚(说)之,璺(举)祷先老僮,祝韓(融)婎畬各一牂,由(鬼)攻解于不殆嘉貞(贞)之曰吉。《简 220》:……为左尹邵(昭)舵贞……

此简的主要内容是苛嘉为左尹昭舵贞问“出入待王”有无灾祸问题,足见战国时期楚国的中央刑官为左尹。同时王捷在利用包山楚简简 15 ~ 17 中的舍庆杀人案,复原战国时期楚国的上诉案件审理程序,认为地方所不能裁决的案件,向左尹报告;左尹所不能裁决的,直接向楚王报告。[1] 通过上述史料的分析,我们可以看到战国时期楚国的中央刑官为左尹,职掌司法审判,直接对楚王负责,同时这一时期的上诉案件审理程序与汉初的廷尉审理流程极为相似。

从中我们可以看出,楚国在春秋战国之际的官制变革潮流下,其刑官的专职化并不是很彻底,相对于下面我们要分析的秦国,楚国在官制专职化的方向上还是走得慢一些。

## 三、秦“廷尉”的设置

上文主要讨论了周制和楚制中中央刑官的设置问题,对于现学界的一些通说提出了质疑。接下来我们需要讨论分析秦制中中央刑官的设置问题。

秦国中央刑官为“廷尉”,《汉书 · 百官公卿表》:“廷尉,秦

---

〔1〕 王捷:《包山楚司法简考论》,上海人民出版社 2015 年版,第 164 ~ 167 页。

官”,[1]但秦设置廷尉职官的时间不详,现只知李斯在秦统一六国之前,已“官至廷尉”,[2]之后秦统一六国,秦国之中央刑官便成为秦朝之中央刑官,管理全国司法事务。那么我们就需要思考为何秦国设置廷尉?

愚见以为秦国设置廷尉之职官,其原因有三,三者的结合使得秦国设置廷尉,职掌司法。

一者,秦国商鞅变法的“一元化”。商鞅于秦孝公六年(公元前356年)、秦孝公十二年(公元前350年)得到秦孝公的支持,在秦国实行变法,倡导“治世不一道,便国不法古”。商鞅变法的主要内容:一是承认土地私有,允许土地自由买卖。二是奖励耕战,包括奖励农耕和奖励军功两方面的内容。三是推行县制,由国君直接派官治理。导师乔健教授认为商鞅变法的核心思想是“一元化”思想,首先表现为其政治目标是绝对单一的富国强兵;其次实现目标的手段是具有很强单一特性的刑赏,即内涵单一的“赏”和与“赏”相比居于唯一重要地位的“刑”;最后为实现单一的目标,为使单一的手段具有现实可操作性,必须实现“人”的绝对单一化,即使所有的人都成为农民和战士,[3]从而使“人”成为统治者富国强兵的工具。在这样“军国主义”[4]改革的驱动下,“工具化”的人需要一种专职职官管理。廷尉这样一个主管司法审判的职官便应运而生。

二者,自春秋战国以来职官设置的专职化趋势。前文述及,自西周到春秋战国,刑官的设置由“并不专职处理”到“司法职权的专职化”,司寇职掌的演化过程反映了刑官专职化的发展历程。以刑官

---

〔1〕(汉)班固:《汉书·百官公卿表》,中华书局1962年版,第730页。

〔2〕(汉)司马迁:《史记·李斯列传》,中华书局1959年版,第2546页。

〔3〕乔健:《论商鞅的一元化思想》,载《兰州大学学报》1996年第3期;又载乔健:《中国古代思想研究》,民族出版社2008年版,第139页。

〔4〕关于秦“军国主义”的经典论述,参见阎步克:《士大夫政治演生史稿》,北京大学出版社2015年版,第200~216页。

设置方面的专职化为例，于豪亮利用睡虎地秦简中的相关刑官材料论证了秦地方上刑官的专职化趋势，认为秦国地方基层刑官有害盗、求盗、校长、亭长、吏徒、宪盗、亭啬夫、部佐，在县以上有县尉、县丞、令史、司空、太守、御史、廷尉，他们中虽也有非专职司法者，如令史、司空、太守，但有相当一部分是专司司法职能的。[1] 相对于上文提及的楚国，秦自商鞅变法以来，在职官专职化方向上走得更远一些。

三者，上古"军政合一"，"兵刑合一""兵刑同源"政治传统在战国时期秦国的延续。《汉书·刑法志》："故圣人因天秩而制五礼，因天讨而作五刑。大刑用甲兵，其次用斧钺；中刑用刀锯，其次用钻凿；薄刑用鞭扑。大者陈诸原野，小者致之市朝，其所由来者，上矣"。[2] 因古人兵刑同源之观念，故司法之官，名之曰尉。

而秦汉官制中，凡统兵之将领，皆以"尉"命名。如国家之军队统帅，为太尉。其他有卫尉、中尉、司隶校尉、城门校尉、步兵校尉等。且地方郡县之军职，郡曰郡尉，县曰县尉，不一而足。上述以"尉"命名的职官皆掌军事，同时亦拥有一定的抓捕、审判的职责，如中尉、都尉、司隶校尉等。故廷尉为中央朝廷之刑官，故《汉书·百官公卿表》应劭注曰："听狱必质诸朝廷，与众共之，兵狱同制，故称廷尉"。[3] 三国人韦昭曾言："廷尉、郡尉、县尉，皆古官也，以尉尉人心也。凡掌贼及司察之官，皆曰尉。尉，罚也。言以罪罚奸非也"。[4] 章太炎先生在其《官制索隐》中指出："法吏未置以前，已有战争矣。军容、国容即不理析，则以将校分部其民。其遗迹存于周

〔1〕 于豪亮：《云梦秦简所见职官述略》，载《文史》（第8辑），中华书局1980年版；又载于豪亮：《于豪亮学术论集》，上海古籍出版社2015年版，第3～21页。

〔2〕 （汉）班固：《汉书·刑法志》，中华书局1962年版，第1079～1080页。

〔3〕 （汉）班固：《汉书·百官公卿表》，中华书局1962年版，第730页。

〔4〕 （三国吴）韦昭：《辨释名》，参见（宋）李昉：《太平御览》卷二三一《职官部·大理卿》，中华书局1960年版，第1095页上。

世者,《传》曰官之师旅……及军事既解,将校各归其部,而法吏独不废。及秦之国家司法之吏亦曰廷尉,亦因军尉而移之国中者也”。[1]此正反映了秦设置“廷尉”职官的由来。

范忠信认为中国专职法司职官的特征为“军事职司转而司法,专职法司来自军事职司,刑官兼有军事功能”,即“军政合一”,“兵刑合一”“兵刑同源”。秦制中廷尉职官的设置都是对“军政合一”,“兵刑合一”“兵刑同源”政治传统的再诠释。之后历代军事机构审理民人案件、以军人转任刑官、刑官着装军官化、司法程序军事威慑化、司法机构军事管理化、司法行动战役化等,似乎都来自中国最悠久的“兵刑同源”的传统。[2]

## 四、小结

本文在分析了周制、楚制、秦制中央刑官的设置概况,同时对于学界的相关通说提出质疑。利用新出土青铜器金文否定了“廷尉起源于周司寇”的观点,认为西周到春秋初期,廷尉的职掌主要为治理盗贼,维持社会治安,而这一时期的司法狱讼,并无专官管理。随着春秋时期法律条文的公布,原来西周请求受周王册命过有司法权的官吏断案形式逐渐得不能满足社会的现实诉讼需要,于是这种专业的刑官应运而生。春秋中后期的司寇开始转化为专职的刑官,体现这一历史时期司法职权专业化的演变趋势。

利用包山楚简对于春秋战国时期楚国的中央刑官进行考证,认为春秋时期楚国的中央刑官是“司败”。利用《韩非子》寓言故事的历史真实性,从而猜想,战国时期楚国的中央刑官可能是与秦国廷

[1] 章太炎:《官制索隐》,载刘琅主编:《精读章太炎》,鹭江出版社2007年版,第212页。

[2] 范忠信:《专职法司的起源与中国司法传统的特征》,载《中国法学》2009年第5期。

尉极为相似的“廷理”。但这一时期,楚国的中央刑官亦有职掌军事的左尹,从而作者认为楚国在春秋战国之际的官制变革潮流下,其刑官的专职化并不是很彻底,相对于秦国,楚国在官制专职化的方向上还是走得慢一些。

而秦国设置廷尉的原因,本文认为原因有三:一者,秦国商鞅变法的“一元化”。二者,自春秋战国以来职官设置的专职化趋势。三者,上古“军政合一”,“兵刑合一”“兵刑同源”政治传统在战国时期秦国的延续。

本文通过考证周制、楚制、秦制中中央刑官的设置与职掌变迁,所反映的是整个先秦时期中国国家形态及治理模式之变迁,刑官专职化的趋势正是中央集权制国家形成过程中在司法职官设置上的体现,正所谓“一叶知秋”,透过先秦中央专职刑官的设置问题,以此窥见中国古代中央集权制国家形成的过程。

同时,笔者认为对于先秦刑官之演变轨迹的考证可以引申出与中国法律史研究有密切关系的两个重要问题。一者,职官研究与法律史的结合。职官之研究,历代为历史学界所重,著名史学家邓广铭先生将职官与目录、年代、地理作为史学研究的四把钥匙。在帝制中国时期,职官与律令似应处于同等重要的地位,[1]职官的流变会对古代法的制定或运行产生重要影响,我们对于历代职官的“活的制度史”的考察,其职官之设置与流变,背后所反映正是帝制中国法律权力的运行逻辑。所以说,以职官制度为连接点,考察职官的动态运行历程,在“活的制度史”的角度来考察帝制中国法律秩序的运行逻辑,这或许将成为中国法律史研究的新增长点。

二者,突破断代法律史研究。由于学科的精细化,学界习惯于按照朝代将中国古代历史划分为不同的阶段,分别研究。但是,中国历史的发展是环环相扣的因果链,虽说各个朝代的统治政策、法律

〔1〕 朱腾:《也论先秦时代的司寇》,载《法学家》2015年第2期。

制度因时制宜、因时而异,但变革是在继承的基础上进行的,我们学术研究首先要厘清继承的内容,这样才能把握变革与社会发展的关系,才能分析其合理性。这就需要我们扩大视野,突破断代限制,做跨时代历史考察。[1] 这一点,对于法律史研究来说,尤为重要。法律史是专门之史,中华法系源远流长,自秦汉一统,遂创建帝制中国之固有法系,延洎李唐,《唐律疏议》集为大成,宋元明清,世代相承。中华法系的优秀传统与帝制中国相存续两千余年,其间虽有变革损益,然其背后理念、思想、制度框架,大多为后世延续,法律史学研究的核心应该就是这种"古今之通理"。以秦朝法律史研究为例,秦朝是中国历史上第一个统一的中央集权制国家,秦朝的统一,是秦国的发展,秦国的建立、发展和先秦其他诸侯国家处在同样的历史环境之中,其发展、壮大过程所实行的一系列制度,并不为秦人所独创,而是继承西周制度与东方各国的经验教训,秦人只不过是将其与自身实践相结合而已。所以说,研究秦朝法律史,首先要着眼先秦。其次,研究秦朝法律史,当关注于两汉法律史。两汉是在秦朝的基础上发展起来的,秦朝确立的法律制度在两汉得到了充分的实践与发展,正所谓"汉承秦制"。法律史作为专门之史,学术研究当突破断代研究的限制,考其源,察其流,发掘中国优秀传统法律文化的"古今之通理",此当为我们这一代法律史学人的使命。

---

〔1〕 臧知非:《秦汉土地赋役制度研究》,中央编译出版社 2017 年版,第 2 页。

# 理论与实践：梁启超式司法独立改革的近现代审视

代剑锋*

**【内容摘要】** 在近代法制激烈变革走向现代的过程中，出任中华民国第四任司法总长的梁启超以自身深厚的法学理论积淀与丰富的司法实践经验为近代司法独立改革提供了新的智识贡献。其在分析近代司法独立困境主要源于法律陈旧难以适应社会发展与法官队伍素质不高的基础上，提出四项司法实践方略：建立与完善民商事实体法与程序法，改革诉讼体制实行三级三审制，培育优良法官团队，将司法部归于大理院与司法开支由国税负担。这些举措在一定程度为当代司法体制深化改革提供了三点历史借鉴价值：一为加大法官的培养力度，提升法官的职业待遇；二则可将司法开支交由国家税务机关承担，在一定程度上消解司法行政化的困境；三则梳理当前司法改革问题的历史脉络，妥善处理司法民意与裁判的互动关系，增强司法的公信力，建设法治国家。

**【关键词】** 梁启超　司法独立　实践方略　司法公信力　法治国家

## 一、问题提出与研究旨趣

近现代司法改革在历史上的发展轨迹并非毫无章法可言，历史

* 作者系中央民族大学法律史学硕士研究生。

总在不同的场合中呈现出可供寻迹的规律性。自清末变法新政以降,立法与司法的微妙互动以及司法治权理论的独立性发展,使司法独立改革在一定程度上得到了理论上的纵深与实践中的延展。环视近代司法探索道路,近现代司法自治经验肇始于伍廷芳、王宠惠等法政人物,笔者欲追寻近现代司法经验理性以及对于现代深化司法改革的可资借鉴之处,奈何如此宏大意旨难以从一个叙事与理论建构的视角展开,故而为了更好地展示近现代司法改革的本土经验,选取从个体学术理论实践的视角入手来进行一般性的建构或可更具论证力度与说服力,不致陷入理论空洞的泥淖。作为本文选取的人物梁启超先生,其被谓之近现代的"百科全书"式人物,学识渊博,所涉猎领域遍及法学、文学、史学、建筑学等多个领域,有助于我们从一个更广阔的时代背景与实践视角来理解近现代司法改革的经验意义;梁氏历任民国司法总长期间(1913 年 7 月 31 日至 1914 年 2 月 12 日),集成沈家本、伍廷芳、王宠惠、吴经熊等学者观点,并在一定程度上呈现了近代法制激烈变革走向现代的路径,促成近代法官职业与法学人才培养的反思,在北洋政府时期具有鲜明的时代意义。

对于学者研究积淀而言,我国学者相对较早专门论述梁启超政治法律思想见于宋仁先生发表在《法学杂志》上的《浅谈梁启超的政治法律思想》,[1]此文一扫往日对梁的评价低迷之风,开启辩证看待梁启超法学智识与实践贡献的大门,后进学者亦纷纷对梁的法政思想进行进一步的阐发,著述颇丰,理论阐扬多聚焦于宪政、法理学、法律史学、法学建设、法治思想等领域,笔者择取具有代表性的论文作为各大领域思想研究的透视,以析梁氏思想研究之贡献。宪政思想尤以李秀清先生一文为代表,从梁启超"宪草"视角揭示梁启超宪政观的基本内核,充分肯定梁在丰富宪政理论、引入宪政制度上的

---

〔1〕 宋仁:《浅谈梁启超的政治法律思想》,载《法学杂志》1989 年第 4 期。

巨大贡献。[1] 范忠信教授从法理学研究主题与特征层面提出梁在法概念与本质、法治与自治、法律与法理等诸多问题上的卓见，肯定其在近代法学学术史上的独特地位。[2] 张雷先生从法律史学的学科建设路径肯定梁氏为中国法律史学研究理论、实践与方法上的开拓作用，更大意义肯定了梁氏历史研究方法的独特价值。[3] 喻中教授从法学学科建设的视角认为，梁氏为现代法学奠定新的法学世界观，确立新的法学范畴，培养法学人才，并为现代法学提供持续发展的动力。[4] 刘新教授从梁启超法治思想的角度，高度赞扬梁氏法治与民权相结合、实行法治人民必须对政府监督、法治与道德教化相结合以及中法与西法相结合的思想对于推进当今民主与法制建设的意义。[5] 但从司法改革建设视角去挖掘梁启超司法改革的思想与实践价值的专文研究而言，目前学界还尚显薄弱，而这也就成为本文致力于推进梁启超思想研究的思考方向。更深层次的考量在于，在当前我国法制建设由立法中心主义转向司法中心主义深化改革的实践当中，注重挖掘我国传统司法改革经验，加强对司法改革经验的历史梳理，在一定程度上助力当前的司法改革，更好地反映法律史学科对于司法改革的现实关切与学术回应。

## 二、司法观的理论形成

梁氏司法观的理论形成与基础来源来自中国传统文化理论资源与西方域外法律学说资源。在这其中，梁氏于光绪十七年（公元

---

〔1〕 李秀清：《“梁启超宪草”与民国初期宪政模式的选择》，载《现代法学》2001年第6期。

〔2〕 范忠信：《梁启超与中国近代法理学的主题和特征》，载《法学评论》2001年第4期。

〔3〕 张雷：《梁启超与中国法律史学的开新》，载《云南社会科学》2009年第1期。

〔4〕 喻中：《梁启超与中国现代法学的兴起》，载《政法论坛》2016年第4期。

〔5〕 刘新：《梁启超法治思想研究》，载《法学家》1997年第5期。

1891年)时年19岁入康有为先生所办的万木草堂深入学习中国数千年学术源流与政治沿革得失,接触近代今文经学思想,奠定人生的学术积淀,而后,于光绪二十五年(公元1899年)在东京设大同学校,并于同年去美国夏威夷旅居半年,深入学习西方卢梭、孟德斯鸠、边沁等人的政治法律学说,最终形成自己的司法观。

（一）中国本土文化理论资源:两汉至近代今文经学思想的影响

今文经学发轫于两汉年间,以研习儒家经典为重,考据与义理阐发并行。汉代古今文之争本始自《尚书》,然而公羊学最为优良,开启研习汉学之风;至清代学者顾炎武、黄宗羲、王夫之等为代表倡导经世致用之学,针砭时弊,发人深省,一反明人空疏之风,注重训诂考据,而后清代乾嘉学派最为兴盛,专注于从典籍中钻研考察,阐述经文之意,虽然研究内容仍以儒家经典为中心,以恢复汉学为己任,在整理汉学儒家学说方面取得了一系列重大进展,但不免陷入门户之见,且钻研典籍过于狭小,脱离时政。“这种成绩,只好存起来算做一代学术的掌故,将来有专门笃嗜此学之人,供他们以极丰富的参考。至于整理经学,还要重新辟一条路,令应读之经,非全数都应读也。”[1]以上今文经学学术思潮的流变为梁氏阐发近代今文经学提供了丰富的素材与思想源泉。随即其提出“钻研典籍以药现代时弊”的主张,并从受教于康有为先生的学习实践中,进一步建构自成一格的今文思想。其在《三十自述》中言道:“于是乃因通甫修弟子礼,事南海先生……先生乃以大海潮音,作师子吼,取其所挟持之数百年无用旧学更端驳诘,悉举而摧陷廓清之……明日再谒,先生乃教以陆王心学,而并及史学西学之梗概。自是决然舍去旧学,自退出学海堂,而间日请业南海之门,生平知有学自兹始。”[2]述明自己

〔1〕 梁启超:《中国近三百年学术史》,中国画报出版社2010年版,第145页。

〔2〕 丁文江、赵丰田编:《梁启超年谱长编》,上海人民出版社1983年版,第23页;梁启超:《三十自述》节选,后收录于《饮冰室合集》。

的师承渊源：梁氏今文经学思想得于康有为先生，“先生著《新学伪经考》方成，吾侪分任校雠。其著《孔子改制考》及《春秋董氏学》，则发凡起例，诏吾侪分纂焉。吾侪坐是或所启发，各斐然有述作之志”。〔1〕 在阐述先秦法家政治思想中可窥得梁氏对古代典籍着墨甚多的原因：“我（中国）之统一，虽物质上环境促成之者亦与有力，然其最主要原因，则圣贤学说能变化多数人之心理，抟之以为一也，吾固言之也。同类意识，宜扩大不宜缩小。使吾先民常以秦人爱秦越人爱越为教，则秦、越民族性之异，又宁让德法！”〔2〕从肯定先哲学说能启发民智、凝聚民族向心力的层面揭示自己阐述先秦经典为今日之用的用意。就学术积淀与理论认识的层面而言，传统今文经学研究既为其提供了深厚的史学与文学功底，更为其深入认识古代司法制度与行政制度提供了更为广阔的视野与格局。

更为重要的是，梁氏的这种今文经学思想辅成其进化史观，为其后来变法思想与深入认识司法理论与法政思想提供了必要的学术积淀，其吸收康有为的“公羊三世说”，融合周易“变易之异”的哲学思想，提出“三世六别说”：“春秋张三世之义也，治天下者有三世：一曰多君为政之世，二曰一君为政之世，三曰民为政之世。多君世之别又有二：一曰酋长之世，二曰封建及世卿之世；一君世之别又有二：一曰君主之世，二曰君民共主之世；民政世之别亦有二：一曰有总统之世，二曰无总统之世，多君者据乱世之政也；一君者，升平世之政也；民者，太平世之政也。”〔3〕由是，他认为中国社会必须沿着据乱世、升平世、太平世三世有序不乱地向前发展，并将中国古代今文经学与西方进化论熔为一炉，成为维新变法的重要思想武器。这种思想对于梁氏后来认识中国古代司法行政合一，司法为行政之附庸

〔1〕 孟祥才：《梁启超传》，北京出版社1980年版，第23页。

〔2〕 梁启超：《先秦政治思想史》，中国人民大学出版社2012年版，第172页。

〔3〕 宋仁主编：《梁启超政治法律思想研究》，学苑出版社1990年版，第50页。

的现实境地提供了分析的思路与框架,在君王治理层面行政权力支配和左右甚至垄断司法权力,这对中国法治的戕害不言自明。

(二)西方域外法律学说资源:西学东渐思潮的影响

梁氏作为近代中国传播西学的代表性人物,在引进西方法律资源将其作为中国司法治理的参考系上的贡献是不容磨灭的。综观梁氏著作,梁氏在介绍霍布斯、卢梭、孟德斯鸠、伯伦哈克、伯伦知理、边沁等人思想以及引进西方法政学说上着墨颇多,体现出一定的民主国家政治法律思想与浓厚的救国危亡情怀。然就本文主旨与篇幅而言,尚不能尽述上述学说,唯有择其关涉司法学说要旨阐述。

梁启超的司法观西方来源主要是孟德斯鸠的三权分立学说,尽管梁氏并不是首次介绍孟德斯鸠的学者,但其在介绍孟德斯鸠三权分立学说上的系统性、广度、深度是其他思想家无法比拟的,其在1899年发表的《各国宪法异同论》一文,而后又于1900年撰写《中国积弱溯源论》,1901年撰写《论学术之力左右世界》,1902年撰写《法理学大家孟德斯鸠之学说》《论立法权》《乐利主义泰斗边沁之学说》,这些文章大致反映出梁氏专注孟德斯鸠三权分立学说的要旨。但体现司法权的内容主要集中于《各国宪法异同论》与《法理学大家孟德斯鸠之学说》两文中。“行政、立法、司法三权鼎立,不相侵轶,以防政府之专恣,以保人民之自由。此说也,自法国硕学孟德斯鸠始倡之……司法权则法院承君主制命而掌之,而三权皆统一于君主焉。”[1]先释明孟德斯鸠三权分立学说的一般要旨,立法权、行政权与司法权三权分立,统一于君主。“孟氏既叙述各种政体,乃论各政体所由立之本原,于是举英国政体,谓此所谓立宪政体,最适于用,而施行亦易,实堪为各国模范……故设官分职,各司其事,必使互相牵制,不至互相侵越。于是孟氏遂创为三权分立之说,曰立法权、曰

---

〔1〕 梁启超:《各国宪法异同论》,载《饮冰室合集·文集》(第四),中华书局1989年版,第73页。

行法权、曰司法权,均宜分立,不能相混,此孟氏之创也。"[1] 此段阐述孟德斯鸠三权分立学说以英国政体为蓝本经理论提炼而成,只要设官分职,明确划分权限,各司其事,互相牵制,不使互相侵越,政权能顺利运转,并且能保证国家的长治久安和人民自由。梁氏在系统介绍此说中实则反映出那个特定时代背景下精英群体的政治诉求。司法权作为三权之一,仍需要设官分职,互相牵制,以保制衡之效。

除此之外,梁氏在《乐利主义泰斗边沁之学说》里分 15 个方面加以分述,对司法官任职与陪审官制作出详细的论述,针对司法官任职,"边氏谓必当定一资格,而使法官中合于此资格者一人或数人,专任选举之事。虽然,彼又论法官若有失职者,则当由人民投票以弹劾之罢免之",即在司法官任职上,应当对法官任职资格设定一定资格,使得符合任职的法官一人或者数人交由人民选举,由其选择司法官。一旦法官失职由人民投票弹劾罢免。针对陪审官制,不设陪审官制,"边沁于是别立准陪审官之法,即于每府县中定一资格,择出若干人以抽签之法,使应其役,苟遇疑之案,则征集之云"。[2] 这段论述明晰在每一个府县中规定陪审官资格名额,选出若干人,若遇疑案可以通过抽签方法使其参与。这些关于司法权的学说见地体现出梁氏精心选取的用意,即在"功利主义"立法中特别强调司法权用度的制衡作用。

## 三、司法观的基本理论视域

对梁启超司法观念的分析不能脱离于梁氏对西方宪政思想改造的理论框架,而要从宪政理念框架中寻找对待司法的态度。[3] 由

---

〔1〕 梁启超:《法理学大家孟德斯鸠之学说》,载《饮冰室合集·文集》(第十三),中华书局 1989 年版,第 24~25 页。

〔2〕 梁启超:《乐利主义泰斗边沁之学说》,载《饮冰室合集·文集》(第十三),中华书局 1989 年版,第 33~36 页。

〔3〕 李鹰:《梁启超司法理念中的国家本位观》,载《时代法学》2014 年第 2 期。

此,笔者亦以为,对梁氏的司法观进行剖析的过程中不能脱离宪政、法治国理念以及立法的主体框架。司法制度作为国家法治建设的一个重要环节,必须要在更为广阔的宪治国家的平台上进行探讨。

(一)宪政下的司法观

对于梁启超先生的宪政思想,学者著述最多。这也仰赖于梁氏自身对宪政国家政体制度所作的宏大研究与巨大努力。其于国难空前、剧变空前之际,不断推动维新变法,引进西方宪政学说与制度尤其是君主立宪政体,并在一定程度上推动实施,尽管结果并不如意,但这并不否认其在当中发挥的重要作用。就连载泽、戴鸿慈等五大臣出洋考察的宪政报告最后也不得不委手于梁氏,可见其宪政研究之一斑。

在宪政体制之下,如何看待司法以及如何处理司法权的运作问题具有重要的意义。其在回复江西高等审判厅长魏祖旭一书中深刻提及宪政与司法的关联,"司法独立为立宪之根本,收回(治外)法权之意图,其义甚明,人所易晓。政府经营筹备,亦既数年,鄙人谬掌法曹……各省筹备处及审检所之暂行裁并,在政府实有万不获已之苦心,凡我司法同人,均宜深体其意"。[1] 其中,确立的宪政司法要旨为司法独立为立宪制根本,其意图在于收回治外法权,取得国家独立,在这种意义上,司法独立为国家宪政实施的第一要件。在梁启超的论述中,司法独立、司法改革的着眼点主要在于实现立宪政治、法治国家,改良治道;虽然治外法权的收回也是一个动因,但相对于宪政、法治、治道改良这样根本性的价值目标而言,毕竟只能算是较次要的目标。[2] 梁氏站在资产改良阶级的视角引入西方宪政学说,强调"凡立宪国皆有独立之审判厅以行司法权。何为司法?

〔1〕 丁文江、赵丰田编:《梁启超年谱长编》,上海人民出版社1983年版,第688页。

〔2〕 喻中:《民国初年的司法独立——司法总长梁启超的理论与实践》,载《清华法学》2014年第6期。

谓遵法律以听狱讼也，何谓独立？使审判官于法律范围之内各行其志，而不为行政官所束缚也”，[1]这段论述基本上阐释出梁氏对于宪政下的司法的立场卓见，司法为遵循法律规定审理诉讼案件，司法独立，使得审判官员在法律的范围内自由决定自身的审判意志，不受行政官员的束缚和限制。当然，《宪政浅说》一文中还较为详尽论述民主政体与专制政体的除司法权以外的两个标准，为确立君主立宪制提供必要的制度基础：一为“民选议会”，议会（国会）成员的大部分最少亦须要由人民选举产生，国会之职权主要为议决法律与监督财政；二为“大臣副署”，君主之诏书必须要由国务大臣署名，这是立宪君主制的一项基本原则。在这样的君主立宪制宪政的制度安排下，司法权的行使成为制衡上述两种权力实现宪政民主的必要手段与环节。

宪政下的司法观，将司法权放在宪政制度安排下的框架下予以考量，基于司法独立制衡国会与国务大臣的权力，揭示出君主立宪制资产阶级改良路线，司法独立，即为使得审判官员在法律的范围内自由决定审判意志，不受到行政官员的束缚和限制，要求司法独立，不仅仅是为了取回治外法权，更为重要的是实现一定程度上的宪政民主，这种司法价值视角成为当时国民的主流期待与政治诉求。

（二）法治国之于司法独立

梁氏在国家政治理论上具有突出的政治贡献，其关于法治的论断在清末民初具有鲜明的时代意义与前瞻性。法治国这一概念是由其国家观与法治主义结合的产物，纵观梁氏一生，关于专论法律方面的论著有三百万字之多，间接论述法律的论述又不下百万字，如此斐然的创作着实不易。其在《庸言报》中提出法治国这一概念，“今之稍知治大体者，咸以养成法治国家为要图，然法治国曷由能

[1] 梁启超：《宪政浅说》，载《梁启超全集》（第7卷），北京出版社1999年版，第2057页。

成,非守法之观念普及于社会焉不可也。"[1]论述法治与国家制度亦无一不是围绕此展开。其在论述法治主义与中国政治得失沿革之时,谈及法治,"当我国法治主义之兴,萌芽于春秋之初,而大盛于战国之末。其时与之对峙者有四,曰放任主义,曰人治主义,曰礼治主义,曰势治主义,而四者皆不足以救时弊,于是法治主义应运而兴焉",[2]梁氏论述四者之不足,引出法治主义,放任主义以道德为本位,只接受良心制裁,道德说势必不能普及,其亦看到法家排斥道德不能长久的问题;人治主义必要以贤王治理方有成效,一旦专权自任,难免陷入危难;礼治主义中礼治取国家一切行为而为之制定一个具体的形式,社会一旦变迁,可能行为形式亦要发生变迁,具体形式的行为很难适应这种形式变化,受到其他学说的攻讦就很难调和。势治主义以权势压制为主,容易以一人之权力为自身谋私,导致国家危难,法治主义以法律治理国家,是非势治主义,起于春秋中叶,这种学说比之前述学说能够有效治理国家。在论述这些学说的过程中,梁氏强调成文法治国的必要性,以"形体之法"治理社会。这种法治精要,体现在司法方面,即法官要依照成文法裁判,不受政治权力之影响。

"国者何?积民而成也。国政者何?民自治其事也,爱国者何?民自爱其身也。故民权兴则国权立,民权灭则国权亡。"[3]国家观与国民观的形成,指导着梁氏形成自身的政治国家主张,这种国家主张体现在司法上,即由民意产生国家权力机关,进而决议法律。法治需要国民守法,守法的观念来自国民内心秉持对法律的信仰,而这种信仰的树立又有赖于司法独立权威。法律的社会认同很大程

---

〔1〕 丁文江、赵丰田编:《梁启超年谱长编》,上海人民出版社1983年版,第685页。

〔2〕 梁启超:《梁启超论中国法制史》,商务印书馆2012年版,第38页。

〔3〕 梁启超:《爱国论》,载《饮冰室合集·文集》(第三),中华书局1989年版,第73页。

度上来自对司法公信力的树立。“泰西诸国,惩采侯军吏干涉听讼之敝,乃以司法独立,著诸宪典,其于法官也,慎其登庸,严其考绩,隆其保障,故任斯职者咸倍益束身自爱,湔濯淬厉,忠于所守,而民乃受其利。”[1]意即将司法独立的原则载入宪法典,使得法官依照宪法与法律裁判案件,并严格考察法官裁判的政绩,使其忠于职守,国民的利益也能够得以保障。从司法与法治的关系来讲,司法是法治的必要条件,在近代民主国家,司法独立早已成为一项宪法原则与法治实践。[2] 因而法治国中司法独立是十分重要的一环。

法治国是梁启超先生国家政治理论的核心概念之一,其谈及法治的意图也在于建立一个具有宪政民主的“法治国”,一个能承载立宪君主制的“法治国”,法治国作为司法独立的价值取向,在指导人民守法、建立法治信仰、凝聚司法变革共识方面具有重要作用。

（三）司法独立与立法禁锢

在论及宪政与法治国之后,不得不重提立法与司法的互动,立法对于司法的重要性不言而喻。先哲亚里士多德曾言:“法治应包含两重意义:已成立的法律必须获得普遍的服从,而大家所服从的法律本身又应该本身是制定得良好的法律。”体现出良法对于法治的重要性。司法,以现代精义解析,即以事实为依据、以法律为准绳。梁启超先生亦提出“厘订法律巩固司法权之独立”,其认为要使人民的权力得以保护,其一,就必须要有一部“完备之法律,规定焉以为保障”。其二,“须有独立之裁判官厅,得守法而无所瞻徇”。[3] 司法问题很大程度上是由于立法不善所致。学者在反思这一时期的

---

〔1〕 梁启超:《令京外各级审检厅》,载《梁启超全集》,北京出版社1999年版,第2645页。

〔2〕 郭道晖:《实行司法独立与遏制司法腐败》,载《法律科学(西北政法学院学报)》1999年第1期。

〔3〕 梁启超:《政闻社宣言书》,载《饮冰室合集·文集》(第二十),中华书局1989年版,第26页。

立法之时也无不透出对司法面临窘境的感叹:民初中国法律变革之际,民商法典尚未制定公布,形式成文法典又不完不备,并存在诸多缺及问题。立法程序上和技术上的困难,致使民法缺乏统一性,如此一来,又造成民事司法的困境。[1] 这种由立法不善造成的问题转嫁给司法,从而导致司法独立审判的权威性不足,也引起梁氏的关注,其在对古代法律制度批判中,认为"今中国法律,大率沿千年之旧,与现在社会情态,强半不相应。又规定简略,惟恃判例以为补助,夥如牛毛,棼如乱丝,吏民莫知所适从。重以行政司法两权,以一机关行之,从事折狱者,往往为他力所左右。为安固其地位起见,而执法力乃不克强"。[2] 中国法律与社会发展不相适应,且规定简略,唯有借助判例来补足立法之不足,另有重要的原因在于司法行政合一,行政专权以及这种上下级隶属关系使法官体系不得不受到来自内部与外部的力量钳制,使得司法无法发挥自身定分止争的功能。

在立法与司法的耦合关系中,司法独立难以彰显,更多程度上来自立法不善,故而厘订法律以巩固司法权具有现实影响与时代意义。梁氏对于司法与立法缺乏互动关系的认识大致体现出我国自春秋时期沿至民国时期缺乏良法的法律"镜像"认识。这种由立法不善带来的司法问题深刻地影响着后来的学者与立法权治者力图建构良善的法律制度的决心。这种法律认识为以立法中心主义为导向推进法制建设提供了一定的思想资源。

综观梁启超先生司法观的中心内容以及梁启超关于司法独立概念、内容、运作等本体论认识的一般论述。梁氏在他的一系列著述中都反映出一个核心观念:如前所述,司法独立,即指使得司法官在法律范围之内自由意志独立审判,不受行政权力的束缚。这其中而

〔1〕 黄源盛:《中国法史导论》,广西师范大学出版社2014年版,第412页。

〔2〕 梁启超:《国民浅训》,载《饮冰室合集·文集》(第三十二),中华书局1989年版,第4页。

言,司法独立乃是由其引入立法行政司法三权分立学说而随即提出的一个原则,这使其在导入司法独立这一原则形成自己司法观的同时,不得不凭借司法观的关涉概念来提出自身主张。而现实亦指明司法独立改革观不仅反映司法本身问题,更是政治、社会等其他多重因素作用的结果,尤其是在古代沿袭至民国行政司法合署统一的法治背景文化中,这种司法观的形成具有其客观合理性。

## 四、司法观的实践方略

梁启超先生司法观的实践方略主要来自其对于执掌民国司法权现状的分析以及其力图改革司法制度的实践主张与配套制度安排。囿于历史时代的局限与民国初期动荡的政治社会,梁氏的主张并未得到很好的贯彻与落实,但这并不代表梁氏对于司法现状的认识与司法独立改革的方略毫无用处;反而,笔者以为,其当时存在的司法难题以及提出的实践主张对于现代厘清司法改革脉络、进一步认识司法实情以及深化改革都有很大的启迪作用,以下分述之。

### (一)司法困境与症结分析

据《梁启超年谱长编》所载,梁氏于1913年7月31日至1914年2月12日担任民国第四任司法总长。在这期间,梁氏深刻认识到司法独立的两大症结在于:其一为法律规范过于陈旧,不能适应社会发展;其二在于缺乏执行法律的优良法官,法律亦难以有效执行。诚如其所说,“亦既经年,乃颂声不闻,而怨吁纷起,推原其故,第一由于法规之不适,第二由于法官之乏才,坐此二病,故人民不感司法独立之利,而对于从前陋制,或反觉彼善于此。循此以往,恐全国之生命财产,愈失其保障之具,法庭之信用日坠,而国家之威信随之,非细故也”。[1] 当然,在这两个症结当中,在认知症结的根本性上,

---

〔1〕 梁启超:《政府大政方针宣言书》,载《梁启超全集》,北京出版社1999年版,第2575页。

梁氏又进一步认识到培养优良的法官人才是取得司法独立的根本。"我国今日,法文之阔疏、陈旧、陋劣虽可患,而尚非不治之病,独至法官不得人,则微论法之不善如今日也,即有良法,其异于故纸者几何?"两种症结认识层次上的差异性集中反映出梁氏对于近代司法认识的深刻性。徒法不足以自行,也即法律仍然需要司法人员来执行,并须辅之以程序,方能够得到有效的实施。民国初年,国家施行法律变革,援用法律多为欧美法律。反观民国时期法官组成,法官几乎是由晚晴遗留下的刑部幕僚及其替补人员,很少有留学欧美精通法律适用的司法人才,这使得司法适用在执行人员层面处于尴尬境地,"旧人用新法",怎能苛求他们能够正确适用法律,保持司法独立。自不待言,建立新式法官系统的构想直至民国结束仍然没有建立起来,"法官多用旧人;供勘则纯取旧式,刑讯方法,实未革除;律师制度,尚未采用,虽规模初具,亦徒有其名而已"。〔1〕故而强调法官人才培养确有必要。

基于以上两个症结的认识,梁氏进一步站在整个法官系统来认识司法独立改革的困境问题。认为法官选任标准过低,导致法官素质不高,难以做出公正判决。"朝出学校,暮为法官,学理既未深明,经验尤非宏富,故论事多无常识,判决每缺公正,则登庸太滥所致也"。〔2〕除此之外,其还认识到法官在司法实践中未能回避本籍,与律师朋比为奸,往往导致司法不公的出现。与此同时,法官数量过少,法官经费也不足,导致整个法官团队审理案件的积极性并不高,因而相互推脱转移管辖,造成民众的起诉成本过高,不便于进行司法诉讼。这几点在其对于下属的训示中显得格外突出。实际上,这也体现出整个民国初期对于法官培养的重视程度。

〔1〕 杨鸿烈:《中国法律发达史》(下册),上海书店1990年版,第919页。

〔2〕 梁启超:《呈总统文》,载《梁启超全集》,北京出版社1999年版,第2648页。

（二）司法方略与实施路径

在面对这样的司法困境下，梁启超先生条陈整顿司法，并提出了一系列的司法改革主张。这些主张或带有向最高权治者提供司法建议的立场，或站在司法决策层面对于下属进行训示，或带有国家司法改革宣言、向外国表明收回治外法权的意味，或向民众展示司法独立改革保障民权的民本立场，这些主张虽然向不同的主体发出，但都构成梁氏的司法改革动议与实践方案。因而，笔者力图通过重新梳理体现梁氏司法主张的文献，体系化地呈现梁氏的司法方略。综观梁氏司法实践方略，主要集中体现在《政府大政方针宣言书》《呈总统文》《呈请改良司法文》《呈拟将司法部大理院合并文》《令高等检审厅长》《中国立法大方针》以及一系列《申报》《司法公报》《庸言报》等一些报刊书信当中，为简明陈事，本文拟从立法、诉讼机制、司法从业主体（此处论述及于法官与律师）以及法院组织与经费四个方面展开论述。

其一，就立法层面而言，如前所述，梁氏在分析司法独立困境之时，就已然认识到法律规范本身陈旧，实体性规范难以适应社会发展，程序性规范较少，不利于诉讼进行，从而，要“从速编定民商事件实体法诉讼诸种程序法，俾法官有所遵循，人民有所依据”。[1] 梁氏不止一次提及要进行法治，必须进行彻底的法律改革，更新法律原则和法律规范，使其适应社会的发展，在这其中，首要应当加紧制定民商事法律，与此同时，也要加快制定与民商事立法相配套的各种程序法规范。

其二，在诉讼体制方面，梁氏提出若干具体实施路径：(1)改革审级制度，改革现有抄袭日本的四级三审制，拟定为三级三审制，“委任地方知县兼任行政与司法”。[2] 原因为日本法院编织法虽然

---

〔1〕 梁启超：《呈总统文》，载《梁启超全集》，北京出版社1999年版，第2649页。

〔2〕 同上。

精良,但却不能适应中国国情,以中国现有法官数量质量与司法经费实行三级三审制似乎更为妥当。“将初级管辖名目废去,归并于地方。而令刑事自某种刑以下,民事自若干元以下,皆以高等厅为终审。现在知县兼理,固用此审级,将来法院完成,亦用此审级,庶可以简易而便民也。”这种三级三审制,将初级管辖归于地方知县兼理,将民事刑事审判依据数目与量刑幅度划归由高等审判厅为终审,基本上表现出当时社会政治精英与民众的主流司法诉求。(2)提出精简诉讼程序,进一步明确审限。针对轻微案件,宜要精简诉讼程序,适用简易程序,不可拘泥于现有烦琐的诉讼程序,首要在于分清案情大小。对于案件审理期限,必须要由法律加以明文规定,要求法院必须在一定期限内结案,不得拖延。如果确系因为相隔省级或者其他重大原因,应当报批以后方可延期审限。(3)改革上诉制度,对于上诉案件应当分别限制变通,其认为上诉制度的设置目的乃在于使确有冤屈之人得以通过上诉制度来达到维护自身权益的目的。另一侧面为防止心怀不轨之人通过上诉来拖延审判或者逃避审判,必须要对上诉对象分别加以限定。除此之外,将一部分罪犯划归厅外审判,法外之干涉必须禁绝,将部分罪犯分出厅外审判:一方面,为了缓解司法压力,适应时下法官数量不多且良莠不齐的局面;另一方面,考虑特定罪犯特定情形的特殊性,必须要分出厅外审判。

其三,就法官与律师司法从业人员而言,梁氏着重论述法官作为司法独立中的重要一环,因前文已有部分论述,此处进一步细化法官选任及具体规制上的举措。梁氏为此进行精心的设计,部分在当时的社会现实中已经得到实施。首先,设定法官资格考试与一定的甄别制度,提高法官的素质结构,要知道清代以来的行政官员和司法人员大部分通过科举文史哲人文知识考试以及少量的法理考试进入仕途并未受到专业化的训练,反倒是幕友帮助他们处理行政与司法实务。[1] 首先,这种体制培养之下的法官在实务处理能力难免是欠缺的,故而广开考试,使另外一部分旧刑幕友以及学校毕业生通过考试获得法官的资格。其次,设置法官养成所。进一步对这些"准法官"进行必要的培训,并在法官养成所里设定一定的实务课程来考察法官的知识与能力,经考察合格以后录用为法官。再次,定期考核法官的政绩,明确具体的职责标准,要求法官忠于职守。[2] 实行严格的淘汰制度,实际上在贯彻法官责任制的精神,以使得法官队伍能够适应司法独立改革的需要以及赢得民众的普遍信任,这在梁氏提出的"保育政策"中体现得极为明显。复次,实行法官本籍回避制度,法官不得在本籍地区任职,防止法官因为乡土盛行的家族关系所左右,往往不能公正裁判。最后,还试图通过私立法律学校来达到培养法律人才的目的。此外,梁氏还要求律师不能朋比为奸,律师团体不能将诉讼作为盈利工具。并进一步提出约束律师取得资格的条件,从而防止诉讼牟利行为。

其四,梁氏提出改革现有的大理院与司法部机构,将司法部归于大理院管辖之下。其认为最重要的一点,"司法事业须立永久计划,总长为政务官,常因政局变迁而生动摇,大理院长则为司法官,地位较固,若兼综全国司法行政,则方针可以贯彻"。[3] 当然,大理院地位最高,《中华民国临时约法》与《暂行法院编制法》明确了大理院作为最高审判机关独立审判的司法地位,[4] 有利于统属下级法院,在司法级别上优势更为明显。从某种程度上有利于巩固大理院的统

〔1〕 徐忠明、杜金:《清代司法官员知识结构的考察》,载《华东政法学院学报》2006 年第 5 期。

〔2〕 宋仁主编:《梁启超政治法律思想研究》,学苑出版社 1990 年版,第 185 ~ 186 页。

〔3〕 梁启超:《呈拟将司法部大理院合并文》,载《梁启超全集》,北京出版社 1999 年版,第 2656 页。

〔4〕 张生:《民初大理院审判独立的制度与实践》,载《中国政法大学学报》2002 年第 4 期。

一解释权,使得司法适用统一化,从整体上来提升大理院对于全国司法审判与司法行政的统领力,更有力加强法官系统的独立性。此外,梁氏还进一步提出在适当保留现有的体制机关基础上,将司法开支交由国税负担,提升法官的待遇,加强法官系统的独立性。这在司法经费的考量上不得不说是一个巨大的突破,就地方司法机关而言,其财政支持始终来自同级行政机关,从而不得不受到行政的制约。实行这项举措,有利于在经济条件上使得司法脱离行政的束缚而独立行使审判。

综上所述,梁氏司法观的实践方略起于其深入分析当时司法现状与症结,并在参照西方司法框架的基础上,提出四项主张:一是改革法律制度,加快民商事立法与相关程序法规范;二是改革诉讼体制,拟定为三级三审制,严格分别上诉条件,精简诉讼,明确审限;三是加强法官队伍培养,通过考试任职资格限制条件以及特定培养形式来选任法官,并严格约束律师,限定律师资格;四是改革司法机构,将司法部归于大理院之下,并在适当保留现在机关的基础上,将司法开支交由国税负担。

## 五、司法独立改革的缺憾与当代价值

梁氏独立司法改革在理论认识为近代司法改革提供一套可供参考的实践方案,但囿于动荡的政治社会与复杂国情,难以将其很好地付诸实施,这不得不说是一个遗憾,然而,就另一个角度而言,它也取得了相对的成功,后来上任的司法总长张耀曾、朱深因为梁氏的思想贡献纷纷对立法与法官建设倾注心血,使得近代司法改革在历史脉络上得到了纵深发展。对现代的深化司法改革仍然具有一定的启迪意义。

### (一)司法独立改革的缺憾与时代局限

梁氏司法独立改革并未得到现实层面的贯彻和落实,不得不说是一种遗憾。这和当时的政治现实有着密不可分的关系。关于这一时期的司法独立改革,有学者评价“民国初年为理想化的司法独立,而北洋政府时期为形式上的司法独立”。[1] 笔者以为,这种趋势上的评价不无道理,至少在一定程度上揭示出这两个时期的司法独立特征。梁启超先生的任职时期正值北洋政府时期,这一时期的社会政治现实过于复杂,以袁世凯为代表的北洋军阀阶级妄图以司法独立与宪政民主来获得民众的政治认同与社会认同,这使得司法独立成为粉饰政治民主的一种工具,究其主要原因在于,司法独立的基础即三权分立的政治理论基石与当时的社会政治形势相背离,自然而然,司法独立也就仅仅具有形式上的意义,就这个视角而言,这一时期的司法独立在一种理想化与形式化趋势之间游走不定,从而使得梁启超的司法独立主张难以得到实际贯彻落实,至少在梁氏仅仅任职不到 8 个月便毅然跟随时任内阁总理的熊希龄请辞就可以看出这一端倪,梁氏深感难以施展自身才干,决心退出司法部。综观整个历史背景,司法独立这一理想在走向社会现实的过程中,未曾料想复杂的政治现实对司法独立改革造成巨大阻力,这种阻力已然超出整个司法制度运作的范围,使得司法开始走向政治的旋涡,在司法与行政合一的法治文化传统中,司法是国政的一部分,没有独立于行政的司法概念,[2] 司法最开始只是政治的附庸,作为政治控制社会的一种手段,从这个意义上来讲,民国初期并未能彻底摆脱这一政治困境,因而,在关注司法独立改革的过程中,势必要触及政治体制改革,如果只是基础的粉饰作用,那么,司法独立只能作为表象而存在,很难说能够真正做到司法权制约政治乃至立法这一分权功效。

---

〔1〕 韩秀桃:《近代中国对司法独立的价值追求与现实依归》,载《中国法学》2003 年第 4 期。

〔2〕 范忠信:《专职法司的起源与中国司法传统的特征》,载《中国法学》2009 年第 5 期。

不得不提到的是,梁氏本人作为近代资产阶级改良派的代表性人物,在引进西方三权分立学说的过程中始终坚持司法权为宪政关键环节的原则,其试图建立的君主立宪制政体构想使司法独立成为粉饰宪政民主的工具,这也是梁启超先生自身理论建构的立场瑕疵。实际上,梁氏的政治立场在于在保持君主的情形下进一步推进政治民主建设,也有历史学者认为,梁氏与其师康有为先生是不折不扣的保皇派,既然君主立宪政体建设宣告破产,那么,随即作为君主立宪政体下的司法独立改革制度安排也就失去维护的意义。实质上,梁氏本身对于国情的认识与司法独立改革的现实认识因为近代资产阶级的斗争性与妥协性两面性特点而不得不流于形式化,难以深入政治与法律关系的深层面去考量司法改革的实效性。从其最后向总统袁世凯递交的辞呈中,也不难看出梁劝诫袁氏的恳切,这种政治上的隶属性使得梁氏无力从根本体制上进行改革,只能寄希望于最高权治者。而袁世凯心中却是异梦,妄图黄袍加身,荣登帝祚。这种鲜明的对比,是梁氏个人认识上的局限,也导致梁氏宪政司法理论上的局限性,自然而言司法独立改革主张也就无法得到切实执行。与此同时,梁氏独立司法改革思想比之同时代的法学思想流变,更具有超前性,也使得其在现实面前难以很好地加以适用。

(二)梁氏司法独立改革的建构理论之当代价值与借鉴

民国初期梁启超司法独立改革的建构理论与实践方略并不因为未曾实际实行而完全抹杀其对于现代司法改革的推进价值。梁启超先生作为一名"学问型"法学家,对近代法学学术做出突出贡献,其在法学启蒙教育方面建树颇多。[1] 笔者以为,看待梁启超的司法独立改革,一定要结合特定的历史背景进行分析。纵然梁氏总结的司法现状与症结分析不能照搬到现在加以适用,但其在启发法官队伍培养、调整司法开支来源、深入认识司法传统脉络等方面具有重

---

〔1〕 范忠信:《梁启超法学文集》,中国政法大学出版社2004年版,第2~4页。

要的现实价值,仍然值得当代深思与进一步实践检视。

首先,司法公信力依托于司法裁判,而司法裁判的作成不得不依赖于优良的法官,就这个角度而言,法官队伍的质量决定了现代司法公信力的强弱。梁氏在其司法观与实践方略多次提及法官培养的重要性。无论是通过资格考试还是政绩考察,还是法官养成所的培育,抑或是私立法律学校(或可包含国立法学院系),为现今专职培养法官队伍提供智识上的贡献。譬如,现今通过法官进入高校委培的实践路径来进一步加强法官的职业素养,便是在当代进一步深化法官培养的良好举措。历史不是孤立片面的,每一个具象的问题背后必定有其深层的历史逻辑,就法律史学科的一般视角而言,揭示这种历史的"同质发展",通过不同历史阶段面临相同或类似问题的处理方案,进而尽可能为现今方案设计提供锦囊妙计,也就体现出法律史研究的特质与现实贡献。梁氏即使在其离开司法部之后,仍于1927年主持司法储才馆的工作,其虽是"国立"的法律学校,并未是其最开始设想的私立法律学校,但其仍然为培养法律人才与法官队伍贡献出自身的力量,这种坚持为当前法学人才的培养提供了一定的参考,如进一步加强法律人才实务能力的培养,不仅仅局限于培养法学人才扎实的法学理论功底,更重要的是法律实务的处理能力,即要不断提高法官等司法活动主体的专业素质和办案能力。[1] 如是,民国以降陆续培养出史尚宽、杨鸿烈、张志让等一大批法学人才,无论在法学功底还是实务锤炼方面,都显示出民国后期涌现出众多优质的法律人才。这与梁启超先生以及后来的司法总长及其权治者重视法学人才培养密不可分。

其次,梁氏提出将司法开支经费交由国税承担,这种新型的经费提供方式为我们反思"司法行政化""司法去地方化"设计出一种较为可行的方案。笔者以为,这恰恰是由于梁氏深谙司法权用度与行

---

〔1〕 何家弘:《司法公正论》,载《中国法学》1999年第2期。

政权牵制的道理。对照现下司法经费供给的方式,地方各级司法机关的经费开支往往是由同级人民政府供给,改革现行法院人、财、物供给制度,变横向供给为纵向供给,彻底切断同级法院与同级政府间的直接利益联系。同级政府一旦失去了对同级法院的人事权、财权、物权,也就失去了侵涉司法的最终的砝码,司法机关就可以获得对抗非法侵涉的力量和勇气。[1] 同时,这种直接由国家税务机关提供司法经费的方式,从一定程度上保障了司法开支的安全性,有利于纠正以行政方式运作司法的错识。[2] 毕竟,现有司法体制深化改革中如何保障法官职业群体的待遇成为当前的理论与实践热点,梁氏的这种设计思路在一定程度上绕开了地方政府试图通过财权左右司法判断的窘境,不失为一种妥善之道。但同时更应当明确经费开支使用的细则,将这种经费供给方式以法律规范的形式固定下来。同时,通过编制司法预算,将各种经济用度法治化,使得法官队伍的利益得到法律的保障。司法权的独立首先确认司法官员经济独立,解除后顾之忧,法官在法律范围内得以自由意志审判,方才有独立之可能。

最后,梁氏对于司法传统脉络的深入认识为现今发现司法改革问题,诊断司法提供历史的框架。这也是梁氏同时代的政治精英及其觉醒民众对于司法改革的历史贡献。近代以来适逢社会大变革、法制大变革,中国传统法律文化与西方法治文化发生激烈碰撞与互动,在这样的历史背景下,梁对司法问题的深入思考是难能可贵的,其中的部分问题到现在仍然未能得到妥善解决。譬如,法官追责问题的深化研究与司法官员的选任与待遇保障问题,这些在当时就已然触及,梁氏对此形成的分析见解仍然能够为深入思考这一问题的

---

〔1〕 徐显明:《司法改革二十题》,载《法学》1999 年第 9 期。

〔2〕 龙宗智、袁坚:《深化改革背景下对司法行政化的遏制》,载《法学研究》2014 年第 1 期。

历史逻辑提供思考的素材。在当时司法行政合一的情形下如何尽可能使得司法审判获得相对独立，对于今天进一步认识如何加强司法公信力推进司法公正具有重要的意义。除此之外，梁氏创造性地提出了保育政策，正确认识民权与司法裁判的关系（更进一步是司法与民意的互动关系），注重加强对民权的保护。当下，我国司法裁判中司法民意与司法裁判的关系问题亦成为热点，有学者亦提出，认真关注自媒体时代刑事司法中的公众选择，关注民众对刑事司法的评价要素，使得公众在对待刑事案件时，作出相对正面的评价和“正能量”的意见。当事人和公众作为对刑事司法评判的主体，需要获得有效参与刑事司法的机会并形成良性互动。[1] 通过这种历史与现实的互动，了解司法问题的过去面相与当前动态，能够以现实困惑征诸历史，更为妥善地处理当前司法改革问题。

## 六、结语

虽然梁氏司法独立改革的理论主张与实践尝试并未真正得到贯彻落实，但我们仍应正视其存在的历史价值与时代意义，结合其所处时代背景，对其贡献与缺憾作出正确的认知判断，梁氏司法改革意图通过加强法官培养、厘定法律、改革诉讼体制与组织架构来达至宪政民主、法治国的愿景，为现今司法改革积累自治经验提供了导向，启迪我们在深化改革的过程中进一步加强法官队伍的培养，并试图通过司法开支交由特定税务机关来消解司法行政化的困境。更为重要的是，通过梁氏司法改革的历史镜鉴，获得其历史脉络认知，这能为我们推进司法改革，实现历史与现实、中西方司法资源的对接提供一个良好的突破口。何以如此注重司法改革历史资源的挖掘？正是司法问题的产生有其历史性的成因，我们必须追溯到过去，了解其产生的历史脉络和框架，才能全面把握问题的根源与实

---

〔1〕 胡铭：《司法公信力的理性解释与建构》，载《中国社会科学》2015年第4期。

质。在整个司法改革的论纲中,梁氏作为民国初期司法改革的代表性人物,其所坚持的理论主张与改革实践方略体现出社会与法制大变革时期司法改革的特定历史使命:推进依宪治国,建设法治国家,而这也是我们这一代人试图推进司法体制深化改革的历史重任。

# 学术动态

**【编者按】** 本卷《中华法系》“学术动态”专栏部分刊载有一篇学术综述和两篇译文。学术综述考察了法律史学界对汉至清“妖言罪”研究的相关成果，作者选取了其中具有代表性的成果进行评价，言简意赅，相信能给相关方面的后续研究一定的启发。两篇译文则侧重于德国公法的研究，其中一篇讨论纯粹法学派凯尔森的宪法观念；另一篇则讨论施米特对德国公法的重要影响，对于我们理解西方法律思想史，具有重要的参考价值。

# “妖言”罪法律史学术研究综述

邓雨寒*

【内容摘要】 “妖”通“祅”，与神事、人言有关，故而“妖言”“妖书”等与语言犯罪紧密联系，法律史研究上，言论犯罪的分量不言而喻。目前的研究状况存在的问题在于研究对象分散，时间线索不突出。故而本文旨在将现有的重要的国内对“妖言”罪学术研究按照研究对象的朝代时间梳理一遍，并对其分别进行评述，力求使时间线索更加清晰，为学术界相关方面的研究提供些许便利。

【关键词】 妖言罪 时间线索 法律史 研究综述

## 引言

法律史学研究中关于“妖言”“妖书”的篇章虽然不少，但时间线索略显凌乱，给阅读思考带来了不少的麻烦。职是之故，本文拟按照时间线索整理相关文献，并作简要评述，以期给相关的研究者提供些许便利。

## 一、“妖言”罪历史源流及相关概念解析

表达与言论自由起源于西方，随着时代的进步和社会的发展，到今天已成为越来越多国家法律所规定的人的基本权利之一。密尔

* 作者系中国政法大学法律史学专业硕士研究生。

在《论自由》中曾说道,“人类应当有自由去形成意见并且无保留地发表意见”;[1]密尔顿也在他的《论出版自由》一书中说道:“让我有自由来认识、抒发己见并根据良心做自由的讨论,这才是一切自由中最重要的自由。”[2]但不能否认的是,完全的言论与表达自由也会产生负面影响。

中国古代社会一直存在“妖言惑众”的说法。随着“妖言”的四起引发了一系列的社会动荡和司法案件。这些散布于街头巷尾的言论或涉及对个人的诬陷诽谤,或涉及对某宗教教义的夸张宣传,或涉及对某地自然灾害人为灾难的夸大,更有甚者涉及对古代帝王统治权力的煽动与颠覆。很显然,如果一味地允许这些言论在自由的空气中传播,将给社会带来不良的影响。对此,中国历朝历代都或多或少制定了相关的法律制度对这些“妖言”进行了一定的规制。但是同时,以维护封建统治为目的的一些立法,为了限制民众的思想与言论自由,捏造构陷事实,大兴“文字狱”,使本应维护社会稳定的立法加剧了动荡。所以,“妖言”“妖书”的研究对当今社会的言论管制有一定的积极意义。

“妖”通“袄”,《鵩赋》中提到“观之欢然,览考经书,在德为祥,弃常为妖”。[3] 与“妖”有关的,必定是异于平常的,有碍于正常秩序的,“妖言”可理解为,怪诞不经的邪说及扰乱人心智的胡说,最终落脚点在于对政权的危害性。相应地,“妖书”即可以理解为“妖言”的系统化和实体化,拥有了载体的言论。根据可查史料显示,最早将“妖言妖书”等相关内容纳入统一国家政权下的法律体系的时间为秦朝。著名法学家沈家本先生认为,“诽谤、妖言罪皆出于秦,为

〔1〕[英]约翰·密尔:《论自由》,程崇华译,商务印书馆1959年版,第11页。

〔2〕[英]约翰·密尔:《论出版自由》,吴之椿译,商务印书馆1989年版,第45页。

〔3〕《艺文类聚》(卷九十二,上册),欧阳询撰,汪绍楹校,上海古籍出版社1982年版,第1610页。

前古所无”。[1] 此种说法学术界目前暂无异议。他也强调:“秦汉之妖言,乃诽谤之类。”[2]陈松长先生在《岳麓书院藏秦简中的行书律令初论》一文中公布了一条秦令:自今以來有诲传言,以不反为反者,辄以《行祅律》论之,其有不安者,徙洞庭,洞庭处多田所。[3] 据此可知,秦代有《行祅律》律名及相关令文,专门防范惩办所谓“妖言”。“妖言”在秦已入罪。秦汉时期妖言事例史不绝书。《史记·秦始皇本纪》:“卢生等吾尊赐之甚厚,今乃诽谤我,以重吾不德也。诸生在咸阳者,吾使人廉问,或为祅言以乱黔首。”[4]而此时的“妖言”更多与诽谤或者对皇权的攻击曲解相联系起来。《史记·高祖本纪》中记载,刘邦攻占咸阳后,对父老豪杰曰:“父老苦秦苛法久矣,诽谤者族,偶语者弃市。”[5]另外,在两汉的路温舒所写的《尚德缓刑书》中也有提到“秦之时……正言者谓之诽谤,遏过者谓之妖言……此乃秦之所以亡天下也。”[6]从这些史料中可以看出,最初出现在秦朝的时候,“妖言”几乎与“诽谤”“揭过”等词相对应,神话和迷信色彩并不浓厚。随着时代的变迁,“妖言”等的范围和囊括的内容开始发生变化,与宗教和鬼怪神说有了结合,影响力更大,同时在预防和惩治方面都给当时的统治者带来了不小的挑战。

## 二、法律史妖言罪学术研究的历史脉络

1. 秦汉妖言罪学术研究

将“妖言”作为考察对象的文章并不多见,将时间明确限定在秦

---

〔1〕 沈家本:《历代刑法考》,中华书局1985年版,第1415、1860页。

〔2〕 同上。

〔3〕 陈松长:《岳麓书院藏秦简中的行书律令初论》,载《中国史研究》2009年第3期。

〔4〕 《史记·秦始皇本纪》。

〔5〕 《史记·汉高祖本纪》。

〔6〕 路温舒:《尚德缓刑书》。

汉的更是屈指可数。首当其冲的当然是吕宗力先生的《汉代“妖言”探讨》,题目虽仅有“汉”,实则内容依旧涉及秦朝。作者首先将“妖言”的文字含义从不同的文献中挖掘出来,再将案例与当局应对之道一一列出,引出两汉思想界对“妖言”污名的解构办法,最后提出对于“妖言”的几点思考,主要是针对“妖言”的价值,“妖言”与舆论的界限,认为“妖言”本身是不具有煽动性的,除非产生了共鸣才可能造成更大的影响,所以,“妖言”中实际上也带有一定的民意,应该正视形成的原因而不是妄加堵塞。[1] 而潘良炽先生的《秦汉诽谤、妖言罪同异辨析》一文意在从法律的角度入手,将“诽谤”和“妖言”两个罪名进行细致的区分,他先解说了两者出现的时间早晚的差异,再从两个罪名的字面含义进行剖析,深入典籍和史料分析两者的不同。其后,又将各自包含的各种情形分类列之,最后分别从内容和形式上进行了总结。文章将“妖言”一词放入先秦的典籍《六韬》《大戴礼记》中追溯,未发现作为罪名的定罪依据,因此断定其罪出现的时间晚于诽谤罪,并认为妖言罪的表现形式一共有四中类型,分别是言词反对现行历法涉及时政、借由自然现象变化撺掇诸侯谋反、借由自然现象异常反对当权者、妄借神灵之名来聚众滋事,每一种形式都有丰富的史料支撑。[2] 另外,以“妖言”罪为研究手段来研究其他内容的,如于朝晖、辛炯所写《汉代妖言罪对当时官吏政治生活的影响》,宋洁所写《两汉“妖言”与“祝诅”关系探析》。前者写作方法仍旧是通过著名的几个“妖言”案件进行剖析,通过对朝臣进言,诸侯谋反,质疑历法等方面来分析“妖言”定罪对官吏生活的影响。[3] 后者通过考证《睡虎地秦墓竹简·封诊式》及《论衡》的

---

〔1〕 吕宗力:《汉代“妖言”探讨》,载《中国史研究》2006 年第 4 期。

〔2〕 潘良炽:《秦汉诽谤、妖言罪同异辨析》,载《中华文化论坛》2004 年第 4 期。

〔3〕 于朝晖、辛炯:《汉代妖言罪对当时官吏政治生活的影响》,载《兰台世界》2014 年第 4 期。

考察，来证实文帝诏文中的“妖言”并非多余。[1]

除这些将“妖言”直接置于题目中的外，还有在类似主题下提及的文章，如穆中杰的《秦朝不当言论罪之研究》、吕红梅的《秦汉士人犯罪研究》等。前者研究对象主要是秦朝时期的不当言论，作者将不当言论罪分成意识形态不当言论、危害国家安全不当言论和实际妨碍社会管理不当言论三个方面，其中妖言罪被放在了妨碍社会管理不当言论罪里，和潘良炽先生对比过的诽谤罪放在了同一个类别。他提出，妖言罪之类的立法实际上是具有被动型的，认为君主当权者的立法行为往往迫于经济或者政治压力，并不是一贯动辄立法的观念。并强调“卢生”案中秦始皇所说“卢生等，吾尊赐之甚厚，今乃诽谤我，以重吾不德也”这句话也反映出这个意思。同时，他提出对于不当言论的定罪立法是维护统一政权的手段，也会后世提供了参考，即使是残酷的立法内容也不能改变在当时的效用已经在中国法律史上的独特色彩。后者的博士学位论文对象为秦汉犯罪的整体状况研究，在第二章“秦汉士人犯罪类型”中的第一节“不道罪”的阐述中提到，在西汉中期，诽谤和妖言罪都纳入了大逆不道的罪行范围内。文章列举了秦汉时期有所记载的妖言事件，秦始皇、汉武帝、汉宣帝等都在其中。她强调，“妖言”的目的是“惑众”，妖言罪不只是针对言论，行为也应该包含其中。同时，她提及妖言罪的犯罪后果和处罚手段，总结妖言罪的轻重惩罚手段都有，主要看具体原因。

2. 唐代妖言罪学术研究

关于唐代的“妖言”罪研究文章数量稀少，题目中含有明确关键词的文章仅有杨月君、王东波所写《唐代对妖书妖言罪的预防与惩治》，文章分为两大板块：第一部分为唐代对妖言的类型的界定；第

---

〔1〕 宋洁：《两汉“妖言”与“祝诅”关系探析》，载《湖南大学学报》（社会科学版）2014年第2期。

二部分是唐代对妖言罪的预防和惩治。作者认为,妖言罪的表现一共有四种:(1)故意制造扰乱社会的言论;(2)误解和掩盖事实真相并引起传言;(3)迷信化的言论;(4)妄谈富贵吉祥征兆。针对妖言,政府也相应采取了预防措施和应对方式,预防主要从完善法律规章入手,平时严加监管和督促,惩治采取追本溯源的方式,先了解妖言出现的原因才能更好地解决引起的社会事件,同时发动民众,鼓励检举揭发。对于触犯妖言罪的人,唐代的惩处相当的严酷,杖毙或者斩决在案件中屡见不鲜。作者认为,唐代对此的管控为社会稳定起到了重要的作用。[1]

另外,陈玺的《唐代惩禁妖妄犯罪规则之现代省思》一文中也有相当的篇幅谈及妖言罪,作者将制造、传播妖言妖书罪纳入了妖妄犯罪,"挟邪僻之行,崇妖妄之说,诪张为幻,荧惑任己。或假以视辉之术,或矜其久寿之道。或陈之以律历,或献之以符命。凭虚饰诈,诬上罔众。以致造作神异,张皇气焰,保聚乎群党,俶扰乎区域。干国之纪,为民之患者,比比而有"。[2] "《唐律疏议·贼盗律》造袄书袄言"条规定:"诸造袄书及袄言者,绞。'造'谓自造休咎及鬼神之言,妄说吉凶,涉于不顺者。"[3]此罪名从字面意思可以看出分为两种类型:一种为口头传播邪说散播扰乱社会秩序的言论,另一种为通过文字的形式,造书等为介质传播异端思想的行为。"唐代主要依据《唐律疏议》'造袄书袄言'条惩治妖妄犯罪。但因行为人出于惑众、敛财、反逆等不同动机,导致该罪个案形态千差万别,其定罪量刑标准远非'袄书袄言'条所可囊括。司法实践中,妖妄惑众或聚敛资财等行为,一般可纳入广义妖妄犯罪范畴",[4]作者提出就狭义

〔1〕 杨月君、王东波:《唐代对妖书妖言罪的预防与惩治》,载《兰台世界》2014年第2期。

〔2〕 《册府元龟》卷九二一"总录部"。

〔3〕 《唐律疏议》卷十八《贼盗》"造袄书妖言"条。

〔4〕 陈玺:《唐代惩禁妖妄犯罪规则之现代省思》,载《法学》2015年第4期。

的法条其实无法囊括相关的罪行，妖言妖书的行为更多会成为其他犯罪的手段。至于防治手段，与前篇文章有类似之处，总结下来都有完善法律，但这里还提到了规范宗教活动，限制僧侣交往，对占卜天文之类的事项进行垄断，限制了民间此类行为的活动范围。在最后作者认为我们当代也理应借鉴唐代依据形势需要，针对具体犯罪形态适时制定对策，以提升惩治妖妄犯罪立法的层级效力的方法。

3. 宋代妖言罪学术研究

唐代的时候类似妖言案虽有，但相比汉朝已经少很多，到了宋朝数量更有所减少，但由于宋朝政权本身就是通过阴谋建立，故而统治者对于这类危害到国家政权安全的犯罪更为注意，所以，宋朝相比唐朝来说，对妖言罪类的言论犯罪惩禁更为严苛。在贾文龙的《宋代“妖言”罪源流考》一文中，他分析认为妖言罪到了宋朝以后的发展趋势是政治向逐渐被弱化，因为宋朝中央集权的程度高于唐朝，而且经历过唐朝之后的战乱，百姓求稳定求统一的意愿比较强烈，故而分裂的号召得不到太大的支持，所以妖言罪的颠覆政权性减弱，不再与政权联系紧密，更多地与普通人发生联系，犯罪的客体也变成了他人生命和金钱，社会秩序都在其次，所以作者认为妖言罪在宋朝的时候性质发生了变化，由庙堂之高落到江湖之远，倒更像是江湖骗术。通过比对《宋刑统》与《唐律疏议》法条的变化，认为宋朝相比唐朝更注重行为结果的惩罚，对于思想放松了不少。[1]

另有潘丽霞著一文《宋代秘密宗教治理背后的法律调整》，虽然对象为秘密宗教但与妖言罪也有密切的联系。文章前半部分讲述宋代对妖言罪法条调整的部分关于与贾文龙有些许重叠，但其后有更为详细地列举出法条，“随着宋政府对秘密宗教活动的逐渐注意，也慢慢做出法律上的调整：惩罚由轻而重；王则起义后，法令适用范围从西南地区扩展至全国；刑名从笼统的‘夜聚为妖’扩展到‘夜聚

[1] 贾文龙：《宋代“妖言”罪源流考》，载《河北学刊》2002年第2期。

晓散、传习妖教'两个要件"。由此可以看出在注意到秘密宗教后,宋朝政府控制言论的力度又从松到紧。同时两篇文章都有提到"吃菜事魔"事件,并分析了以下的秘密调查报告——"臣僚言:'一温州等处狂悖之人,自称明教,号为行者。今来明教行者,各于所居乡村,建立屋宇,号为斋堂,如温州共有四十余处,并是私建无名额佛堂。每年正月内,取历中密日,聚集侍者、听者、姑婆、斋姊等人,建设道场,鼓扇愚民男女,夜聚晓散。一明教之人,所念经文及绘画佛象,号曰讫思经、证明经、太子下生经、父母经、图经、文缘经、七时偈、日光偈、月光偈、平文策、汉赞策、证明赞、广大忏妙水佛帧、先意佛帧、夷数佛帧、善恶帧、太子帧、四天马帧,已上等经佛号,即于道、释经藏,并无明文该载,皆是妄诞妖怪之言,多引尔时明尊之事,与道、释经文不同。至于字音,又难辨认,委是狂妄之人,伪造言辞,诳愚惑众,上僭天王太子之号。'奉御笔:'仰所在官司,根究指实,将斋堂等一切毁拆。所犯为首之人,依条施行外,严立赏格,许人陈告。今后更有似此去处,州县官并行停废,以违御笔论。廉访使者失觉察,监司失按劾,与同罪。'"[1]作者认为,妖言的表现形式已经上升到了宗教的层面,较之之前的散乱无序,宗教内组织分明,文字书籍一应俱全,这样庞大的势力自然会引起统治者的高度重视。于是,宋高宗绍兴十一年(1141 年)南宋政府检会敕令,颁布"吃菜事魔条法"(后也被称为绍兴敕):"正月十七日尚书省检会绍兴敕:诸吃菜事魔或夜聚晓散、传习妖教者绞;从者配三千里;妇人千里编管。托幻变术者减一等,皆配千里;妇女五百里编管;情涉不顺者绞。以七不以赦降原减,情理重者奏裁。非传习妖教流三千里。许人捕,至死,财产备赏,有余没官。其本非徒侣而被诳诱,不曾传授他人者各减二等。"在最后的总结中,作者认为宋朝对妖言邪说的控制之所以没有引起学术的过多重视,主要是因为其没有颁布自身标志性的法

[1] 《宋会要辑稿·刑法二·禁约》。

令,但绝不可因此忽略其在历史上的作用,作者强调,"吃菜事魔"相关条法实际上就是"邪教"罪的前身,也是后来明清管控言论,打击邪教歪说的基础和依据。[1]

4. 明代妖言罪学术研究

明代是妖言案件高发的朝代,法制史等领域学者的关注点之一。尽管历代律法对制造、传播、收藏"妖书妖言"等妖异行为有严厉处罚,但是仍然不能杜绝此类事件的发生,明代也不例外。《大明律》有专门针对"造妖书妖言""禁止师巫邪术""术士妄言祸福"等行为的立法,但随着明代社会的变动和政权的式微,明中后期妖异事件却不断增多。特别是在宦官专权非常严重的成化、万历时期,"妖书妖言"等妖异事件及其影响非常严重。[2] 李建华在《明成化年间的妖异事件》一文中如是说。明初,为了巩固政权,明太祖颁布了《大诰》等律法,并且在基础上不断地修缮,并于洪武三十年出台了《大明律》。在《大明律》中有明确的对妖言罪的规定——"凡造谶纬、妖书、妖言及传用惑众者,皆斩。若私有妖书隐藏不送官者,杖一百,徒三年。"[3] 从刑罚的轻重程度可以看出对于妖言类罪,当权者是极度痛恨的。在实际管控中,明代政权也积极采取措施打击此类犯罪活动,除司法机构外,厂卫等特务机构也有发现、缉捕妖言惑众者的职责。但收效并不显著。作者针对的对象主要是成化年间的事件,因为作者认为"明宪宗成化时期,无论是妖言案的数量、后果、行为还是影响,都发展到了一个高峰时期"。文章分为四个部分:前三部分别是妖言、妖书和妖眚(灾难),最后一部分主要谈对妖异事件的处理。此时的"妖言"又回到了最开始的含义,继续和政权相紧密结

---

[1] 潘丽霞:《宋代秘密宗教治理背后的法律调整》,载《保定学院学报》2011 年第 5 期。

[2] 李建华:《明成化年间的妖异事件》,载《宁夏师范学院学报》2009 年第 2 期。

[3] 《大明律·刑律·贼盗》"造妖言妖书"条。

合,对社会的影响也不再只是江湖术士的骗术。在这篇文章中,作者探讨了明代成化年间妖言的来源,他认为有三种:“一为社会底层;二为统治阶层;三为其他阶层(宗教阶层等)。”同时提出妖言传播的始作俑者也可以按照社会阶级来划分:“一为普通民众、军士、流民等;二为贵族及士大夫等;三为宗教人员等。”〔1〕另外,从妖言的内容看,除了社会底层传播的言论外,在统治阶层传播的妖言大都关涉王统的继承,政治的得失,宦官及官吏、党派之间的斗争;而在宗教阶层流行的妖言则是与“天命”相关联的内容。

另一篇也是将视线对准明成化年间的文章名为《论明成化“妖言例”——兼论成化时期的国家控制力》,作者为汪红亮、陈刚俊。不过此文的对象和前者不同,是针对“妖言例”。实际上“妖言例”是由三道不同时间但顺序相接的圣旨组成,文中认为“妖言例”的出台必定是为了“妖言律”的更好实施,但在妖言案并不频发的成化年间似乎没有这个必要,作者针对此疑问进行了探讨,主要从政治权力博弈的角度切入,得出结论为“妖言例”颁布的动机并不只是禁约妖言如此简单,而应该含有文官集团制止缉事校尉诬告的意图,故而“妖言例”不再是单纯的法律,更是上层建筑势力情况的一种反映。“妖言”作为一种社会现象,形成的过程中就带有惯性,要改变它要禁止它,一纸禁令如何能做到?况且,这种社会现象由来已久,历史渊源何其深厚,所以“妖言例”的出台后依旧有人冒大不韪顶风作案也不觉奇怪。特殊的是作案的阶层都是平民,且无甚家产,仅靠几句谶言就可召集人马起兵造反,这样的情况实际代表着成化年间的经济基础和上层基础出现了差异,文章在最后提出:“妖言虽然荒诞不经,但在荒诞的背后,却能折射出某个时代的一些深层次问题。人们制造、传播妖言虽被视为愚昧、迷信、不可理解,但这些行为,恰

〔1〕 李建华:《明成化年间的妖异事件》,载《宁夏师范学院学报》2009年第2期。

恰是这个时代的深层次问题投射出来的一种社会表现。"[1]

也有文章直接以明代的"妖言""妖书"为直接的研究对象，谭晓静所写《明代的"妖书""妖言"研究》就是如此。整篇文章分为四个部分，分别是类型、产生原因、社会影响以及最后的综合分析。类型被细分为四个大类，在每个大类之下又有更小的分类：(1)叛逆类：①宗教类；②非宗教类。(2)文字狱类：①与正统意识形态向左；②诽谤非议之言；③阿谀奉承之语。(3)政治斗争文书类。(4)其他类(无法在前三类中进行归纳的)。"'妖书''妖言'在不同时期的数量变化反映明代社会从严肃、沉闷逐步走向宽松与活跃的过程；同时，叛逆类'妖书''妖言'的数量在历代都居首位，是统治者重点关注并打击的对象。不同类型的'妖书''妖言'形成的原因也各异，但无疑与不同历史时期的统治特点密切相关。""妖言"案件的多寡虽然和管制力度紧密相关，也许案件数量增多与官员失职有些许关系，但也从反面映衬出当时社会环境和风气的自由。其后文章再就"妖言""妖书"产生的原因进行阐述，从历史角度指出历代流传的"妖书""妖言"是其重要源头，从社会角度指出底层民众被蛊惑或为谋生而传播和编造"妖书""妖言"及无业游民的增多"丰富"了"妖书""妖言"的制造者和传播者，从政治角度探究官僚为了政治斗争而利用"妖书""妖言"，从上层建筑统治者入手，揭示出个别案件实质上是统治者为了维护话语权而创造了"文字狱"式的"妖书""妖言"。继后总结归纳了社会影响：增加社会的不安定因素、导致大量冤假错案的发生、对民众思想造成相互矛盾的双重影响。作者对明代"妖书""妖言"的整体梳理，作者秉持的观点集中在"妖书""妖言"的界定问题上，即认为这些概念都是非常主观性的，其衡量的主体都是统治者，界定的标准在于是否危害到统治者自身的统治。这

[1] 汪红亮、陈刚俊：《论明成化"妖言例"——兼论成化时期的国家控制力》，载《江西社会科学》2013年第4期。

并非是明代独有的特色,可以普遍适用于中国历朝历代。[1]

5. 清代妖言罪学术研究

清代继承"妖言妖书"相关法律,在条文内容和犯罪构成要件上几无变化,只是处刑加重。《大清律例·刑律》规定:"凡造谶纬、妖书、妖言,及传用惑众者,皆斩(监候、被惑人不坐,不及众者,流三千里。合依量情分坐)。若(他人造、传)私有妖书,隐藏不送官者,杖一百、徒三年。"[2] 1704年制定的条例将刑罚加重为"斩立决"。"妖书妖言"罪,主要是惩禁邪教组织利用怪诞邪说、异端思想煽惑民众的行为,重在防范邪教组织"惑众"。邪教宣扬的谶纬之学、"末世""劫变"等邪说异端思想、教义,极具诱惑力和煽动性,它可能在社会上造成普遍的恐惧心理,给政权带来极大的威胁。因此,清代对其严惩,刑罚之重,与对"谋叛"的处罚相同。此举应该是想利用重刑来抵消邪教"惑众"的社会效果,或者是用来对抗通过邪教组织散布社会混乱的行为,但往往因为政权的高压政策导致草木皆兵,产生了很多"文字狱"。故而,清朝对此的相关学术研究题目内容多与"邪教""文字狱"等有关,但个别篇幅仍包含了"妖言妖书"的问题,所以笔者也将其列入本文的归纳范围。

在周向阳的《清代对邪教犯罪的法律惩禁》一文中,认为《大清律例》中的"妖书妖言"罪的相关法律条文属于邪教管控的范围,相比起前朝而言,清代的法律规范更为明晰、缜密、具体。首先,清代法律引入了"邪教"这一术语,使"邪教"成为有专门所指和固定内涵的法律术语,缩小了"妖言妖书"罪的范围,使其更加具体。其次,清代法律进一步细化和具体化了邪教犯罪的形式和行为特征,并按照

---

[1] 谭晓静:《明代的"妖书"、"妖言"研究》,江西师范大学2008年硕士学位论文。

[2] 张荣铮、刘勇强、金懋初点校:《大清律例》,天津古籍出版社1993年版,第362页。

行为的严重程度、社会危害性大小制定了相应的罪名和相应的刑罚,使法律规范更为缜密和具体。这是清代对犯罪客体认识深入和立法技术发展的表现。所谓犯罪化,“犯罪化系指通过刑事立法手段或刑事法规的解释与适用,将本来不属于犯罪的行为,赋予刑罚的法律效果,而成为刑事制裁的对象”。〔1〕清政府不但把邪教组织所从事的各类活动认定为犯罪,还明确将兴立邪教、传习邪教这些行为本身认定为犯罪。此举意味着凡是从事与邪教有关的一切行为,都是犯罪,将受到刑事处罚,这实际上将邪教犯罪化了。犯罪化带有积极扩张性、干预性,清代将邪教犯罪化,扩张了刑罚干预和惩禁的范围,使刑罚的触须无所限制地延伸到了有关邪教的一切领域,包括行为和纯粹思想领域,这应该是清代惩禁邪教犯罪法律最大的变化和特点。〔2〕

入清以后,宗教宝卷则成了“邪说”“妖书”的同义词也认为“谶语”在宗教性的农民起义过程中作用尤大,故统治者往往把秘密宗教、邪教制造的经卷、灵文、咒语、谶语、谣言及其传播概视为“妖言惑众”。谢苍霖则在《三千年文祸》中认为一般所说的“妖书”是指带有迷信色馨的煽磁性文字宣传物,也称“妖言”,包括口头流传的谣言、歌诀之类,又特别指出万历时的“妖书”案所涉“妖书”实为匿名文书,区别于一般“妖书”,并指出清代一部分“妖书案”与文字狱有关。〔3〕朱竑、安宁所写的《清代顺、康、雍、乾时期文字狱的地域分异研究》一文选取清代顺治、康熙、雍正、乾隆时期(1644~1795年)发生的文字狱作为分析样本,从地理分区的角度进行研究。研究发现区域人文、经济、政治等因素对文字狱的地域分异影响具有决定性作用,人文环境决定了文人群体必然直接影响到文字狱的分布,

〔1〕许福生:《刑事政策学》,中国民主法制出版社2006年版,第70页。
〔2〕周向阳:《清代对邪教犯罪的法律惩禁》,载《求索》2009年第1期。
〔3〕谢苍霖:《三千年文祸史》,江西高等教育出版社1996年版。

而经济环境则通过影响教育水平和社会环境从而间接影响了文字狱的分布,政治事件、统治者性格、统治方式、政治地位等政治因素对文字狱的地域分异的影响则充满了偶然性。研究弥补了历史学、社会学等其他学科研究方法的局限性,从地理学的角度来探索中国古代言论管控的规律。[1]

## 三、余论

尽管关于"妖书""妖言"的史料在历代文献可说是比比皆是,但目前针对"妖书""妖言"进行专门研究的专著还是相对较少,仅有几例,包括上文提到的吕宗力先生《汉代"妖言"探讨》、贾文龙的《宋代"妖言"罪源流考》及谭晓静所写《明代的"妖书""妖言"研究》等,都从罪名的历史渊源,分类,影响及应对之道等方面进行解读,有利于帮助系统理解。另有一些学者会在研究古代刑事罪名的篇幅中提及"妖言"罪,如穆中杰的《秦朝不当言论罪之研究》、[2]吕红梅的《秦汉士人犯罪研究》[3]等,但大多是为了其他主题服务,简单提及"妖言"罪的概念、法律条文和历史来源等。另外也有人将目光集中在历代法典所载"妖言罪"的罪名变化上,多从法制角度进行考察。虽然以宗教、政治斗争、新闻传播等为主题的研究论著中亦可见关于"妖书""妖言"的论述,但基本是片言只语,不少学者对"妖书""妖言"所进行的概念界定,或疏漏,或偏颇,没有揭示出"妖书""妖言"所包含的复杂情形,因而,有待进一步的深入分析与概括。人们对某人某事的评判,总是不可避免带有主观感情色彩,但学术的评判必须有度,否则会使判断失之公允。"妖言妖书罪"研究中也存在

〔1〕 朱竑、安宁:《清代顺、康、雍、乾时期文字狱的地域分异研究》,载《地理科学》2011年第1期。

〔2〕 穆中杰:《秦朝不当言论罪之研究》,载《新闻爱好者》2011年第2期。

〔3〕 吕红梅:《秦汉士人犯罪研究》,首都师范大学2006年博士学位论文。

这样的问题。学者个别偏向统治者阶层,认为其管控的雷霆手段是有效的,但也有个别认为对犯罪的打击过于残酷而导致草木皆兵,所以中立的态度是有所欠缺的。再者,最重要的一点则是创新不足,多数论文未能提出自己的独到见解,只是吸收和借鉴他人的研究成果,并做了一些修订和整理工作。如一些论文,仅仅是依据一些已整理公布的历史资料,罗列、介绍案狱始末,并未总结出一些规律性的东西,更没有提出自己的见解。对于“妖言妖书”更多的是社会现象,所以对于当时社会情况和社会心理的探讨还不够细致。其次,一些研究者对史料解读不够,以致评述“妖言妖书”案的细节时有失实之处。最后,对“妖言妖书”个案的研究虽已展开,但有明显的不平衡性,如对各大案要案研究过热,而小案或略有提及,或无人问津。所有这些,都有待在今后的研究中加以改进或拓展。此文特按照时间线将部分学术研究成果梳理至此,望为以后的研究提供些许便利。

# 合宪抑或违宪：国务法院于1932年10月25日的判决

[德]汉斯·凯尔森　著*　王银宏　译**

## 一

德意志共和国历史上一个具有重要意义的判决——国务法院(Staatsgerichtshof)于1932年10月25日做出的判决,所针对的是帝国总统于1932年7月20日颁布的法规(帝国法律公报第Ⅰ卷,第377页)。该法规是以“重建普鲁士各地区的公共安全与秩序”为标题而颁布的,从其标题可以看出该法规的特性。该法规的序言表明,其颁布之基础不仅是亦如诸人所推测的、反映出其自身特性的《帝国宪法》第48条第2款,也包括第48条第1款。该法规表明,其自身是针对普鲁士的帝国执行行为,也是针对普鲁士而采取的一项措施,其目的在于,依据宪法,借助于武力使普鲁士履行其尚未履行的但依据帝国宪法或帝国法律而应当履行的义务。但是,事关何种

---

* 作者汉斯·凯尔森(Hans Kelsen),1881年10月11日出生于奥匈帝国时期的布拉格,1973年4月19日逝世于美国加利福尼亚州的奥林达(Orinda),纯粹法学派的创始人,曾任教于维也纳大学、科隆大学、加利福尼亚大学等。

** 译者系中国政法大学法律史学研究院副教授,法学博士。原文载 Hans Kelsen, Das Urteil des Staatsgerichtshofs vom 25. Oktober 1932, in: Wilhelm Kroner (Hg.), Die Justiz, Band Ⅷ, November/Dezember 1932, S. 65 - 91. 国家社会科学基金青年项目“纯粹法理论的实践性问题研究”(16CFX004)的阶段性成果。

义务，该法规并未提及。它仅授权帝国的总理免除普鲁士国务部门成员的职务，由其行使普鲁士首相的所有职权，其他人员在普鲁士各部部长的领导下，受托在各自的职能范围内行使普鲁士国务部门各部长的所有职权。但是，其中并未提及让他们承担普鲁士国务部长的所有义务，特别是《普鲁士宪法》第57条和第58条所规定的政治上和国家法上的责任。该法规第1条规定的最后一句是："帝国总理及受其委托在普鲁士政府各部领导下的相关人员行使普鲁士国务部门的职权。"以这种方式履行职能使得帝国总理成为"帝国在普鲁士的全权代表"，而那些在普鲁士各部部长领导下、受其委托的相关人员则成为"帝国的特派员"。

在执行帝国总统的法规方面，普鲁士的首相和内政部长则通过帝国总理于1932年7月20日发布的公告"被解除职务"。通过帝国总理在同一日期发布的公告，普鲁士国务部门的其他部长不是被解除职务，而是"不继续进行领导工作"。7月20日的法规所规定的帝国的特派员则被任命担任其他一些职务，普鲁士各部部长的公务实际上也由他们进行处理。联邦总理在1932年8月19日呈递给州议会主席的公文中亦明确拒绝该临时政府对州议会所负有的责任。

这项由联邦总统发布的、通过联邦总理予以执行的法规的意义是明确的：使普鲁士履行那些没有详细说明的、在联邦总统看来其尚未履行的、但是依据帝国宪法或者帝国法律而应当履行的义务，同时还要在普鲁士地区重建明显受到破坏和受到危及的公共安全与秩序，其全部权力或者——法学上所表述的——普鲁士政府的所有职能将归于帝国，亦即帝国的机构：帝国总理及由其任命并隶属于他的特派员。人们也可以将此表述为，将帝国和普鲁士的权力联结为一种整体性的国家权力，但应予注意的是，这种联结后的权力归属于帝国，由帝国行使这种集中化的权力。《帝国宪法》第48条第1款和第2款为这种将某一州的全部执行职能（司法职能除外）转移给帝国提供了基础。而这恰恰意味着，魏玛宪法中规定的两个基本组织原则:联邦国家原则和民主原则,在帝国最大的州的执行职能方面和第一个原则在其立法职能方面被废除了。

在组织技术方面,联邦制国家是一种特殊的非集权化方式,立法职能和执行职能在中央和地方之间进行分配。在执行职能方面,联邦国家原则所蕴涵的是,存在一种与中央政府不同且独立于中央政府的地方政府,而地方政府亦有可能参与中央政府的执行职能;在立法职能方面,存在一种与国家议会不同且独立于国家议会的地方议会,特别是地方议会或者地方政府可以参与中央的立法工作。依据德意志帝国宪法,这种各地方实质性地参与中央的立法和执行职能的联邦制组织形式是通过帝国参议会(Reichsrat)实现的,在帝国参议会,各州是由其州政府来代表的。现在,与帝国政府不同且独立于帝国政府的普鲁士政府被帝国总理及由其任命并隶属于他的帝国特派员所代替,因而联邦国家原则在普鲁士被废除,普鲁士不再是帝国宪法意义上的"州",而是帝国的一个省,鉴于其立法职能并未由帝国的特派员(或者帝国议会)行使,普鲁士只在这方面享有受限的自治权。因为这个自治的"省"并不是由普鲁士的民众或者由普鲁士的州议会选举出来的,而是由一个外在于普鲁士的帝国中央机构任命产生的,这样一个政府并不向州议会负责,因而民主原则也在实质上受到了限制,在执行职能方面,民主原则则完全被摈弃。受托履行普鲁士政府之职的帝国总理是由帝国总统任命的,而帝国总统则是由全体德意志人民选举产生的,这本身亦具有民主的特性,但是这一状况本身是无关紧要的,因为这与民主原则在联邦国家的一个州中之实现有关。在这里,民主原则与联邦国家原则不可分割地联系在一起。在一个共同体的组成部分中,民主在实质上意味着独立自主。只有以此方式组织起来的一个州才具有民主性,因为国家的职能由其人民自己直接实施,或者由其人民通过选举或抽签形式选出的机构行使。职能的集权化同时就是去民主化。

对于7月20日的法规对联邦国家原则和民主原则在普鲁士所

具有的意义而言，该法规之执行只是普鲁士各部部长“职务”的一部分，而其“领导工作”之职能被取消，则是不重要的，同样地，帝国总理或者那些由其任命并隶属于他的帝国特派员在执行该法规方面是否享有普鲁士国务部门的权利、是否在帝国参议会中代表普鲁士，还是仅接受其职能抑或在实际上具体行使这种职能，也是不重要的。在帝国总统颁布了将普鲁士政府的“所有职能”转给帝国总理及由其任命并隶属于他的相关人员的法规之后，这一帝国机构被授权在帝国参议会中代表普鲁士，并没有受到严重怀疑。至于帝国总统颁布的这项法规是否合宪，则是另外一个问题；而这个问题则是国务法院必须回答的问题。

那么，现在的问题是，国务法院是如何回答这个问题的？国务法院的法律意见如何？

## 二

起初，国务法院声称，《帝国宪法》第48条第1款的适用条件——依据帝国宪法或帝国法律，普鲁士应当履行而未履行的义务——在该案件中并不存在，因而帝国宪法的这一规定并不成为7月20日法规的基础。虽然国务法院反对该法规之适用，特别是其判决的主文还未生效，但是其判决理由无疑表明，针对普鲁士的帝国执行行为，即该法规所规定的解除普鲁士国务部门的职务并且由帝国总理及由其任命并隶属于他的帝国机构代行其职能的行为，并不符合宪法，或者易言之：这种作为帝国执行行为的措施是违宪的。同样是同一行为，如果该法规是以第48条第2款为基础，即作为重建明显受到破坏或者受到危及的公共安全和秩序的措施，那么国务法院就会宣称，该行为的实施是合适的，原则上也就不是违宪的。目前，有意义的是，尽管国务法院没有明确地认为7月20日的法规有可能与帝国宪法的规定相一致，而事实是，帝国的这一执行行为可以是《帝国宪法》第48条第1款意义上的行为，也可以是第48条第2款意义上的、为重建公共安全和秩序而采取的措施。尽管国务法院的判决并未指出,但是可想而知,将一个州的政府职能转移给帝国的行为不可能是"以武力"迫使一个州来履行其未尽义务的情形。我们只能认为,规定了针对普鲁士的帝国执行行为的7月20日法规的前提条件并不存在。

现在,国务法院不再继续认为,审查适用第48条第1款的前提条件是否存在是合理的,它声称,"对于国务法院是否应在该案件中审查《帝国宪法》第48条第2款的适用条件是否存在的问题,或者国务法院是否应将帝国总统的意见作为裁决基础的问题",国务法院从未发表任何意见,也不需要在该案件中就此问题提出任何意见。但是接下来的一个句子的叙述表明,国务法院审查了《帝国宪法》第48条第2款的适用条件是否存在,并且做出了肯定性的决定,其中国务法院——奇怪的是,国务法院的理由是,无须对此问题表明立场——声称:"因为很明显,7月20日的法规是在公共安全和秩序受到严重破坏和危害的情形下颁布的。"国务法院明确指出:"此外,并不存在对于依据第48条第2款进行干涉的其他条件。"由此,国务法院确认,第48条第2款之适用具有充分的依据,即这种宪法规范所规定的措施是在"必要时"实施的,因为公共安全与秩序遭到严重破坏和危害。国务法院对于为其所认可的遭到破坏与危害的公共安全与秩序在该地区是否真正存在、对此是否采取了一定措施等问题没有继续进行任何详细的阐释。国务法院只是驳回了普鲁士政府提出的异议,并认为,在其他州也存在像在普鲁士那样的相同或类似的情形,只是对此没有出现适用第48条第2款的情形,国务法院倾向于认为,适用第48条第2款不仅要有时间上的条件,也有空间上的条件,以上条件同时具备才能在一个州得到实施,并采取措施以重建公共安全与秩序。

国务法院被授权审查如《帝国宪法》第48条第1款和第2款的适用条件的情形,并未受到严重质疑。在这两种情形下,国务法院都必须确认,宪法所规定的事实状态存在与否。一种涉及州是否履行义务的情形;另一种涉及是否破坏或危害公共安全与秩序的情形。不能否认的是,在第一种情形中,除了事实问题之外,还存在一个法律问题,即未得到履行的义务是否是宪法或者帝国法律所规定的义务,当国务法院被授权来审查第48条第1款的适用条件时,它同样也必须对事实问题进行审查,就像它对第48条第2款的适用条件进行审查时那样。此外,对第48条第1款或者第2款的适用是否与宪法相一致,也是有争议的,只有当这种适用条件在宪法或者实施宪法的法律中有着明确规定时,才无须对这种适用条件进行审查。但这里并不是这种情形。《帝国宪法》第19条授予国务法院在解决所有宪法争端方面不受任何限制的决定权。在宪法争端中,事实问题可能比法律问题具有更为重要的意义;更为准确的表述是:法律问题依存于事实问题。毕竟所谓的事实问题也是法律问题。授予宪法法院一种范围如此广泛的职能是否是适宜的,则是应然法上的一个问题。现行法缺乏一种人们所期望的、对狭义的法律问题的限制,特别是缺乏实证法的基础,以区分依据第48条第1款而产生的宪法争端和依据第48条第2款而产生的宪法争端。

## 三

在该案件中,关于国务法院的判决,存在的一个根本问题是,公共安全与秩序是否明显地受到破坏或者危害,国务法院认为应该回避该问题,也可以回避该问题,尽管它事实上没有能力回答该问题,但还是回答了该问题。确实,国务法院有权裁决何种措施对于重建公共安全与秩序是合乎宪法的。因此,国务法院表达了如下观点:"不仅普鲁士的警察权力工具掌握在帝国手中,而且帝国和普鲁士的所有国家权力工具都联合在一起,并且控制帝国和普鲁士的政治沿着统一的轨道行进",都是允许的。"权力工具"一词在这个句子中具有双重含义。在原初意义和狭义上是指"警察"权力。警察——作为一种武装安全机构的总称,是国家权力运用的一种工具。只有论及"所有国家权力工具"时,我们才不能仅将它理解为权力行使的"工具",亦如将帝国和普鲁士的所有国家"权力工具"都联合在一起"以控制帝国和普鲁士的政治沿着统一的轨道行进"中的表述。一个州的"所有国家权力工具"远不仅仅限于其"警察权力工具"。我们不可能通过将狭义的警察机构置于帝国机构的领导之下而使帝国和相关州的全部政治沿着一个统一的轨道行进。这里的"国家权力工具"明显应当是指,国家权力之整体、国家的职能或功能。国务法院想表达的是,通过帝国总统颁布的法规而将普鲁士政府的整体职能转移给帝国是不违宪的——或者至少在原则上是不违宪的。之后,国务法院还专门提及"部的事务范围",亦即其职能,并将此视为这种类型的国家权力工具。普鲁士的科学部等部门的部长之职能并不是安保警察这种意义上的国家权力工具。若这种职能也以如上形式转移到帝国:帝国和普鲁士的国家权力工具的联合,我们就会发现,"权力工具"也必须理解为"权力之整体"。但是,若这种情形属实,那么国务法院所表达出的意涵远远超出了 7 月 20 日法规所规定的情形,因为不仅执行职能或功能,特别是政府的职能,而且立法,亦即州议会的立法,都属于国家权力之整体意义上的"国家权力工具"。国务法院最初所表达出的是,将一个州的"全部国家权力工具"转移至帝国,也就是说在适用《帝国宪法》第 48 条第 2 款方面,将州议会的权能转由帝国总理或者一个由其任命并隶属于他的帝国特派员或者任何一个其他帝国机构行使,都是允许的。事实上,我们并没有认识到,在适用《帝国宪法》第 48 条第 2 款时,为什么需要将州政府的职能转移给帝国,而不是将同样的措施施行于州议会的职能方面。当一种受特定人领导的州政府的行为可能成为重建公共安全与秩序的障碍时,那么,以特定方式组成的州议会的作为或者不作为也更有可能成为重建公共安全与秩序的障碍。从第 48 条第 2 款的规定中,我们并不能推论出,在将职能转移至帝国方面存在一种立法职能和执行职能之间的区分。

无论如何,国务法院最初所表达的法律意见是,依据《帝国宪法》第 48 条第 2 款所采取的措施是被允许的,依此,帝国总统于 7 月 20 日颁布的法规在其整体内容方面是完全合宪的。只是国务法院的判决同时还指出,事实并非如此。

**四**

国务法院最初在其判决的理由中还给出了第二种法律意见,这种意见在一定程度上削弱了第一种意见的作用。依其论述,只有在“帝国及其最大的一个州的国家权力工具都集中在一起,并且普鲁士州的政治尽量顺应帝国的政治”的情形下,才是被允许的。国务法院不再提“所有的”国家权力工具的说法,而是普鲁士州的政治应当“尽量”顺应帝国的政治。在接下来对判决理由的论述中,国务法院将这第二种意见予以修正。它声称:“依据《帝国宪法》第 48 条第 2 款而采取的措施不仅必须合乎重建公共安全与秩序的目的,而且也必须不能逾越相关规定和帝国宪法所确定的界限。”国务法院表达了一种“经常性”的观点,即“帝国总统——先不考虑他可以暂时对七项公民基本权利予以取消的情形——受帝国宪法所有规定的约束,而不仅仅是那些区分帝国相对于各州所具有的职能或者不同的帝国机构之间所具有的不同职能的规定”。这意味着:依据第 48 条第 2 款所采取的措施会使帝国宪法中的一些规定失去效力,这些规定包括:(1)第 48 条第 2 款明确援引的《帝国宪法》第二部分中的相关规定;(2)那些《帝国宪法》中“区分帝国相对于各州所具有的职能与不同的帝国机构之间所具有的不同职能”的规定。第一方面的内容没有问题,应予注意的是第二方面的内容。在这方面,国务法院又回到其第一次予以广泛论述的法律意见。国家职能意义上的“所有权力工具”与属于州的职能,这两个方面是基于帝国宪法中对帝国和州之间职能的区分。这就包括了宪法中所有那些未保留给帝国的、在权力之整体或者权限意义上的国家职能和国家权力工具。在区分帝国相对于各州所具有的职能方面,存在如前述所表明的整体联邦国家原则和与此在实质上联系密切的民主原则,这两种原则都应在一州之内得到实现。若依据《帝国宪法》中关于职能的区分,将各州所具有的执行职能以依第 48 条第 2 款所采取措施的方式转移至帝国,这也就意味着《帝国宪法》中与职能区分的相关规定要失去效力,因此,《帝国宪法》中关于国家组织部分的这两项重要原则都会被废除。若人们在这种宽泛的意义上解释第 48 条第 2 款,那么在“不可超出界限”的意义上适用第 48 条第 2 款,几乎是不可能的,因为当帝国与各州之间的职能界限通过第 48 条第 2 款意义上的措施被废除之后就完全不存在任何可予以考虑的界限,继而第 48 条第 2 款不仅意味着其中详细列举的《帝国宪法》第二部分的那些条款会失去效力,而且第一部分中与州的地位相关的一些重要规定也都会失去效力。

但是,国务法院并不想其第三种意见所表达的字面意思在此意义上受到广泛地误解。国务法院试图完全在实质上予以限制,它声称:“关于帝国内各州的地位和关于各州组织方面的规定,特别是《帝国宪法》第 17 条、第 60 条和第 63 条的规定,均属于那些基本上不仅仅是涵括职能之界限的宪法规定。”这显然是不能令人满意的。因为第 17 条规定,每个自由州都必须有其自己的宪法——国务法院正是针对这一规定。如果以此来理解的话,这些自由州的宪法,亦如国务法院同样明确表达出的,保障“每个州都存在一个由该州自身所产生的州政府”,因而第 17 条意味着,那些未保留给帝国的职能只能是州的职能,并且只能由州的机构来行使,而不能由帝国的机构来行使。《帝国宪法》不仅规定了帝国相对于各州所具有的实质性职能,而且规定了帝国机构的人员和州机构的人员之间的职能界限。如国务法院的判决对此所论及的,若宪法在第 17 条中保障“每个州都存在一个由该州自身所产生的州政府”,那么,宪法也因此应保障州机构的人员的职能，亦即保障那些“由各州自身所产生的”并且同样为此目的而产生的州机构来行使那些授予各州来行使的实质性的——排除了帝国机构与其他州的机构参与行使的并且正是在这种意义上由州机构的人员行使的——职能。由联邦宪法授予一个州来行使的实质性职能有必要与特定机构授予其人员行使的职能联系起来。国务法院确认，当它提及“职能”时，指的是实质性职能，而不是机构的人员所行使的职能，而这恰恰在联邦国家法领域会引起令人疑虑的结果。第 17 条在职能方面的规定已经表明，该条款可以仅通过将州政府的职能转移给一个帝国机构就能被违反。因为这样的话，州政府不再是一个受到宪法第 17 条保障的州政府，而是受帝国政府领导的政府。同样地，国务法院的判决自身也存在着矛盾之处：国务法院一方面宣称，“仅仅将职能作为事务管理和权限的载体从州政府转移给帝国机构”是允许的；另一方面又要求，应当遵守规定了各州应由其自身而产生州政府的《帝国宪法》第 17 条的规定。国务法院所援引的《帝国宪法》第 60 条和第 63 条也具有类似于第 17 条之规定的相同特性。若帝国宪法将各州参与中央立法与执行事务的职能转予州政府的成员，并且规定，由各州政府的成员（并非帝国政府的成员或者其他州政府的成员）在帝国参议会中代表各州，那么各州参与帝国的立法和行政事务就属于州的实质性职能，并且这种规定还与机构的人员之职能有关。各州在帝国参议会中的这种代表行为也因此是帝国宪法所规定的州政府的职能。亦如 7 月 20 日的法规所言，如果将普鲁士政府的“所有职权”转至帝国机构，那么它在帝国参议会中代表州的职权也相应地要转至帝国机构，因而这就意味着《帝国宪法》第 60 条和第 63 条的规定以此被废除，因为这是一种职能的转移。因而，若国务法院一方面宣称，仅仅将职能作为事务管理和权限的载体从州政府转移给帝国机构是允许的；另一方面又要求，尊重《帝国宪法》第 60 条和第 63 条的规定，而依据这两条的规定，各州仅能由依其州宪法之规定而成立的政府成员在帝国参议会中代表自己,所以其中必然存在着矛盾。若国务法院在提及帝国宪法的规定时,"仅"将职能的转移限定为"仅是"帝国相对于各州所具有的职能,那么国务法院的理解就是错误的。这种关于职能的规定是一个联邦国家宪法中最为重要的规定。最后,人们不应忘记,授予各州立法权的帝国宪法的规定"仅"限定了帝国相对于各州所具有的职能。因而,若国务法院的意见是,依据《帝国宪法》第 48 条第 2 款而采取的措施并未涉及"关于帝国内部各州之地位的规定",那么国务法院也不应当认为,这种措施并未引起帝国和州之间"职能的转移"。

事实上,国务法院确实认识到,帝国和州之间职能的转移,即由普鲁士州政府机构之人员的职能转移至帝国的机构,违反了《帝国宪法》第 17 条的规定,因为它声称:"没有设立任何其他机构来——暂时地——代替该州政府";因为设立一个机构来代替另一个机构,只能意味着机构人员的职能的转移。同样地,国务法院也提及违反《帝国宪法》第 60 条和第 63 条的情形:各州在帝国参议会的代表"基于《帝国宪法》第 48 条第 2 款被撤回,并将其转予帝国的特派员,这意味着一种在本质上对州在帝国中地位的侵犯,也意味着一种与帝国参议会之组成本质相违背的改变;据此,并不能认为,帝国特派员是作为州政府而设立的,并且依据宪法而任命的部长应被解除职务"——这种违反《帝国宪法》第 60 条和第 63 条的行为正是将州政府的职能转移至帝国的特派员的行为,亦即机构人员职能的转移。然而,国务法院这里所称的违反《帝国宪法》第 60 条和第 63 条的行为,也正是 7 月 20 日的法规所为之事。因此,依据国务法院最后关于其意见的表述,该法规应当是违宪的,因为正是该法规将宪法所保障的州政府的职能转予帝国的机构,亦即一种"单纯的职能之转移";而依据国务法院最初关于其意见的表述,将全部州政府的职能转予帝国的机构是基于帝国和州的所有国家权力工具之联合,这是允许的,因而也应是合宪的。

## 五

在这两种完全对立的法律意见之间,似乎不可能存在一种折中或妥协。然而,国务法院试图在两者之间寻求一种妥协。国务法院曾认为,没有设立任何其他机构以暂时性地代替州政府,帝国的特派员不是作为州政府而设立的,并且依据宪法而任命的部长也不应被解除职务,在发表这种意见之后,国务法院论及设立帝国的特派员并授权其作为州政府而发挥职能的法规,该法规还解除了依据宪法而任命的部长之职:“从界限范围内的职能转移的角度来看,该法规是合理的。”因为该法规完全意味着一种职能的转移,因而它必须被看作是合宪的,即作为一个整体是合宪的。可是,国务法院并未得出这种结论。国务法院论道:“在保留现在部长的职务的情形下,普鲁士的部长在处理州事务的权限方面可以将州的权力分开,并转予作为帝国机构的帝国特派员。”国务法院最初声称,在适用帝国宪法第48条第2款的过程中,普鲁士的全部国家权力工具,即普鲁士的州机构的所有职权,亦如之前所述,均应转移至帝国的机构来行使,而它现在试图区分可以依据第48条第2款而予以取消的州政府的职权和那些依据第48条第2款而不能予以取消的州政府的职权。然而,将“处理州事务的”职权和普鲁士州政府的其他职权予以区分——如在这里表面看起来的那样,是不太可能的,因为州的部长所享有的职权可能并不是这种处理州事务的职权,而那些作为州的部长而具有的职权可以是州的一种职权,并因而具有一种处理州事务的职权。在国务法院看来,州政府不应被剥夺的职权包括:“相对于帝国及相对于其他州而言的代表州的职权,特别是在帝国参议会和帝国议会中的代表权,此外,还有相对于其他最高的州机构而言的宪法上的权利和义务。”只有第60条和第63条所规定的在帝国参议会中代表州和处理州事务的职权没有受到严重怀疑。这里涉及最高等级意义上的州事务、州参与帝国立法和行政以及州作为帝国的一个成员和作为相对于中央机构而言的地方机构所具有的职能,同样还有作为在帝国议会中的代表。但是,何谓州政府"相对于其他最高的州机构而言"的"宪法上的权利和义务",无疑与州事务有关。

但是,对于州政府所有这些职权之不可解除性,国务法院给出的理由不仅仅是,这不涉及州事务(人们应当接受这种理由,因为否则的话,在述及"普鲁士的各部长在州事务方面的职权"时,没有任何意义);上述职权之不可解除的首要缘由在于,它们"对于维护州的独立性及州在帝国中的地位是不可或缺的"。恰恰是这些职权,而不是处理州事务方面的其他职权,特别是州的内部行政职权(也可能涉及其立法职权),才是国务法院的判决理由,更何况国务法院所认为的不可解除的职权是,若没有这种职权,特别是没有领导行政之职权,则就根本不能予以行使的职权。若一个州政府不再具有领导州行政的主要职能,而是由州以外的机构,或者说由帝国的机构来行使其主要职能时,一个州政府应怎样在帝国参议会中代表该州,应当如何行使其宪法上的权力和履行其宪法上的义务,特别是如何向州议会负责,承担其宪法上的责任?国务法院试图通过区分可解除的职能与不可解除的职能,从而确定合乎《帝国宪法》第48条第2款的措施,但是这种区分的界限不仅在实践中是完全不可行的,而且在实证法上也几乎找不到这种区分的根据。它可能会导致一种既不是依据《帝国宪法》也不是依据《普鲁士宪法》的州部长的结构组织,其履行宪法职能之基础除了完全无足轻重和任意专断的残余物之外,别无其他。虽然国务法院宣称:"合宪的州政府必须以州宪法为存在基础",但是它同时又认为,解除该州政府几乎所有依据宪法而具有的职能和以此为基础而具有的法律上的实质性职能,是允许的。依据国务法院最后所表达的法律意见,依据《帝国宪法》第48条第2款而采取的措施之界限则系于存在一个通过该措施不能解除其职务的普鲁士首相。但是,对于这个在重建公共安全与秩序过程中必须存在的首相,《普鲁士宪法》第46条和第47条的规定并不应该予以适用,因为依据该宪法,首相的职能是确定“政府政策的指导方针”并领导国务部门。这是首相的实质性职能,因而不应再在普鲁士宪法的意义上规定另外一个有权行使此种职能的机构。依据国务法院的法律意见,在依据《帝国宪法》第48条第2款而采取措施期间必须有普鲁士的部长存在,并且普鲁士的这些部长不应通过该措施而被革除;然而,《普鲁士宪法》第46条对此并不应予以适用,因为依据该规定,在首相确定的指导方针范围内,“所有国务部长均独立地领导其职能部门”。只有那些其作为普鲁士部长的实质性职能被解除的人员不再是《普鲁士宪法》意义上的部长。国务部长之存在,亦如国务法院在其判决中所表明的那样,既不是依据《帝国宪法》也不是依据《普鲁士宪法》。即使依据《帝国宪法》第48条第2款可以设立一些机构,而依国务法院的判决,这些机构仅行使那些应当由国务部长行使的职能,那么这些机构也不应在《普鲁士宪法》的意义上被称为“首相”或者“国务部长”。这些机构履行其职能的法律基础完全不应再是普鲁士宪法。这些机构,如帝国的特派员,通过《帝国宪法》第48条第2款和执行帝国总统的法规,几乎完全承担起普鲁士国务部门的职能。这里所称的首相和国务部长似乎也存在自相矛盾之处——仅在其原初的职能方面是州的机构。他们的职能,亦如现实中的普鲁士的国务部门的职能,不再是基于帝国的宪法,也不是基于普鲁士的宪法,而是仅仅基于一种帝国法上的规范:总统的法规;它们其实可以在这方面仅被视为帝国的机构。作为前提条件的,自然是保留其职能,虽然依据国务法院的判决,这是可能的,而依据7月20日的法规则是不可能的。

## 六

按照国务法院的观点,帝国总理和由他任命的并受其领导的帝国特派员是普鲁士的州政府,并且应依法领导州事务的管理,而除他们之外,由普鲁士州议会选举产生的首相以及由首相依据普鲁士宪法而任命的那些人员,则甚至连其不甚重要的职能都不能行使,但是,由于他们向州议会负全部责任,因而还应当继续被称为州政府,正如国务法院所担心的,这不仅会引起"帝国的特派员和州政府之间的摩擦",还会导致在法律上产生像在政治上那样完全不可想象的状况,在这种状况下,"为了州和帝国的利益而平和相处、共同协作"——国务法院所表达的超出其职能之外的愿望,是完全不可能的。特别是当《帝国宪法》第48条第1款所规定的受到威胁时所采取的强制措施作为"达摩克利斯之剑"悬在两个"政府"中的一个的头上时,准确地说,仅是悬在所谓的普鲁士政府的头上时,这种状况尤为突出。国务法院认为:"只要一个州政府应以特定的方式在其职能范围内领导事务的管理,但是被认为未履行对帝国应尽的义务,那么,帝国总统可以依据《帝国宪法》第48条第1款采取措施来干涉州的权力之行使。"但是,一个所谓的州政府在实际上根本不可能再行领导政府事务管理之职的情形下,以怎样一种方式领导事务的管理会被视为未履行对帝国应尽的义务?若有未履行对帝国应尽义务的情形,那么依国务法院的意见,只可能是其受托参与帝国的立法和行政,而州政府的成员据此在帝国参议会中代表州的情形。然而,这怎么可能成为未履行对帝国应尽的义务呢?唯一可能的是,对此提出提案或者进行表决的结果。若一个州的政府代表了该州,那么依据帝国宪法,这个州不是完全自由的吗?在所谓的普鲁士州政府的成员导致了帝国特派员在道德和政治上的困境,并且缺乏国务法院所称的"平和相处、共同协作"的情形下,要找到另一种未履行对帝国应尽义务的可能性是很困难的。但是,何谓帝国宪法意义上的、未履行对帝国应尽的义务?帝国特派员不能与其他机构共存共容?这显然是一种"狮子合伙"(societas leonica)。[1] 但是

---

〔1〕 即合伙人只分摊亏损,不分担分红的合伙。这种合伙在罗马法上是无效的。——译者注

在一个所谓的州政府未履行对帝国应尽义务的情形下,针对普鲁士所采取的帝国执行行为的目的何在?这样一个州根本不可能继续存在,而是通过重建公共安全与秩序的措施成为一个直接受帝国管辖的省。这里,行使武力的帝国执行行为对此没有任何意义,因为该措施所针对的人员不再拥有任何可以运用的权力工具,因而也不可能进行任何武装性的暴力反抗。这种帝国执行行为的目的只可能在于职能之转移,即帝国的特派员——现行的"关于重建普鲁士各地区公共安全与秩序"的法规已经授予其权力——解除了所谓的州政府成员的那些现在事实上已完全不可能在帝国参议会和帝国议会中代表普鲁士的职权,并将其转予帝国的机构。当帝国宪法中规定的"州"成为帝国的一个省,并且依据国务法院的判决,为重建公共安全与秩序而采取的措施仍被允许的情形下,这种帝国的执行行为不具有任何意义。

## 七

国务法院关于 7 月 20 日的总统法规的法律意见和关于依《帝国宪法》第 48 条第 1 款和第 2 款而采取的一般性的和特殊许可性的措施的法律意见,实质上仅是在其判决理由中提出的,而不是在其判决文书本身中提出的。国务法院的判决并没有涵括那些基本观点;因而,首要的不是关于下述问题的裁决,即依据总统的法规而采取的、被称为针对普鲁士的帝国执行行为的措施在国务法院的判决中是否可以予以适用,以及这种措施在这方面是否是合宪的。国务法院完全未对该问题做出裁决,而是仅在判决理由中提及。在该案中,国务法院做出了不存在《帝国宪法》第 48 条第 1 款的适用条件的判断,其意见是:针对帝国的执行行为、将争端诉至国务法院的该州没有违反对帝国应予履行的义务,这里,人们对于国务法院是否应将其意见明确写在判决文书中可能是有争议的。人们完全可以认为,这可以在判决理由中予以说明;但是在一个判决的判决理由中做出帝国的执行行为为违宪的判断——或者予以维持的判断,这本身也是不符合宪法的。依据《帝国宪法》第 19 条的规定,法院的判决由帝国总统予以执行是可能的。依此,只有判决,而非判决理由才能得到执行。若帝国的执行行为在国务法院的判决中被认为是违宪的,即在其判决主文中得到明确的确认,那么帝国总统应当在执行国务法院判决的过程中撤销被认为是违宪的帝国执行行为。当受托执行判决的机构严格依循判决来执行时,即遵循判决文书,而不是恰如国务法院的判决中所指出的,并非总是表述明确的判决理由时,人们不应指责该执行判决的机构。依此,在该案中,帝国总统并没有坚持将在国务法院的判决中没有提及的而是在其判决理由中视为合适的帝国执行行为,亦即 7 月 20 日的法规,在这方面视为违宪,因为该法规的基础是《帝国宪法》第 48 条第 1 款。在这一点上,该法规没有修改就得以适用,并且在其执行过程中作为针对普鲁士的帝国执行行为而继续得以实施,尽管国务法院仅在其判决理由中确认,普鲁士并不存在未履行对帝国应尽义务的情形。

但是,关于《帝国宪法》第 48 条第 2 款的适用情形,国务法院在其判决主文中并未提及 7 月 20 日的法规是违宪的。更确切地说,该判决写道:该法规“与帝国宪法是协调一致的”;但是其后继续写道:“在这方面,该法规委任帝国总理为帝国派驻普鲁士州的特派员,并授权他暂时解除普鲁士的部长的职权,而这些职权由他自己或者其他人员作为帝国的特派员来接任。但是,这种授权并不应涉及解除普鲁士的国务部门及其部长在帝国议会和帝国参议会中代表普鲁士的职权,以及涉及相对于帝国、州议会、国务委员会或者其他州而享有的职权。”因此,国务法院应在判决中明确表明,7 月 20 日的法规虽然是合宪的,但仅是部分合宪。对于一项法律或法规,似乎存在着部分合宪与部分违宪的区分,被视为违宪的部分,虽然可能不是直接违宪,但也可能会是间接违宪。一项被呈送至宪法法院予以审查的法律或者法规被确定为部分合宪和部分违宪的情形是完全可能的;例如,某些表面上含义确定的或者可以得到确定的法律或者法规中的规定、单个句子或字词——前提是脱离其上下文的意义联系,不符合宪法的规定,而其他部分则符合宪法的规定。此外,若法律或者法规并不能从规范上区分为部分是合宪的,其他部分则是违宪的,而是整体违宪的,因为它在某些方面超出了宪法许可的范围,但若想成为合宪的法律或法规,则必须成为一种完全不同的条文,即限制其事实意涵的条文。在这种情形下,宪法法院不应当将该法律或法规视为部分合宪,部分违宪。

区分这两种情形对于判决的法律效力具有重要意义,其目的在于——只要宪法法院的判决具有完全的法律效力——撤销被视为违宪的规范,这种撤销可以直接通过判决本身,也可以通过受托执行判决的机构而得到实施,这种撤销可以是自撤销行为做出时具有效力,也可以追溯至违宪的规范发布之时。当一个规范从未具有法律效力时,根本不需要通过机构的行为,特别是宪法性的判决来宣告其“无效性”,但是这意味着导致被撤销。因而,对于违宪的规范,不存在纯粹的可撤销性,而是绝对的、先验的无效性(关于无效性的一个例子是,柏林的克佩尼克区的区长的命令)。关于国务法院,无论是帝国宪法还是法律都没有明确规定,依据《帝国宪法》第19条来解决宪法争端的国务法院具有直接宣布一般性法律规定为无效的权力,而《帝国宪法》第13条的实施法(1920年4月8日,帝国法律公报第510页)授予帝国法院(Reichsgericht)与此相关的这种职能,它具有授予“法律效力”之权,所以我们须承认,被国务法院确认为无效的法规并不是通过其判决被撤销的,而是首先通过帝国总统而被撤销的,因为依据《帝国宪法》第19条,帝国总统被授予执行判决之权。这尤其适用于那些基于违宪规范而实施的且国务法院在其判决中又没有直接涉及的法律行为。然而,主流的观点是,国务法院的判决,如10月25日的确认性判决,无须执行行为,并且仅需宣告确认为违宪的规范为无效。对此,人们——以一种在法学上看来不甚正确的方式——所表达的仅是,这种判决撤销了被确认为违宪的规范,该规范自始无效。但是,人们不可能将帝国总统在其职权范围内依据《帝国宪法》第48条第2款而颁布的法规视为是自始无效的,如7月20日的法规,该法规通过诸多帝国机构和州的机构的法律行为得到实施。若它是违宪的,那么就意味着:它在任何一个方面都会被认为是违宪的,因为《帝国宪法》第48条第2款在此并没有得到正确地适用,因而需考虑的问题是,宪法首先是委任帝国总统来适用并解释第48条第2款;其观点倘若在法规中表达出来,在被另外一个由宪法委任来适用并解释第48条第2款的机构,即被国务法院——只是这个机构,而不是任何其他个人——宣告为违宪之前,均具有约束力。人们不能认为,国务法院的判决仅是宣示性地确认帝国总统发布的现行法规在判决之前即已无效,因为人们必须承认,只要该判决不是完全多余的,这种“无效性”是跟判决一起施行于帝国的一定领域的,但是在判决生效之前,它同样仅是一种私人性的意见,就如一个法律制度中为此设立的其他机构所发表的意见是不能作为一个法院所宣告的判决的;因而人们也必须承认,需要一种机构性的行为将此诉至国务法院,而国务法院须宣告其为违宪,亦即所谓的无效性,而这种“无效性”只能由国务法院予以确认。国务法院确认帝国总统的法规不符合宪法的判决——在认为其具有一种溯及既往的效力的情形下,才能认为其具有合理性——具有一种极其明显的根本性特征。这就像任何一种具有法律效力并因而成为一种法律行为的行为所具有的根本性特征,和那种根本不具有任何法律效力、不能称为法律行为并且完全是多余的行为所具有的根本性特征。

国务法院的判决具有何种效力才能始终得到人们的认同:对被确认为违宪的法规仅具有间接的撤销效力还是具有直接的撤销效力,这种判决至少必须以明确的方式宣告,作为整体违宪的法规应当被整体撤销,还是应当在法院仅认为法规的一部分为违宪的情形下,仅撤销该法规的违宪部分或者违宪的条款、句子或者词语,而其他部分则应予保留。若一项法规的违宪性表现为,它作为整体超出了宪法规定的界限并想重新确立一种合宪的状态,那么,该法规就应作为整体被撤销并通过另一项法规以其他条文予以代替,而国务法院的判决必须宣告该法规作为整体是违宪的,因而帝国总统应将其整体予以撤销,或者该法规已通过具有追溯效力的判决被宣告为自始无效,那么就要以其他法规予以代替,并且在国务法院看来,这种法规坚持了宪法所确定的界限。在该案中,虽然国务法院在其判决主文中确认了这种界限,但是并未宣告该法规为违宪,并且为避免这种表述,国务法院将该法规与宪法之间的关系表述为:在大体上……是合宪的,虽然依据国务法院在判决理由中经过一定程度的变动之后最终所表达出的法律观点,这种表述完全不具有可适用性。依据这种法律观点,因为该法规从未授权作为帝国特派员的帝国总理"暂时解除普鲁士各部部长的职权",而是授权他"免除普鲁士国务部门的成员的职务",亦即长久地免除他们的职务——国务法院自己对于该法规是如此理解的,并且因为该法规授权帝国总理解除普鲁士国务部门及其成员的所有职权,因而这种授权包括了解除普鲁士国务部门及其成员在帝国参议会中代表普鲁士以及相对于帝国、州议会、国务委员会或者其他州而享有的其他职权——这被国务法院明确宣告为不允许的,因而该法规是整体违宪的。国务法院还在其判决中指出该法规必须包含何种内容才是合宪的,或许这在政治上是有益的,但是从法律技术的观点来看,这是多余的;确实,该案件甚至受到人们的严重质疑,因为判决中不恰当的表述:"在大体上……是符合帝国宪法的"(这意味着部分是合宪的,部分是违宪的)只能通过捏造一项合宪法规的内容作为由其审查的现行法规中的合宪部分而得以适用。因为国务法院的判决借助于这种与事实不相符合的表述来回避该法规违宪却具有法律效力的状况,所以在帝国总统遵循判决文书的书面表述是其权利,甚或也是其义务的情形下,帝国总统并未被严格要求来撤销自己于7月20日颁布的法规。但是人们应当认识到,这种通过帝国总统来撤销违宪法规的做法是多余的,因为虽然该法规被国务法院的判决宣告为自始无效(因为亦如人们所认为的,该判决“确认”了法规的“无效性”),但是什么才真正是10月25日的判决意义上的“无效”,却全然是不明晰的。至少整部法规都不是全然无效的,仅是其中的一部分如此。但是是哪一部分?国务法院的判决没有指出,甚至不可能明确指出。因为它没有表达出来的真实意思是:7月20日的法规是整体“无效的”,而另一项法规则是有效的,只是这项由国务法院在判决中确定了其内容的法规至今还未由帝国总统予以颁布。若人们想要获得一种通过国务法院的判决即可达到合宪状况的结果,并且不满足于通过使7月20日法规无效而达到这种状况,而是要通过使符合国务法院的判决观点的法规具有效力来达到这种结果,那么人们必须接受那种违宪法规会自动转变为合宪法规的观点;而人们并未注意到帝国法律公报第I卷第377页公布的法律文本的变化。人们完全不可能在帝国法律公报中读到新法规的内容,而是必须在对——未在帝国法律公报中刊行的——国务法院判决的解释中发现这种变化。这种法律变化必须包括那些依据7月20日法规而实施的法律行为,而这在国务法院的判决主文中完全没有涉及。因而,对于一般性的法律规范,国务法院的判决不仅应该具有撤销性的效力,而且也应该具有一种革新性的效力,亦即授予其一种能力,可以此以一项涵括了国务法院所确定的内容的法规来代替那项被国务法院确认为违宪并因而被宣告为自始无效的法规。这种观点会导致产生一种国务法院的法规颁布权,而这是与以《帝国宪法》第48条第2款为基础的帝国总统的职权相竞合的。显而易见,宪法并未对此提供任何基础。但是可以推测,依主流理论,国务法院希望自己的判决能具有这样一种效力。

对国务法院判决的法律批评所产生的结果很少令人满意。但是,仅仅或者也将此归责于国务法院,那是不公平的。这种弊端的根源在于,《魏玛宪法》自身无法从技术上得以实现。

虽然一种十分复杂的、在帝国和各州之间权衡职能分配的联邦国家制度建立起来,但是在其中嵌入一套有效维护这种制度的保障制度,并非在所有人看来都是必要的。尤其被忽视的是,建立一种目的明确的宪法审查制度。确实,人们对于事实上仅在极其有限的几个案件中发挥了职能的国务法院明显地表现出反感,德国的法学向来就反对这样一种对法律之外的"政治"领域进行法律审查。与此相关的规定从来都是差强人意之作。但是若要保障联邦国家制度,在技术上最严重的问题在于,迫切需要在适用《帝国宪法》第 48 条,特别是在适用其第 2 款的过程中进行司法性的审查。这条规定授予帝国总统可以采取措施重建公共安全与秩序,而这可能会侵犯州的职权,因为宪法和法律都没有明确规定这种侵犯的界限。关于这种界限的规定对于整个宪法结构具有重要意义,但是被推诿到一部实施法身上。这种法律技术的后果就是,只要这部实施法没有颁布,就存在一个最为重要的宪法问题:应当在何种程度上将州的职能转移给帝国,并且在适用第 48 条的过程中,受托的机构享有一种完全不受限制的裁量权。无疑,《魏玛宪法》的制定者的目的是,对依据第 48 条第 2 款而采取的措施和与此相关的、将州的职能转至帝国的行为尽可能地予以限制。很明显,人们也没有考虑到,基于宪法中重建公共安全与秩序的条款,受宪法其他规定所保障的州的全部职能或者其实质性职能是否可以转至帝国的机构。无疑,在依据第 48 条第 2 款而采取的措施方面,与立法者的目的相符合的解释只能是最严格的字面意义上的保障公共安全的警察。

# “施米特模式”及其对国家法学的影响*

[德]马提亚斯·耶施德特(Matthias Jestaedt)　著**
陆　洋　译***

【内容摘要】　本文总结了有“第三帝国的桂冠法学家”之称的卡尔·施米特所具有的五个重要特征：情境性、关注特例、跨学科、反动性和戏剧性、反启蒙，并将之命名为“施米特”模式。作者对当前新左派和右派中的“施米特复兴”现象提出了批评和警告，指出施米特代表着一种知识分子身上典型的易受诱惑性，实际上成为了当代“反时代精神的”知识精英的投影面。施米特的纳粹关联不容翻案，其于纳粹期间所提出的观点应被彻底摒弃于讨论之外；尽管如此，施米特其他的一些经典论断依然可以对我们有所启示而且是当前国家法学讨论中不可或缺的，施米特的思想可以从反面定义的角度被用于完善和深化自由民主制度。

【关键词】　施米特　国家法学　反启蒙　法律和政治　纳粹

---

* 本文节选自耶施德特教授撰写的第十九章　卡尔·施米特(1888—1985)，载[德]彼得·赫博勒、米夏埃尔·基里安、海因里希·伍尔夫主编：《二十世纪的国家法学教师：德国—奥地利—瑞士》，2015 年版，第 320 ~ 334 页。[Häberle, P. (Ed.), Kilian, M. (Ed.) & Wolff, H. (Ed.). *Staatsrechtslehrer des* 20. *Jahrhunderts*: *Deutschland-Österreich-Schweiz*, Walter de Gruyter GmbH, Berlin/Boston, 2015, pp. 320 – 334.]

** 作者系《法学家杂志》(Juristen Zeitung)编辑，弗莱堡大学法学院教授，法律理论部国家学、法哲学研究所主任。

*** 德国弗莱堡大学法理学博士在读，中国政法大学中欧法学院法学硕士。译者特别感谢中国国家留学基金委(CSC)的资助，项目编号 201507070031。

法学 *

## 一、著作中的人:"施米特模式"

不论人们对施米特或对其提出的种种论断采取何种态度,施米特始终是国家法教师圈子里一名原创性的思考者,不仅思想丰富而且具有跨学科的兴趣。他的思考和表达方式就已使其获得了一个独特的地位。"施米特模式"大致可以总结出五种特征——倘若不苛求面面俱到的话。不言而喻的是,并不是每个特征在每个作品阶段或者甚至在每篇文章中都能以同样的方式和同样的程度得以展现。

### (一)情景性思考者:论断和概念

与他在魏玛时期的一位论敌——凯尔森稍作比较,施米特在系统性思考方面算不上突出。施米特式的作品集合(Œuvre)并没有特别突显出,一个协调一致的封闭的(内部的)系统,也没有展示出建立于确定假设原理基础上的牢固的互相关联和对应的论述。施米特唯一的较大的体系构想就是"宪法学说",此外则偏好短篇专题论文、论战文章、小册子。倘因他写过数目众多的警句(aperçus)就把他归于警句家一类,那也没有抓住核心。倒不如称他为机会主义者,情境性思考者,[1]因为他首先和主要是着眼于机缘,也即从情景出发和为情景而思考和写作。施米特精辟地总结了自己二元式思考方法的特点,他把自己的一部论文集命名为《论断与概念(Positionen und Begriffe)》**。

---

* 摘要与关键词系译者所加。

〔1〕 赫尔穆特·魁里奇:《序言:关于如何处理卡尔·施米特个人和作品》,载《对立复合体》,1988 年,第 12 页(及第 21 页)。[Helmut Quaritsch, Einleitung: Über den Umgang mit Person und Werk Carl Schmitts, in: ders. (Hrsg.), *Complexio Opposiorum*, 1988, S. 12(21).]

** 德语中"Position"一词既有论断的含义,又有境况的含义。——译者注概念之于概念现实主义者施米特,远超于作为纯粹的工具,而是近乎存在本身的。它们对他而言体现了被描述的现实。用概念进行争论、去找出概念、字斟句酌以便确定和占据概念,对他而言不仅是纯粹的策略式或者哗众取宠式的文字游戏。事实和概念如何只能一起被思考,施米特用那些论战性极强的政治性概念解释道,“它们眼中有一个具体的对立,和一个具体的现实相关联,它们的最后的结果必然是一个……朋友和敌人的分组,而一旦这个情景消失,它们就成了空洞和幽灵般的抽象”。[1] 此处亦已表明了施米特思想中“论断(position)”或“处境”的双重含义和角色:它描述着特定存在,既是变化的又是相关联的,因而不能与任意的、予取予求的或者应变性的存在相混同。施米特的学生胡贝尔(Ernst Rudolf Huber)对此用精辟的形式总结道:“决断是理论和时空的具体关联,同时又是理论家在时空中采取的确定立场。”[2]思考从处境出发和概念现实主义的具体化,两者互为条件:具体的处境首先产生了概念,概念反映处境,针对处境,概念从处境中获取内容从而得以存在。有鉴于此,美学对于审美家施米特而言远不仅是喜好的问题,更是要精心设计得比例恰到好处的展示。

(二)特例—法律人:寻求法律规范性的载体

施米特不仅是法学学者中的一个特立独行者。他同时也是关于特例的理论家。他的思想取决于特例,取决于最极端尖锐化的存在。施米特的法律理解的一个中心线索正是规范(性)依附于特例而存在。法学学者施米特所从事的或许最重要的问题就是法律规

---

〔1〕 [德]卡尔·施米特:《政治的概念》,1932 年原文加上一序言和三个增补,1963 年,第 31 页。(Carl Schmitt, *Der Begriff des Politischen*. Text von 1932 mit einem Vorwort und drei Corollarien, Berlin 1963, S. 31.)

〔2〕 恩斯特·鲁道夫·胡贝尔:《论断与概念——分析卡尔·施米特》,载《国家学总刊》1941 年第 101 期。[Ernst Rudolf Huber, Positionen und Begriffe. Eine Auseinandersetzung mit Carl Schmitt, in ZgS 101(1941), S. 1(4).]

范性的载体:是什么承担了、保持了、提供了法律的规范性或者合法性? 任何一种规范主义,倘若意味着一个封闭而自给自足的规范性构建和要求恢复法律的自立,都被施米特粗暴地拒斥。由安舒茨(Anschütz)或由托马(Thoma)提出的依据于实在法律基础上的自由法条主义(Legalismus),被他嘲弄;* 凯尔森的认识论规范主义,仅提供了一个纯粹假设性的[仿佛(Als-Ob)]** 规范主义,被他视为彻底唯理论所构想的法自身不能自圆其说的证据。同时他又批判任何形式的法律本质和法律价值观,不论是源于自然法还是价值法理学,一律被丑化为"价值的暴政"(Tyrannei der Werte)。

施米特断定,(法律)规范性的真正载体在于政治,准确地说:在于政治存在。政治存在或政治统一体,作为对内联合(包容)对外分离(排斥)的真正的集群状态,对施米特而言是最优先和最初始的,而一切次等规范,均从此政治存在中推导而来和构建于其上。政治存在先于规范存在(规范效力)。当施米特由此首创"存在优越于单纯规范性",[1] 当他写道:"政治上联合起来的人民作为具体的存在主导任何规范",[2] 由此推论,并不是实在法决定政府有多少权限,后者取决于一个实存的政治秩序力量和其身后的存在性决断的需要,法律也是由此才获得了存在的理据。

从那里离施米特的例外主义已经不再遥远了,该主义淋漓尽致

---

* 吉尔哈德·安舒茨(Gerhard Anschütz),理查德·托马(Richard Thoma),均为《魏玛宪法》的主要评注人之一。——译者注

** 汉斯·费英格(Hans Vaihinger),于 1911 年出版《仿佛哲学》(*Philosophie des Als-Ob*),主张人类对于世界的认知是一张充满逻辑矛盾的巨网,不论科学假设还是主观想象都和真相相去甚远,但只要能提供实际的生活用途,这些有用的虚构(nützliche Fiktionen)就能够获取正当性,被承认仿佛是真的。——译者注

[1] [德]卡尔·施米特:《宪法学说》,1928 年,第 107 页。(Carl Schmitt, *Verfassungslehre*, München und Leipzig 1928, S. 107.)

[2] [德]卡尔·施米特:《宪法学说》,第 121 页。

地表现在他的两句名言“主权就是,谁来决定特殊状态”[1]和“正常状态什么也证明不了,特殊状态证明一切;它不仅确认规则,规则根本只依赖于特殊状态而存在”。[2] 规则和常态(正常处境)互相依赖,从而达到稳固自身的最好情形,两者缺一不可。分离的紧急状况、特例,同样地削减了常态和规则的基础。最高权力(suprema potestas)、* 主权由此被决定是进入紧急状况还是保持正常状况的人所掌握。存在性和规范性的关系,被施米特在宪法理论上对照地表现为——初始的、实在意义上的宪法[宪法(Verfassung)]和派生的、实在法意义上的宪法[宪法律(Verfassungsgesetz)]。制宪权(pouvoir constituant),对施米特而言是对应的实在法不可比拟的,即:不受法律支配的“政治意志,他的力量和权威能够对自身政治存在的类型做出具体的共同决断”。[3]

(三)学科跨界专家:国家法学者,政治的神学,公共知识分子

施米特绝不仅仅是法学学者,他也从来不是传统意义上的、尊重一贯的学科边界的法律人。这在许多人的眼中成了施米特思想的独特魅力,更成就了他作为公共知识分子的形象;相反,在将角度选择的严格和深思熟虑作为科学性的标准的人看来,这使得施米特丧失学术可信度。

他可谓是经常性地在各个学科界间左右逢源,严重缺乏对其切

---

[1] [德]卡尔·施米特:《政治的神学:主权学说四论》(第2版),1934年版,第11页。(Carl Schmitt, Politische Theologie. Viel Kapital zur Lehre von der Souveränität, unveränd. 2 Aufl., München und Leipzig 1934, S. 11.)

[2] [德]卡尔·施米特:《政治的神学:主权学说四论》,第22页。

* 拉丁文 suprema potestas 本意最高(合法的)处置权,教宗庇护二世(1405—1467)名言:统一体就是唯一和全部的最高权力。(Amat enim unitatem suprema postetas-Aeneas Sylvius)后逐渐获得了主权的含义。参见格奥尔格·耶里内克:《一般国家学》,1914年,第450页。(Georg Jellinek, *Allgemeine Staatslehre*, 1914, S. 450)——译者注

[3] [德]卡尔·施米特,《宪法学说》,第75页。

入点的清楚区分。[1] 施米特以“政治的神学”和“宪法学说”(或宪法理论),建立了两个以各自方式跨学科的混合(亚)学科,却从未从科学哲学角度清楚精确地将两者在学科上予以定位。不论是学科内,如宪法理论和宪法教义学、比较宪法学和宪法史学还有国际法理论,或者跨学科,包括政治理论和哲学、政治的神学、社会学和思想史:施米特在许多领域里四海为家,从不把学科界限当一回事,自顾自地东奔西窜。他的博学多识、联想和融会贯通的能力、措辞天赋和固执己见,使他得以(亦是误)入此途。学科交叉使国家法学者可以活跃在非法律专业的讨论,可以参与政治哲学的跨国和国际讨论,同时又作为政治和法律顾问。由此学者和小报作家、敏锐的分析家和神秘的反启蒙者之间不再易于区分。

有鉴于此,到底他的某篇文章是属于这个还是那个学科,一个还是另一个流派,这样的归类努力往往是徒劳无功的。诸如《政治的浪漫派》(1919 年)、《政治的神学》(I 和 II,1992 年和 1970 年)、《迪奥多尔·多伯勒的〈北极光〉》(1916 年)、《陆地与海洋》(1942 年),《哈姆雷特或赫库芭》(1956 年)、《罗马天主教与政治形式》(1923 年)等诸多专著,大多只能被否定性地归类:反正决不属于传统意义上的法学。甚至连《政治的概念》这样的重点论文也给致力于学科分类的人们提出了几乎无法解决的难题。施米特致力于一个整体的、关乎全局的,却非普遍科学所理解的、与学科区别相对应的入手方法。作为法学学者,他坚持这种无疑非规范性地决定与充实的法

[1] 赫尔穆特·魁里奇在《卡尔·施米特的论断和概念》中精辟地写道:“卡尔·施米特当然不能也不想将他的在不同学科的存在彻底地互相分开。”(Prägnant Helmut Quaritsch, *Positionen und Begriffe Carl Schmitts*, 4. Aufl., Berlin 2010, S. 11: „Natürlich konnte und wollte Carl Schmitt seine wissenschaftlichen Existenzen nicht völlig voneindander trennen.)

学研究途径的自成规律性。将他的路径归于"思想史式",〔1〕也仍有挂一漏万之嫌。

(四)"政治的"教授:捍卫者和阻挡者

施米特不仅是关于政治的理论家,以其自己的标准而言也是一个颇具政治性的学者:人们对他褒贬不一,或引以为友或视若仇敌。刨去具体内容,这种两极化有很多原因。仅列其中三个原因:施米特是挑起论战尖锐性和激烈性的大师。他的概念和他的论点的形成本身就是意在论战——πολεμικς 本意就是"怀有敌意的"。他获得了自己的"论断与概念",尽管是通过与其不认同的反对意见的"战斗",这些反对意见大多占据主流,但却往往并非是仔细推导而出的。施米特不止一次地使用"闪击战"的修辞论证策略:首句就已概括了全部的内容;他精心打造的"概念闪电"(Begriffsblitze)〔2〕简直就是智力上的闪光弹,让被惊慌主导和迷失方向的读者们无力抗拒而乖乖跟随施米特的思路。施米特终身(1933 年到 1936 年这个阶段是否应该被排除,有待商榷)都自认为在与时代精神和统治政权做斗争,不论是凡尔赛、魏玛还是波恩。不管他是自封"真正的天

---

〔1〕 例如,赫尔穆特·魁里奇、"卡尔·施米特"(1888~1985 年),约尔根·阿亨茨等主编:《传纪当代史,第九部:19 和 20 世纪的德国天主教》,1999 年,第 1999 页(及 210 页多处)。[Exemplarisch: Helmut Quaritsch, Carl Schmitt (1888 - 1985), in: Jürgen Aretz/ Rudolf Morsey/ Anton Rauscher (Hrsg.), *Zeitgeschichte in Lebensbilden*, *Bd.* 9: *Aus dem deutschen Katholizismus des* 19. *und* 20. *Jahrhunderts*, Münster 1999, S. 199 (210 u. ö.)]

〔2〕 短语源自:扬·维尔纳·米勒:《危险心灵:战后欧洲思潮中的卡尔·施米特》,2007 年,第 43 页。英译 2003 年版中无对应的精辟概念。[Wendung: Jan-Werner Müller, Ein gefährlicher Geist, Carl Schmitts Wirkung in Europa, 2007, S: 43 im engl. Original: A Dangerous Mind. Carl Schmitt in Post-War European Thought, New Haven und London 2003, findet sich kein entsprechend prägnanter Begriff]

主教捍卫者”[1]还是阻挡者[抑或其他施米特顾影自怜时突然想起的人物,如厄庇墨透斯(Epimetheus)、该撒利亚的优西比乌(Eusebius)、贝尼托·塞莱诺(Benito Cereno)、马基雅维利(Machiavelli)]:他总是作为时代精神的反面,仿佛置身于智识游击战,加入“反对的”少数派,成为“具体的对立”[2]的代言人。他的否定性的、文化悲观性的举止不仅是被动回应性的,简直就是教科书式的反动标本。

除此之外,施米特偏好从极端情形进行思考,且因此倾向于两极对立。朋友和敌人、正当性和合法性、法律(规范)和例外、宪法和宪法律——其思想中的核心“论断和概念”在极端背景中展开。因而最终:施米特往往把学术当成了激情四射、充满戏剧化的表演,更时常借助于词语的能量和魔力。至少对他而言印象和理智同样重要,施米特的文章绝不是出类拔萃在冷静理智地和事实求实地、细致扎实地权衡利弊方面;而是与一般法学出版物相比,在文法风格、体裁和内容、视野和要求上采用的令人印象深刻而侧重审美性的构思上较为突出,其中紧急状况和危言耸听层出不穷,作者由是成为了所谓的提醒和警告者(Mahner und Warner)。

(五)“反启蒙者”:在揭露和遮掩之间

与此联系紧密的还有施米特思想的另一个特征。作为保守本质的反启蒙的重要鼓吹者施米特代表了众多的“反……主义”:反法条主义的(antilegalistische)、反实证主义、反相对主义、反多元主义、反自由主义、反议会制的(同时也是反犹太人、反美、反帝国主义的)种种路径和怨恨都可以在他身上找到。反启蒙者会典型地采取两个步骤:一个步骤是借启蒙式话语来批判一种优越感十足而未经批判

---

[1] 施米特在其1948年6月16日的日记里谈到“为捍卫真正的天主教而斗争”,《语汇:1947~1951笔记》,1991年,第165页。[Schmitt spricht in einer Tagebuchnotiz vom 16.6.1948 vom „Ringen um die eigentlich katholische Verschärfung“(Carl Schmitt, *Glossarium*. Aufzeichnungen der Jahre 1947 – 1951, Berlin 1991, S. 165).]

[2] [德]卡尔·施米特:《政治的概念》,第31页。

的启蒙以及一种肤浅和未经反思的理性主义;另一个步骤则是或多或少地肯定非理性和反理性的、未经启蒙或不能启蒙的残渣。施米特身上也有这种反启蒙特色。一方面,他以清晰尖锐的分析展示了如多党议会制度及忽视紧急状态的内向性规范主义的弱点。另一方面,他作为公民自由化"中立主义"的揭发者,一旦涉及阐释其自己的对应立场时,就顿时语焉不详、支支吾吾起来。[1] 如其关于政治的概念或实在意义上的宪法,乃至于构建(政治)存在作为效力来源的种种论断,不过是影射和诱导、召唤术和打谜语;用主观臆断和捕风捉影取代了论辩和推导。其论及国家终结的"大空间"理论也是幻想和预言的成分多于理性分析和预测。这种景象并不罕见:施米特故意利用他的概念魔术和故弄玄虚来造成一种预言般晦涩的模棱两可,一代代的右派和左派施米特追随者则乐此不疲地忙着解谜。

也许这种隐晦的答辩是作为"免疫技巧"[2] 而被采用,最晚1945年、其实早在1936年之后施米特就被迫离开了大型公共舞台,这一技巧的使用因而更被强化。将1938年出版的《利维坦》书中的关键段落,施米特所推崇的他的榜样霍布斯的悲壮性,作为对他自己的处境的描述来读,大抵是不错的:

> 他对我们而言是一种宏大政治经历的真正老师;像每个先驱一样独一无二;像每个无法在自己的民族实现其政治思想的人一样被误解;像每个为后来者长驱直入开启大门的人一样不

---

〔1〕[德]哈索·霍夫曼:《正当性对抗合法性:卡尔·施米特的政治哲学路径》,2002年,第28页及后,特别是第29页。(Dazu Hasso Hofmann, *Legitimität gegen Legalität. Der Weg der politischen Philosophie Carl Schmitts*, 4. Aufl., Berlin 2002, S. XXVIII ff., bes. XXIX.)

〔2〕[德]哈索·霍夫曼:《正当性对抗合法性:卡尔·施米特的政治哲学路径》,第19页。

被感激;"一个古典睿智的孤独寻回者"(a sole retriever of an ancient prudence)。[1]

## 二、施米特对国家法学的影响

探究施米特这样一位超凡脱俗又饱受质疑的跨界者的影响,自然涉及多个层次:他在不同地点、时间和学科上的影响力差异巨大。但毋庸置疑的是,这位几乎在所有方面都非同寻常的国家法学教师在其去世后依旧享有非比寻常的影响力,更跻身现代经典作家之列。他甚至因跨越学科和学界而成为可能是被最多阅读的(更谨慎的说法可能是:被最多提及的)魏玛时期的国家法教师。一种显而易见的倾向或趋势是,施米特及其观点被不断地深入研究。研究方向当然也不断地偏移,越是离施米特那代人距离远,研究就越明显地从其人转移到了他的作品、[2]从其作为法学学者转移到了作为政治哲学家或理论家。不变的是,施米特依旧在其读者中引发不和,引诱他们做出自己的论断。这表明,充满悖论地,施米特的这种偶然性的"论断与概念"也缺乏影响和适用其的具体的"处境",反而不时表现出生机勃勃的现实性(有些或许称为传染性更为妥当)。

下文论及的,仅仅是施米特对国家法学的影响。按其作用和效果基本上可以分为施米特至今在国家法学界引发了哪些反响以及

---

〔1〕 [德]卡尔·施米特,《霍布斯国家学说中的利维坦:一个政治符号的意义及其失败》,1938 年,第 132 页。(Carl Schmitt, *Der Leviathan in der Staatslehr des Thomas Hobbes. Sinn und Fehlschlag eines Symbols*, Hamburg 1938, S. 132.)

〔2〕 即使是他的日记(即便不说为其感到羞耻:日记内容也绝非对施米特的名誉有益)的接连出版[至今:1912 年到 1915 年(2005 年出版),1915 年到 1919 年(2005 年出版),以及 1930 年到 1934 年(2010 年出版)]也没有扭转这一趋势。(Dieser Trend wird auch durch die sukzessive Veröffentlichung der-um das Wort vom Fremdschämen zu vermeiden: wahrlich nicht zum Ruhme S. s beitragenden-Tagebücher (bislang: 1912 – 1915 [2005], 1915 – 1919 [2005] sowie 1930 – 1934 [2010]) nicht umgekehrt.)

他的学说在当今(以及未来)的国家法学中可以扮演什么样的角色。大致可以从中提炼出五个方面。

(一)魏玛经典作家多于德国国家法学教师

施米特只发表了极少的法学专著;严格意义上的宪法教义学文章就更少,尽管他至少在 1932 年帝国宪法法院(Reichsstaatsgerichtshof)"普鲁士政变"(Preußenschlag)诉讼中作为帝国政府的代表,并且表现得中规中矩。他的显赫声名是靠别的著作建立起来的,这些著作在法理学角度看来最多只能勉强归入国家和宪法理论或国家和法哲学之中。仔细说来(上述的)对施米特而言显然不能分离的各专门学科之间的跨界性出版物,反而正好造就了施米特思想和切入点在国家法学上的魅力。

施米特没有在严格意义上建立自己的"学派",在国家法学中却有一批间接的学生,不论是他在 1945 年任职高校教师时的真正意义上的学生[如恩斯特·弗斯特霍夫(Ernst Forsthoff)、恩斯特·鲁道夫·胡贝尔(Ernst Rudolf Huber)及维尔纳·韦伯(Werner Weber),还是 1945 年他被解除教职之后如恩斯特—沃尔夫冈·博肯菲尔德(Ernst-Wolfgang Böckenförde)、约瑟夫·H. 凯撒(Joseph H. Kaiser)、赫尔穆特·魁里奇(Helmut Quaritsch)]。通过影响这些学生,他得以在战后初期数十年依然在国家法学界保有影响力。[1] 随着这两代学生均从学术界离去后,施米特对于国家法学的意义和效果实际上主要是从关于政治理论的讨论中(再)进口的,而不是来自土生土长的法学探讨。1985 年之后再度兴起的国家和宪法理论方面关于施米特的讨论,既不是来自德国国家法学界也根本不是来自德语区

---

〔1〕[德]弗雷德·君特:《从国家进行思考:决断和整合间的联邦德国国家法学》,2004 年,散见全文,特别是第 112 ~ 158 页、第 264 ~ 283 页。(Dazu Frieder Günter, *Denken vom Staat her. Die bundesdeutsche Staatsrechtslehre zwischen Dezision und Intergration*, München 2004, passim, bes. S. 112 – 158, 264 – 283.)

学界,而是来自西班牙、美国、法国、日本、意大利和拉丁美洲。作为魏玛时期的经典作家,他享誉世界;相比之下,他的作为德国国家法学学者"真正的"角色则显得无足轻重。

(二)纳粹关联和对其解释的争议

说到法学与纳粹的关联,施米特的名字首当其冲。这不仅仅是因为,施米特是法学学者中最坚定不移纳粹分子和最激进的种族主义者,以及他是纳粹暴行的重要参与人——"第三帝国的桂冠法学家"(Kronjuristen des Dritten Reiches)[1]的说法更多是一个挑衅性或(过分)强调某一方面的流行词,缺乏冷静的衡量总结——而是首先因为他,与几乎同龄的哲学家海德格尔(1889~1976年)类似,在才华横溢和跨学科的声誉方面可谓是魏玛知名法律学者界中的佼佼者,致力于"民族的法律更新"(völkischen Rechtserneuerung)。* 此外施米特还通过其招摇的不知悔改进行挑衅:施米特清楚无误地在其于1933年到1945年的文章里为一个种族主义、极权主义,以及法律虚无主义的政权进行鼓吹和辩护,任何撇清的企图只能是徒劳无功的。然而施米特反把自己塑造成一个法理学中"克服过去"的悲剧性的(丢卒保车式)牺牲品。故并不惊奇的是,战后对于走上歪曲法律之歧途的法理学部分的检讨特别着重于施米特的角色及其特质。除了机会主义、事业野心、虚荣心以及其他性格缺陷这些方面——通过他的命运值得我们特别反思的是,一般学者精英身上典型的独特易受诱惑性以及保守知识分子在关于纳粹主义上的自视过高。

---

〔1〕 沃特马·古里安:《卡尔·施米特,第三帝国的桂冠法学家》,载《1934年德国来信》(第1卷),第52页及其后。(Waldemar Gurian, Carl Schmitt, Kronjurist des III. Reiches, in: *Deutsche Briefe* 1934, Bd. I, S. 52ff.)

* 民族的法律更新,指将现存的法律条文从民族共同体的意识形态角度出发进行解释和转义。——译者注

迄今为止的讨论在这方面不能算充分。[1] 可以确认的是,“克服过去”对于学者个人来说按研究方向其侧重也大为不同。至少可以分出三个主题方向:法学学者在“民族的法律更新”中扮演了什么样的角色?这种参与在他们的学术作品集合中是如何展现的——与其之前的论述是否相一致?这种纳粹关联对于我们今天处理这位法学学者的“论断与概念”应起到何种影响?直到 1936 年,施米特不仅在纳粹(学术)阶层分工中的而且在出版活动中扮演了既支持又领导的地位;他孤注一掷,将法律概念,可能时就按照纳粹思想进行重新思考和释义,不可能时则通过新的(“具体的秩序思考”等)进行代替。甚至 1936 年年底的职业中断在施米特的学术著作里也有迹可循,施米特随之将研究重心转向了国家和国际法理论、法律和学术史。但是他从未成为该政权的反对者或抵抗者,在其思想、言谈和作品中找不到任何对极权思想和反犹主义的反对之辞。

从 1933 年到 1936 年或者从 1933 年到 1945 年这个阶段究竟是施米特思想的中断还是延续,一直以来学界对此争论不休。缺乏一个简单明了的答案,指向改变和延续的却都各自积攒了一堆证据。[2] 认为施米特在纳粹期间(特别是纳粹初期)的出版物不能和其在 1933 年之前和 1945 年之后的文章一样被算作“完全是作者想

---

〔1〕 例见伯纳德·吕特斯:《卡尔·施米特在第三帝国,科学作为时代精神强化?》,1990 年;关于反犹主义见拉斐尔·格罗斯:《卡尔·施米特和犹太人,一种德国法学学说》,2005 年[Pars pro toto sei verwiesen auf Rüthers, Schmitt (o. Anm. 11), und -speziell zu S. s Antisemitisus-auf Raphael Gross, *Carl Schmitt und die Juden. Eine deutsche Rechtslehre*, Frankfurt a. M. 2005.]

〔2〕 哈索·霍夫曼:《正当性对抗合法性:卡尔·施米特的政治哲学路径》,第 33 页。代表性地针对这一对立复合体地提出了“充满变化的延续性”这一对应术语。[Stellvertrend dazu vgl. Hofmann, Legitimität (o. Anm. 27), der mit der complexio oppositorum einer “wandlungsreichen Kontinuität” (S. XXXIII) auch ein angemessenes terminologisches Angebot unterbreitet.]

法的真实表达",[1]这样的做法似乎欠妥。施米特的机会主义和决断主义思想从来没有改变过,考虑其改变或延续的可能性只会给对其作品集合的内容解密持久地增加困难。这里牵涉到,得出一个黑白分明的结论往往要比满足学术条理性的要求更重要。

第三个问题是,是否以及在多大程度上施米特与纳粹的关联将影响对其观点的接受,对此不可能有概括和一致的答案。尽管意见不一,这并不妨碍我们总结出共识:施米特仅在纳粹期间提出的论点不属于服务于自由主义宪法国的国家法学所属的讨论共同体(Diskursgemeinschaft)之内。这些论点根本无法被修复或者被补足正当性。同时毋庸置疑的是,少有人如卡尔·施米特及其著作一样无法脱离其在纳粹时期的政治和学术参与而被评价,他似乎只能被简化成那三年(1993~1936年)或十二年(1933~1945年)里的存在或仅从那段时间出发来被阐释。然而,一个概念、论据或论题曾被用于支持反民主、非法治国、极权和极端种族主义思想的事实,并不能由此导出其不能被适用于自由民主国家的国家法学语境的结论。(参见后文第五节)

(三)反时代精神者(Unzeitgeistigen)的权威

施米特在纳粹主义中和为纳粹主义所起到的作用,对其反对者而言正是这个"危险心灵"是国家法学界的害群之马(bête noire)的证据。他的追随者既不否认也基本不美化他的纳粹关联,而认为充满吸引力又富含危险性的(fascinosum et tremendum)施密特现象未被恰当地、至少是充分地研究。对不少逆时代精神而动者而言,反启蒙者施米特及其对冲破学术禁忌的热衷是一个令人振奋的迷人之处,而他隐居"圣卡西亚诺"(San Casciano)的命运正为顽固自由派敲响了丧钟。谁意图反抗所谓的政治正确,就会像那些文化悲观

[1] [德]哈索·霍夫曼:《正当性对抗合法性:卡尔·施米特的政治哲学路径》,第30页。

主义的左派或右派知识分子一样在施米特的概念和论据库里满载而归。谁由于对意识形态的批判或因为现代启蒙者的(学术)政治权力而被迫噤声,可以从施米特处获得帮助,再次找到话语。施米特由是成为"反时代精神的"知识分子精英的投影面——起到在当今国家法学中并没有太大意义的一种功能。

(四)一位国家法学者中的修辞家的遗赠

审美与技艺在概念现实主义修辞家施米特身上得到了结合:他不仅懂得遣词造句的重要性而且精通此道。众多精辟的概念构成和通俗易懂的新词创造、富于启发性的警句、神秘莫测的妙语都归功于他。这也是施米特的遗产(不可忽视)的一部分。

并非每个施米特自创的新词都预设,使用者必须全盘或者至少部分地接纳了施米特学说的、认同施米特或者干脆被施米特"传染"(谁吃了施米特那来的东西谁就会死在上面(qui mange du Schmitt en meurt))。[1] 几乎找不到比"延迟性的形式妥协(dilatorische Formelkompromiß)"[2]和"无中生有地决定界限(Grenzenlosi-gkeitsschluß)"[3]"法治国分配原则(rechtsstaatliche Verteilun-gsprinzip)"[4]"合法占有的合法性权力带来的法律外附加利益(über-

---

〔1〕 此处系套用反教皇至上的法国俗语,"谁吃了教宗那来的东西,谁就会死在上面"(指教宗亚历山大六世常在设宴时下毒以除掉自己不喜欢的人。——译者注)同注1,第16页。[Dieses, die antiultramontane Polemik „Qui mange du pape, en meurt" variierende Bonmot findet sich bei Quaritsch, Umgang(o. Anm. 13), S. 16.]

〔2〕 [德]卡尔·施米特:《宪法学说》,第32、118页。

〔3〕 [德]卡尔·施米特:《自由权及其在帝国宪法中的制度保障》,载《宪法法文集:1924~1954年》,第140页(及第147页)。[Carl Schmitt, Freiheitsrechte und institutionelle Garantien der Reichsverfassung (1931), in: ders., *Verfassungsrechtliche Aufsätze der Jahre* 1924 – 1954, *Materialien zu einer Verfassungslehre*, Berlin 1958, S. 140 (147)].

〔4〕 [德]卡尔·施米特:《宪法学说》,第126、158、166、175、181、200页。

legale Prämie auf den legalen Besitz der legalen Macht)”[1]更贴切的术语,在糅合了(后)现代宪法国家主义(verfassungsstaatlichen)的科学中作为对上述事实进行描述的概念。法律与措施的二元区别、[2]“公法性制度保障(institutionellen Garantien)”和“私法性制度保障(Insitutsgarantien)”,[3]这些概念在当前宪法国家教义学和理论语境中都是不可或缺的。此外:诸如“什么是自由,最终只能交由自由人自己决定”[4]和“治理者是通过人民区分出来的,他们并不与人民相区分”[5]这些在今天依然成立的认识,也很难找到更简明扼要而脍炙人口的表达。

当然,正是由这些富于其独有的词句力量和表达技艺的措辞用语言勾勒出了施米特思想的主要轮廓,故而这些措辞和施米特思想无法互相割离。仅按其产生的时间顺序列举他往往策略性地置于论文开头的论战性的措辞和表达中的一小部分:“主权就是,谁来决定特殊状态”[6]“正常状态什么也证明不了,特殊状态证明一切”[7]“现代国家理论中的所有重要概念都是世俗化了的神学概念”[8]“存在着一股反罗马的冲动”[9]“民主的中心概念是人民而不是人”[10]“凡是作为政治实体而存在的东西从法律上看都有存在

---

〔1〕 [德]卡尔·施米特:《正当性与合法性》,1932年,第35页。(Carl Schmitt, Legalität und Legitimität, 1932, S. 35.)

〔2〕 参见[德]卡尔·施米特:《宪法学说》,第138页及其后。

〔3〕 同上书,第143页。

〔4〕 同上书,第167页。

〔5〕 [德]卡尔·施米特:《宪法学说》,第237页。

〔6〕 [德]卡尔·施米特:《政治的神学:主权学说四论》,第11页。

〔7〕 同上书,第22页。

〔8〕 同上书,第46页。

〔9〕 [德]卡尔·施米特:《罗马天主教与政治形式》,1925年,第5页。(Carl Schmitt, *Römischer Katholizimus und politische Form*, 2. Aufl. München 1925, S. 5.)

〔10〕 参见[德]卡尔·施米特,《宪法学说》,第234页。

的价值"[1]"人民的制宪意志只能靠行动来证明,而不能靠遵守某个规范程序来证明"[2]"法律面前人人平等是法治国的法律概念的内在属性,换句话说,法律只是一种尽可能将平等包含于自身的东西,因而就是一项一般规范"[3]"政治特有的区分……就是区分敌友"[4]"国家的概念预设了政治的概念"[5]"谁讲人类,谁就是在欺骗"[6]"我们重新思考法学概念……我们站在未来那一面"[7]"通过和平获得法律是妥善和高尚的,通过法律获得和平是帝国主义的统治要求"[8]"如今,这一国家性(Staatlichkeit)时期走向终结。这一点毋庸赘述"。[9]

(五)基于基本法的国家法学可以抛弃施米特吗?

对当今的(和未来的)国家法学而说,施米特的思想和学说始终是种挑战,难道国家法学必须与他不但没有因成为历史而渐被遗忘反而拥有着持续影响力的遗产打交道不可吗?施米特去世后不到两周,著名政治学者库尔特·松特海默(Kurt Sontheimer)就给出了答案:一个心怀自由民主的人,不需要施米特。[10]

---

[1] 参见[德]卡尔·施米特:《宪法学说》,第22页。

[2] 同上书,第83页。

[3] 同上书,第154页。

[4] [德]卡尔·施米特:《政治的概念》,第26页,在原文中被强调。

[5] [德]卡尔·施米特:《政治的概念》,第20页。

[6] [德]卡尔·施米特:《政治的概念》,第55页,系套用皮埃尔—约瑟夫·蒲鲁东(1809~1865)的一句名言。(蒲鲁东名言"谁讲上帝,谁就是在欺骗"——译者注)

[7] [德]卡尔·施米特,"纳粹法学思想",载《1934年的德国法》,第225页。[Carl Schmitt, Nationalsozialistisches Rechtsdenken, in: *DR* 1934, S. 225(229).]

[8] [德]卡尔·施米特:《政治的概念》,见1951年6月24日的记录,第316页。

[9] [德]卡尔·施米特:《政治的概念》,第10页。

[10] 库尔特·松特海默,"接近权力而非法律:写于卡尔·施米特去世之际"载于:《时代周报》,1985年4月19日,第17期。(Kurt Sontheimer, Der Macht näher als dem Recht. Zum Tode Carl Schmitts, in: *Die Zeit* vom 19.4.1985, Nr. 17.)

这类除忆之刑(damnatio memoriae)*应被适用于施米特法律和政治价值观,即他的反自由主义、反多元主义、反相对主义等,对一个自由主义的、代议制和多党民主国家的现代理论起不到积极建设性成分的作用。不应被忽视的则是,施米特式思想可从反面定义(ex negativo)角度出发而达成的不特定贡献:使自由民主制度的理论和实践更加完善和细致、更具抵抗力和有效性。特别是施米特对法律自己和法律中的政治性的强调,具体来说这意味着我们要:认真对待常态和规范性的脆弱性和易变性;作为规范性基准点的建立于可清楚表达的规则基础上的常态(期望)和必需的最低限度的社会和文化同质性就因此更具备了重要意义;"谁是裁判者?(quis iudicabit?)""谁是解释者?(quis interpretatibitur?)"这两个由霍布斯引入宪法理论和教义学中的关于机构职能的重点问题应得到重视;承认所有法律适用行为所具有的[通过(权力)意志达成的]决断性质,而不是通过方法论或教义学所理想化的法律论证来进行掩饰;认识到在一个自由民主政体中,对立力量和权利间的张力不仅无法避免而且是有益的。施米特的学说可以这样被使用:作为一种有效的解毒剂,针对那种驯服而肤浅的、幼稚普遍的的自由民主理论,其对自己的前提和局限性、自身的盲点和所面临的潜在威胁一无所知——从而在不知不觉中恶意败坏了民主宪法国家的本质和价值。

* 除忆之刑,拉丁语字面含义是"记忆上的惩罚",意为从人们的记忆中抹消某一个人的存在,指由元老院通过针对死去的叛国者,或败坏罗马帝国名声的上层人士的决议,消除其再世的一切记录,其生前曾经出现过的铭文、雕像、货币、文字记录等等,全都要被销毁、抹去或改写。对被加上除忆诅咒的人来说,这是一种最严重的耻辱。——译者注

# 教育部文科重点研究基地·中国政法大学法律史学研究院集刊《中华法系》

## 约稿启事(修订版)

《中华法系》由教育部文科重点研究基地·中国政法大学法律史学研究院主办,为我国面向国内外发行的专门研究中华法系及相关问题的学术性出版物。本着“弘扬中华法律文化,探讨现代中国法治;比较中外法律传统,构建新型中华法系”的目的,坚持“坚持学术自由,鼓励学术创新;守护学术经典,培育学术新人”的宗旨,致力在法律制度、法律思想、法律人物、法律文化、法律作品等方面向社会贡献出优秀的研究成果,推动社会主义法制建设。现面向国内外广大作者诚挚约稿,具体栏目设置如下:

一、学术研究

关于中国传统法律、中国近现代法律、中外法律比较等方面的学术论文。特别注意发掘中国古代优秀法律传统、分析中国近代法律发展在理论与实践方面的经验与教训。

二、学术聚焦

结合学术界的学术热点以及社会关注的法律学术问题,聚焦注目,邀请相关学者进行多视角探讨,对于热点问题进行学理分析和文化解读。

三、法治人物

介绍、分析在中国历史上有重要影响的法治人物,包括在法律思想、法律学术方面提出过重要观点,在国家法治进程中发挥重要作用的法律人物。

四、经典案例

介绍、分析国内外经典案例。通过经典案例分析，探讨法律发展的实证轨迹，展示法律发展的多元图景。

五、学术新人

本着培育学术新人的宗旨，为法律史学的年青学者（包括青年教师、在读法律史专业博士研究生、硕士研究生）提供专门园地，发表其研究成果。

六、学术动态

介绍法律史学著作和相关作品、法律史学界的著名学者、法律史学重要的学术活动、法律史学研究机构等。

## 投稿须知

一、来稿必须为原创作品，未经其他书籍、报刊、网站等媒体以整体或部分的形式公开发表。请勿一稿多投，来稿应注明专投本出版物，坚决反对抄袭、剽窃等一切学术不端行为。

二、稿件格式请参阅本出版物文章的体例。文章首页请标明题目、内容摘要（200～300字）、关键词（3～5个），以及作者的基本信息，包括作者姓名、工作单位、职务职称、联系地址、电话、邮编和电子信箱等内容。

三、对决定采用的稿件，本出版物有权更改格式、润饰文字。如有必要，将请作者根据审读意见进行修改。

四、本出版物收到来稿后，将尽快审读处理，采用与否，均在3个月内告知作者。

五、来稿应采用Word文档格式，页码自首页按顺序编排。注释采用页下脚注，格式请参照本出版物体例。

稿件的电子文本请以附件形式发到本出版物电子信箱：lawchen1978@163.com；也可同时邮寄文字稿（A4纸打印），邮寄地址：100088，北京西土城路25号中国政法大学法律史学研究院《中华法系》编辑部收。

六、从本期开始（第四期），本出版物对于除中国政法大学法律史学研究院研究人员以外的来稿，按照50元/千字支付稿酬。具体支付方法，由本出版物编辑部与出版单位协商后通知作者。

# 格式体例

一、内容提要和关键词

请在来稿首页的题目、姓名下面列出文章的内容提要和关键词。内容提要一般不应超过300字,但也不宜过短,关键词2～5条。

二、正文格式

1.小标题及子目序列方式　正文小标题以及不同部分的子目可依照如下顺序标列:一、,(一),1.,(1),a.,(a)等。

2.引文　出现在正文和注释之中的引文,加双引号“”,引文之中的引文加单引号‘’。引文的注释序号加在引号之外;如果引文是完整的句子或段落,应在句子或段落的结尾加上句号或问号等,再加引号和注释序号。

3.附加说明　正文和注释中涉及外文人名、地名、著作、短语和专用术语等,一般应以通行的译法译成中文,为准确和便于查证起见,必要时可在中文之后以圆括号加上原文。

4.注释

(1)本刊采用页下注(脚注),每页依序重新编号。

(2)中文文献的注释

A.中文著作各个类项的标注次序为:著者/编者,书名,出版社及版次,页码。

B.中文译著各个类项的次序为:(可以[ ]标明著者国别)著者,书名,译者,出版社及版次,页码。

C.中文文章的注释:

如果引用刊物上的文章,各类项次序为:作者,文章题目(加双引号),刊物名称及期号,页码。

若为报纸上的文章,则在作者、文章题目后注明报纸的名称和日期。

如果引用文集中的文章,则次序为:作者,文章题目(加双引号),文集编者名称,文集(书)名,出版社及版次,页码。

D.研讨会论文,则格式为:作者,论文题目(加双引号),研讨会名称(加双引号)论文,地点,时间。

E. 学位论文　其格式为：作者，论文题目（加双引号），发表地点：学校（名称）博（硕）士论文，年份，页码。

（3）外文文献的注释：

A. 注释外文著作，各个类项的标注次序为：著者/编者，书名（斜体），出版社及版次，页码。外文作者名字一律以名前姓后的顺序书写。

B. 外文文章的注释　文集中的文章，其各类项次序为：作者，文章标题（加双引号），文集编者，文集名称（斜体），出版社，版次，页码。

刊物上的文章，则各类项次序为：作者，文章标题（加双引号），刊物名称（斜体），期号，页码。报纸上的文章，则标注作者、文章标题（加双引号）、报纸名称（斜体）、时间即可。

（4）互联网资料　如实有必要，可以使用互联网资料，标注时著作者、文献名称等类项同上述相应体例，同时注明详细的互联网网址和登录的具体时间。

（5）重复引用　在同一篇文章中，如重复引用同一文献，则标注格式如下：

A 连续引用。中文文献，标注为：同上（书），第 × 页。外文文献，则标注为：Ibid. ，p. × 。

B. 非连续引用同一文献，不论中外文，皆只需注明著作者、文献名和页码。

5. 图表　图示和表格应该分开，如图 1，图 2…… 表 1，表 2……如果图表系出自其他书刊，应在图表下方说明其出处。也可以给图表附加说明。

6. 数字　原则上，准确的数目字都应以阿拉伯数字表示，如年代、数量、年龄等，但在某些特定情况下，也应遵循汉语数量词的惯用法。

三、参考文献

作者根据来稿的情况，可以列出参考文献（不包括注释中已经出现的文献），但本出版物一般在所刊发的文章后面不另开列“参考文献”。

中国政法大学法律史学研究院

《中华法系》编辑部

**图书在版编目(CIP)数据**

中华法系. 第十卷 / 朱勇主编. --北京:法律出版社,2017
ISBN 978-7-5197-1452-9

Ⅰ. ①中… Ⅱ. ①朱… Ⅲ. ①法系-思想史-研究-中国 Ⅳ. ①D909.2

中国版本图书馆CIP数据核字(2017)第240931号

**中华法系(第十卷)**
**ZHONGHUA FAXI(DI-10 JUAN)**

朱 勇 主编

策划编辑 黄琳佳
责任编辑 黄琳佳
装帧设计 李 瞻

**出版** 法律出版社
**总发行** 中国法律图书有限公司
**经销** 新华书店
**印刷** 北京京华虎彩印刷有限公司
**责任校对** 杨锦华
**责任印制** 陶 松

**编辑统筹** 学术·对外出版分社
**开本** A5
**印张** 14.25
**字数** 353千
**版本** 2017年9月第1版
**印次** 2017年9月第1次印刷

法律出版社/北京市丰台区莲花池西里7号(100073)
网址/www.lawpress.com.cn
投稿邮箱/info@lawpress.com.cn
举报维权邮箱/jbwq@lawpress.com.cn
销售热线/010-63939792
咨询电话/010-63939796

中国法律图书有限公司/北京市丰台区莲花池西里7号(100073)
全国各地中法图分、子公司销售电话:
统一销售客服/400-660-6393
第一法律书店/010-63939781/9782 西安分公司/029-85330678 重庆分公司/023-67453036
上海分公司/021-62071639/1636 深圳分公司/0755-83072995

**书号**:ISBN 978-7-5197-1452-9 **定价**:48.00元
(如有缺页或倒装,中国法律图书有限公司负责退换)